S'affranchir
de la honte

Catalogage avant publication de la Bibliothèque nationale du Canada

Bradshaw, John

S'affranchir de la honte

Traduction de: Healing the shame that binds you.

1. Honte. 2. Psychothérapie. 3. Moi Enfant. I. Titre.

RC455.4.S53B7314 2004   616.85'22   C2003-942019-1

Pour en savoir davantage sur nos publications,
visitez notre site: **www.edhomme.com**
Autres sites à visiter: www.edjour.com •
www.edtypo.com • www.edvlb.com •
www.edhexagone.com • www.edutilis.com

Gouvernement du Québec – Programme de crédit
d'impôt pour l'édition de livres – Gestion SODEC –
www.sodec.gouv.qc.ca

L'Éditeur bénéficie du soutien de la Société de
développement des entreprises culturelles du
Québec pour son programme d'édition.

Nous reconnaissons l'aide financière du gouvernement du Canada par l'entremise du Programme
d'aide au développement de l'industrie de l'édition
(PADIÉ) pour nos activités d'édition.

Dépôt légal: 1er trimestre 2004
Bibliothèque nationale du Québec

ISBN 2-7619-1887-8

DISTRIBUTEURS EXCLUSIFS:

• Pour le Canada
  et les États-Unis:
  MESSAGERIES ADP*
  955, rue Amherst
  Montréal, Québec
  H2L 3K4
  Tél.: (514) 523-1182
  Télécopieur: (514) 939-0406
  * Filiale de Sogides ltée

• Pour la France et les autres pays:
  INTERFORUM
  Immeuble Paryseine, 3, Allée de la Seine
  94854 Ivry Cedex
  Tél.: 01 49 59 11 89/91
  Télécopieur: 01 49 59 11 96
  Commandes: Tél.: 02 38 32 71 00
  Télécopieur: 02 38 32 71 28

• Pour la Suisse:
  INTERFORUM SUISSE
  Case postale 69 - 1701 Fribourg - Suisse
  Tél.: (41-26) 460-80-60
  Télécopieur: (41-26) 460-80-68
  Internet: www.havas.ch
  Email: office@havas.ch
  DISTRIBUTION: OLF SA
  Z.I. 3, Corminbœuf
  Case postale 1061
  CH-1701 FRIBOURG
  Commandes: Tél.: (41-26) 467-53-33
  Télécopieur: (41-26) 467-54-66
  Email: commande@ofl.ch

• Pour la Belgique et le Luxembourg:
  INTERFORUM BENELUX
  Boulevard de l'Europe 117
  B-1301 Wavre
  Tél.: (010) 42-03-20
  Télécopieur: (010) 41-20-24
  http://www.vups.be
  Email: info@vups.be

John Bradshaw

S'affranchir
de la honte

Traduit de l'américain par Céline Sinclair

*À Nancy, ma merveilleuse épouse, qui me
guérit de la honte toxique en me donnant
son amour inconditionnel.
À mes amis de toujours (qui sont aussi mes
enfants), Brad, Brenda et John. Je leur demande pardon
pour toutes les fois où j'ai déversé ma propre honte sur eux.
À mon père Jack. La honte toxique s'est emparée
de sa vie et nous a volé bien du temps.*

Remerciements

Je désire remercier Gershen Kaufman pour son très percutant ouvrage sur la honte intitulé *Shame*. C'est principalement grâce à lui que j'ai pu identifier ce démon que j'appelle la honte toxique. Sans les efforts de pionnier de cet auteur, mon livre serait demeuré lettre morte.

Je suis également redevable à l'auteur de *Shame*, un ouvrage anonyme publié chez Hazeldon. Ce livre m'a aidé, d'une part, à considérer la honte normale comme un rappel de nos limites essentiellement humaines et, d'autre part, à comprendre la polarité plus qu'humain/moins qu'humain de la honte toxique.

Plusieurs autres personnes m'ont aussi énormément aidé à comprendre la dynamique de la honte. Il s'agit de Sheldon Kopp, de Marilyn Mason, de Merle Fossum et de Terry Kellogg.

Kip Flock, mon ami et thérapeute associé de Los Angeles, m'a offert sa précieuse collaboration alors que je développais les idées présentées dans cet ouvrage. Lui et moi avons passé d'innombrables heures à discuter du concept de la honte et à le clarifier.

Je tiens à remercier mes collègues, et particulièrement Mary Bell, du Center for Recovering Families (Centre de thérapie familiale) de Houston pour leur soutien indéfectible.

Je remercie John Daugherty, George Pletcher et le révérend Mike Falls, mes meilleurs amis, qui ont partagé leur souffrance et leur vulnérabilité avec moi. Leur acceptation, jamais humiliante, m'a permis de partager ma honte toxique avec eux. Ensemble, nous avons réduit le pouvoir que la honte toxique exerçait sur notre existence.

Ce livre n'aurait jamais vu le jour sans l'incroyable patience de Barbara Evans, qui en a assidûment dactylographié et redactylographié le manuscrit à toute heure du jour et de la nuit. Grâce à sa grande compréhension du sujet traité dans ce livre, elle a été pour moi beaucoup plus qu'une simple dactylographe.

Et je ne voudrais surtout pas oublier, comme cela m'arrive trop souvent, d'exprimer ma plus profonde reconnaissance à Celui que j'appelle ma Puissance supérieure et dont la grâce m'a sauvé de la honte toxique.

Introduction

> Et ils ne connaissaient pas la honte.
>
> GENÈSE

Voilà dix ans, j'ai fait une de ces découvertes choc susceptibles de tout changer de manière notable. J'ai identifié le démon qui logeait au cœur de ma vie: la honte. En nommant la honte, je suis devenu conscient de l'immense pouvoir destructeur qu'elle avait jusque-là exercé sur mon existence. J'ai découvert que toute ma vie durant j'avais été *ligoté* par la honte. Elle m'imposait sa loi comme seule peut le faire une accoutumance; je la déversais sur ma famille, sur mes clients et sur mes étudiants.

La honte était ce démon qui agissait à mon insu et dont je n'avais jamais reconnu l'existence. En prenant conscience de sa dynamique, j'ai été amené à constater qu'elle fait peser sur toute vie humaine une des forces les plus destructrices qui soient. En la nommant, j'ai commencé à gagner du pouvoir sur elle.

En soi, la honte n'est pas mauvaise. Il ne s'agit que d'une émotion humaine normale. De fait, elle est nécessaire à quiconque aspire à être vraiment humain. Elle nous humanise, nous renseigne sur nos limites, nous donne des balises, nous faisant savoir que nous sommes faillibles et que nous avons besoin d'aide; elle nous rappelle que nous ne sommes pas Dieu. Une saine honte représente le fondement psychologique de l'humilité et constitue une source de spiritualité.

Ce que j'ai découvert, c'est que *la honte, cette saine émotion humaine, peut se transformer en un état d'esprit permanent et contaminer toute l'identité. Or, lorsque la honte tient lieu d'identité, on se croit imparfait, déficient en tant qu'être humain. La honte devient alors toxique et déshumanisante.*

La honte toxique s'avère intolérable et exige une dissimulation constante, un faux moi. En effet, à partir du moment où l'on croit que son vrai moi est imparfait et déficient, on a besoin d'adopter un autre moi qui n'a pas ces lacunes. *Sitôt que l'on s'identifie à un faux moi, on cesse d'exister psychologiquement.* Adopter un moi fictif équivaut à mettre un terme à son existence d'être humain authentique. Alice Miller appelle cette élaboration d'un moi fictif le «meurtre de l'âme». Avec un faux moi, on essaie de se montrer soit plus qu'humain soit moins qu'humain. La honte toxique constitue la pire forme de violence ordinaire qui soit. Elle détruit, dans tous les sens du terme, la vie humaine. On la retrouve d'ailleurs au cœur de la plupart des maladies émotionnelles. Dans son ouvrage intitulé *Shame*, Gershen Kaufman écrit ceci:

> La honte est l'affect qui se trouve à l'origine de plusieurs per-
> turbations complexes: la dépression, l'aliénation, le doute de
> soi, l'isolement, la paranoïa et la schizoïdie, les problèmes de
> compulsion, le clivage du moi, le perfectionnisme, le profond
> sentiment d'infériorité, d'insuffisance ou d'échec, les prétendus
> états limites de maladies et les troubles narcissiques.

La honte toxique détruit le moi authentique à un point tel que des syndromes évidents se manifestent par des dissimulations du faux moi, chaque syndrome possédant sa propre structure caractéristique. La honte toxique devient le noyau des névroses, des troubles caractériels, de la violence politique, des guerres et de la criminalité. À ma connaissance, c'est elle qui explique le mieux l'esclavage humain sous toutes ses formes.

Dans la Bible, la honte est considérée comme la cause première et la conséquence de la chute d'Adam. En hébreu, « Adam » est syno-nyme d'humanité. Cela revient à dire qu'il symbolise tous les êtres humains. La Bible laisse entendre qu'Adam était insatisfait de sa condition; il voulait être davantage que ce qu'il était : il désirait être plus qu'humain. Il ne pouvait accepter ses limites fondamentales et avait perdu le sens d'une saine honte. La Bible évoque le fait qu'à l'origine de l'esclavage humain (le péché originel), il y a ce désir d'être différent de ce que l'on est… le désir d'être plus qu'humain. Mû par sa honte toxique (son orgueil), Adam voulait un faux moi, et ce faux moi devait le conduire à sa propre destruction.

Après qu'Adam eut renié son être véritable, il est allé se cacher. «Et le Seigneur Dieu appela Adam… Où es-tu ? Et Adam répondit : "J'ai entendu ta voix dans le jardin et j'ai couru me cacher"» (Genèse 3, 9-10). Avant la chute, l'homme et la femme étaient nus et ils ne connaissaient pas la honte (Genèse 2, 25). Une fois qu'ils eurent choisi d'être autrement que ce qu'ils étaient, ils se retrouvèrent nus et honteux.

La nudité symbolisait leur moi authentique. Ils se contentaient d'être qui ils étaient et n'avaient rien à cacher, se montrant parfaitement et rigoureusement honnêtes.

Cette description métaphorique et symbolique d'Adam et Ève évoque la condition humaine. L'amour et l'acceptation inconditionnels de soi semblent représenter la tâche la plus difficile pour tout le genre humain. En refusant notre « vrai moi », nous tentons de nous créer un faux moi ou déclarons forfait et devenons moins qu'humains, ce qui nous amène à vivre dans la dissimulation et le secret, deux importantes causes de souffrance.

L'amour et la totale acceptation de soi constituent l'ultime fondement du bonheur et de l'amour d'autrui. Sans eux, nous sommes condamnés à accomplir cette épuisante tâche consistant à nous créer un faux moi, puis à dépenser des tonnes d'énergie afin de vivre de peine et de misère dans ce moi fictif. C'est peut-être cela que la Bible veut nous signifier symboliquement lorsqu'elle affirme que, après la chute, l'homme et la femme furent condamnés à connaître la souffrance par le biais de leurs activités naturelles, la femme en donnant la vie et l'homme en travaillant.

Comment pouvons-nous nous affranchir de cette honte qui nous tient prisonniers ? De quel côté réside notre espoir ? Voilà le propos du présent ouvrage. Au fil des pages qui suivent, j'aimerais partager avec vous le cheminement qui m'a amené à m'affranchir de la honte. Ce voyage s'est révélé l'enjeu le plus important de toute ma vie. La honte est partout ; elle s'avère rusée, puissante et déroutante. Son pouvoir réside dans son caractère obscur et secret.

Dans la première partie, j'essaierai de débusquer la honte en examinant ses multiples visages et en mettant au jour ses origines ainsi que ses principaux déguisements. Je montrerai comment elle engendre le désespoir et débouche sur la faillite spirituelle.

Dans la deuxième partie, je proposerai les moyens qui, à ma connaissance, sont susceptibles d'atténuer la honte toxique et de la ramener à la honte saine. J'espère sincèrement que tout lecteur pris au piège de la honte toxique se servira de ce livre afin de se libérer de cette dangereuse ennemie.

bradshaw

Première partie

Le problème

Chapitre premier

Les multiples visages de la honte

La honte est un sentiment difficile à cerner car il s'élabore très tôt au début de notre vie, avant même que nous puissions recourir au langage. Ce sentiment est simplement humain et normal, mais il peut dégénérer en une véritable maladie de l'âme que j'appelle la «honte toxique». Je distingue effectivement deux types de honte: celle, bienfaisante, qui nourrit ce qu'il y a de vivant en nous et celle, toxique, qui le détruit. Sous sa forme toxique, la honte donne lieu à une atroce impression d'être brutalement mis à nu, à une profonde scission intérieure qui se manifeste par le sentiment d'être coupé de soi-même et des autres. Elle contraint la personne vivant sous son emprise à se renier elle-même puis à dissimuler ce désaveu sous différents faux-semblants. Étant donné que la dissimulation et les faux-semblants constituent son terrain de prédilection, la honte toxique, avec son côté sombre et caché, se révèle des plus insaisissables lorsqu'on tente de l'examiner de plus près.

Par conséquent, puisque la honte toxique se terre et se présente sous différents déguisements, on doit la traquer en apprenant à reconnaître ses multiples visages et les comportements trompeurs auxquels elle donne lieu.

La honte : une émotion humaine normale

J'ai récemment été frappé par la franchise et l'honnêteté de Broadway Joe Namath qui, au cours d'une entrevue, admettait en toute sincérité, avec une pointe de déception dans la voix, qu'il n'arrivait pas à se tailler une place de reporter sportif au sein de l'important réseau de télévision qui l'avait engagé. Il exprimait une saine honte et semblait tout à fait conscient de ce que, en dépit de ses nombreuses réalisations, il avait bel et bien des limites.

La honte en tant que permission d'être humain

Lorsqu'elle est saine, la honte nous fait prendre conscience de ce que, en tant qu'êtres humains, nous sommes, par essence, limités. *Aucun d'entre nous ne jouit et ne jouira jamais de pouvoirs illimités*, même si certains gourous modernes voudraient bien nous amener à croire le contraire en nous donnant de vains espoirs. Ce sont eux, en l'occurrence, qui s'enrichissent grâce à leurs programmes censés offrir de tels pouvoirs, pas nous. Ils nous atteignent directement dans notre faux moi et notre honte toxique. En réalité, nous, les humains, avons des limites, et comme ces limites font partie de notre essence, nous nous retrouvons aux prises avec de graves problèmes quand nous n'acceptons pas ce fait indéniable.

La honte normale nous renseigne sur nos limites. Comme toutes les émotions, il s'agit d'une énergie en mouvement qui nous pousse à satisfaire nos besoins fondamentaux, notamment le besoin de donner une structure à notre vie. Pour combler ce besoin, nous établissons les frontières qui donnent forme à notre existence et à l'intérieur desquelles nous sommes à même de vivre en toute sécurité. Ces frontières et cette forme nous rassurent et nous permettent d'utiliser notre énergie avec un maximum d'efficacité. En revanche, lorsque nous n'avons pas de frontières, nous méconnaissons nos limites et nous nous trouvons facilement plongés dans la plus grande confusion. Désorientés, nous gaspillons beaucoup d'énergie, bref, nous perdons le nord. Nous développons des problèmes d'accoutumance parce que nous ne savons ni à quel moment nous arrêter ni comment dire « non ».

La honte normale nous maintient en contact avec la réalité, car elle nous rappelle que nous sommes essentiellement limités. *La honte normale constitue la frontière métaphysique fondamentale de tous les êtres humains.* C'est cette énergie émotionnelle qui nous signale que nous ne sommes pas Dieu : elle nous fait prendre conscience du fait que nous avons commis des erreurs, que nous en commettrons d'autres encore et que nous avons besoin d'aide. Autrement dit, elle nous donne la permission d'être humains.

La honte normale fait partie intégrante de nos forces intérieures. Elle nous fait prendre conscience de nos limites et, par conséquent, nous aide à mieux canaliser notre énergie. Elle nous donne, en fait, une meilleure emprise sur notre vie, puisque la connaissance de nos limites nous évite de nous acharner à poursuivre des buts irréalisables ou de nous entêter à vouloir changer ce que nous ne pouvons pas changer. La honte normale nous permet d'intégrer notre énergie au lieu de la disperser.

La honte et le développement de l'enfant

Selon Erik Erikson, le sentiment de honte apparaît chez l'enfant au cours du deuxième stade de son développement psychosocial. Durant le premier stade, il a besoin de jeter les bases d'un sentiment de confiance fondamentale, celui-ci devant s'avérer plus fort que son sentiment de méfiance. En examinant de plus près les caractéristiques de ce premier stade de l'évolution de l'enfant, nous pourrons mieux comprendre ensuite ce qu'est la honte normale.

Dès le début de sa vie, l'enfant a besoin de sentir qu'il peut faire confiance au monde extérieur auquel ses parents biologiques ou leurs substituts lui donnent accès. Il doit sentir qu'une personne fiable est là pour satisfaire ses besoins de façon humaine et prévisible. Pour peu que ses parents se montrent prévisibles, affectueux et qu'ils reflètent tous ses comportements, l'enfant acquerra un sentiment de confiance fondamentale. Dans ce climat de sécurité et de confiance, il commencera à tisser des liens interpersonnels qui se transformeront ensuite en un « pont » de mutualité. Cette réciprocité sera plus tard d'une importance décisive dans l'éclosion de son sentiment du moi, puisque l'enfant est un « nous » avant de devenir un « je ». Finalement, lors de cette première étape de sa vie, l'enfant ne peut accéder à la connaissance de lui-même qu'en étant reflété par ses parents et, afin de croître, il a besoin que s'établisse un pont relationnel entre lui et ses parents.

Le pont interpersonnel

La relation entre l'enfant et le parent évolue graduellement vers un intérêt réciproque à mesure que s'établit entre eux un climat de confiance. En fait, la confiance de l'enfant se développe au fur et à mesure que croît en lui le sentiment que cette mutualité est prévisible et fiable. Corrélativement, un lien émotionnel se tisse et c'est en prenant appui sur cette alliance que l'enfant peut explorer le monde extérieur et prendre le risque de s'y aventurer. Cet attachement, qui se transforme progressivement en un pont interpersonnel entre l'enfant et le parent, constitue le fondement de la croissance et de la compréhension mutuelle. Par la suite, le pont interpersonnel se trouve renforcé par certaines expériences que l'enfant vit et dont il dépend. L'Autre, la toute première personne qui s'occupe de l'enfant, devient significatif en ce sens que l'amour, le respect et les soins qu'il lui donne sont vraiment importants. L'enfant se permet d'être vulnérable puisqu'il s'abandonne à son besoin de l'Autre.

Une fois que la confiance fondamentale s'est établie, l'enfant est capable de ressentir de la honte, une honte qui peut être saine ou toxique.

L'émergence de la honte normale

Vers l'âge de quinze mois, l'enfant commence à développer sa musculature et c'est alors qu'il doit trouver un juste équilibre entre ses

capacités à « retenir » et à « laisser aller ». Son développement musculaire lui permet de trouver l'équilibre dont il a besoin pour se tenir
debout et marcher, ce qui stimule son désir d'explorer et de s'aventurer.
Mais pour pouvoir concrétiser ce désir, il doit passer au stade de la
séparation d'avec ses parents.

De fait, Erikson soutient que, sur le plan psychosocial, la tâche
inhérente à ce stade de développement consiste à découvrir l'équilibre entre l'autonomie et la honte ou le doute. On appelle souvent
ce stade (qui débute vers l'âge de quinze mois et prend fin vers l'âge
de trois ans) « les années difficiles », parce que l'enfant se met à
explorer en touchant, en goûtant et en mettant à l'épreuve tout ce
qui l'entoure. L'enfant de deux ans se révèle obstiné et ne veut en faire
qu'à sa tête (mais toujours au su et au vu de ses parents). Lorsqu'il
essuie un échec (à peu près toutes les trois minutes), il pique une
colère noire. Au cours de ce stade, l'enfant a besoin de s'approprier
les choses afin de les tester au moyen d'une répétition intentionnelle.
Confronté à un monde flambant neuf, il répète certaines expériences,
manifestant ainsi son besoin d'assimiler tout ce qu'il voit, entend et
goûte.

Les besoins de l'enfant

L'enfant a avant tout besoin d'un parent ferme mais compré-
hensif qui soit à même de satisfaire ses propres besoins avec son
conjoint. Ce parent — la mère, en l'occurrence — doit avoir résolu
les problèmes inhérents à ses toutes premières relations et faire preuve
d'un bon sens de l'autoresponsabilité. Lorsque ces conditions sont
réunies, le parent peut satisfaire les besoins de l'enfant et être disponible pour lui.

En ce qui a trait à la honte saine et aux autres émotions, l'enfant
a besoin d'être correctement modelé. Il a besoin que ses protecteurs
lui consacrent du temps et lui prêtent attention. Par-dessus tout, il a
besoin qu'ils établissent pour lui des limites claires. Ce contrôle extérieur doit être ferme mais rassurant. Parallèlement, l'enfant a besoin de
sentir que le pont interpersonnel ne risque pas d'être détruit par sa

nouvelle impulsion qui le pousse à n'en faire qu'à sa tête, c'est-à-dire son récent désir d'autonomie. Dans *Enfance et société*, Erikson précise :

> La fermeté doit le protéger contre l'anarchie potentielle de son sens discriminatoire qui n'est pas encore exercé, contre son incapacité à retenir ou laisser aller à bon escient.

Quand l'enfant peut se sentir protégé à l'intérieur des limites établies par des parents compatissants, quand il peut explorer, expérimenter et se mettre en colère sans craindre que ces derniers ne lui retirent leur amour – le pont interpersonnel –, il lui est alors possible d'éprouver de temps à autre une saine honte. Cette honte peut prendre la forme d'un embarras passager à la suite d'une erreur ou celle de la timidité et de la réserve en présence d'étrangers, par exemple. Par ailleurs, elle se révèle nécessaire, voire primordiale, car elle contribue à maintenir l'équilibre de l'enfant en lui fixant les limites de son autonomie nouvellement acquise. En fait, la honte saine nous avertit que nous ne sommes pas omnipotents.

Je me rappelle ce jour où, alors que je m'approchais de l'estrade pour donner une conférence sur «le désir de dépassement inhérent à la nature humaine», quelqu'un m'a discrètement fait remarquer que ma braguette était ouverte. Ma rougeur et mon embarras momentanés témoignaient de mon sentiment de honte salutaire qui me conseillait de ne pas m'emporter.

Pascal a dit ceci : «L'homme n'est ni ange ni bête, et le malheur veut que qui veut faire l'ange fait la bête.» Thomas d'Aquin, quant à lui, soutenait que l'homme est un être spirituel qui, pour accéder à la spiritualité, a besoin d'un corps. Ces deux auteurs exprimaient la même idée que le philosophe George Santayana : «Il est nécessaire de devenir une bête si l'on doit jamais être un esprit.» Nous avons besoin de cette frontière qu'est notre finitude : elle nous rappelle que nous sommes humains et non divins.

La honte et ses rapports avec l'embarras et la rougeur

Confrontés à une situation embarrassante – que ce soit en raison d'une maladresse physique, d'une sensibilité particulière face à une certaine personne ou d'une entorse à l'étiquette –, nous sommes pris au dépourvu, mis à nu sans y avoir été préparés. La présence des autres nous semble alors insupportable et nous rougissons sous l'effet d'une honte normale. La rougeur, en tant que manifestation du sentiment d'être dévoilé de manière inattendue, montre bien la nature imprévisible et involontaire de la honte. «On révèle alors involontairement ses sentiments; on se met à nu», dit à ce sujet Helen Lynd dans *On Shame And The Search For Identity*.

La rougeur est à la fois une manifestation et une image de nos limites humaines. Sous son effet, nous éprouvons le désir de nous «cacher le visage», de «sauver la face» ou de «rentrer sous terre». Grâce à elle, nous savons que nous avons commis une erreur. À quoi nous servirait la faculté de rougir si l'erreur n'était pas foncièrement humaine? Cette manifestation d'une saine honte maintient notre contact avec la réalité en nous rappelant que nous sommes des humains essentiellement limités. Elle nous signale qu'il ne faut pas nous laisser emporter par notre désir d'exceller.

La honte et ses rapports avec la timidité

La timidité est une frontière naturelle qui nous empêche de nous révéler à un étranger, ce qui nous évite dans une certaine mesure d'être blessés par autrui. Pour la plupart d'entre nous, la perspective d'aborder un étranger se révèle intimidante. Lors de la rencontre, nous avons une conscience aiguë de nous-mêmes, nous bégayons ou nous nous exprimons de façon gauche et maladroite, ce qui peut augmenter notre embarras. Cette forme de timidité traduit une honte normale, une sorte de répugnance à se mettre à nu.

Par définition, l'étranger, c'est quelqu'un de non *familier*: il n'appartient pas à notre famille et incarne la menace de l'inconnu. Or, la timidité que nous éprouvons en sa présence nous dicte la prudence;

elle nous met en garde contre le risque d'être blessés ou mis à nu. On peut donc affirmer que cette frontière protège notre moi le plus profond. Cependant, la timidité *peut* devenir un sérieux problème lorsqu'elle plonge ses racines dans la honte toxique.

La honte en tant que besoin social fondamental

Le vieux proverbe selon lequel «Un homme seul n'est pas un homme» met en évidence notre besoin fondamental de vivre en société, d'entretenir des relations avec nos semblables. Nul d'entre nous ne peut se passer des autres, de leur aide; nul n'est assez fort pour ne pas éprouver le besoin d'amour, d'intimité et de dialogue avec autrui.

À la naissance, un lien symbiotique nous rattache à notre mère. Nous sommes un «nous» avant d'être un «je». Cette relation originelle revêt une extrême importance. Après avoir passé une année et demie à établir un lien de confiance mutuelle, nous commençons à nous tourner vers le monde extérieur afin de mettre notre autonomie à l'épreuve et, à ce moment-là, nous avons besoin de la honte pour demeurer conscients de nos limites. Durant notre enfance, la honte et le doute nous permettent de contrebalancer notre autonomie nouvellement acquise.

Nous avons ensuite besoin de nos parents pendant une autre dizaine d'années avant d'être prêts à nous détacher du foyer. Nous ne pouvons satisfaire nos besoins sans dépendre de nos principaux protecteurs. La honte normale est là pour nous rappeler que nous avons besoin d'aide, que nous ne pouvons pas nous tirer d'affaire tout seuls. Aucun être humain ne le peut. Même quand plus tard nous parvenons à jouir d'une grande autonomie, d'une large indépendance, nous avons encore des besoins à satisfaire: aimer, croître, prendre soin de quelqu'un et lui être indispensable. La honte continue alors d'agir comme un signal salutaire en nous rappelant que nous avons besoin d'aide, d'amour et de relations affectueuses avec les autres.

Si nous ne recevions pas les signaux salutaires de la honte, nous n'aurions pas conscience de nos besoins fondamentaux.

La honte en tant que source de créativité et d'apprentissage

J'ai un jour eu l'occasion de participer à un atelier animé par Richard Bandler, l'un des créateurs de la programmation neurolinguistique (PNL), et je n'ai jamais oublié l'une des facettes de cette très profitable expérience. M. Bandler nous avait demandé de nous rappeler un moment de notre vie où nous étions convaincus d'avoir raison. Après quelques secondes de réflexion, je me suis souvenu d'un incident avec ma femme. Selon la consigne de l'animateur, nous devions nous remémorer le souvenir choisi, le découper en séquences, puis nous le projeter mentalement comme s'il s'agissait d'un film. Il nous fallait ensuite faire défiler le film à rebours avant de le reconstituer dans le désordre : mettre la séquence du milieu au début, celle de la fin au milieu, etc. Finalement, nous devions nous remémorer à nouveau toute l'expérience comme nous l'avions fait au début, mais en prêtant cette fois une grande attention aux détails et à notre sentiment d'avoir raison.

Dès que j'ai revécu mentalement l'expérience en question, je me suis rendu compte qu'elle ne véhiculait déjà plus autant d'intensité émotionnelle qu'à l'origine. De fait, il m'a été pratiquement impossible de retrouver son intensité première. Par le biais de cet exercice, M. Bandler voulait nous sensibiliser à l'une des techniques de « restructuration de notre carte du monde personnelle » appelée « travail de submodalité ». Cependant, ce n'était pas cela qui m'apparaissait comme le plus important, mais plutôt ce que M. Bandler avait dit au sujet de la créativité, que je considère comme la plus précieuse de nos ressources.

Richard Bandler avait soutenu que le sentiment d'avoir raison constituait l'un des principaux obstacles à la créativité. Lorsque nous sommes sûrs de quelque chose, avait-il expliqué, nous mettons fin à notre recherche de nouvelles informations. Car avoir raison, c'est être certain, et être certain, c'est cesser d'être curieux. Or, la curiosité et l'émerveillement se révèlent essentiels à tout apprentissage (Platon affirmait même que l'émerveillement est à l'origine de la philosophie).

Par conséquent, nous cessons de chercher et d'apprendre sitôt que nous possédons la certitude absolue d'avoir raison.

La honte saine, la conscience de nos limites fondamentales, nous empêche de nous croire omniscients. Elle nous nourrit car elle nous pousse à rechercher de nouvelles informations et à apprendre de nouvelles choses.

La honte en tant que source de spiritualité

Dans son livre intitulé *The Farther Reaches Of Human Nature*, Abraham Maslow, le pionnier de la psychologie de la troisième force, a écrit ceci :

> La vie spirituelle [...] fait partie de l'essence humaine. C'est une caractéristique qui définit la nature humaine [...] sans laquelle la nature humaine ne serait pas entièrement la nature humaine.

Mais qu'est-ce que la spiritualité ? Je crois qu'elle concerne notre mode de vie et, que la vie se déploie et s'accroît sans cesse. Si bien que la spiritualité peut se définir en termes d'expansion et de croissance. Elle concerne l'amour, la vérité, la bonté, la beauté, la générosité et la compassion ; elle a quelque chose à voir avec l'intégrité et la plénitude. Elle représente notre besoin le plus fondamental, celui qui nous pousse à nous dépasser et à nous relier à l'ultime source de réalité qu'on appelle communément «Dieu».

La honte saine constitue le noyau de la spiritualité. En nous rappelant nos limites incontournables, elle nous fait savoir que nous ne sommes pas Dieu. Elle nous indique la voie à suivre pour enrichir le sens de notre vie, elle nous fait sentir qu'il y a quelque chose ou quelqu'un de plus grand que nous. La honte saine constitue le fondement psychologique de l'humilité.

La honte toxique

Dans *Le chemin le moins fréquenté*, Scott Peck montre comment les gens souffrant de névrose ou de troubles du caractère souffrent également d'un trouble de la responsabilité:

> Les uns assument trop de responsabilités; les autres pas assez. Lorsqu'ils sont en désaccord avec le monde, les premiers se croient coupables, les seconds sont persuadés que c'est le monde qui a tort.

Nous avons tous des traits de personnalité légèrement semblables à ceux des personnes souffrant de névrose ou de troubles du caractère. Le plus grand problème de notre existence consiste à déterminer et à clarifier nos responsabilités. Pour pouvoir vraiment consacrer notre vie à l'honnêteté, à l'amour et à la discipline, nous devons être prêts à nous engager vis-à-vis de la réalité, engagement qui, selon Peck, repose sur « le désir et la capacité de souffrir une continuelle remise en question ». Cette réévaluation permanente exige que nous entretenions une bonne relation avec nous-mêmes. Les êtres qui ne sont pas foncièrement humiliés jouissent effectivement de ce type de relation. Par contre, ceux qui sont rongés par la honte se révèlent de véritables ennemis pour eux-mêmes. La honte toxique, ce sentiment qui paralyse, est à l'origine des syndromes aussi bien névrotiques que caractériels.

Les syndromes de la honte névrotique

Quelle est la nature de cette honte qui vous paralyse? Par quel processus s'est-elle installée dans votre vie et qu'est-il advenu de votre honte normale au cours de ce processus?

La honte toxique, cette honte paralysante, se traduit par le sentiment envahissant que l'on est un être humain médiocre et anormal. Elle ne se définit plus du tout comme une émotion ayant pour fonction de nous rappeler nos limites : elle devient plutôt un état d'esprit permanent, une identité en soi. Sous son emprise, on se sent totalement dénué de qualités, faible, inepte. La honte toxique consiste en une rupture du moi avec lui-même.

Cette rupture est comme une hémorragie interne. Au cœur de la honte toxique, il y a la peur de se révéler à soi-même. La personne pétrie de honte se gardera de dévoiler son moi profond aux autres, mais, de manière plus significative encore, elle se gardera aussi de se révéler à elle-même.

Si la honte toxique s'avère aussi insupportable, c'est qu'elle met douloureusement à nu l'échec présumé du moi par rapport au moi. Le moi devient l'objet de son propre mépris, un objet auquel on ne peut se fier et, en tant que tel, le sujet se perçoit comme un être indigne de confiance. La honte toxique est ainsi vécue comme un tourment intérieur, une maladie de l'âme. À partir du moment où l'on est un objet peu fiable, on est forcé de vivre en dehors de soi. La honte toxique est donc paradoxale et autogénératrice.

On peut avoir honte d'éprouver de la honte. En général, on admet qu'on ressent de la culpabilité, de la peine ou de la peur bien avant d'admettre que l'on a honte. La honte toxique donne le sentiment d'être isolé et seul dans tous les sens de ces deux termes. Un sentiment d'absence et de vide intérieur hante toujours la personne foncièrement humiliée.

Jusqu'à présent, on a très peu étudié la honte toxique, que l'on confond aisément avec la culpabilité. Freud nous en a beaucoup appris sur l'anxiété et la culpabilité, mais il a presque complètement négligé la honte.

Dans un récent article du *New York Times* intitulé « Shame Steps Out of Hiding and into Sharper Focus », Daniel Goleman écrivait ceci :

Les psychologues, convenant qu'ils en sont dépités et un peu embarrassés, concentrent tardivement leur attention sur la honte, une émotion puissante et très répandue qui, on ne sait trop comment, a échappé jusqu'ici à l'examen scientifique rigoureux.

L'intériorisation : quand la honte envahit toute l'identité

Toute émotion peut être intériorisée et, dans ce cas, perdre sa fonction d'origine pour se transformer en un type de caractère. Nous connaissons probablement tous une « soupe au lait », une « face de carême » ou un « bonnet de nuit ». Ces trois termes dénoncent le fait qu'une émotion (colère ou tristesse) est devenue le fondement de la personnalité, a pris la place de l'identité. Ces trois types de personnes n'éprouvent pas de la colère ou de la mélancolie, elles *sont* la colère ou la mélancolie.

L'intériorisation de la honte sous-tend au moins trois processus :

- L'identification à des modèles peu fiables et pétris de honte ;
- L'assujettissement de tous les sentiments, besoins et pulsions à la honte, par suite du traumatisme subi lors d'un abandon ;
- L'interconnexion des souvenirs gravés dans la mémoire et la création de « collages de honte ».

L'intériorisation se fait graduellement, avec le temps, et tout être humain doit en combattre certains aspects. Elle a lieu lorsque les trois processus se répètent fréquemment et régulièrement.

L'identification à des modèles pétris de honte

L'identification est un processus normal qui répond au constant besoin de sécurité ressenti par l'être humain. En fait, le sentiment d'appartenir à quelque chose de plus grand que soi procure la sécurité et la protection d'une réalité plus vaste.

Le besoin de s'identifier à quelqu'un, de sentir que l'on fait partie de quelque chose, que l'on appartient à un lieu, compte au nombre de nos besoins les plus fondamentaux. Hormis notre instinct de conservation, nul autre besoin n'est aussi impérieux que ce besoin qui se manifeste d'abord face à nos « pourvoyeurs » ou à d'autres personnes significatives, puis face à la famille, au groupe de pairs, à la culture, à la nation et au monde. La fidélité à un parti politique ou l'attachement à une équipe sportive sont des formes atténuées de ce besoin d'identification. Par le biais de *notre* équipe, nous pouvons éprouver les émotions fortes que procurent victoires et défaites. Pour ma part, j'ai été dès mon jeune âge un fervent partisan de l'équipe de l'Université Notre-Dame. Bien que je ne sois jamais allé à South Bend et que je n'aie jamais fréquenté cette université, je demeure un fan de cette équipe, avec tout ce que cela implique sur les plans passionnel et émotif : lorsqu'elle gagne, je gagne avec elle, et lorsqu'elle perd j'ai « la trouille ».

Ce besoin d'appartenance explique la loyauté, voire le fanatisme, que certaines personnes témoignent à un groupe... leur groupe.

Tout enfant s'identifie à ses parents. Mais quand ceux-ci sont profondément humiliés, cette identification marque la première étape du processus d'intériorisation de la honte.

L'abandon : la loi de la mutualité rompue

À partir du moment où l'on est délaissé, abandonné, on intériorise un sentiment de honte. Le mot « abandon » évoque précisément la perte du moi authentique et la fin de l'existence psychologique. En ce qui concerne l'enfant, il est incapable de savoir qui il est si ses parents ne le reflètent pas, surtout durant ses premières années de vie. Or l'abandon sous-tend l'absence de cet effet miroir. Les parents qui sont coupés de leurs propres sentiments (ce qui est le cas de tous les parents profondément humiliés) ne peuvent refléter et confirmer les sentiments de leur enfant.

La première période de la vie étant préverbale, tout repose sur des interactions émotionnelles. L'enfant n'a donc aucun moyen de savoir qui il est si personne n'est en mesure de refléter ses sentiments.

D'ailleurs, ce besoin de retrouver sa propre image dans le regard d'autrui demeure important tout au long de la vie. Pensons seulement à la frustration que nous pouvons ressentir lorsque nous nous adressons à quelqu'un qui ne nous regarde pas, s'agite ou feuillette son journal. Pour trouver notre identité, nous avons besoin qu'une personne significative nous voie presque aussi bien que nous nous voyons nous-mêmes.

De fait, comme le dit Erik Erikson dans *Enfance et société*, l'identité est un phénomène interpersonnel :

> Le sentiment d'identité du moi est accru par la confiance que l'on acquiert qu'à son identité et à sa continuité intérieure correspond dans l'esprit des autres la même identité et la même continuité.

Parallèlement à l'absence de reflet, l'abandon sous-tend également la négligence à satisfaire les besoins de dépendance propres au développement de l'enfant, les sévices de toutes sortes et l'enchevêtrement des besoins (avoués ou cachés) des parents ou du système familial.

L'assujettissement des sentiments, besoins et pulsions à la honte
Le fait que la honte se lie aux sentiments, aux besoins et aux instincts naturels constitue un facteur clé dans la transformation de la honte normale en honte toxique. *Être ligoté par la honte, cela signifie que chaque fois que l'on éprouve un sentiment, un besoin ou une pulsion quelconques, on se sent immédiatement humilié.* Autrement dit, les forces dynamiques de notre existence humaine provenant directement de nos sentiments, de nos besoins et de nos pulsions, sitôt que ceux-ci se trouvent assujettis à la honte, nous sommes mortifiés au plus profond de nous-mêmes.

L'interconnexion des souvenirs et les « collages de honte »
À mesure que l'enfant vit des expériences humiliantes et tente de s'en protéger, il emmagasine dans sa mémoire des images en rapport

avec ces expériences. De surcroît, étant donné qu'il n'a pas le temps ou le soutien nécessaires pour exprimer la souffrance causée par la rupture du lien de mutualité, il refoule ses sentiments et son chagrin demeure non résolu. Tout comme les images (souvenirs visuels) des scènes humiliantes, les empreintes verbales (souvenirs auditifs) restent gravées dans sa mémoire. Par la suite, chaque nouvelle expérience mortifiante vient graver d'autres souvenirs auditifs et visuels à côté de ceux déjà existants. C'est ainsi que se constituent les « collages » de souvenirs d'humiliations diverses.

Par ailleurs, l'enfant enregistre aussi les faits et gestes de ses parents quand ceux-ci vivent leurs moments les plus pénibles, car c'est dans les instants où la mère, le père ou un substitut parental quelconque perdent le plus complètement la maîtrise d'eux-mêmes qu'ils s'avèrent le plus menaçants pour sa survie. Son instinct de survie lui lançant alors un signal d'alarme, l'enfant enregistre leur attitude encore plus profondément que d'habitude. Par la suite, toute expérience humiliante ressemblant un tant soit peu au traumatisme passé ramène immédiatement à la mémoire de l'enfant les paroles et les images de la scène en rapport avec ce traumatisme. À ce moment-là, l'ancien et le nouveau vécus sont tous deux enregistrés. Avec le temps, les scènes humiliantes ainsi additionnées se rattachent les unes aux autres, les plus récentes amplifiant les anciennes et faisant boule de neige.

Au bout de quelques années, il suffira de peu de choses – un mot, une expression du visage ou une scène semblables – pour faire remonter à la surface ces collages de souvenirs humiliants. Quelquefois, un stimulus externe ne sera même pas nécessaire ; le simple rappel d'un vieux souvenir pourra déclencher une extrême souffrance. La honte se sera figée et ancrée au cœur de l'identité : elle sera profondément intériorisée.

L'aliénation de soi et l'isolement

La personne souffrant d'aliénation de soi sent que certaines parties d'elle-même lui sont étrangères. Si dans sa famille on ne lui permettait jamais d'exprimer de la colère, par exemple, cette émotion est devenue une partie d'elle-même qui est aliénée. La honte toxique l'envahit lorsqu'elle se fâche et elle n'a d'autre choix que de désavouer cet aspect de sa personnalité, de s'en dissocier. Il lui est alors impossible de libérer cette énergie émotionnelle que constitue la colère et qui contribue à l'autoconservation et à l'autoprotection. Par conséquent, elle devient semblable à une chiffe molle ou à ces êtres désireux de plaire à tout le monde. Et plus la honte toxique se lie à ses sentiments, à ses besoins et à ses pulsions, plus elle s'aliène des parties d'elle-même.

En fin de compte, une fois qu'elle a complètement intériorisé la honte qui l'habite, cette personne croit qu'il n'y a plus rien de valable en elle. Elle se sent anormale et inférieure, elle se perçoit comme un être raté. Il lui est alors impossible de se révéler aux autres, puisqu'elle n'éprouve que du mépris à son égard. Et du fait qu'elle se méprise de cette manière, elle n'habite plus du tout son moi. Sous l'emprise de la honte, elle a le sentiment d'être mise à nu, compromise, diminuée. Étant devenue un objet à ses propres yeux, elle tourne son regard vers l'intérieur, observant et scrutant son comportement dans les moindres détails. Cette insupportable autocritique engendre une conscience de soi tourmentée et, selon Kaufman, produit « un effet paralysant sur le moi ». Elle conduit au repli sur soi, à la passivité et à l'inaction.

Les parties de soi-même que l'on désavoue sont couramment attribuées aux autres, projetées dans les relations interpersonnelles. Elles donnent souvent lieu à la haine et aux préjugés. En outre, elles peuvent provoquer une scission du moi ou le développement d'une personnalité multiple, phénomènes fréquents chez les victimes de sévices physiques ou d'abus sexuels.

Par ailleurs, l'aliénation de soi crée une impression d'irréalité. On peut éprouver le sentiment envahissant de n'être jamais tout à fait à sa place, d'être dans la position d'un observateur extérieur. *Cet état d'isolement et d'aliénation intérieure trouve son prolongement dans une déprime chronique,* phénomène attribuable à la tristesse causée par la perte du moi authentique. Le rejet du moi par le moi est probablement l'élément le plus profond et le plus dévastateur de la honte névrotique.

La honte et le moi fictif

Parce que la mise à nu du moi par lui-même est au cœur de la honte névrotique, on ressent l'impérieux besoin de s'évader hors de son moi et, pour ce faire, on doit se créer un moi fictif. Ce faux moi est toujours soit plus qu'humain soit moins qu'humain : il peut aussi bien s'incarner dans le Perfectionniste que dans le Bon à rien, dans le Héros que dans le Bouc Émissaire de la famille. À mesure que le faux moi prend forme, le moi authentique se cache de plus en plus profondément. Si bien qu'au bout de plusieurs années, on est tellement enlisé dans les défenses et les faux-semblants que l'on n'a plus du tout conscience de ce que l'on est vraiment.

Il faut comprendre que lorsqu'on s'est créé un faux moi, on peut en arriver à jouer aussi bien le rôle du Perfectionniste accompli que celui du Drogué invétéré, deux rôles pourtant diamétralement opposés. Car le Perfectionniste et le Drogué sont tous deux dominés par l'impérieux besoin de dissimuler leur profond sentiment d'un moi en rupture avec lui-même, ce trou dans leur âme. Bien qu'à première vue ils semblent se situer aux antipodes, tous deux agissent sous l'impulsion de la honte névrotique. En fait, *le grand paradoxe, avec ce type de honte, c'est qu'elle domine aussi bien le Perfectionniste que le Bon à rien, la Star que le Bouc Émissaire, le Vertueux que le Misérable, le Fort que le Minable.*

La honte et la codépendance

Malgré la multitude et la diversité des écrits sur le sujet de la codépendance, tous ceux qui ont étudié la question s'entendent sur un point : la codépendance est liée à la perte de l'individualité. La personne codépendante n'a pas de vie intérieure ; le bonheur, croit-elle, n'existe qu'à l'extérieur d'elle-même, tout comme les sentiments agréables et la confirmation de son moi, qui ne sont jamais intrinsèques. Pour Pia Mellody, la codépendance est « un état de mal(aise) par lequel le moi authentique demeure inconnu ou caché, de telle sorte que le sentiment de soi […], d'être important […], estimé et relié aux autres est dénaturé, ce qui provoque de la souffrance et fausse les relations interpersonnelles ». Cette façon de définir la codépendance ressemble à peu de choses près à la manière dont je définis la honte intériorisée. En fait, je crois que cette forme de honte *est l'essence même de la codépendance*.

La honte et la personnalité limite

Selon Kaufman, la honte névrotique est à l'origine de plusieurs catégories de maladies mentales décrites dans le *DSM III-R*. De toute évidence, quelques-uns de ces troubles peuvent être mis en rapport avec le syndrome de la honte, notamment dans les cas de dépression, de syndrome schizoïde et de personnalité limite ou dépendante. Pour ma part, je pense que le concept de honte toxique est à même d'unifier ce qui s'avère un labyrinthe de définitions et de distinctions psychologiques. Bien que je reconnaisse la valeur clinique et psychothérapeutique de ces étiologies minutieuses et très distinctes, fruits d'une conceptualisation très précise, je tiens certaines d'entre elles pour improductives.

Après avoir étudié les écrits et les films de James Masterson relatifs à ses travaux sur la personnalité limite, j'ai acquis la certitude que le traitement de cette affection ne présentait que des différences minimes avec celui de la honte toxique. Le diagnostic de personnalité limite posé par Masterson correspond à la description du syndrome de la honte névrotique. Voici en bref les symptômes le plus souvent évoqués et mentionnés dans l'ouvrage de Masterson intitulé *Borderline Adolescent to Functioning Adult : The Test of Time* :

*   Image de soi perturbée ;
*   Difficulté à identifier et à exprimer ses propres pensées, désirs et sentiments ainsi qu'à maintenir de manière autonome une estime de soi équilibrée ;
*   Difficulté à s'affirmer.

La honte en tant que moteur et carburant de l'assuétude

La honte névrotique est à la fois le moteur et le carburant de tous les problèmes de compulsion/assuétude, problèmes se manifestant par « une relation pathologique à un produit ou à une conduite permettant la modification de l'humeur et ayant des conséquences néfastes sur la vie humaine».

C'est le moi scindé, la croyance que l'on est médiocre, qui pousse à l'assuétude sous toutes ses formes, qu'il s'agisse d'une dépendance à l'ingestion ou à certaines activités (travail, dépenses inconsidérées, jeux de hasard, etc.). Les différents types d'assuétude ne reflètent, au fond, qu'une tentative désespérée d'établir une relation d'intimité. L'ergomane (le *workaholic*) avec son travail et l'alcoolique avec la boisson entretiennent en quelque sorte une liaison amoureuse avec l'objet de leur accoutumance. Grâce à cet objet, ils parviennent à modifier leur humeur afin d'échapper à leur sentiment d'isolement et à leur souffrance engendrés par la honte. Cependant, plus ils mettent en actes leur assuétude, plus leur existence se détériore et plus leur honte grandit. Finalement, le surcroît de honte ainsi généré vient alimenter le cycle de l'assuétude. Le tableau 1.1 illustre ce processus de la «tournette» (cage tournante d'un écureuil), comme l'appellent parfois les personnes souffrant d'une dépendance quelconque.

En ce qui me concerne, j'avais l'habitude de boire pour résoudre les problèmes que me posait mon alcoolisme. Mais plus je buvais pour soulager ma solitude et ma souffrance contaminées par la honte, plus je me sentais diminué. La honte engendre la honte. Au début du cycle, on retrouve toujours cette fausse croyance commune à tout individu souffrant d'assuétude: «Personne ne peut vouloir de moi ou m'aimer tel que je suis.» En fait, l'être maladivement dépendant se méprise, il est pratiquement incapable de s'aimer lui-même. Il a si profondément intériorisé la honte que sa pensée en est déformée: «Je me sentirai mieux, croit-il, lorsque je pourrai boire (manger, faire l'amour, avoir plus d'argent, travailler plus fort, etc.).» Sous l'emprise de la honte, d'un être humain, il devient un «faire humain», pour reprendre l'expression de Kellogg.

Au tout début du cycle de l'assuétude, la personne croit que sa valeur réside à l'extérieur d'elle-même; jamais elle ne la perçoit comme quelque chose d'intrinsèque. La pensée étant capable de faire écran aux émotions, ses idées obsédantes en rapport avec sa relation de

TABLEAU 1.1. LA HONTE ALIMENTE ET RÉGÉNÈRE LE CYCLE DE L'ASSUÉTUDE

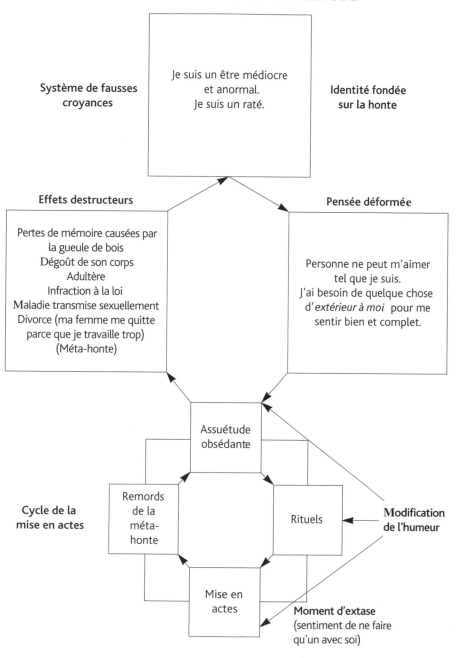

Système de fausses croyances

Je suis un être médiocre et anormal.
Je suis un raté.

Identité fondée sur la honte

Effets destructeurs

Pertes de mémoire causées par la gueule de bois
Dégoût de son corps
Adultère
Infraction à la loi
Maladie transmise sexuellement
Divorce (ma femme me quitte parce que je travaille trop)
(Méta-honte)

Pensée déformée

Personne ne peut m'aimer tel que je suis.
J'ai besoin de quelque chose d'*extérieur* à *moi* pour me sentir bien et complet.

Assuétude obsédante

Cycle de la mise en actes

Remords de la méta-honte

Rituels

Modification de l'humeur

Mise en actes

Moment d'extase
(sentiment de ne faire qu'un avec soi)

dépendance particulière impliquent une première modification de son humeur. L'obsession dure un moment, puis commence la deuxième phase, celle du rituel ou de la mise en actes : la personne s'enivre avec ses copains, dévore en secret dans sa cachette préférée, cherche ardemment un partenaire sexuel ou dépense son argent inconsidérément, par exemple. Dans ces cas-là, le rituel prend fin avec l'ivresse, la satiété, l'orgasme ou le vide du portefeuille.

Survient ensuite la honte de son propre comportement et des conséquences nuisibles de ses actes : la gueule de bois, l'accusation d'infidélité, l'avilissement sexuel, les soucis financiers. C'est la métahonte, qui consiste en un déplacement de l'affect, une transformation de la honte de soi en honte de la mise en actes et de ses conséquences néfastes. L'identité se retrouve alors encore plus submergée par l'humiliation.

« Je ne vaux rien ; quelque chose cloche en moi » : ce message se répète sans cesse comme s'il provenait d'un disque rayé. Or, plus on le ressasse, plus on donne prise au système de fausses croyances. C'est ainsi que la honte toxique alimente l'assuétude et se régénère d'elle-même.

La honte et la culpabilité

Il est indispensable de bien distinguer la honte toxique de la culpabilité (qui peut, elle aussi, être saine ou toxique). Une saine culpabilité constitue le noyau de la conscience ; nous l'éprouvons lorsque notre comportement heurte nos croyances et nos valeurs. Ce sentiment naît plus tardivement que la honte et présuppose l'intériorisation de certains principes. Selon Erikson, l'enjeu du troisième stade de développement psychosocial (stade débutant à l'âge de trois ans), c'est l'établissement d'un équilibre entre l'initiative et la culpabilité. Sur le plan de la croissance, la culpabilité apparaît donc comme un sentiment plus évolué que la honte. Par ailleurs, elle n'a pas d'effet direct sur l'identité et ne provoque nul sentiment de dévalorisation personnelle. Elle découle de l'intégration d'une échelle de valeurs. Voici ce qu'en disent Fossum et Mason dans *Facing Shame* :

La personne qui éprouve de la culpabilité peut déclarer après coup : « Ce que j'ai fait est contraire à mes valeurs et j'en suis consternée », ou encore : « Je regrette les conséquences de mon comportement. » Ce faisant, *elle réaffirme ses valeurs. Elle peut réparer sa faute et même en tirer profit pour sa croissance et son apprentissage.* Alors que la culpabilité est un douloureux sentiment de regret et de responsabilité à l'égard de ses actes, la honte est un douloureux sentiment à l'égard de soi-même. *La personne honteuse peut difficilement réparer sa faute*, parce que la honte est une question d'identité [...] et non de mauvaise conduite. Son expérience ne lui apprend rien et ne stimule aucunement sa croissance : elle ne fait que confirmer la perception négative qu'elle a d'elle-même. (C'est moi qui ai voulu faire ressortir certains passages en les mettant en italiques.)

Le tableau 1.2 présente les différences existant entre la honte toxique, la honte saine, la culpabilité toxique et la culpabilité saine. Il met principalement en lumière le fait que la honte toxique se rattache au sentiment d'être médiocre. Les possibilités de s'amender paraissent exclues puisque aucun changement n'est vraiment possible. Dans son essence profonde, la honte toxique est synonyme de désespoir.

Le syndrome de la honte dans les troubles du caractère

La personnalité narcissique

Dans *The Narcissistic And Borderline Disorders*, James Masterson affirme que les principales caractéristiques de la personnalité narcissique sont :

Une confiance exagérée en sa propre importance, une extrême préoccupation pour soi-même ainsi qu'un manque d'intérêt et d'empathie pour les autres, en dépit du fait que le sujet recherche avidement la présence des autres pour l'admiration et l'approbation qu'ils peuvent lui témoigner.

TABLEAU 1.2. LES DIFFÉRENCES MARQUÉES ENTRE LA HONTE ET LA CULPABILITÉ

	Culpabilité toxique	Culpabilité normale	Honte toxique	Honte normale
Origines et description	Développement avorté à cause d'une distorsion du sur-moi; résulte du perfectionnisme, de l'enchevêtrement familial.	Se développe plus tard que la honte (entre 3 et 6 ans); correspond au troisième stade du modèle de développement psychosocial d'Erikson; initiative ou culpabilité; formatrice pour la conscience.	Développement avorté : a. modèles foncièrement honteux; b. traumatisme d'abandon; c. interconnexion d'images de honte.	Se développe tôt (entre 15 mois et 3 ans); correspond au deuxième stade du modèle du développement psychosocial d'Erikson.
Responsabilité* et pouvoir	Sentiment de responsabilité grandiose: moyen de se sentir puissant dans une situation d'impuissance.	Sentiment de responsabilité adéquat; fiabilité; exercice du pouvoir de choisir.	Pas de sentiment de responsabilité; manque de pouvoir; incapacité de choisir; incompétence.	Conscience des limites de la responsabilité et du pouvoir; le pouvoir vient de la connaissance de ses limites; « J'ai besoin d'aide. »
Sentiment dominant	Grave, sérieux; pas de place pour l'erreur; « Il ne faut pas que je me trompe »: ce serait terrible. »	« Je me suis trompé; j'ai transgressé mes valeurs; je ne me sens pas bien »: impression d'être méchant.	« Je suis un raté; c'est sans espoir; je ne suis pas bon; je ne vaux rien. »	« Je peux commettre des erreurs et j'en commettrai certainement; c'est normal et je suis capable d'y remédier.»
Faute*	Faute induite par la rigidité du rôle ou par une distorsion de la pensée (croire que l'on est responsable de la vie d'autrui).	Faute d'action; concerne le faire; possibilité de réparer.	Faute de l'être; concerne le sentiment d'être une personne médiocre et anormale: caractère irrémédiable.	Concerne les limites de l'être; faute induite par la finitude naturelle.
Moralité Estime de soi	« Je peux être bon si je me montre parfait, si je me soumets à toutes les règles (légalisme) et si j'accomplis mon devoir (si je joue mon rôle). »	« Ce que j'ai fait n'était pas bien; j'ai tout ce qu'il faut pour réparer les dommages. »	« Je suis un méchant, un bon à rien; je suis incompétent, pré-moral. »	« Je suis bon mais limité »: permission de se montrer humain.
Frontières	Aucun droit d'avoir des frontières, hormis celles délimitées par le rôle rigide ou la performance.	Violation des frontières morales (les valeurs).	Aucune frontière; « Il n'y a rien de bon en moi. »	Frontières essentielles.
Analogie avec le sport*	Violation d'une règle simple (hors-jeu, par ex.) et pénalité excessive (expulsion de la partie, par ex.).	Violation d'une règle concernant les frontières (sortir des limites du terrain de jeu au football, par ex.).	Violation du jeu lui-même: échec dans la poursuite d'un objectif (ne jamais atteindre la zone du fond, par ex.).	Violation des règles; infraction simple (mettre trop de temps à parcourir cinq verges, par ex.).

La personne narcissique cherche inlassablement à atteindre la perfection dans tout ce qu'elle fait. Elle éprouve un impérieux besoin d'acquérir richesse, pouvoir et beauté ; en outre, elle recherche la présence de gens susceptibles de refléter et d'admirer sa grandiosité. Derrière cette façade se cache un sentiment de vide empoisonné par l'envie et la rage. La honte intériorisée est au cœur de ce vide.

La personnalité paranoïde

La personne de type paranoïde est portée à adopter une attitude défensive afin de composer avec son trop-plein de honte. Elle devient vite hypervigilante, car elle s'attend toujours à ce que la trahison ou l'humiliation tant redoutée s'abatte sur elle. Elle se sent personnellement menacée par les événements les plus anodins et reste constamment sur ses gardes.

Selon Harry Stack Sullivan, la personne de type paranoïde « se sent désespérément anormale ». Cependant, croyant que son sentiment d'insuffisance prend sa source ailleurs qu'en elle-même, elle en rejette la responsabilité au dehors, tournant vers l'extérieur le regard humiliant, méprisant et dédaigneux qu'elle pose sur elle-même. Incapable de reconnaître ses méfaits, ses erreurs ou autres formes d'échec personnel, elle les renie et les impute aux autres.

L'agresseur

La criminalité en général

Alice Miller a démontré de façon très convaincante que la criminalité est une forme d'*acting out* (aussi appelé « mise en actes » ou « passage à l'acte »), c'est-à-dire qu'un criminel est poussé à reproduire sensiblement la même agression que celle qu'il a lui-même subie autrefois. L'enfant qui est cruellement abandonné à lui-même ou élevé dans la violence familiale souffre terriblement d'être pris comme victime. En règle générale, soit il endossera ce rôle de victime qu'on lui a imposé et le rejouera maintes et maintes fois, soit il s'identifiera à son agresseur et reproduira le délit en s'attaquant à une personne totalement impuissante (aussi impuissante que la victime qu'il a un jour été). On appelle ce phénomène « la compulsion de répétition » : le besoin de répéter des événements du passé.

Dans son ouvrage intitulé *C'est pour ton bien,* Alice Miller montre comment cette compulsion de répétition se manifeste chez une jeune toxicomane et chez un assassin dont les victimes étaient des enfants. Bien que personne n'ait encore pu prouver que tout criminel met en actes la honte liée à l'abandon qu'il a lui-même vécu, les données sur ce sujet me semblent suffisamment nombreuses pour soutenir que c'est habituellement le cas. L'éternel problème du crime et de la criminalité n'est certes pas résolu, mais on ne peut mettre en doute le fait que les criminels se perçoivent comme des parias de la société et qu'ils portent en eux une énorme honte toxique.

Les mauvais traitements physiques

Toute personne qui use de violence physique envers autrui fut un jour une victime impuissante et mortifiée. Les parents qui humilient leur propre enfant et lui infligent des mauvais traitements ont couramment été maltraités durant leur jeunesse et n'ont jamais liquidé leur honte intériorisée. Les traumatismes de leur enfance se sont gravés en eux sous la forme d'une série de souvenirs liés les uns aux autres. Ces scènes originelles sont réactivées par leur enfant et, à la manière d'un stimulus pavlovien, elles les contraignent à passer à l'acte. Les créateurs de la programmation neurolinguistique (PNL) appellent ces scènes des « ancres » (sur ce point, voir le chapitre 6). Selon Kaufman :

> Lorsqu'un parent s'apprête à maltraiter son enfant, non seulement il revit les scènes au cours desquelles il a lui-même été battu, mais, simultanément, il les revit selon la perspective de, son propre parent. Il joue à ce moment-là le rôle de son parent.

Pourquoi des parents ayant été des enfants battus voudraient-ils jouer le rôle de leurs propres parents ? C'est dans la dynamique de l'identification que réside la réponse, dynamique que Bruno Bettelheim a clairement définie en l'appelant «identification à l'agresseur». Quand un enfant souffre sur les plans physique et psychique, il essaye d'échapper le plus rapidement possible à sa souffrance. Il cesse donc de s'identifier à lui-même et s'identifie plutôt à son humiliant oppresseur, pour tenter de s'approprier son pouvoir et sa force. À mesure qu'il s'identifie à son parent, il devient à la fois le faible et mauvais enfant *et* le puissant parent offensif. L'image interne du parent abusif active la scène traumatisante originelle et fait le trait d'union dans le processus. Finalement, la victime reproduit de manière compulsive la violence qu'elle a subie en la dirigeant contre elle-même, son conjoint ou ses enfants. La honte intériorisée alimente ce processus: elle contraint la personne à se livrer à cette compulsion de répétition.

Néanmoins, toute victime de violence physique est également susceptible de perpétuer son rôle de victime. Les recherches approfondies que Martin Seligman a effectuées sur ce qu'il nomme «l'impuissance apprise» révèlent, en substance, que les châtiments physiques arbitraires, imprévisibles et administrés au hasard créent un état de passivité chez la victime, état qui se caractérise par le fait que cette dernière n'a plus le sentiment de pouvoir faire quoi que ce soit pour modifier sa situation. Elle adhère alors à un système de croyances négatif et acquiert la conviction qu'elle n'a plus le pouvoir de choisir.

Pour simplifier, disons que le lien affectif noué avec la violence peut s'expliquer ainsi: plus on est maltraité, plus on a honte; plus on intériorise cette honte, plus on se croit médiocre et anormal; plus on se croit médiocre et anormal, plus on se sent dépossédé de son pouvoir de choisir. En définitive, la honte intériorisée détruit les frontières personnelles. Or, sans frontières on n'a aucune protection.

Les abus sexuels

Si l'abuseur sexuel est le plus souvent un être sexuellement compulsif, il arrive parfois qu'il reproduise les sévices physiques ou sexuels qu'il a lui-même subis. L'abus sexuel génère en lui une honte intense et mutilante qui, en général, provoque une scission de son moi. Les agresseurs qui se rendent coupables d'inceste ou d'abus sexuel sont pétris d'une honte intériorisée. Voici ce qu'en dit Kaufman :

> L'auteur d'une agression sexuelle ou d'un viol est aussi un être foncièrement honteux. Il commet un acte de pouvoir et de vengeance, né de l'impuissance et nourri par la honte [...] cette scène de viol avec usage de la force est la reproduction, la transformation d'une autre scène, égale en impuissance et en humiliation, qu'a vécue l'agresseur aux mains d'un tortionnaire différent [...] La victime, la cible de la vengeance, est confondue avec la source de la honte éprouvée par l'agresseur. En écrasant sa victime, en l'humiliant, l'agresseur se libère momentanément de la honte.

Les représailles peuvent s'exercer de diverses façons, par le biais de l'inceste, de l'attentat à la pudeur, du viol, du voyeurisme, de l'exhibitionnisme, de la grossière indécence ou des appels téléphoniques obscènes. Mais dans tous les cas, il y a mise en actes de la honte et choix d'une victime innocente.

La grandiosité : la volonté mutilée

La honte toxique peut également revêtir l'apparence d'un mode de fonctionnement de type grandiose, qui se présente comme étant un trouble de la volonté. La grandiosité se traduit soit par une auto-enflure narcissique soit par une impuissance associée à un sentiment de médiocrité. À chacun de ces extrêmes, on retrouve le même refus d'être humain, la même exagération : d'un côté le plus qu'humain, de l'autre le moins qu'humain. Fait à souligner, le désespéré, celui qui se croit moins qu'humain, est aussi grandiose que l'autre. Son désespoir le porte à croire que rien ni personne ne saurait l'aider : « Je suis le plus malade d'entre les malades... Je suis "le plus grand pire" que la terre ait jamais porté. »

La grandiosité résulte d'une mutilation progressive de la volonté, mais, *à l'origine, c'est la mortification émotionnelle qui est la cause de cette mutilation*. En effet, les émotions refoulées et contaminées par la honte empêchent la pleine intégration des facultés intellectuelles. Car lorsqu'un événement quelconque suscite une forte réaction affective, les émotions doivent être libérées afin que l'intellect, la raison et le jugement soient en mesure de donner une signification à cet événement. Autrement dit, les émotions biaisent la pensée. Et à mesure que la honte les enchaîne, l'énergie qu'elles véhiculent reste figée, ce qui empêche la pensée et la volonté d'interagir pleinement.

La volonté, c'est un appétit, c'est l'intensité du désir élevé au rang de l'action. C'est une disposition totalement dépendante de l'intelligence (la raison et le jugement), qui lui prête son regard. Quand l'intelligence n'intervient pas, la volonté demeure aveugle et creuse. Sans contenu, elle se met à vouloir par elle-même, tourne à vide. Cette invalidité occasionne de sérieux problèmes :

- La volonté veut l'impossible.
- Elle tente de tout contrôler.
- Elle se croit toute-puissante ou minable (quand l'omnipotence a échoué).
- Elle veut pour vouloir (impulsivité).
- Elle ne fonctionne que dans les extrêmes : c'est tout ou rien.

La honte toxique en tant que faillite spirituelle

Fondamentalement, la honte toxique est un mal de l'âme et c'est pour cette raison que je l'assimile à une « faillite spirituelle ». Comme je l'ai dit précédemment, la spiritualité est l'essence de la vie humaine. Nous ne sommes pas des êtres matériels effectuant un voyage spirituel ; nous sommes des êtres spirituels ayant besoin de séjourner sur terre afin de devenir complètement spirituels.

La spiritualité est une façon de vivre, c'est ce qui rehausse la vie et lui donne sa valeur. Elle a donc quelque chose à voir avec la croissance et l'expansion, la nouveauté et la créativité. Elle concerne l'être, cette victorieuse poussée qui nous fait triompher du néant. L'être se rapporte à la question : « Pourquoi y a-t-il quelque chose plutôt que rien ? » L'être, c'est le domaine de tous les êtres qui sont.

L'*alteration* et la déshumanisation

La honte toxique, cette autoaliénation du moi, fait de l'individu un être « *altéré* ».

L'*alteration* est le terme utilisé par le philosophe espagnol Ortega Y. Gasset pour évoquer la déshumanisation. Celui-ci affirme que l'homme est le seul être qui vit de l'intérieur. Selon lui, être vraiment humain, c'est avoir un moi et une vie intérieure. C'est se distinguer ainsi des animaux qui sont constamment en état d'hypervigilance, toujours sur leurs gardes et tournés vers le monde extérieur pour assurer leur subsistance et se protéger du danger. À partir du moment où les humains n'ont plus de vie intérieure, ils deviennent *altérés* et déshumanisés.

Avec sa polarité « plus qu'humain/moins qu'humain », la honte toxique est déshumanisante. La nécessité qu'elle implique de dissimuler le moi authentique à l'aide d'un moi fictif contraint l'individu à mener une vie dominée par le besoin de « faire » et d'accomplir des performances. Tout repose alors sur la performance et la réalisation plutôt que sur l'être. Pourtant, le pouvoir d'être ne se mesure pas ; il porte en lui sa propre justification. En fait, le pouvoir d'être se fonde sur une vie intérieure qui s'épanouit dans l'abondance.

« Le royaume des cieux est en vous », disent les saintes Écritures. Or, la honte toxique pousse à chercher le bonheur et la confirmation de sa personnalité à l'extérieur de soi, puisque à l'intérieur de soi on se croit médiocre et anormal. De ce fait, la honte toxique est une faillite spirituelle.

La honte et le désespoir : la cage tournante d'un écureuil

La honte toxique a un caractère irrémédiable. Des convictions du genre « Puisque je suis médiocre, anormal, un véritable raté, il n'y a rien à faire avec moi», mènent tout droit à l'impuissance: «Comment pourrais-je changer ce que je suis?» La honte toxique est également circulaire: la honte engendre la honte. C'est ce qu'illustrait le tableau 1.1 à l'aide duquel j'ai démontré comment la personne compulsive met en actes sa honte intériorisée et a ensuite honte de son propre comportement.

L'autonomie fonctionnelle

Une fois intériorisée, la honte toxique devient pratiquement autonome, ce qui signifie qu'elle peut se raviver intrinsèquement sans le concours d'aucun stimulus externe. C'est ainsi que le sujet peut simplement imaginer une situation quelconque et en ressentir une grande honte ou encore, en poursuivant un monologue intérieur dans la solitude la plus totale, être entraîné dans une véritable spirale de honte. Plus on éprouve de la honte, plus on est mortifié: on se trouve pris dans un véritable cercle vicieux.

C'est précisément parce que la honte est une sorte d'impasse qu'elle s'avère si désespérante. Car à partir du moment où une personne se perçoit comme un être humain foncièrement médiocre, ses possibilités de s'amender paraissent nulles. Et si l'on considère qu'en plus la honte névrotique a la propriété de s'autorégénérer, on peut pressentir le pouvoir dévastateur, voire mortel, qu'elle exerce sur l'âme.

À ce stade-ci, je crois que le lecteur peut comprendre à quel point ma découverte de la dynamique de la honte a été dramatique. Il demeure cependant possible de diminuer le pouvoir de la honte en la nommant et en prenant conscience de sa dynamique.

Chapitre deux

Les origines de la honte toxique

Le système familial

Introduction

C'est dans les relations interpersonnelles *significatives* que la honte toxique trouve le terrain le plus propice à son développement. En effet, il est difficile d'imaginer qu'une personne à laquelle nous n'accordons aucune importance puisse nous humilier par ses paroles ou son comportement. C'est donc dans le cadre de ses toutes premières relations que l'être humain est susceptible de devenir la proie de la honte toxique. Si ses principaux protecteurs sont foncièrement humiliés, leur attitude à son égard sera humiliante et leur honte déteindra sur lui, car on ne peut pas inculquer l'estime de soi à un enfant lorsque l'on ne s'estime pas soi-même.

Par ailleurs, la honte toxique est multigénérationnelle, c'est-à-dire qu'elle se transmet de génération en génération. Les personnes foncièrement humiliées nouent des relations avec des personnes foncièrement humiliées et se marient avec elles. Dans les couples issus de ces unions, chacun des partenaires véhicule la honte héritée de son propre système familial. Le lien conjugal, fondé sur la honte, souffre d'un manque d'intimité puisque à partir du moment où l'on se perçoit comme un être humain médiocre et anormal, il est difficile de laisser quelqu'un se rapprocher de soi. De surcroît, les couples profondément honteux entretiennent ce manque d'intimité par divers moyens : une communication pauvre, des affrontements stériles, le jeu, la manipulation, les luttes de pouvoir, le repli sur soi, le blâme et la confluence. En ce qui concerne la confluence, née d'un accord selon lequel on ne doit jamais être en désaccord, elle crée une pseudo-intimité.

Lorsque ces conjoints profondément humiliés mettent un enfant au monde, les dés sont déjà jetés. On sait que les parents ont pour tâche de servir de modèles à leur enfant ; ils doivent lui montrer ce que c'est qu'être un homme ou une femme ; comment établir et entretenir des relations intimes avec quelqu'un ; comment reconnaître et exprimer ses émotions ; comment lutter loyalement ; comment délimiter ses frontières physiques, émotionnelles et intellectuelles ; comment communiquer ; comment affronter les incessants problèmes de la vie et y survivre ; comment se donner une discipline ; comment s'aimer soi-même et aimer les autres. Or, les parents pétris de honte ne peuvent rien faire de tout cela pour la bonne raison qu'ils ne savent tout simplement pas comment s'y prendre.

L'enfant a besoin que ses parents lui consacrent du temps et prêtent attention à lui. Consacrer du temps à quelqu'un est l'une des tâches de l'amour. Cela signifie que les parents doivent être là pour l'enfant, à l'écoute de ses besoins plutôt que des leurs.

En ce qui me concerne, par exemple, j'avais l'habitude de passer beaucoup de temps avec mon fils. Souvent, j'écoutais un match de football à la télévision pendant qu'il jouait à mes côtés et s'il faisait trop de bruit, je le réprimandais. La valeur du temps que nous passions ensemble s'avérait plus quantitative que qualitative.

L'écoute fait partie des tâches de l'amour. L'enfant sachant exactement ce dont il a besoin et le réclamant de manière non équivoque, on doit l'écouter, mais cela exige une assez grande maturité émotionnelle. Pour bien se mettre à son écoute, on doit d'abord avoir comblé ses propres besoins, sinon la tâche se révèle très difficile. Des besoins criants produisent un effet semblable à une rage de dents ; ainsi, quand on est pétri de honte, on est incapable de concentrer son attention sur autre chose que sa propre douleur.

Des parents démunis, foncièrement humiliés, sont pratiquement incapables de répondre aux besoins de leur enfant. Celui-ci est couvert de honte chaque fois qu'il manifeste son indigence, car ses besoins entrent en conflit avec ceux de ses parents. Il grandit, devient un adulte, mais derrière son masque de grande personne se cache un enfant délaissé, un enfant démuni qui est insatiable. Autrement dit, une fois adulte, il a un « trou dans l'âme ». Rien ne peut le satisfaire. À la différence de l'adulte adulte qui se satisfait de ses acquis et s'efforce ensuite d'obtenir davantage, l'adulte enfant ne peut jamais être satisfait car les besoins qu'il éprouve sont en réalité ceux d'un enfant.

Dans ma jeunesse, par exemple, chaque fois que j'entamais une nouvelle relation amoureuse, j'allais toujours trop loin et j'avais toujours des attentes démesurées. Si je rencontrais une jeune fille et que nous nous entendions bien, j'en arrivais très vite à croire que j'allais l'épouser, *et ce même après la première sortie en sa compagnie !* Sitôt qu'elle s'était éprise de moi, je m'attendais à ce qu'elle prenne soin de ma personne comme l'aurait fait une mère. L'enfant démuni a besoin de ses parents. Aussi l'adulte enfant tente-t-il de transformer son partenaire amoureux en parent, dans l'espoir que celui-ci prenne ses besoins en charge.

Au bout du compte, le mariage fondé sur la honte et l'indigence des conjoints trouvera son prolongement dans une famille fondée sur la honte et l'indigence de tous ses membres. Au sein de cette famille, les enfants grandiront dans la honte plutôt que dans l'amour.

La famille enracinée dans la honte fonctionne selon les lois des systèmes sociaux. Or, un système social affecté par une dysfonction est rigide et clos sur lui-même. Par conséquent, tous les individus faisant partie d'un système familial dysfonctionnel se retrouvent prisonniers d'une sorte de transe paralysante. Le système ayant besoin d'être maintenu en équilibre, ils s'en occupent.

Le moment venu, les enfants vont à l'école, à l'église ou à la synagogue et apprennent à vivre en société. Mais chacun de ces systèmes sociaux contribue de façon particulière au processus d'induction de la honte toxique.

L'histoire de Max*

Max était probablement la personne la plus pathétique que j'aie rencontrée en plus de vingt ans de pratique en psychothérapie. Il avait quarante-quatre ans lors de sa première visite à mon bureau. Je l'ai aimé tout de suite. Tout le monde semblait l'aimer, d'ailleurs. Il souffrait d'un trouble dont je n'avais jamais entendu parler auparavant : il faisait des fugues. Cela lui était arrivé neuf fois. À certains moments de sa vie, le plus souvent quand il réussissait bien et que la pression exercée par le succès allait croissant, il jetait quelques effets indispensables dans sa voiture et prenait la route. Il laissait tout derrière lui : vêtements, meubles, famille et emploi. Max était ingénieur-vendeur.

Lors de sa neuvième fugue, il avait quitté ses cinq enfants – tous âgés de moins de dix-sept ans – venus vivre avec lui après son troisième divorce. Les trois plus vieux étaient nés de son premier mariage, les deux cadets de ses deuxième et troisième mariages. À mesure que je m'entretenais avec Max, la profonde souffrance de sa vie devenait de plus en plus apparente. Mais sa honte intériorisée se révélait encore davantage. En fait, l'existence de Max était l'image même de la honte intériorisée.

Il incarnait plusieurs facettes de la honte et était en quelque sorte le fruit des sources majeures de la honte. Il mettait également en actes la plupart des principaux moyens permettant de dissimuler la honte.

---

* Max est le symbole composite, un Monsieur Tout-le-Monde de la honte toxique, pour ainsi dire. J'ai pris ici et là des éléments de la vie dramatique de personnes réelles souffrant d'une honte profonde. L'une de ces personnes, une tragique victime de la honte toxique, est maintenant décédée.

Tandis qu'il me parlait, Max évitait continuellement mon regard et rougissait fréquemment. Cet homme était hypervigilant et douloureusement conscient de ses faiblesses. De temps à autre, me regardant droit dans les yeux comme pour me défier, il relatait ses faits et gestes et se condamnait avec sévérité. Il se lançait ensuite dans de longues descriptions quasi délirantes sur son profond sens des responsabilités et la grandeur de ses réussites. Sitôt que je le confrontais gentiment à ses dénégations, il réagissait énergiquement, prenait une attitude défensive et s'enrageait quelquefois. À mesure qu'il se confiait, ce qui m'apparaissait de plus en plus clairement, c'était son désespoir, le désespoir de sa profonde solitude et de sa honte sans issue. Bien que doué sur le plan intellectuel et, de toute évidence, extrêmement compétent en tant que vendeur et ingénieur, il s'imposait les tâches les plus avilissantes au cours de ses fugues. Il avait travaillé comme concierge, plongeur, éboueur, bûcheron, machiniste et cuisinier de plats rapides ; lors de son dernier « trip », comme il le disait, il s'était « lancé » dans la collecte et la vente de cannettes d'aluminium.

Max était beau, grand et plutôt séduisant, bref, il plaisait aux femmes ; cependant, il restait toujours seul et célibataire durant ses trips. Au cours de la période où je l'ai suivi en thérapie, il souffrait d'impuissance sexuelle, problème dû en partie à des années d'isolement, de consommation de marijuana et de drague compulsive.

Max était ce que Pat Carnes appelle un obsédé sexuel de niveaux I et II, dans son livre intitulé *Out Of The Shadows*.

Les symptômes correspondant à l'obsession sexuelle de niveau I, sont les suivants :

- des liaisons ou des partenaires amoureux multiples ;
- la pratique d'une masturbation compulsive avec ou sans le support de matériel pornographique ;
- une drague constante de nature homosexuelle ou hétérosexuelle ;
- le fétichisme, la bestialité et la prostitution.

Au niveau II correspondent le voyeurisme, l'exhibitionnisme, la grossière indécence et les appels obscènes.

Carnes parle également d'un niveau III d'obsession sexuelle, qui inclut l'inceste, le viol et l'attentat à la pudeur. Le niveau d'obsession se rapporte à la gravité des sévices et à la punition légalement encourue. Les niveaux II et III impliquent toujours la prise d'une victime et des actes condamnés par la loi.

En ce qui le concerne, Max avait eu plusieurs aventures durant ses trois mariages. Au tout début de son deuxième mariage, il s'était adonné au voyeurisme, dont il parlait avec un fort sentiment de dégradation et de honte. Ce penchant l'avait conduit jusqu'à rester caché dans les branches d'un arbre trois heures durant pour entr'apercevoir pendant deux minutes une jeune femme en slip et soutien-gorge.

Max allait également draguer dans les centres commerciaux, en se livrant à de subtils actes d'indécence. Au moment où il était venu me consulter, il avait renoncé à toute forme de relation avec les femmes. Isolé, dépourvu de quelque vraie relation que ce soit, il s'était résigné à occuper un poste subalterne à titre de comptable dans une quincaillerie.

Tous les enfants de Max souffraient de problèmes de dépendance. À vingt-six ans, la plus âgée de la famille en était déjà à son deuxième mariage. Aux prises avec de graves problèmes de codépendance, enlisée dans son rôle de protectrice, elle confondait l'amour avec la pitié. Elle recherchait des hommes complètement paumés et prenait soin d'eux jusqu'à ce qu'ils aient recouvré la santé. Son deuxième mari était un revendeur de drogue européen qui avait fait de la prison en France pour s'être livré à son trafic illégal. Les deux fils de Max et sa fille née d'un deuxième mariage étaient sérieusement toxicomanes et avaient de graves problèmes sexuels et relationnels. Dès l'âge de treize ans, le plus jeune, un enfant du troisième lit, avait été arrêté et emprisonné à quatre reprises pour s'être livré à des actes de violence alors qu'il était soûl et drogué.

J'ai suivi Max de façon irrégulière pendant presque sept ans. Il a mis un terme à sa thérapie (en me fuyant) juste au moment où je croyais que nous progressions vraiment. Je m'étais engagé vis-à-vis de lui plus qu'aucun autre thérapeute ne l'aurait jamais fait. Il touchait ma propre honte et ma propre codépendance. Je voulais tellement l'aider que je m'étais trop investi dans l'issue de notre travail. En septembre 1974, Max est mort à l'âge de cinquante-deux ans. C'était exactement à cet âge-là que son père était mort.

Sur le plan de la personnalité, Max présentait des traits aussi bien grandioses que mélodramatiques. En même temps, il y avait en lui une générosité et une noblesse véritables. Il éprouvait une compassion sans bornes pour la souffrance d'autrui. Il est mort d'emphysème dans un hôpital, reclus au fin fond d'une aile isolée. À son enterrement, j'ai pleuré comme jamais je n'aurais pu l'imaginer.

Max était à l'image de tous ceux d'entre nous qui sont pétris de honte. J'ai dit que c'était l'emphysème qui l'avait tué, mais en réalité, c'était la honte toxique. Sa honte intériorisée se trouvait à la source de sa codépendance affective, de son accoutumance aux substances chimiques et de sa compulsion sexuelle. Max était le Monsieur Tout-le-Monde de la honte toxique. Son existence du début jusqu'à la fin se présente comme une illustration des origines et du pouvoir démoniaque de la honte toxique.

Je vais donc utiliser maintenant certains éléments de la vie de Max pour mettre en lumière les origines de la honte toxique : sa famille d'origine, qui était dysfonctionnelle ; les modèles foncièrement honteux qu'étaient ses parents ; les antécédents multigénérationnels de sa famille ; ses problèmes liés à l'abandon ; son cheminement scolaire ; son éducation religieuse et la culture mortifiante que nous avons tous en commun avec lui.

Les familles dysfonctionnelles

La honte toxique prend sa source dans les rapports interpersonnels que nous entretenons, principalement dans les relations les plus significatives que nous établissons au tout début de notre vie, au sein de notre famille d'origine. Comme Judith Bardwick le dit si bien dans son ouvrage intitulé *In Transition* :

C'est dans le mariage, et donc dans la famille, que nous vivons nos expériences humaines les plus intimes et les plus fortes. La famille constitue l'unité à laquelle nous appartenons, de laquelle nous pouvons attendre une protection contre les inévitables coups du sort, à l'intérieur de laquelle nous créons l'infini par le biais de nos enfants et au sein de laquelle nous trouvons refuge. La famille est faite d'un matériau plus rouge sang et plus passionnel que celui de l'amitié, et son prix en est beaucoup plus élevé, aussi.

C'est d'abord dans notre famille que nous apprenons qui nous sommes. Notre identité fondamentale nous est tout d'abord révélée par le reflet de nous-mêmes que nous renvoient nos premiers protecteurs. En conséquence, notre destin dépend dans une large mesure de la santé de nos protecteurs.

Max, quant à lui, avait pour père un homme qui était véritablement un alcoolique, un obsédé sexuel et un coureur de jupons. Ce père, Jérôme, était pétri de honte ; il avait été abandonné par son propre père puis élevé par une mère alcoolique qui avait instauré avec lui une relation émotionnellement incestueuse. La description que Max faisait de cette femme, sa grand-mère, était effrayante.

Max avait huit ans lorsque Félicia, sa mère, et Jérôme avaient divorcé. À partir de ce moment, il avait été négligé sur les plans affectif et matériel. Son frère aîné, Robert, avait alors endossé un rôle de père tandis que sa sœur, Émilie, avait joué auprès de lui un rôle de mère. Robert et Émilie étaient les Petits Parents de Max.

Félicia et Jérôme, les parents de Max, s'étaient mariés alors qu'ils avaient respectivement dix-sept et dix-huit ans parce que Félicia était enceinte d'Émilie, la sœur aînée de Max. La famille de Félicia, chrétienne et très croyante, avait exigé que Jérôme épouse la jeune fille. Félicia affichait une extrême pruderie et vivait complètement coupée de ses émotions. Elle avait intériorisé le refoulement sexuel de sa mère. Celle-ci avait été agressée sexuellement par son père (également alcoo-

lique) et par deux de ses neuf frères. N'ayant reçu aucune aide thérapeutique par la suite, elle était restée marquée par ces incestes et avait
enfoui ces souvenirs au fin fond d'elle-même comme un secret honteux. Bien qu'ostensiblement « comme il faut » et prude, Félicia avait
mis en actes la honte sexuelle de sa mère en tombant enceinte à l'âge
de dix-sept ans. Par ailleurs, elle avait également subi les agressions
sexuelles de son grand-père maternel.

Félicia était l'épouse émotionnelle de son père, Jérôme. Elle était
devenue sa petite femme et sa confidente après que sa mère se fut ré-
fugiée dans l'hypocondrie.

Pour sa part, Jérôme était le protecteur émotionnel de sa mère. Il
avait d'abord été son petit homme, puis il avait joué à ses côtés le rôle
d'Époux Substitut. Le père et la mère de Max avaient d'ailleurs servi
l'un comme l'autre d'Époux Substitut, ce qui signifie qu'ils avaient été
victimes d'un inceste émotionnel. Tous deux souffraient de graves
problèmes de honte intériorisée, de codépendance et de dépendance.
La mère de Max faisait consciencieusement son devoir, mais elle se
montrait froide, aucunement sensuelle. Cinq ans après le mariage de
ses parents, Max avait vu le jour au terme d'une grossesse acciden-
telle : sa naissance n'avait été ni planifiée ni réellement désirée.
Selon la théorie des systèmes familiaux (Sharon Wegscheider-Cruse),
Max avait été ce qu'on appelle l'« Enfant sacrifié ».

La famille en tant que système social

Vous avez probablement remarqué que j'écris les mots Enfant Sacrifié, Époux Substitut et Petits Parents avec des majuscules : c'est
pour bien souligner le fait qu'il s'agit là de rôles rigides commandés
par les besoins du système familial. Dans mon livre intitulé *La famille*
et dans la série télévisée du même nom (diffusée par le réseau PBS),
j'ai donné un aperçu de cette nouvelle conception de la famille, vue
comme un système social, qui a émergé au cours des dernières années.

Sous ce nouvel éclairage, la famille nous apparaît comme un système social obéissant aux mêmes lois que n'importe quel organisme

complexe. La première de ces lois veut que le tout soit plus grand que la somme de ses parties. Une famille se définit donc par les interactions et les interrelations entre ses parties, plutôt que par la somme de ses parties.

Le corps humain, par exemple, illustre bien ce principe holistique. Notre corps est un système organique complet constitué de plusieurs sous-systèmes (nerveux, circulatoire, endocrinien, etc.). En tant qu'organisme, le corps humain n'est pas le résultat de la somme de ses parties mais plutôt des interrelations entre ses parties. Mon corps ne serait plus mon corps s'il était découpé en plusieurs parties. Si on me coupait les jambes, par exemple, on pourrait difficilement penser à moi en les regardant. Dans un système, chaque partie est reliée à chacune des autres parties. Chaque partie est complètement une partie et partiellement un tout...

La famille entière est un organisme plus grand que chacun des membres qui la composent. Elle se définit par les relations entre ses parties, plutôt que par la somme de ses parties. En tant que système social, la famille a des composants, des règles, des rôles et des besoins qui définissent le système.

Le lien conjugal est le principal composant de la famille en tant que système. Par conséquent, si le mariage est sain et fonctionnel, la famille sera saine et fonctionnelle ; si le mariage est dysfonctionnel, la famille sera dysfonctionnelle.

Dans le cas de Max, le lien conjugal unissant ses parents était extrêmement dysfonctionnel. Or, à partir du moment où le principal composant d'un système est dysfonctionnel, le système entier souffre d'un déséquilibre. Quand le système est déséquilibré, une autre loi entre en jeu, celle de l'homéostasie dynamique (loi de l'équilibre) : chaque fois qu'une partie du système souffre d'un déséquilibre, les autres parties tentent de rétablir l'équilibre.

Au cours de mes émissions, je me suis servi d'un mobile pour illustrer cette loi de l'équilibre homéostatique. Sitôt que l'on touche une partie d'un mobile, le reste en est affecté. Dès qu'une partie bouge, toutes les autres parties bougent également. Dans la réalité, le mobile revient toujours à l'état de repos. Dans une famille saine et fonctionnelle, disons qu'il resterait légèrement en mouvement, tandis que dans une famille dysfonctionnelle, il aurait tendance à demeurer figé et statique.

Dans une famille dysfonctionnelle, les enfants endossent les rôles rigides commandés par le besoin d'équilibre du système. C'est ainsi qu'un enfant non désiré, par exemple, tentera de maintenir l'équilibre de la famille en ne faisant pas de vagues, en se montrant serviable, parfait, hyper-responsable ou invisible. C'est le rôle de l'Enfant Sacrifié. Je l'écris avec des majuscules pour montrer qu'il s'agit d'un rôle dysfonctionnel.

Max et sa sœur aînée, Émilie, étaient tous deux des Enfants Sacrifiés. Robert, le frère de Max, était la Star ou le Héros de la Famille, c'est-à-dire qu'il se montrait extrêmement brillant pour redonner de la dignité à sa famille alcoolique et pétrie de honte. Robert et Émilie étaient devenus les Petits Parents de Max.

À mesure que son alcoolisme s'était aggravé, Jérôme avait délaissé sa famille. Étant donné que le système familial n'avait plus de père, Robert avait assumé ce rôle et était devenu le Petit Papa de Max. En outre, comme la famille avait également perdu son principal composant (le lien conjugal), Robert avait adopté le rôle d'Époux Substitut de Félicia. Par ailleurs, le système n'étant plus soutenu par un pourvoyeur financier, Robert et Émilie étaient devenus des Protecteurs Hyper-responsables.

Lorsque Max était enfant, on l'avait confié à de proches parents afin de le protéger de l'ivrognerie de son père. Max était le Protégé mais avait vécu cet état de fait comme un abandon.

Il faut bien comprendre que tous ces rôles constituent des moyens de dissimuler la honte. Robert déguisait sa propre honte en jouant son rôle de Star-Héros. Il avait adopté un comportement mortifiant à l'égard de Max, dont il exigeait la perfection. Il essayait de lui inculquer une discipline outrancière en l'évaluant continuellement à coups de « il faut » et de « tu devrais ». Robert alimentait constamment la honte ressentie par Max, qui l'aimait et l'admirait; celui-ci acceptait de bonne grâce d'être un exutoire pour la honte de son grand frère. Robert était également très croyant. Il désirait d'ailleurs devenir prêtre et avait commencé ses études au séminaire. Il se servait de la vertu religieuse pour dissimuler sa honte et la projetait sur Max en lui faisant la morale et en portant des jugements sur lui.

Quand la peur, la souffrance et la solitude engendrées par la honte d'une famille dysfonctionnelle atteignent un haut niveau d'intensité, une personne, souvent la plus sensible, devient le Bouc Émissaire. Ce rôle a pour fonction d'atténuer la souffrance dans laquelle sont plongés tous les membres de la famille. Dans la famille de Max, c'était Émilie qui avait tout d'abord hérité de ce rôle pour soulager Félicia: elle était devenue le Bouc Émissaire de Maman. Plus tard, au cours de son adolescence, Robert en avait écopé parce que son alcoolisme était devenu flagrant. Il s'était ensuite repenti et avait fait son sacerdoce, laissant la place libre pour Max. Dès l'âge de quinze ans, Max avait commencé à boire et à prendre la clé des champs. Sa première fugue importante avait duré quatre jours et s'était terminée sur une plage de la Nouvelle-Orléans. Plus ses disparitions bizarres se répétaient, plus elles attiraient sur lui l'attention de sa famille. En parlant exclusivement de Max et en se concentrant sur lui comme sur une obsession, chaque membre du système familial se trouvait à même d'échapper à sa propre souffrance.

La situation de Max s'apparentait à celle du bouc sacrificiel dans le rituel juif du Grand Pardon. Durant ce rituel, un bouc est maculé de sang puis envoyé errer dans le désert. C'est ainsi que le bouc émissaire expie les péchés du peuple. Max était devenu le bouc sacrificiel: il s'en allait droit vers la mort en portant la honte de plusieurs générations de sa famille.

Tous les rôles joués dans le système familial de Max visaient à permettre aux divers acteurs de surmonter l'angoisse causée par l'alcoolisme de Jérôme et la codépendance de Félicia. Dans une famille fonctionnelle, les rôles sont choisis et flexibles; les membres peuvent les laisser tomber au besoin. Dans une famille dysfonctionnelle, les rôles sont RIGIDES. Le tableau 2.1 figurant ci-après donne un aperçu des différents rôles joués dans la famille d'origine de Max. Il comprend ceux repérés par Max et ceux que j'ai moi-même découverts à partir des notes que j'avais prises sur son cas. Il me semble utile de souligner ici le fait que tous les rôles servent à dissimuler le noyau intime de l'individu profondément humilié. Tant que chacun des membres du système joue son rôle rigide, le système reste figé et inchangé. La famille dysfonctionnelle est pour ainsi dire immobilisée dans un état semblable à un état de transe. Le noyau de honte paralyse le système ; tous les membres restent dans leur cachette, les rôles masquant le moi authentique de chacun.

La famille mortifiée et la maladie multigénérationnelle

La nature multigénérationnelle de la honte toxique constitue l'une de ses forces les plus dévastatrices. Et si la honte toxique peut survivre d'une génération à l'autre, c'est grâce à son côté secret. Puisqu'on la garde cachée, on ne peut l'affronter et l'annihiler. *Les familles sont aussi malades que leurs secrets.* Les secrets, ce sont toutes les choses dont la famille a honte. Les secrets de famille peuvent remonter à plusieurs générations ; ils peuvent concerner un suicide, un homicide, un inceste, un avortement, des problèmes de toxicomanie ou d'alcoolisme, un déshonneur public, un désastre financier, etc. Or, dans une famille tous les secrets sont mis en actes, et c'est en cela que réside le pouvoir de la honte toxique.

La souffrance occasionnée par la honte provoque la constitution de mécanismes de défense automatiques et inconscients auxquels Freud a donné plusieurs noms : le déni, l'idéalisation des parents, le refoulement et la dissociation de ses émotions. Ce qu'il faut surtout en retenir, c'est qu'on ne peut pas savoir ce qu'on ignore. Une fois constitués, les mécanismes du déni, de l'idéalisation, du refoulement et de la dissociation deviennent des mécanismes de survie totalement inconscients. Parce qu'ils sont inconscients, ils nous conduisent à perdre tout contact avec la honte et la souffrance qu'ils dissimulent. *Or, nous ne pouvons pas nous guérir d'un mal que nous ne ressentons pas.*

TABLEAU 2.1. LA FAMILLE DYSFONCTIONNELLE DANS LAQUELLE MAX EST NÉ

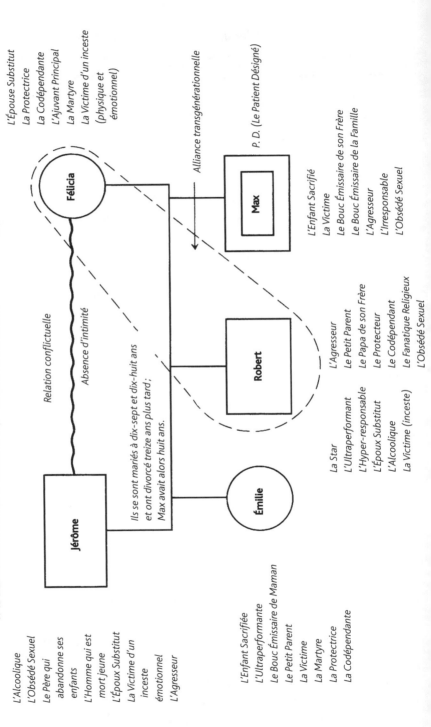

L'Épouse Substitut
La Protectrice
La Codépendante
L'Ajuvant Principal
La Martyre
La Victime d'un inceste
(physique et
émotionnel)

Félicia

Alliance transgénérationnelle

P. D. (Le Patient Désigné)

Max

L'Enfant Sacrifié
La Victime
Le Bouc Émissaire de son Frère
Le Bouc Émissaire de la Famille
L'Agresseur
L'Irresponsable
L'Obsédé Sexuel

Relation conflictuelle

Absence d'intimité

Robert

L'Agresseur
Le Petit Parent
Le Papa de son Frère
Le Protecteur
Le Codépendant
Le Fanatique Religieux
L'Obsédé Sexuel

Ils se sont mariés à dix-sept et dix-huit ans
et ont divorcé treize ans plus tard;
Max avait alors huit ans.

Jérôme

Émilie

La Star
L'Ultraperformant
L'Hyper-responsable
L'Époux Substitut
L'Alcoolique
La Victime (inceste)

L'Alcoolique
L'Obsédé Sexuel
Le Père qui
abandonne ses
enfants
L'Homme qui est
mort jeune
L'Époux Substitut
La Victime d'un
inceste
émotionnel
L'Agresseur

L'Enfant Sacrifiée
L'Ultraperformante
Le Bouc Émissaire de Maman
Le Petit Parent
La Victime
La Martyre
La Protectrice
La Codépendante

De cette impossibilité résulte le fait que la honte toxique se transmet de génération en génération.

J'ai signalé précédemment que les parents de Max étaient tous deux issus de familles foncièrement honteuses. Le tableau 2.2 représente le génogramme de Félicia, la mère de Max. La mère de Félicia venait d'une famille alcoolique et incestueuse. Elle était profondément humiliée et souffrait de graves problèmes de codépendance mais n'avait reçu aucun traitement. Elle était agoraphobe et hypocondriaque. Quant au père de Félicia, il alimentait la honte de son épouse en tolérant sa maladie et avait fait de Félicia son Épouse Substitut. Félicia était une victime (non traitée) d'inceste émotionnel et physique ; elle avait refoulé sa sexualité et véhiculait les problèmes maternels découlant d'un inceste non résolu. Inconsciemment, elle transposait ces problèmes en adoptant un comportement de séductrice avec Robert et Max. En tant que fils aîné, Robert était devenu l'Époux Substitut de Félicia, situation qui reproduisait l'inceste dont Félicia avait elle-même été victime. Félicia idéalisait son père et renforçait tant sa codépendance que son obsession du travail. Les trois sœurs de Félicia avaient épousé des hommes dysfonctionnels. Toutes trois véhiculaient la rage sexualisée (une haine dirigée contre les hommes) et non résolue que leur mère, Doris, leur avait transmise.

De son lit de malade, la mère de Félicia pestait continuellement contre les hommes. Max m'a raconté que, étant enfant, il l'avait souvent entendue répéter une de ses réflexions préférées : « Les hommes ne pensent qu'à ça. C'est leur pénis qui leur sert de cerveau. » Une telle affirmation, énoncée en présence d'un jeune garçon, constitue un abus sexuel. Avec sa rage sexualisée inconsciente (héritée de sa propre mère), Félicia prenait Robert et Max comme victimes.

Lorsque Félicia était tombée enceinte de Jérôme, elle avait mis en actes la honte sexuelle non résolue de sa mère. À son tour, Max avait reproduit cette mise en actes en faisant un enfant à Brigitte, sa première femme, à l'âge de dix-sept ans. Quant à Robert, il s'était lui aussi marié parce que sa petite amie était enceinte.

TABLEAU 2.2. LE GÉNOGRAMME DE LA MÈRE DE MAX

Victime d'un inceste
(non traitée)
Haineuse envers les hommes
Gravement codépendante
Agoraphobe
Hypocondriaque
Née de parents alcooliques

Alcoolique

Doris

L'Alcoolique
L'Enfant Sacrifiée
La Martyre

Florence

Mari souffrant d'une
maladie mentale
Alcoolique atteint
de grandiosité

La « Garce »

France

Pseudo-intimité

Mari dominé par sa femme
Passif
Alcoolique agressif

Simon

Épouse
Substitut

Félicia

Alcoolique
Obsédé Sexuel
Agresseur

Max

Jérôme

Fernande

L'Alcoolique
inavouée

Mari tyrannique
Enragé invétéré
Ergomane

Alliance transgénérationnelle

Ergomane
(workaholic)
Protecteur
Codépendant
Adjuvant Principal

Toutes les filles donnent raison à leur mère : « Les hommes sont de sacrés vauriens ! »

Le tableau 2.3 représente l'essentiel du génogramme de Jérôme. À l'âge de sept ans, la mère de Jérôme, Henriette, avait vu sa propre mère brûler vive et en mourir. Elle avait ensuite été abandonnée par son père ; celui-ci l'avait envoyée vivre chez deux tantes qui détestaient les hommes. Elle était révoltée par cette situation et manifestait sa révolte en s'attirant continuellement des ennuis.

Très jeune, Henriette avait eu un comportement hypersexualisé. J'ai toujours soupçonné que sa recherche de promiscuité sexuelle était la mise en actes d'une quelconque forme d'abus, mais Max ne possédant aucune information sur cette branche de sa famille, je n'ai jamais pu vérifier mon hypothèse. Max n'avait pas connu son grand-père, mais il éprouvait une profonde aversion pour sa grand-mère. Celle-ci s'était mariée à seize ans. Son mari était décédé dans des circonstances tragiques avant l'âge de trente ans, électrocuté alors qu'il travaillait dans une centrale électrique. Elle avait touché une importante indemnité en tant que veuve, puis avait bu et fait la noce pendant les quelques années suivantes. Son alcoolisme était vraisemblablement héréditaire.

Le père de Jérôme avait épousé Henriette peu après qu'elle fut tombée enceinte et, au bout de sept années de mariage orageux, avait divorcé. Jérôme avait alors huit ans. Par la suite, il ne devait revoir son père qu'à deux reprises. La première fois, il avait parcouru près de cinq cents kilomètres en auto-stop, pour ne connaître que la déception de se voir réexpédié illico en autocar à la maison. La deuxième fois relevait d'un coup du sort. Après avoir lu dans le journal un avis relatif au décès de son père, il s'était rendu à son enterrement. On lui avait alors demandé de s'en aller sous prétexte que sa présence était inconvenante. C'est à ce moment-là qu'il avait appris que son père s'était remarié entre-temps et avait eu trois autres enfants.

Ainsi, Jérôme avait grandi en étant privé de père, enchevêtré dans des liens incestueux (sur le plan émotionnel) entretenus par une mère alcoolique et sexuellement compulsive. *Par le biais de ses fugues, Max mettait en actes ces schémas d'abandon multigénérationnels.* Son

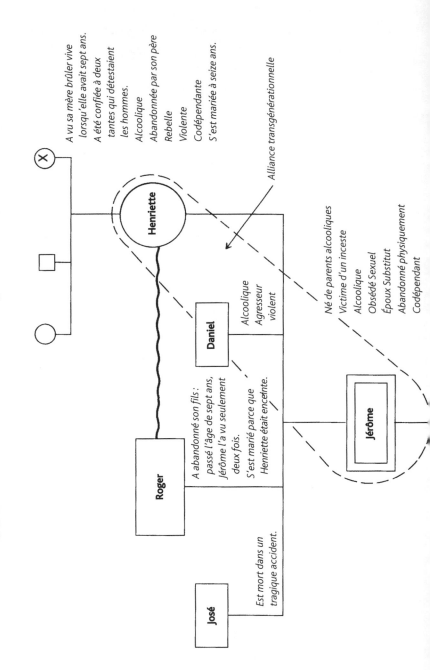

TABLEAU 2.3. LE GÉNOGRAMME DE JÉRÔME, LE PÈRE DE MAX

A vu sa mère brûler vive lorsqu'elle avait sept ans.
A été confiée à deux tantes qui détestaient les hommes.
Alcoolique
Abandonnée par son père
Rebelle
Violente
Codépendante
S'est mariée à seize ans.

Henriette

Alliance transgénérationnelle

Né de parents alcooliques
Victime d'un inceste
Alcoolique
Obsédé Sexuel
Époux Substitut
Abandonné physiquement
Codépendant

Daniel

Alcoolique
Agresseur violent

Roger

A abandonné son fils : passé l'âge de sept ans, Jérôme l'a vu seulement deux fois.
S'est marié parce que Henriette était enceinte.

Jérôme

José

Est mort dans un tragique accident.

père et sa mère, Jérôme et Félicia, avaient tous deux été abandonnés par leur parent du même sexe. Tous deux avaient été utilisés pour satisfaire les besoins de leurs parents au lieu d'être aidés par des parents à l'écoute de leurs besoins.

Max avait rencontré Brigitte, sa première femme, au collège. Le père de cette adolescente, un ex-alcoolique, tenait à sa fille comme à la prunelle de ses yeux. Enfant unique, jolie et intelligente, Brigitte était la Star de la famille; en outre, une alliance transgénérationnelle s'était formée entre elle et ses deux parents.

Max, quant à lui, était le troisième enfant de la famille. Or, on sait que, souvent, les enfants qui occupent ce rang dans leur famille véhiculent la dynamique du lien conjugal. Max avait reproduit exactement la même situation que celle vécue autrefois par ses parents: il s'était marié très jeune parce que sa petite amie était enceinte et, plus tard, avait abandonné ses enfants comme son père l'avait abandonné. Auprès de Brigitte, il avait éprouvé la même solitude, le même isolement que celui ressenti par ses parents durant leur vie conjugale.

Dans sa famille, Brigitte était la Protectrice. En étant toujours gaie et pleine d'entrain, elle soignait littéralement la tristesse, la dépression et la solitude profondément enracinées de son père. Au collège, elle était meneuse de claque. Ce rôle l'habitait tellement qu'elle avait perdu tout contact avec son moi authentique.

J'ai rencontré Brigitte une fois, à la demande de Max, qui s'inquiétait au sujet de leur fille aînée. J'avais fait part à Max de mon impression que Brigitte avait établi avec leur fille une relation basée sur la permissivité. Elle l'avait aidée à sortir de prison à maintes reprises et lui donnait toujours des sommes d'argent exorbitantes. Quand j'ai parlé avec Brigitte, j'ai eu l'étrange sentiment de ne pas savoir à qui je m'adressais. Elle «jouait» et sa façon de s'exprimer me faisait penser à celle d'un perrroquet. Elle s'était tellement enfermée dans son rôle que la simple idée qu'elle donnait une représentation ne risquait même plus de l'effleurer. Le tableau 2.4 présente le schéma du système familial de Max. De toute évidence, l'aînée était une Enfant Sacrifiée qui

TABLEAU 2.4. LE GÉNOGRAMME DE LA FAMILLE IMMÉDIATE DE MAX

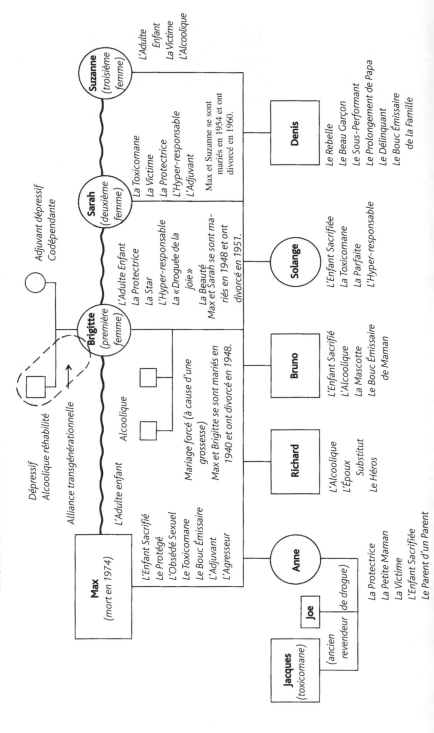

s'oubliait elle-même pour prendre soin de tout le monde. Tous les autres enfants mettaient en actes la honte inscrite dans le système familial. Les deuxième et troisième enfants étaient sérieusement alcooliques, tout comme la quatrième qui était de surcroît toxicomane. Par le biais de sa délinquance, le plus jeune mettait en actes la rage intériorisée de Max.

En conclusion, j'espère qu'en prenant connaissance des antécédents de Max, le lecteur aura été à même de pressentir la force des schémas multigénérationnels et qu'il aura pu voir de quelle manière Max a reproduit ces schémas et les a transmis à ses enfants. Le génogramme de Max établi sur cinq générations démontre que les cinq générations ont connu des problèmes d'alcoolisme, d'abandon – physique et émotionnel – et de codépendance. Il représente cinq générations de compulsion et d'abus sexuel jalonnées de grossesses précoces, de mariages, de divorces et de remariages. Max a été abandonné par son père Jérôme à l'âge précis où ce dernier avait lui-même été abandonné par son père. Et finalement, Max est mort exactement au même âge que son père. La carte familiale de Max est tout à fait représentative des familles pétries de honte.

Le couple humilié et les modèles parentaux

Compte tenu de ce que l'on sait maintenant à propos de Max, on peut tenir pour acquis que la principale source de honte toxique, c'est le système familial et ses schémas multigénérationnels de secrets non résolus.

Pour être plus précis, disons qu'un tel système familial naît de la rencontre et du mariage de deux individus pétris de honte. Chacun des partenaires s'attend à ce que l'autre prenne soin de son enfant intérieur comme le ferait un père ou une mère. Chacun est incomplet et insatiable. À l'origine de cette insatiabilité, se trouvent des besoins d'enfant inassouvis. Lorsque deux adultes enfants se rencontrent et tombent amoureux l'un de l'autre, l'enfant à l'intérieur de chacun espère que l'autre satisfera ses besoins. L'état amoureux étant un état naturel de fusion, les adultes enfants incomplets vivent une fusion semblable à celle vécue au stade symbiotique de la prime enfance, fusion grâce à laquelle chacun a le sentiment de ne faire qu'un et d'être complet. En outre, comme l'état amoureux est toujours érotique, chaque partenaire se sent «océanique» durant l'étreinte sexuelle. Or, l'amour «océanique» n'a pas de frontières. Il ressort de tout cela que l'état amoureux est aussi puissant que n'importe quel narcotique: il fait naître un sentiment d'unité et d'extase.

Malheureusement, cet état ne peut durer car la conscience extatique s'avère extrêmement sélective. Les amoureux font grand cas de leurs ressemblances et sont extrêmement intrigués l'un par l'autre, mais très vite des différences profondes commencent à se manifester. À travers l'attitude des conjoints, les deux familles d'origine dressent leur tête pétrie de honte. À ce moment-là, les hostilités commencent! Qui s'occupera de qui? Quelles règles familiales l'emporteront, les tiennes ou les miennes? Plus les deux partenaires sont profondément mortifiés, plus les différences individuelles leur seront intolérables. Ils essaieront mutuellement de s'emboîner avec un «Si tu m'aimais, tu ferais cela comme moi» et, de nouveau, les clans adverses passeront à l'attaque.

Les règles familiales mortifiantes

Chaque système familial a plusieurs catégories de règles. Quelques-unes concernent les fêtes et les relations sociales, d'autres régissent les contacts physiques et la sexualité, la maladie et les soins de santé appropriés, les vacances, le choix d'une profession, les tâches domestiques et l'usage de l'argent. Cependant, parmi les règles familiales, les plus importantes sont probablement celles ayant trait aux sentiments, à la communication et au rôle de parent.

La honte toxique est sciemment transmise par le biais de règles humiliantes. Dans les familles foncièrement mortifiées, les règles humilient ouvertement tous les membres. Cependant, en règle générale, ce sont les enfants qui récoltent la plus grosse part de honte. En fait, le pouvoir sert à dissimuler la honte et, le plus souvent, il s'exerce selon une hiérarchie. Papa peut crier après tous les membres de la famille. Maman peut crier après tous sauf après papa. L'aîné peut crier après tous sauf après papa et maman, etc. Quant au petit dernier, il ne lui reste qu'à torturer le chat. Voici quelques-unes des règles familiales dysfonctionnelles les plus courantes.

1. **Le contrôle.** « Contrôle toutes les interactions familiales, tous les sentiments et tous les comportements de chacun. » Le contrôle est la principale stratégie de défense contre la honte.

2. **Le perfectionnisme.** « Veille à toujours avoir raison de faire ce que tu fais et à le faire correctement. » La règle du perfectionnisme implique inévitablement une évaluation de ce qui est imposé. La peur et l'évitement de ce qui est négatif constituent le principe organisateur de la vie. Les membres de la famille vivent en se conformant à une image extérieure. Personne n'est jamais à la hauteur.

3. **Le blâme.** « Chaque fois que les choses ne tournent pas comme tu l'avais prévu, jettes-en le blâme sur toi-même ou sur les autres. » Le blâme est une autre défense contre la honte. Il maintient l'équilibre d'un système dysfonctionnel lorsque la tentative de contrôle a échoué.

4. **La négation des cinq formes de liberté.** Les cinq formes de liberté, énoncées tout d'abord par Virginia Satir, renvoient à la pleine autonomie personnelle. Chacune a trait à un pouvoir humain fondamental : le pouvoir de percevoir ; celui de penser et d'interpréter ; celui de ressentir ; celui de vouloir et de choisir ; et, finalement, celui d'imaginer. Dans les familles pétries de honte, la règle du perfectionnisme prohibe le libre exercice de ces pouvoirs. Elle interdit aux membres de percevoir, de penser, de ressentir, de désirer ou d'imaginer comme bon leur semble. Elle ne leur permet de le faire qu'en se conformant aux exigences de l'idéal perfectionniste.

5. **Le non-dit.** Cette règle interdit la libre expression de tout sentiment, désir ou besoin. Dans les familles foncièrement mortifiées,

les membres cherchent à dissimuler leurs vrais sentiments, désirs et besoins. Par voie de conséquence, personne ne parle de sa solitude ni de son sentiment d'être coupé de lui-même.

6. **La négation du droit à l'erreur.** Les erreurs sont vues comme révélatrices d'un moi vulnérable et estimé médiocre. Reconnaître que l'on s'est trompé, c'est s'exposer à un examen minutieux de la part des autres. Il faut donc dissimuler ses propres erreurs, mais couvrir de honte ceux qui en commettent.

7. **La méfiance.** Cette règle stipule qu'il ne faut pas miser sur la fiabilité des relations interpersonnelles. Pour ne jamais être déçu, on ne doit faire confiance à personne. Comme les besoins de dépendance des parents n'ont pas été comblés autrefois, ceux-ci ne sont pas disponibles pour leurs enfants encore dépendants, et c'est ainsi que le cycle de la méfiance se perpétue.

Ces règles ne sont pas affichées sur la porte du réfrigérateur familial. Cependant, ce sont ces règles mêmes qui gouvernent les relations interpersonnelles dans les familles pétries de honte. Elles assurent la persistance du cycle de la honte durant des générations.

Quant aux principes pédagogiques concernant l'art d'être parent, force nous est de constater que ceux adoptés par la majorité des familles occidentales génèrent une honte massive. Si on leur ajoute l'alcoolisme, l'inceste et la violence physique, on obtient une dysfonction majeure. Dans son ouvrage intitulé *C'est pour ton bien*, Alice Miller résume les principes de ce qu'elle appelle la « **pédagogie noire** ». Ils nous enseignent ceci :

1. Les adultes sont les maîtres [...] de l'enfant encore dépendant ;
2. ils tranchent du bien et du mal comme des dieux ; [...]
3. ils [...] rendent l'enfant responsable [de leur colère] ;
4. les parents ont toujours besoin d'être protégés ;
5. les sentiments vifs qu'éprouve l'enfant pour son maître constituent un danger ;
6. il faut le plus tôt possible « ôter à l'enfant sa volonté » ;

7. tout cela doit se faire très tôt de manière à ce que l'enfant ne « s'aperçoive de rien » et ne puisse pas trahir l'adulte.

De telles croyances au sujet du pouvoir absolu des parents proviennent de l'époque des monarques et des rois. Elles sont prédémocratiques et préeinsteiniennes. Elles reposent sur la vision d'un monde aux lois éternelles, régi par le *deus ex machina*. Cette vision du monde était celle de Newton et de Descartes, mais elle a été réfutée plusieurs fois depuis.

La pédagogie noire justifie l'emploi de méthodes extrêmement abusives visant à supprimer la spontanéité vitale des enfants : les châtiments corporels, le mensonge, la duplicité, la manipulation, la peur, le retrait de l'amour, l'isolement et la coercition poussée jusqu'à la torture. Toutes ces méthodes propagent et perpétuent la honte toxique.

La honte en tant que manière d'être

La honte normale se transforme en honte toxique par le biais de ce qu'on appelle le « processus d'intériorisation ». Au cours de ce processus, on perd la faculté d'éprouver une saine honte et on est progressivement paralysé par le sentiment d'être médiocre et anormal. Cette transformation s'opère au moyen de trois mécanismes : en premier lieu, on s'identifie à des modèles profondément mortifiés ; en second lieu, par suite d'un abandon traumatique, la honte se rattache à tous les sentiments, désirs et besoins ; en troisième lieu, certaines scènes ou souvenirs visuels s'interconnectent et s'amplifient tandis que des empreintes auditives et kinesthésiques mortifiantes s'incrustent dans la mémoire.

Le traumatisme d'abandon

J'utilise ici le mot « abandon » dans un sens plus large que son sens habituel, tout en conservant, bien sûr, le sens de « désertion physique » qu'on lui donne le plus souvent. Pour nommer les démons intérieurs, on a besoin d'enrichir la signification des mots.

Le sens que je donne à ce mot recouvre notamment différentes formes et effets de l'abandon émotionnel: la privation de caresses, la carence narcissique, le lien affectif fantasmatique, l'inassouvissement des besoins de dépendance et l'enchevêtrement du système familial. Le mot «abandon» désigne également toutes les formes de sévices.

Dans son émouvant ouvrage intitulé *Le drame de l'enfant doué*, Alice Miller souligne le paradoxe suivant: *de nombreux parents bons, affectueux et attentionnés abandonnent leurs enfants*. Elle relève aussi le fait, non moins paradoxal, que maintes personnes ayant beaucoup de possibilités, de talents et ayant à de multiples reprises été admirées pour leurs dons et leurs belles réussites, souffrent d'une profonde dépression parce que, enfants, elles ont été abandonnées et que leur moi authentique a été bafoué. J'ai fait allusion à ce phénomène en parlant du «trou dans l'âme». Les recherches d'Alice Miller m'ont permis d'élargir ma conception du traumatisme d'abandon. Dans son travail, la honte n'est pas considérée comme un principe organisateur. Cependant, on constate facilement que sa description de la perte du moi authentique, avec la dépression qui l'accompagne, évoque le processus d'intériorisation de la honte toxique.

Être abandonné, c'est être livré à soi-même. Cela peut se produire dans un contexte aussi bien d'absence que de présence physique. En fait, être abandonné par quelqu'un qui est physiquement présent s'avère encore plus affolant.

L'absence physique réelle

Dès le début de sa vie, Max était mal parti. Non seulement sa naissance n'était ni prévue ni réellement désirée, mais elle était survenue au sein d'un couple dont le dysfonctionnement conjugal devenait de plus en plus important. L'alcoolisme de Jérôme s'était tellement aggravé que Félicia avait recouru plusieurs fois à la séparation, pour tenter de le dissuader de s'enivrer. Max n'avait pas encore atteint l'âge de huit ans que ses parents s'étaient déjà séparés à quatre reprises.

De plus, durant trois de ces périodes de rupture, Max avait été séparé de son frère et de sa sœur. Il avait vécu avec sa mère chez deux de ses tantes, tandis que Robert et Émilie habitaient chez leur grand-mère. Or, un enfant a besoin de structure et de prévisibilité; il doit pouvoir compter sur quelqu'un.

Je me rappelle qu'à l'âge d'environ trois ans, mon fils aimait que je lui raconte une histoire avant de s'endormir, ses préférées étant *The Little Engine That Could* et *Peter Rabbit*. À la troisième ou quatrième lecture, je commençais à trouver ces histoires plutôt ennuyeuses. J'essayais donc parfois de tourner deux pages en même temps (le truc classique). Cependant, je pouvais rarement le faire sans que mon fils s'en aperçoive. Dans son jeune esprit, c'était le désastre s'il manquait une bribe du récit: son univers en était tout retourné. De manière plus dramatique encore, cela bouleverse sérieusement un enfant lors-qu'on le retire continuellement de sa famille.

L'enfant a besoin de la présence de ses deux parents. Un petit gar-çon doit pouvoir se lier à son père afin de se détacher de sa mère. Ce lien affectif implique que le père et le fils passent du temps l'un avec l'autre, qu'ils partagent des sentiments, de la chaleur, des caresses et qu'ils s'expriment mutuellement leur désir d'être ensemble.

Le père de Max n'était pas souvent présent et quand il ne travaillait pas, il buvait. Il consacrait très peu de temps à son fils. Un tout jeune enfant ne peut pas comprendre que son père souffre d'alcoolisme: sa lo-gique est limitée. C'est d'abord à travers ses émotions qu'il commence à penser (la pensée sensitive). Par ailleurs, l'enfant est égocentrique, ce qui ne signifie pas qu'on puisse le taxer d'«égoïsme» dans le sens habi-tuel du terme: il n'est pas moralement égoïste, mais tout simplement inapte à la pensée morale avant l'âge de sept ou huit ans (présumé être l'âge de raison). Toutefois, même à cet âge, sa pensée révèle encore des éléments d'égocentrisme particuliers. Ce ne sera pas avant l'âge de seize ans que l'enfant pourra faire preuve d'altruisme pur.

À cause de sa pensée égocentrique, l'enfant ramène tout à lui-même. Il peut même faire de la mort d'un parent une question personnelle : « Si maman m'avait aimé pour de vrai, elle ne serait pas partie au ciel, elle serait restée avec moi. »

On consacre du temps à ce que l'on aime.

Lorsque ses parents ne lui consacrent pas de temps, l'enfant a l'impression de ne rien valoir. Il a l'impression de ne pas mériter le temps, l'attention et les conseils que ses parents devraient lui donner. Il voit les événements à travers le filtre de son égocentrisme : « C'est ma faute si papa et maman ne sont pas là. Je dois avoir quelque chose qui cloche, sinon ils voudraient être avec moi. »

L'enfant est égocentrique parce qu'il n'a pas encore délimité les frontières de son ego. Une frontière de l'ego, c'est une force intérieure qui permet de préserver son espace intérieur. Sans frontières, on n'aurait aucune protection. Une frontière solide ressemble à une porte dont la poignée serait à l'intérieur. Une frontière faible ressemble à une porte dont la poignée serait à l'extérieur. L'ego d'un enfant ressemble à une maison complètement dépourvue de portes.

L'enfant est égocentrique par nature et non par choix. Son égocentrisme est comme une porte et une poignée temporaires destinées à le protéger jusqu'à ce qu'il puisse délimiter solidement ses frontières. Si ses parents ont eux-mêmes des frontières solides et lui donnent l'exemple, l'enfant sera à même, le moment venu, de délimiter solidement ses frontières en s'identifiant à eux. N'ayant aucune expérience, il doit s'en remettre à celle de ses parents et, en s'identifiant à eux, découvrir qu'il peut compter sur quelqu'un d'extérieur à lui. À mesure qu'il intériorise l'image parentale, il élabore en lui-même un guide intérieur sur lequel il peut compter. S'il ne peut compter sur ses parents, il ne peut développer cette ressource intérieure.

L'abandon émotionnel et la carence narcissique

L'enfant a besoin de trouver un reflet et un écho de lui-même chez ses principaux protecteurs. Cela signifie que quelqu'un doit être disponible pour lui et refléter ce qu'il est vraiment à chaque instant. Durant ses trois premières années d'existence, l'enfant a besoin d'être admiré, pris au sérieux et accepté pour ce qu'il est, c'est-à-dire en tant que personne unique. En satisfaisant son besoin d'être reflété, ses parents lui donnent ce que Alice Miller appelle les « provisions narcissiques fondamentales ».

Voici ce qui se produit, selon Alice Miller (dans *Le drame de l'enfant doué*), lorsqu'un parent a des frontières solides et qu'il reflète adéquatement son enfant :

1. Les pulsions agressives de l'enfant peuvent être neutralisées, car elles ne constituent pas une menace pour le parent ;
2. les tentatives de l'enfant pour accéder à son autonomie ne sont pas ressenties comme des agressions par le parent ;
3. l'enfant a le droit de vivre jusqu'au bout des pulsions ordinaires comme la jalousie, la colère, la sexualité ou l'obstination, puisque le parent connaît ou a connu lui-même de telles pulsions et ne les renie pas ;
4. l'enfant n'est pas obligé de plaire à ses parents, il peut exprimer ses propres besoins à chaque stade de son développement ;
5. il peut dépendre de ses parents, les « utiliser », car ils ne sont pas dépendants de lui ;
6. l'indépendance des parents et leurs frontières bien délimitées permettent à l'enfant d'effectuer une vraie séparation entre la représentation du moi et la représentation de l'objet ;
7. ayant le droit de montrer des sentiments ambivalents, l'enfant peut se considérer lui-même et considérer ses protecteurs comme à la fois « bons et méchants », sans avoir à séparer le « mauvais » objet du « bon » objet ;
8. le fait que les parents aiment leur enfant en tant qu'être autonome le rend capable d'un authentique amour objectal.

Mais que se passe-t-il quand les parents sont démunis et profondément humiliés ? Quand ils sont incapables d'assurer la fonction narcissique de reflet auprès de l'enfant ? Le fait que les parents soient profondément humiliés démontre clairement qu'*ils n'ont jamais pu constituer leurs propres réserves narcissiques.* De tels parents sont des adultes enfants encore à la recherche d'un parent ou d'un objet qui s'avérerait totalement disponible pour eux. Et les objets les plus susceptibles de leur procurer une gratification narcissique sont leurs propres enfants, puisque, comme l'explique Alice Miller:

> [...] un nouveau-né dépend entièrement de ses parents, pour le meilleur et pour le pire. Il a besoin de leur aide pour survivre, et fera donc tout pour ne pas la perdre, comme une petite plante qui se tourne vers le soleil.

Ce que la mère profondément humiliée n'a pu trouver en sa propre mère, elle le trouve en son enfant. En effet, l'enfant est toujours disponible, parfaitement maîtrisable et ne peut lui échapper comme autrefois sa propre mère lui a échappé. Il lui fait écho, lui porte une admiration sans bornes, concentre toute son attention sur elle et ne l'abandonnera jamais.

L'enfant vivant aux côtés de parents profondément humiliés possède une étonnante capacité à percevoir leur besoin de gratification; il semble le reconnaître inconsciemment. En jouant auprès d'eux un rôle de pourvoyeur de gratifications narcissiques, il s'assure leur amour; il peut ainsi avoir le sentiment qu'on a besoin de lui et qu'on ne l'abandonnera pas. *Ce processus constitue un renversement de l'ordre naturel. L'enfant comble les besoins de ses parents alors que ce sont les parents qui devraient combler les besoins de leur enfant.* Ce rôle de protecteur est étrangement paradoxal: dans sa tentative pour s'assurer l'amour parental et se prémunir de l'abandon, l'enfant se retrouve, en réalité, abandonné. Puisque c'est lui qui est à la disposition du parent, il n'y a personne qui puisse refléter ses sentiments et ses pulsions ni satisfaire ses besoins. Tout enfant ayant grandi dans un tel contexte a été mortellement blessé par cette carence narcissique. Ce phénomène peut d'ailleurs se produire dans les meilleures familles, comme le remarque Alice Miller dans *Le drame de l'enfant doué*:

Mais il reste tous ceux qui avaient des parents différenciés, dévoués, encourageants, et qui souffrent pourtant de troubles narcissiques et de dépressions graves. Ils arrivent en analyse affichant cette image d'une enfance heureuse et protégée avec laquelle ils ont grandi.

Ces individus narcissiquement carencés sont très souvent talentueux et doués ; ils sont capables d'accomplir de grandes performances et de bien réussir dans la vie ; ils sont d'ailleurs admirés et valorisés pour leurs dons et leurs succès. Quand on les regarde de l'extérieur, on ne peut que croire à leur réussite. Ils ont l'air forts, stables et pleins d'assurance. Cependant, la réalité est tout autre : ces gens narcissiquement carencés réussissent tout ce qu'ils entreprennent, ils sont admirés pour leurs dons et leurs talents, mais tout cela n'a aucun effet sur leur état.

Au-delà des apparences, il existe chez ces gens une « dépression, un sentiment de vide, une impression d'aliénation de soi, d'absurdité de l'existence », écrit Alice Miller. « Dès que la drogue de la grandiosité leur fait défaut, dès qu'ils ne sont pas *on top,* qu'ils ne sont pas la vedette [...] ils sont en proie à l'angoisse, à la honte et à des sentiments de culpabilité. »

J'ai travaillé avec plusieurs personnes de ce genre auquel j'appartiens moi-même. Quand on considère notre succès, il est très difficile d'imaginer à quel point nous sommes en fait pétris de honte. Enfants, nous étions aimés pour nos réalisations et nos réussites plutôt que pour nous-mêmes. Notre moi authentique a été abandonné.

En ce qui me concerne, j'ai mis des années avant de pouvoir retrouver mes propres sentiments : ma colère, ma jalousie, ma solitude ou ma tristesse. La coupure m'ayant séparé de mes émotions était le résultat d'un abandon : personne n'était là pour confirmer mes sentiments en les reflétant. Un enfant ne peut en effet éprouver ses sentiments qu'aux côtés d'une personne qui les accepte totalement, les nomme et les soutient.

La perte du sentiment de soi est une autre conséquence de cet abandon émotionnel. À partir du moment où l'on est utilisé pour combler les besoins narcissiques de quelqu'un, on ne cherche qu'à se conformer aux attentes des autres et, au bout du compte, on s'identifie à ce que l'on fait, aux prouesses que l'on accomplit. On devient un « faire humain » qui n'éprouve nul sentiment réel de son moi authentique. Selon Winnicott, le vrai moi demeure alors en « état de non-communication ». J'ai précédemment décrit cet état comme le fait d'être en dehors de soi. On se sent vide, sans « chez-soi » et futile.

La conséquence la plus dévastatrice de l'abandon émotionnel est probablement ce que Robert Firestone appelle le « lien fantasmatique » ou ce que Alice Miller appelle « la permanence du lien ». L'enfant à qui on a refusé le droit d'éprouver ses propres émotions reste dépendant de ses parents, d'abord consciemment, puis inconsciemment (par le biais de l'intériorisation de l'image parentale). Dans *Le drame de l'enfant doué*, Alice Miller rapporte que cet enfant « ne peut pas se fier à ses propres sentiments, il n'en a pas fait l'expérience par une méthode d'essai et d'erreur, il ne connaît pas ses vrais besoins, il est *aliéné* de lui-même ». Selon elle, il ne peut se séparer de ses parents parce qu'il est rattaché à eux par un lien fantasmatique. Il a l'illusion (fantasme) d'une connexion, c'est-à-dire qu'il croit à l'existence d'une relation d'amour entre lui et ses parents. En réalité, il est enchevêtré et coincé dans un rapport fusionnel. Ce qu'il prend pour une relation est plutôt un piège. Plus tard, à l'âge adulte, il transposera ce lien fantasmatique dans ses autres relations; il aura toujours besoin de la confirmation de ses partenaires, de ses enfants et des groupes dont il fera partie. Il sera particulièrement dépendant de ses enfants. L'individu piégé dans un lien fantasmatique ne peut établir de vraie relation avec quiconque, car il n'a pas de moi authentique à investir dans une relation. Ses parents réels, qui autrefois l'acceptaient seulement lorsqu'il les contentait, continuent de vivre en lui sous la forme d'introjects. Il cache son vrai moi à ces introjects exactement comme naguère il le cachait à ses parents. « C'est ainsi qu'à la solitude de l'enfance fait suite *l'isolement en soi-même* », conclut Alice Miller.

La grandiosité est souvent le résultat de tout cela. L'être grandiose est admiré partout et ne peut vivre sans cette admiration. Si un de ses talents lui fait défaut, c'est la catastrophe. Il doit à tout moment se montrer parfait, sinon la dépression le guette. La grandiosité domine fréquemment les gens les plus doués, dont un grand nombre souffrent de dépression grave. Il ne pourrait guère en être autrement puisque la dépression touche l'enfant perdu et abandonné qui vit en eux. «Lorsque, au lieu de dépendre de certaines qualités, le sentiment de soi prend racine dans l'authenticité des sentiments, on ne risque pas de tomber dans la dépression», affirme Alice Miller dans *Le drame de l'enfant doué*.

L'abandon émotionnel est multigénérationnel. L'enfant élevé par des parents narcissiquement carencés est voué à devenir un adulte portant en lui un enfant narcissiquement carencé et, tout comme il a lui-même été utilisé, à se servir de ses enfants pour combler ses besoins narcissiques. Ses enfants deviendront à leur tour des adultes enfants, et le cycle recommencera.

Les parents de Max souffraient d'une carence narcissique. Jérôme se servait de ses liens fantasmatiques avec l'alcool et le sexe pour combler ses besoins narcissiques et Félicia utilisait Robert comme principale source de gratifications narcissiques. Ce dernier était devenu la Star de la famille, le prêtre moraliste et vertueux qui accomplissait de belles prouesses. Émilie et Max étaient tous deux des Enfants Sacrifiés. Bien que soucieuse de faire son devoir, Félicia n'avait jamais été vraiment là pour refléter et confirmer leurs émotions. Max reproduisait un schéma identique avec ses enfants en les utilisant pour satisfaire ses besoins narcissiques. Au retour de ses fugues, il se précipitait immédiatement auprès d'eux, particulièrement auprès de ses filles, pour y chercher consolation et affection. À ma connaissance, aucun d'entre eux n'avait une seule fois manifesté de la colère, du chagrin ou du ressentiment face à lui. Les enfants de Max n'avaient jamais été en contact avec leurs propres sentiments.

Max se mettait en rage lorsque je lui disais qu'en agissant ainsi avec ses enfants il remettait en scène son propre abandon. Ses enfants étaient eux-mêmes persuadés d'avoir eu une enfance heureuse. Cela correspond à l'aspect illusoire de la carence narcissique.

C'est toujours froidement que des individus abandonnés sur le plan affectif évoquent leur enfance. Voici ce que relate Alice Miller à leur sujet :

> Ils racontent leurs premiers souvenirs sans aucune compassion pour l'enfant qu'ils étaient. [...] Ils affichent souvent une attitude méprisante et ironique face à leur enfance, qui va même parfois jusqu'à la moquerie, au cynisme. Généralement, ces patients ne prennent pas au sérieux leur destin d'enfant, ils n'en ont aucune compréhension émotionnelle et n'ont aucune idée de leurs véritables besoins au-delà de celui d'accomplir des performances. L'intériorisation du drame originel est tellement parfaite que l'illusion d'une bonne enfance peut être sauvée.

Les enfants de Max l'idolâtraient et l'idéalisaient. Ils entretenaient leur illusion d'une enfance heureuse. Quant à Max, il ne semblait éprouver aucune vraie colère à l'égard de ses parents. C'était uniquement quand il était ivre que sa rage envers son père se manifestait et il ne laissait percer nul sentiment de colère ouverte envers sa mère.

L'abandon induit par différentes formes de sévices

Toutes les formes de sévices infligés à un enfant sont des formes d'abandon. Lorsque des parents maltraitent leur enfant, ce sont leurs propres problèmes qui sont en cause et non ceux de l'enfant. C'est la raison pour laquelle il s'agit bel et bien de sévices.

Les sévices constituent une forme d'abandon parce qu'au moment où l'enfant en est victime, personne n'est là pour lui. Les mesures adoptées sont censées agir pour le bien de l'enfant, mais en réalité celui-ci n'est nullement en cause : c'est le parent qui est concerné. De telles «transactions» sont bouleversantes et humiliantes. À chaque mauvais traitement, l'enfant est humilié et s'il est jeune son égocentrisme le porte à se tenir pour responsable des sévices qu'on lui inflige : « Il est impossible que mes parents soient fous ou émotionnellement malades ; ce doit être moi, le malade », pense-t-il en son for intérieur.

L'enfant doit en effet entretenir l'idéalisation de ses parents. Sa pensée est empreinte de magie, égocentrique et illogique, et sa survie dépend entièrement de ses protecteurs. L'idéalisation est donc garante de sa survie. *« Si mes parents étaient fous, comment pourrais-je survivre ? Ce doit être moi, le malade. Je suis fou*, raisonne-t-il. Il y a sûrement quelque chose qui cloche en moi, sinon ils ne me traiteraient pas comme ça. »

L'enfant victime de mauvais traitements n'a aucune chance de s'en sortir, car tous les types de sévices contribuent à l'intériorisation de la honte. Cependant, certains s'avèrent plus intensément mortifiants que d'autres.

L'abus sexuel

De tous les types de sévices, l'abus sexuel est le plus humiliant. Même un abus sexuel mineur induit une honte plus grande que celle générée par toute autre forme de sévice. La violence sexuelle est très répandue : aux États-Unis, on estime que soixante millions de personnes en sont victimes. Au cours des trente dernières années, notre conscience de ce problème s'est considérablement aiguisée.

Dans le passé, nos connaissances en ce domaine se limitaient en quelque sorte aux « histoires d'épouvante » narrées par les victimes d'inceste. On associait généralement l'abus sexuel aux attouchements physiques. Aujourd'hui, on comprend beaucoup mieux ce dont il s'agit. Pour aborder la question de l'abus sexuel dans *La famille*, je me suis inspiré du travail de Pia Mellody, du centre de traitement Meadows. (Les informations suivantes sont tirées de *La famille*.)

Les abus sexuels sont susceptibles d'impliquer chacun des membres de la famille. On peut les répartir comme suit :

1. **Les abus sexuels physiques.** Cette catégorie d'abus comprend les gestes, les accolades ou les baisers ayant une connotation sexuelle ; toutes les formes de caresses ou d'attouchements sexuels ; les pratiques sexuelles anales ou bucco-génitales ; la masturbation de la victime par l'agresseur ou celle de l'agresseur par la victime ; et la relation sexuelle proprement dite.

2. **Les abus sexuels manifestes.** Ces abus correspondent à des actes relevant du voyeurisme et de l'exhibitionnisme, qu'ils aient lieu à l'intérieur ou à l'extérieur du foyer. Il arrive souvent que les parents agressent leurs enfants en se livrant à ces deux formes d'abus sexuels. Dans le contexte familial, lorsqu'il s'agit de déterminer s'il y a voyeurisme ou exhibitionnisme, le principal critère réside dans la réponse à cette question : en adoptant un comportement donné, le parent recherche-t-il une stimulation sexuelle ? Il arrive toutefois que le parent soit à ce point coupé de sa propre sexualité qu'il ne se rende pas compte de la nature ambiguë de son attitude. Il n'en demeure pas moins que, la plupart du temps, l'enfant sent qu'elle comporte quelque chose d'équivoque.

   Parmi mes clients, plusieurs m'ont rapporté ce type d'abus. Une femme m'a décrit de quelle manière insistante son père la lorgnait chaque fois qu'elle sortait de la salle de bain vêtue d'un slip. D'autres m'ont dit qu'ils ne jouissaient d'aucune intimité dans la maison, y compris dans la salle de bain. J'ai suivi en thérapie au moins une douzaine d'hommes qui avaient dû se laisser laver les organes génitaux par leur mère jusqu'à l'âge de huit ou neuf ans.

   Les enfants peuvent éprouver une certaine attirance sexuelle pour leurs parents. Mais tant que ce ne sont pas les parents qui provoquent cette attirance, on ne peut parler d'abus sexuel. Tout dépend des parents. Il n'est pas question ici du parent qui aurait une pensée ou une sensation sexuelles passagères face à son enfant. Il est question du parent qui utilise son enfant à des fins de stimulation sexuelle consciente ou inconsciente.

3. **Les abus sexuels déguisés.**

   (a) **L'abus verbal.** Cette forme d'abus implique la tenue de propos déplacés en matière de sexualité. Ce qui est le cas quand un père ou tout autre homme significatif qualifie les femmes de « putains » ou de « salopes » ou en parle comme s'il s'agissait d'objets sexuels ; quand une mère ou toute autre femme significative déprécie les hommes au moyen d'allusions sexuelles. L'abus verbal inclut également le fait que les parents insistent pour connaître dans le détail la vie sexuelle de l'enfant, ou qu'ils l'interrogent sur la physiologie de sa sexualité ou encore qu'ils veuillent tout savoir à propos de ses rendez-vous.

   Le manque d'information adéquate sur la sexualité constitue une autre forme d'abus sexuel déguisé. Au moment de leurs premières règles, plusieurs de mes clientes n'avaient aucune idée de ce qui leur arrivait. Trois autres ignoraient que leur vagin avait une ouverture ; elles ne l'avaient appris qu'à l'âge de vingt ans !

   Il y a aussi abus sexuel déguisé lorsqu'un père ou une mère parle de sexe devant son enfant sans tenir compte de son jeune âge ou fait des remarques à caractère sexuel sur ses organes génitaux. J'ai suivi en thérapie deux hommes qui avaient été traumatisés par les blagues de leur mère au sujet de la taille de leur pénis ; j'ai aussi travaillé avec des femmes qui avaient subi les taquineries de leur père ou de leur beau-père à propos de la taille de leurs seins ou de leurs fesses.

   (b) **La violation d'une frontière.** Cette forme d'abus a trait à des situations où l'enfant est témoin, accidentellement ou pas, des ébats sexuels de ses parents, fréquemment parce que ceux-ci négligent de fermer ou de verrouiller la porte de leur chambre. La violation d'une frontière inclut également les contextes où on ne respecte pas l'intimité de l'enfant : on entre sans crier gare dans la salle de bain lorsqu'il s'y trouve, on lui interdit d'en verrouiller la porte, tout comme la porte de sa chambre, ou on ne lui apprend pas à le faire. Les parents doivent donner l'exemple en ce qui concerne «le bon usage» de la nudité, c'est-à-dire se vêtir adéquatement dès que leurs enfants atteignent un certain âge. Car les enfants ont une grande curiosité sexuelle : entre l'âge de trois et six ans, ils commencent à observer le corps de leurs parents et ils sont souvent obsédés par la nudité.

Même lorsqu'ils se promènent nus en présence de leurs jeunes enfants, les parents doivent faire très attention. Si la mère n'en tire pas une stimulation érotique, sa nudité n'est pas en soi un abus sexuel. Son comportement est simplement dysfonctionnel : elle ne délimite pas de frontières sexuelles.

L'administration de lavements à un tout jeune enfant peut s'avérer abusive et entraîner une dysfonction sexuelle. Le lavement peut en effet constituer une violation des frontières physiques de l'enfant.

4. **Les abus sexuels émotionnels.** Ce type d'abus résulte d'une alliance transgénérationnelle. J'ai précédemment expliqué que l'enchevêtrement se définissait par la manière dont les enfants prennent en charge les besoins cachés du système familial. Il arrive très souvent qu'un parent (ou les deux) dont le lien conjugal est dysfonctionnel établisse un lien inadéquat avec l'un de ses enfants. Il utilise alors cet enfant pour combler ses besoins émotionnels. De ce fait, cette relation peut facilement prendre une tournure sexuelle ou romantique, la fille devenir la Petite Princesse de Papa et le fils, le Petit Homme de Maman. Néanmoins, dans les deux cas, l'enfant est abandonné ; dans les deux cas, les parents satisfont leurs besoins aux dépens de l'enfant. Or l'enfant a besoin d'un parent, non d'un époux.

Pia Mellody définit l'abus sexuel émotionnel comme suit : «Lorsque le parent établit avec son enfant une relation plus importante que celle qu'il a établie avec son conjoint, il y a abus sexuel émotionnel.»

Quelquefois, les deux parents établissent ce type de lien avec l'enfant, qui tente en ce cas de combler les besoins affectifs de l'un et de l'autre. Une de mes clientes m'a raconté que, au beau milieu de la nuit, son père venait souvent la chercher pour l'emmener dormir avec lui dans la chambre d'amis. Il se comportait de cette manière essentiellement pour punir sa femme les jours où celle-ci refusait ses avances sexuelles. Ma cliente avait beaucoup souffert de la confusion que cela avait créé dans le champ de son identité sexuelle.

Une alliance transgénérationnelle peut exister entre un parent et un enfant du même sexe. Dans notre culture, l'alliance entre la mère et la fille est probablement la plus répandue. La mère éprouve souvent une rage «sexualisée», c'est-à-dire une peur des hommes mêlée de haine. Elle utilise sa fille pour combler ses besoins émotionnels et lui transmet ses sentiments à l'égard des hommes.

Dans la plupart des cas, la question est de savoir si le parent est là pour satisfaire les besoins de l'enfant ou si c'est l'enfant qui est là pour satisfaire les besoins du parent. Mais il reste cependant ceci: bien qu'un enfant ait, à sa manière et selon son stade de développement, la capacité d'exprimer sa sexualité, *chaque fois qu'un adulte adopte un comportement sexuel avec un enfant, il commet un abus sexuel.*

Il arrive parfois que l'abus sexuel soit commis par un frère ou une sœur plus âgés. En règle générale, cependant, les jeux sexuels entre enfants du même âge ne sont pas abusifs. Sur ce point, la règle d'or est la suivante: est sexuellement abusif l'enfant plus âgé (trois ou quatre ans de plus que sa victime) qui prend pour cible un autre enfant afin de se livrer à une mise en actes sexuelle.

Les mauvais traitements physiques

«Tu le frappes [l'enfant] avec les verges, mais tu sauves son âme de l'enfer.» On a souvent cité ce passage de la Bible pour justifier les châtiments corporels ou inciter les parents à y recourir. La violence physique à l'égard des enfants (et des femmes) appartient à une tradition séculaire dont les effets se font sentir un peu partout.

En tant que source de honte toxique, la violence physique se classe bonne deuxième, tout de suite après la violence sexuelle. Qui plus est, elle se révèle être une drogue très puissante. J'ai démontré précédemment que la violence physique était reliée au trouble du caractère que constitue le syndrome de la honte. Les agresseurs sont littéralement accoutumés à la violence et nourris par la honte toxique qu'ils éprouvent en s'y livrant. Bref, ils sont pétris de honte.

Le parent qui se livre à la violence physique possède à quelques détails près le profil suivant : il est isolé et a une piètre image de lui-même ; il manque de sensibilité à l'égard des sentiments d'autrui ; en général, il a lui-même subi des mauvais traitements physiques ; il a été privé des soins maternels fondamentaux ; il reste en lui de profonds besoins d'amour et de bien-être inassouvis ; il nie aussi bien les problèmes que leurs répercussions ; il a l'impression de n'avoir personne à qui demander conseil ; il entretient des attentes complètement irréalistes face à ses enfants ; il compte sur ses enfants pour satisfaire ses besoins de bien-être et d'affection ; lorsque ses enfants ne comblent pas ses besoins, il interprète cela comme un rejet et a une réaction de colère et de frustration ; il agit avec ses enfants comme s'ils étaient beaucoup plus mûrs qu'ils ne le sont en réalité.

On manque de données précises sur l'étendue des mauvais traitements physiques. Les informations sur ce sujet étant fondées sur les cas signalés aux autorités, elles laissent dans l'ombre les cas non traités par un médecin, ceux traités par un médecin mais non identifiés comme liés à des sévices physiques et ceux identifiés comme tels mais non rapportés. Or, on estime que pour un cas signalé, deux cents ne le sont pas.

Se sentant « propriétaires » de leurs enfants et les considérant comme des êtres obstinés, certains parents pensent qu'il leur incombe de briser leur volonté ; ce raisonnement sert souvent de justification à l'usage de la violence physique.

Pour sa part la victime de mauvais traitements physiques est également enchaînée à la violence par le biais de la honte. Au début, elle n'est paralysée que par sa terreur pure et simple. Mais au fur et à mesure que la violence se perpétue, son estime de soi s'appauvrit et plus son estime de soi diminue, plus elle perd sa faculté de choisir. Jusqu'au jour où elle n'est plus qu'un enfant affamé cherchant à se nourrir de miettes d'amour.

Du fait que la violence est irrationnelle et impulsive, elle se manifeste souvent de façon arbitraire et imprévisible, faisant naître chez la victime un sentiment que Seligman appelle « l'impuissance apprise ». L'impuissance apprise est une sorte de confusion mentale. Sous son effet, la personne ne peut plus penser ou se projeter dans l'avenir. Si bien que peu à peu, elle se résigne passivement à subir la violence qu'on lui inflige. Il est difficile d'imaginer un moyen plus sûr de tuer l'âme de quelqu'un et de ruiner son existence.

La violence physique est chose commune dans la vie familiale parce que les tenants de la pédagogie noire encouragent la pratique du châtiment corporel et en vantent les mérites. De nos jours, cette pratique est encore vue comme l'une des branches de l'école de la vie. Les comptines les plus connues témoignent d'un consensus social bien établi quant à la question du châtiment corporel.

La violence physique constitue la norme dans de nombreuses familles dysfonctionnelles. Les actes de violence physique dont pâtissent les enfants sont entre autres les suivants : recevoir une correction, et parfois être obligé d'aller chercher ses instruments de torture (ceinture, fouet, baguette, etc.) ; recevoir des coups de poing, des coups de pied, des tapes ou des gifles ; se faire pousser, secouer, étouffer, pincer ou chatouiller jusqu'à la torture ; se voir menacé d'être envoyé en prison ou livré à la police ; être témoin de la violence infligée à un autre membre de la famille, qu'il s'agisse d'un frère, d'une sœur, du père ou de la mère.

Cette dernière forme de sévice physique est un problème majeur dans les foyers où règne la violence conjugale. L'enfant qui voit sa mère se faire battre souffre autant que si c'était lui-même qui se faisait battre. Toute personne témoin d'un acte de violence est elle-même victime de cet acte de violence.

L'abus émotionnel

L'abus émotionnel est universel. Je crois en effet que nous avons tous été humiliés par cette forme d'abus. La pédagogie noire considère très clairement les émotions comme des signes de faiblesse. Elle affirme de manière explicite que nous devons être rationnels, logiques et ne pas nous laisser troubler par les émotions. Nous devons donc toutes les contrôler, mais réprimer particulièrement celles ayant un quelconque rapport avec la colère ou la sexualité. Je ne pense pas que beaucoup de Nord-Américains aient reçu confirmation et soutien lorsqu'ils exprimaient leur colère ou leur sexualité.

L'assujettissement émotionnel par la honte

Nos émotions font partie de notre force fondamentale. Elles remplissent deux importantes fonctions dans notre vie psychique. Premièrement, elles exercent un contrôle sur nos besoins de base, nous signalant tout manque, perte ou état d'assouvissement. Sans cette énergie émotionnelle, nous ne serions pas conscients de nos besoins les plus fondamentaux.

Deuxièmement, les émotions nous fournissent le carburant ou l'énergie dont nous avons besoin pour agir. J'aime mettre un trait d'union au mot «É-motion» pour bien souligner qu'une É-motion, c'est de l'énergie en mouvement. Cette énergie nous pousse à satisfaire nos besoins. Quand nos besoins fondamentaux ne sont pas respectés, la *colère* nous pousse à lutter ou à fuir. La *colère* est une énergie qui nous donne de la force. L'Incroyable Hulk devient le Colossal et Puissant Hulk dès qu'il a besoin d'énergie et de force pour protéger ceux qu'il aime.

La *tristesse* est une énergie qui nous apporte le soulagement. Chaque fois que nous nous libérons de cette énergie créée par la non-satisfaction de nos besoins fondamentaux, nous pouvons intégrer le choc causé par le manque résultant de cet inassouvissement, ce qui nous permet de nous adapter à la réalité. Mais la tristesse étant douloureuse, nous sommes portés à essayer de l'éviter. Pourtant, en nous déchargeant du poids de la tristesse, nous libérons en fait l'énergie retenue par notre souffrance émotionnelle. S'empêcher d'éprouver la tristesse, c'est figer la souffrance à l'intérieur de soi-même. En thérapie, on dit souvent que le chagrin est un grand guérisseur.

La *peur* libère une énergie qui nous avertit qu'un danger compromet la satisfaction de nos besoins fondamentaux. La peur nous donne du discernement et de la sagesse.

La *culpabilité* est notre directeur de conscience. Elle nous signale que nous avons transgressé nos valeurs ; elle nous incite à agir et à changer.

La *honte* nous rappelle que nous ne devons pas essayer d'être plus qu'humains ou moins qu'humains. Elle nous indique nos limites essentielles.

La *joie* est cette énergie vivifiante qui monte en nous quand tous nos besoins sont comblés. Nous ressentons alors l'envie de chanter, de courir et de sauter de joie. L'énergie de la joie nous révèle que tout va bien.

Lorsque nos émotions ne sont pas reflétées et nommées, nous perdons tout contact avec l'une de nos forces vitales. Les parents qui sont coupés de leurs propres émotions ne peuvent par conséquent montrer à leurs enfants comment les exprimer. Ils sont fermés, plus du tout en contact avec eux-mêmes. Ils n'ont même plus conscience de ce qu'ils éprouvent. Voilà pourquoi ils font obstacle aux émotions de leurs enfants.

En fait, cette attitude est sanctifiée par nos principes pédagogiques les plus sacrés. Ces principes mortifient particulièrement les enfants parce qu'ils rejettent les émotions, considérées comme des signes de faiblesse.

De plus, comme la religion endosse les principes moraux de la pédagogie noire, la colère est vue comme une émotion particulièrement dangereuse. Ne figure-t-elle pas parmi les sept péchés capitaux, ceux-là mêmes qui vous envoient directement en enfer? En fait, ce péché mortel dont il est habituellement question dans l'enseignement religieux ne concerne pas vraiment la colère en tant qu'É-motion mais plutôt les comportements qui en résultent ou qui lui sont souvent associés: crier, blasphémer, frapper, critiquer ou condamner publiquement quelqu'un, se livrer à la violence physique. Il est évidemment nécessaire de prohiber ces comportements, qui sont beaucoup plus fondés sur des jugements de valeur que sur les É-motions.

Un grand nombre d'enfants qui, par ailleurs, voient fréquemment leurs parents se fâcher ou se transformer en de vraies furies, se font humilier sitôt qu'ils expriment leur colère. Trop souvent, le message qu'on leur envoie est le suivant: «La colère, c'est bon pour les parents, pas pour les enfants. »

Les cocktails de honte

Lorsque la honte se mêle à la colère, deux phénomènes se produisent: premièrement, on se sent honteux chaque fois que l'on éprouve de la colère; deuxièmement, on refoule cette colère condamnée par son associée, la honte. Le refoulement constitue un des tout premiers mécanismes de défense du moi. Une fois enclenché, il devient un mécanisme automatique et inconscient. Pour en revenir à la colère, disons qu'à partir du moment où cette énergie est refoulée dans l'inconscient, elle gronde de plus en plus fort du fait qu'elle demeure inexprimée. Plus elle est refoulée, plus elle s'amplifie.

Virginia Satir a comparé ce processus à l'emprisonnement de chiens affamés dans une cave. Plus les chiens ont faim, plus ils cherchent à sortir. Et plus ils tentent de s'évader, plus on doit les surveiller étroitement. Dans un même ordre d'idées, une fois refoulée, l'énergie de la colère s'amplifie sans cesse et finit par acquérir sa vie propre. Jusqu'au jour où il n'y a tout simplement plus assez d'espace pour la contenir: la colère éclate. On est alors tout étonné de se voir «perdre le contrôle». «Je ne sais pas ce qui m'a pris aujourd'hui. Dis donc, j'ai vraiment perdu les pédales! », déclarera-t-on quand, après avoir longtemps refoulé sa colère, on se sera laissé aller à une scène orageuse.

Refoulée, non résolue, l'énergie de la colère contaminée par la honte se transforme en rage, la seule issue possible.

En ce qui concerne l'énergie de la tristesse, une fois mortifiée, elle se mêle à un chagrin et à un désespoir sans fond, mélange qui est quelquefois à l'origine des tendances suicidaires. Dans notre culture, on couvre de honte l'enfant qui pleure. Lorsqu'on ne le mortifie pas, on arrête l'effusion de ses larmes libératrices en l'achetant à coups de récompenses. Certaines fois, on croirait même qu'il existe un chrono-mètre magique, permettant de dire, après que l'enfant a pleuré pendant un certain nombre de minutes : « Bon, ça suffit, tu as assez pleuré ! »

Outre le fait que l'on condamne et ridiculise souvent l'enfant qui pleure, on va parfois jusqu'à le frapper ou lui administrer carrément une fessée, sous prétexte de lui fournir « une bonne raison de pleurer ».

On humilie tout autant l'enfant qui exprime sa peur que celui qui exprime sa tristesse. Mortifiée et niée, la peur se sépare de l'être et grossit jusqu'à prendre la forme d'une terreur ou d'une véritable para-noïa. Le droit d'éprouver de la tristesse et de la peur repose souvent sur la définition des rôles sexuels. C'est pour cette raison qu'on exige des petits garçons qu'ils se montrent forts, ne pleurent pas et ne soient pas effrayés. De leur côté, les petites filles ont plus de latitude en ce qui concerne l'expression de la tristesse ou de la peur. Je préfère ce-pendant ne pas insister sur cet aspect de l'éducation, car je crois que les diverses formes de pédagogie ayant cours dans notre culture ont pour point commun de mortifier toutes les émotions.

Même la joie peut être mortifiée. Dans notre enfance, nous nous faisions rabrouer quand, sous l'effet de la joie, nous étions surexcités et turbulents. Nous nous faisions dire des choses comme : « Ne sois pas si orgueilleux ; souviens-toi que plus tu t'élèveras, plus dure sera la chute » ou « Rappelle-toi qu'en Amérique latine il y a des enfants qui meurent de faim ». Cela explique pourquoi, à l'âge adulte, nous avons honte chaque fois que nous nous sentons vraiment heureux ou que nous connaissons du succès.

L'enchaînement de la pulsion sexuelle à la honte

Il n'y a probablement nulle autre sphère de l'activité humaine qui ait été plus couverte de honte que la sexualité. Or, la sexualité est le fondement de l'individualité. Le sexe n'est en effet ni un attribut que nous possédons ni quelque chose que nous faisons, c'est ce que nous sommes. C'est d'ailleurs la première chose que nous remarquons chez autrui. La sexualité est un fait fondamental chez toute créature vivante. Si on anéantissait la pulsion sexuelle, la race humaine s'éteindrait en moins de cent vingt ans. Notre énergie sexuelle (la libido) est donc bel et bien l'incarnation unique de notre force vitale elle-même. Par voie de conséquence, être mortifié dans sa pulsion sexuelle, c'est être mortifié jusqu'au cœur.

Les enfants manifestent tout naturellement leur curiosité sexuelle. Je me rappelle très bien le jour où la petite voisine d'en face m'a appris que le pénis d'un monsieur pouvait entrer dans le vagin d'une madame. J'étais stupéfait. Cela me semblait incroyable! La sexualité est plutôt impressionnante et troublante pour un enfant. Et l'enfant explore spontanément ses organes génitaux puis, à un certain âge, il se livre à des jeux sexuels avec d'autres enfants.

J'ai souvent raconté l'histoire suivante pour illustrer la façon dont nous nous faisons humilier dans notre sexualité. Un après-midi, alors qu'il est occupé à explorer son corps, le petit Farquahr, âgé de trois ans, découvre son nez. Il le montre du doigt et le nomme. Tout emballée, maman appelle grand-mère pour lui raconter la brillante prouesse de son fils. Grand-mère arrive sur-le-champ et demande à Farquahr de lui donner une petite démonstration de son nouveau talent, ce qu'il fait aussitôt avec une immense fierté. Chaque fois qu'il nomme son nez, on le louange abondamment. Quelque temps après, il découvre d'autres parties de son corps: ses oreilles, ses yeux, ses coudes, son nombril… Puis un jour, un dimanche où toute la famille est réunie au salon en l'honneur de la visite du pasteur, le petit Farquahr découvre son pénis! Le bambin est tout excité: «Si le nez les a emballés, se dit-il, cela devrait les emballer encore plus!» Mine de rien, il entre donc dans le salon, va se planter au beau milieu et exhibe fièrement son pénis!

… Jamais Farquahr n'a vu un tel brouhaha! Maman l'agrippe par une oreille et le contraint à se déplacer à une vitesse vertigineuse. Son visage est tout déformé. Visiblement ébranlée, elle lui signifie, dans des termes sans équivoque, qu'à l'avenir il ne devra plus jamais s'exhiber ainsi. Elle lui déclare que ce qu'il a fait est très mal! À propos de cette scène, il est à mentionner que l'enfant intériorise l'image que lui donnent ses parents dans leurs pires moments et que plus ils perdent alors la maîtrise d'eux-mêmes, plus l'enfant sent que sa sécurité est menacée.

À quelques variantes près, ce scénario se retrouve dans les meilleures familles. Les parents qui ont été bafoués dans leur propre sexualité ne peuvent tolérer que leur enfant vive ouvertement et tout naturellement la sienne. Quand celui-ci explore sa sexualité, ils lui expriment leur désapprobation ou, pire, leur dégoût. Des réflexions telles que: «C'est mal», «Ne te touche plus jamais comme ça!», «Tu es indécent, va t'habiller!» ou encore «Cache tes parties génitales!» associent la sexualité à quelque chose de mal, de sale ou de dégoûtant et ne laissent d'autre choix à l'enfant que de renier cette partie de lui-même. C'est ainsi que la sexualité devient étroitement liée à la honte.

L'enfant élevé dans ce genre de famille (et cela a probablement été le cas pour la majorité d'entre nous) en arrive à croire et à sentir que la sexualité est une chose honteuse.

Globalement, on peut dire que la plupart de nos forces vitales instinctives nous exposent à l'humiliation. On humilie l'enfant qui est trop turbulent, désire des choses ou rit trop fort. Le moment des repas donne souvent lieu à des scènes mortifiantes. On oblige l'enfant à manger alors qu'il n'a pas faim. Parfois, on le force à manger un aliment qu'il ne trouve pas appétissant. Et il n'est pas rare, dans les familles modernes, qu'un enfant soit condamné à rester seul à table jusqu'à ce qu'il ait vidé son assiette. L'humiliation publique de se voir ainsi isolé, et souvent exposé aux moqueries des frères et sœurs, constitue une douloureuse forme de mise à nu.

Quelques-uns de mes clients en thérapie devaient, enfants, manger debout ou sur le pouce parce que des scènes humiliantes se produisaient dans leur famille au moment des repas. À partir du moment où notre vie instinctive devient un sujet de honte, nous nous retrouvons paralysés jusque dans nos forces vitales les plus élémentaires. Pour bien se représenter la situation, imaginons un gland qui devrait endurer un terrible supplice afin de devenir un chêne ou une fleur qui aurait honte d'éclore. En réalité, il nous est impossible de réprimer nos instincts puisqu'ils font partie de notre héritage naturel. Une fois ligotés par la honte, ils deviennent semblables à ces chiens affamés que l'on doit surveiller très étroitement.

La honte : l'émotion maîtresse

La honte est appelée « l'émotion maîtresse » parce qu'à mesure qu'elle est intériorisée, elle enchaîne toutes les autres émotions. Des parents ainsi ligotés émotionnellement par la honte sont incapables de laisser leur enfant vivre ses émotions, car ses émotions ravivent les leurs. Or les émotions refoulées sont ressenties comme extrêmement dangereuses : non seulement nous les estimons souvent trop violentes, comme si elles étaient susceptibles de nous écraser si nous nous permettions de les exprimer, mais nous redoutons le sentiment de honte qu'elles pourraient réveiller si nous leur donnions libre cours.

La honte intériorisée de Max était si profonde qu'elle imprégnait toutes ses émotions et paralysait complètement son affectivité. Max n'avait jamais été battu, mais il avait de toute évidence été abusé sexuellement. En tant que troisième enfant de la famille, il véhiculait à la fois les problèmes sexuels de son père et ceux de sa mère. Tous deux avaient subi l'inceste et n'avaient reçu aucune aide thérapeutique afin de soigner cette blessure. Jérôme, le père, était un fieffé coureur de jupons, travers qui avait toujours été soigneusement gardé dans les secrets de famille. Quant à Félicia, la mère, Max m'avait dit plusieurs fois qu'il avait fréquemment eu l'impression qu'elle adoptait un comportement séducteur avec lui. Ce qui est sûr, c'est qu'elle le rudoyait émotionnellement. Avec mépris et dégoût, elle l'affublait de sobriquets, le rabaissait en le comparant à d'autres et criait après lui. Surtout, elle s'arrangeait continuellement pour que Max se préoccupe de ses états d'âme à elle. Elle critiquait et méprisait ses sentiments en lui disant des choses comme : « Pourquoi te mets-tu en colère ? », « Tu n'as aucune raison d'avoir peur ! » ou « Arrête de pleurer, sinon je vais t'en donner une bonne raison de pleurer ! ». Max était foncièrement triste. Il aurait pu pleurer pendant une éternité. J'en ai conclu que son système familial au grand complet véhiculait un immense chagrin non résolu, lourd de peines de plusieurs générations. Quand je m'assoyais en face de lui, je pouvais presque palper sa tristesse.

L'abandon par négligence des besoins de dépendance

L'enfant a des besoins dont la satisfaction dépend des autres. Dépendant et démuni, il a besoin de ses parents pendant quinze ans. Seuls ses protecteurs peuvent satisfaire ses besoins de dépendance (*voir* à ce sujet le tableau 2.5). L'enfant a besoin qu'on le prenne dans nos bras et qu'on le touche. Ses émotions, ses besoins et ses pulsions doivent trouver leur reflet et leur confirmation dans le regard de ses protecteurs. L'enfant a besoin qu'on lui donne une structure et qu'on lui fixe des limites ; son univers doit être prévisible. Il a besoin d'une relation basée sur la confiance mutuelle ; il doit sentir qu'il peut s'en remettre à quelqu'un. Il a besoin d'être reconnu comme différent, unique. Il a besoin d'espace, de sécurité. Il a besoin qu'on le nourrisse, qu'on l'habille, qu'on le soigne et qu'on le loge adéquatement. Il a besoin du temps et de l'attention de ses parents. Il a besoin qu'on lui donne une direction en lui montrant comment résoudre les problèmes.

L'assujettissement des besoins à la honte

Lorsqu'on néglige un enfant, on lui signifie que ses besoins ne sont pas importants. Par voie de conséquence, il perd le sentiment de sa valeur personnelle ; il pense qu'il ne vaut pas la peine que l'on s'occupe de lui et acquiert le sentiment de n'avoir aucune importance.

Voyant ses besoins constamment rejetés, il cesse de se croire en droit de dépendre de qui que ce soit. L'assouvissement des besoins de dépendance reposant sur le pont interpersonnel et sur le lien de mutualité, quand on est abandonné par le biais de la négligence, c'est le pont interpersonnel qui s'en trouve brisé. Étant donné qu'on n'a personne à qui s'en remettre, on en arrive à croire qu'on n'a pas le droit de dépendre de quelqu'un. On a honte d'éprouver des besoins. Et puisqu'il s'agit là de besoins fondamentaux, c'est-à-dire de besoins sans lesquels nous ne serions pas complètement humains, nous essayons de les satisfaire autrement, par des moyens malheureusement voués à l'échec.

Un enfant négligé est susceptible de trouver le moyen d'attirer l'attention sur lui en se mettant dans le pétrin ou en énervant ses parents. Quand on meurt de soif, on se résout à boire de l'eau polluée. Je connais des enfants qui satisfont leur besoin d'être touchés et stimulés en se faisant administrer des corrections. On a abondamment écrit sur le sujet des échecs de l'adaptation. Je me contenterai de dire que si les besoins de dépendance de l'enfant ne sont pas assouvis au moment voulu et dans l'ordre approprié, sa personnalité cesse d'évoluer et reste bloquée à certains stades de son développpement. Pour combler ses besoins, il cherche et utilise alors des moyens adaptés à sa situation. Au fil du temps, à mesure qu'il se voit obligé de composer avec sa carence, il en arrive à ne plus du tout avoir conscience de ses besoins. Finalement, il ne sait même plus ce dont il a besoin.

L'abandon par la négligence des besoins liés à notre développement est le principal responsable de notre condition d'adultes enfants. Nous grandissons et semblons devenir adultes. Nous marchons et parlons comme des adultes, mais derrière ces apparences se cache un petit enfant qui se sent vide et démuni, un enfant dont les besoins sont insatiables puisqu'ils sont ceux d'un enfant dissimulé dans un corps d'adulte. Cet enfant insatiable est au cœur de tous les problèmes de compulsion et de dépendance.

TABLEAU 2.5. LES BESOINS DE DÉPENDANCE FONDAMENTAUX

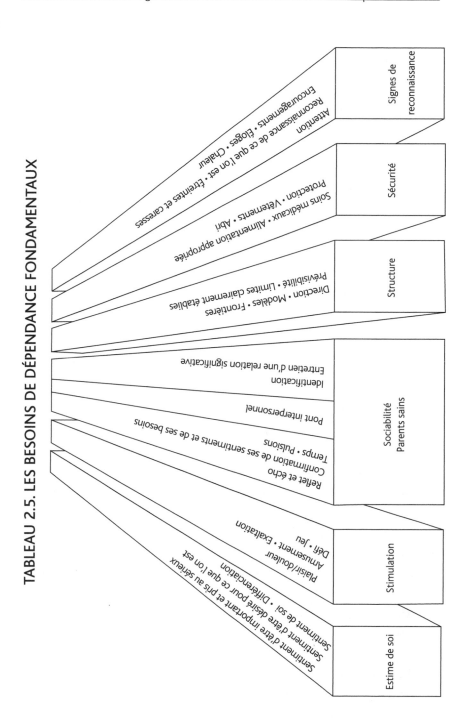

Signes de reconnaissance

Attention • Reconnaissance de ce que l'on est • Encouragements • Éloges • Chaleur • Étreintes et caresses

Sécurité

Soins médicaux • Alimentation appropriée • Vêtements • Abri Protection

Structure

Direction • Modèles • Frontières Prévisibilité • Limites clairement établies

Sociabilité
Parents sains

Identification
Entretien d'une relation significative

Pont interpersonnel

Reflet et écho
Confirmation de ses sentiments et de ses besoins
Temps • Pulsions

Stimulation

Plaisir/douleur
Amusement • Exaltation
Défi • Jeu

Estime de soi

Sentiment d'être important et pris au sérieux
Sentiment d'être désiré pour ce que l'on est • Différenciation de soi

Dans le cas de Max, presque tous ses besoins étaient transformés en sentiments reliés à la sexualité. Ce qui expliquait son grave problème de dépendance au sexe. C'est d'ailleurs cette dynamique fondamentale que l'on retrouve dans toutes les formes de dépendance à la sexualité. Et une fois que l'on est abandonné, particulièrement par le biais de l'abus sexuel, on se trouve réduit à l'état d'objet.

Max servait d'exutoire pour la honte de son frère. Il avait été physiquement abandonné par son père et utilisé par le système familial. Or, être utilisé, c'est être réduit à l'état d'objet. Et en étant utilisé comme un objet par sa famille, Max avait fini par se prendre lui-même pour un objet.

Sous l'effet de sa honte intériorisée, Max était devenu l'objet de son propre mépris : il se critiquait, se jugeait et se rejetait. Étant donné que le fait de se considérer soi-même ou de considérer les autres comme des objets équivaut à perdre son individualité, Max ne pouvait plus se vivre comme une personne à part entière. En conséquence, il ne pouvait plus percevoir les autres comme des personnes à part entière.

Max passait des heures à bousculer des femmes. Il était obsédé par leur poitrine, mais n'avait aucun égard pour leur personne. Il mettait sa famille et sa réputation en péril pour toucher des seins de femmes dans les centres commerciaux ou s'adonner au voyeurisme.

Le plaisir que procure l'orgasme est une autre facette de la conversion des besoins fondamentaux en sentiments d'ordre sexuel. Quand on est mortifié par l'abandon, on ressent une profonde souffrance. On se sent douloureusement diminué, sans valeur et mis à nu. Cependant, l'excitation sexuelle aussi bien que l'orgasme procurent un plaisir immense et total, un plaisir pouvant se substituer à la satisfaction de tout autre besoin. Dans l'émouvant passage qui suit, Kaufman résume le processus par lequel tous les besoins peuvent être transformés en pulsions sexuelles :

> Le jeune garçon qui a appris à ne jamais avoir besoin de ses parents sur le plan émotionnel […] se trouve face à un dilemme

chaque fois qu'il se sent petit, démuni ou qu'il éprouve de l'insécurité. Si c'est la masturbation qui lui a procuré les sensations les plus agréables [...], voulant retrouver ce sentiment de bien-être, il y recourra parfois pour satisfaire des besoins n'ayant pratiquement rien à voir avec la sexualité.

Cette défense du moi qu'est la conversion dénature tout besoin lié au développement infantile, le transformant en un besoin de quelque chose d'autre : nourriture, argent, attention extrême, ou, comme dans le cas de Max, excitation sexuelle. Durant l'enfance de Max, ses besoins en rapport avec son développement s'étaient graduellement associés à sa pulsion sexuelle, ce qui devait par la suite donner lieu à la conversion de ses besoins affectifs en sexualité. Chaque fois que Max se sentait en insécurité, angoissé ou démuni, au plus profond de lui-même ces émotions étaient assimilées à une pulsion sexuelle. Il se tournait donc continuellement vers le sexe pour satisfaire des besoins que le sexe ne peut pas satisfaire.

L'abandon causé par l'enchevêtrement des besoins avoués ou cachés du système familial

Dans les pages précédentes, j'ai décrit le système social qu'est la famille en examinant ses composants, ses règles, les rôles qu'on y joue et la loi de la dynamique homéostatique qui la gouverne. Le lecteur a pu voir de quelle manière une famille dysfonctionnelle se sert de ses membres pour maintenir son équilibre. Plus graves sont les dysfonctions, plus fermés et rigides sont les rôles dévolus à chacun. Dans les familles affectées par des problèmes de violence, d'abus sexuels ou de dépendance à des substances chimiques, les besoins du système sont avoués. Le système détermine les rôles que chacun doit jouer afin de préserver l'équilibre.

Tous les rôles rigides imposés par une dysfonction familiale constituent des formes d'abandon. Pour être le Héros de ma famille, j'ai dû me montrer fort, c'est-à-dire ne jamais laisser voir ma peur ou ma vulnérabilité car, évidemment, les héros ne sont pas censés avoir peur. Dans une famille, les rôles sont aussi bien déterminés que dans une pièce de théâtre. Ils indiquent les sentiments que l'on peut ou ne peut pas éprouver. Après avoir joué mon rôle de Héros pendant des années, je ne savais plus qui j'étais vraiment. Au cours de ma démarche de rétablissement, j'ai dû apprendre à laisser tomber ce rôle. Il m'a donc fallu apprendre à être vulnérable, à m'intégrer dans un groupe en tant que membre et non plus en tant que leader, à suivre les autres plutôt que de les diriger. Puisque les rôles maintiennent l'équilibre du système, on peut affirmer qu'ils existent pour le système. Les enfants sont contraints de renoncer à leur propre réalité afin de s'occuper du système familial, dont ils doivent assurer l'intégrité et l'équilibre...

Chaque forme d'abandon détruit le pont interpersonnel et le lien de mutualité/intimité entre le parent et l'enfant. Un enfant est précieux et incomparable. Si on ne le respecte ou ne l'aime pas, son sentiment d'être précieux et incomparable diminue. Et sous l'effet de la honte toxique intériorisée, ce sentiment disparaît complètement.

L'interconnexion des images mentales

Comme nous l'avons vu au chapitre précédent, la troisième phase du processus d'intériorisation de la honte se caractérise par l'intériorisation des images mentales que l'on s'est faites d'une personne humiliante, d'un lieu ou d'une expérience vécue. On peut également intérioriser des images verbales, c'est-à-dire des empreintes auditives. Dans ce cas, le simple fait d'entendre quelqu'un prononcer certains mots ou certaines paroles est susceptible de raviver le souvenir d'anciennes expériences humiliantes. Par le biais du langage et de l'imagerie mentale, ces expériences, à l'origine bien distinctes les unes des autres, finissent par fusionner. Kaufman affirme que ces «scènes génératrices de honte s'interconnectent graduellement puis s'amplifient». À mesure que s'opère cette fusion des paroles, des images et des scènes associées à la honte, la signification de ce sentiment se transforme. «J'ai honte» finit par signifier «Je suis foncièrement indigne et insuffisant en tant qu'être humain ». La honte n'est alors plus un sentiment parmi tant d'autres, elle devient le noyau de l'être et crée un état de paralysie. Elle ne constitue plus un signal émotionnel qui apparaît puis disparaît, elle devient le sentiment permanent et envahissant que l'on est anormal en tant que personne. À partir de ce moment, toutes les autres perceptions que l'on a de soi-même s'édifieront sur ce sentiment d'anormalité. Au bout d'un certain temps, ce sentiment figé s'effacera graduellement de la conscience, mais la honte fera partie intégrante de l'identité. C'est ainsi que l'on sera devenu une personne foncièrement honteuse.

L'autonomie fonctionnelle

Une fois intériorisée, la honte peut surgir sans qu'aucun stimulus externe vienne l'attiser. L'induction de la honte ne dépend plus alors d'une personne ou d'un événement quelconques. Je me rappelle avoir vécu un douloureux moment d'humiliation le jour ou je suis allé payer une contravention pour excès de vitesse. Tandis que je me dirigeais vers le policier responsable de la perception, je m'étais aperçu que la situation rendait mon erreur d'autant plus flagrante. Le commis était sympathique et souriant, mais cela ne m'a pas empêché d'être envahi par la honte.

La spirale intérieure de la honte

Le dernier effet de la honte intériorisée est ce que Kaufman appelle « la spirale intérieure de la honte ». Il la décrit comme suit :

> Un événement déclencheur survient. Il peut s'agir d'une situation où, après avoir tenté de se rapprocher de quelqu'un, on a essuyé une rebuffade. Ou d'une discussion au cours de laquelle on s'est fait critiquer par un ami […] on se retrouve alors soudainement piégé par la honte et, le regard tourné vers l'intérieur, on vit une expérience intime fréquemment accompagnée d'une imagerie mentale. Les sentiments de honte

affluent de manière circulaire, se déclenchant sans cesse les uns les autres. L'événement catalyseur est revécu maintes fois intérieurement, ce qui amplifie le sentiment de honte, l'amène à absorber les autres expériences neutres [...] jusqu'à ce que le moi soit finalement englouti. C'est ainsi que la honte devient paralysante.

Cette spirale est un des corollaires les plus dévastateurs de la honte dysfonctionnelle. Sitôt déclenchée par une situation humiliante donnée, elle est susceptible de faire revivre d'autres expériences mortifiantes et, ce qui est pire, d'ancrer la honte encore plus profondément dans la personnalité.

Une fois la honte intériorisée, la peur d'une mise à nu s'amplifie démesurément. Être mis à nu signifie dorénavant être forcé de révéler son anormalité fondamentale, être vu comme un être humain irrémédiablement et indiciblement mauvais. On doit alors trouver un moyen d'échapper à ce genre de dévoilement. Au fur et à mesure que l'on développe des moyens de défense et des stratégies de transfert, la honte intériorisée devient de moins en moins consciente.

En résumé, le processus d'intériorisation de la honte entraîne quatre conséquences importantes : la constitution d'une identité pétrie de honte ; l'amplification et le refoulement de la honte ; l'acquisition d'une autonomie fonctionnelle, c'est-à-dire que la honte capable de se déclencher par elle-même ; finalement, la mise en activité des spirales de honte.

Le système scolaire

Max a fréquenté une école confessionnelle privée pendant toute la durée de ses études primaires. Il est ensuite entré dans une école secondaire publique. Ce qu'il a vécu dans ces institutions est assez typique de ce que les enfants vivent dans la plupart des écoles d'aujourd'hui. L'humiliation a toujours fait partie intégrante du système scolaire.

L'élève assis dans un coin et coiffé du fameux bonnet d'âne est une image fréquemment associée aux années d'école. Bien que le bonnet d'âne ne soit plus intégré aux méthodes d'éducation modernes, le système scolaire n'en demeure pas moins une puissante source de honte toxique. Ayant enseigné dans trois écoles secondaires et quatre universités, j'ai pu constater que le système d'éducation contribue dans une très large mesure à renforcer le processus d'intériorisation de la honte.

Le perfectionnisme

Le perfectionnisme, un des grands responsables du développement de la honte toxique, est un principe inhérent au système familial. On le retrouve également dans les systèmes religieux et culturels. *Le perfectionnisme constitue une négation de la honte normale, puisqu'il repose sur la croyance en l'existence d'une perfection humaine.* Une telle présomption nie notre finitude car elle nie le fait que nous sommes essentiellement limités, que l'erreur est humaine, courante et tout à fait naturelle.

Le perfectionnisme est en cause chaque fois que l'on établit une norme ou une série de critères négatifs et qu'on les érige en absolu. Sitôt érigée en absolu, la norme devient un instrument de mesure universel : on compare et on juge tout à partir d'elle.

À l'école, nos résultats étaient comparés à la note parfaite de cent sur cent. Lorsque nous n'obtenions pas cette note, on nous situait quelque part sur une échelle graduée de A à E et où E correspondait au degré le plus bas. Pensons un petit moment au symbolisme de la note « E » : dans notre imagerie mentale, elle est associée au mot « échec ». Quand un enfant devient « un échec scolaire », il ne lui reste qu'un pas à franchir pour se percevoir lui-même comme un échec, un raté. À l'école, l'enfant fait très rapidement cette association. Il associe également les « mauvaises » notes avec l'idée qu'il est mauvais ou anormal en tant que personne. En outre, l'élève en butte à l'échec scolaire est très souvent un enfant qui était déjà pétri de honte avant même d'aller à l'école. En fait, c'est souvent la honte chronique dont il souffre qui provoque son échec scolaire, et son statut de « cancre » l'amène à intérioriser cette honte encore plus profondément. La honte toxique engendre la honte toxique.

Le cas de Max illustre l'autre voie qu'un enfant pétri de honte peut prendre à l'école. Max a suivi les traces de sa sœur et de son frère, tous deux profondément humiliés. Il était un élève très brillant et récoltait toujours des A. Les hautes performances et le perfectionnisme sont deux importants moyens de dissimuler la honte toxique. Aussi paradoxal que cela puisse paraître, l'élève brillant, avec sa moisson de A, et le cancre, avec sa moisson de E, peuvent être aussi dominés l'un que l'autre par la honte toxique.

J'étais moi-même un élève faisant collection de A. Durant mes années d'études secondaires, je fus toujours le président de ma classe ; au deuxième cycle, j'agissais à titre de rédacteur en chef du journal scolaire, ce qui ne m'empêcha pas de conserver la sixième place parmi les meilleurs élèves de mon école. Tout cela faisait partie de mon rôle de Héros. Combien de directeurs d'institution secondaire pourraient signaler à un adolescent qui est président de classe, rédacteur en chef du journal scolaire et sixième meilleur élève de son école qu'il a besoin d'aide pour régler ses problèmes de honte intériorisée ? Par ailleurs, durant mes dernières années à l'école secondaire, j'étais déjà un alcoolique en puissance.

J'avais commencé à boire à l'âge de quatorze ans et, vers la fin de mes études secondaires, il m'était arrivé plusieurs fois de souffrir de trous de mémoire causés par l'alcool. Comme c'est souvent le cas, mon besoin d'accomplir des performances était fortement motivé par ma honte toxique. Me sentant médiocre et anormal à l'intérieur, je devais prouver que j'étais quelqu'un de bien en me montrant exceptionnel à l'extérieur. Tout ce que je faisais n'était motivé que par mon besoin d'être reconnu socialement. Je ne me sentais bien que si j'accomplissais des exploits.

La honte toxique engendre des « faires humains », des gens qui doivent continuellement « faire » pour s'estimer. Seules leurs réalisations peuvent leur donner une image positive d'eux-mêmes.

Je me souviens d'un client pétri de honte qui se targuait de « valoir » un million deux cent mille dollars. Cet homme était franchement odieux. Il blessait cruellement sa femme en se livrant ostensiblement devant elle à ses aventures amoureuses. Son argent lui tenait lieu de valeur personnelle, c'était même son seul moyen de la mesurer. Puisqu'il se croyait intérieurement pauvre et déficient, il avait besoin de trouver des preuves du contraire à l'extérieur de lui-même.

L'école met en avant un humiliant système de mesure de l'intelligence humaine. Ce ne serait qu'un demi-mal si ce genre de système mesurait réellement l'intelligence. Mais je crois, de concert avec John Holt, que le fait de posséder des connaissances ou de pouvoir les faire resurgir de sa mémoire lors d'un examen ne constitue pas une vraie preuve d'intelligence. L'intelligence ne se révèle pas dans ce que l'on sait faire, mais dans « ce que l'on fait quand on ne sait pas quoi faire ».

Le perfectionnisme donne également lieu à une compétition destructrice. Il existe, bien sûr, des formes de compétition positives, notamment celle qui nous pousse à nous dépasser et à croître. Mais le système perfectionniste habituellement en vigueur dans le milieu scolaire encourage la tricherie et suscite beaucoup d'angoisse. On affiche souvent les résultats scolaires à la vue de tous, si bien que l'élève ayant récolté une « mauvaise » note se retrouve humilié publiquement. Même l'adjectif « mauvais » se prête à la honte caractérologique. Chaque élève se mesure au suivant dans un terrible combat d'efforts, ce qui aboutit à la perte totale du sens de la participation et de la coopération.

Le rationalisme

Nos écoles affichent un parti-pris flagrant pour la formation de l'intellect et ne se consacrent guère à l'éducation de la personne entière. Elles mettent l'accent sur le raisonnement, la logique et la mathématique, tandis qu'elles négligent presque complètement les émotions, l'intuition et la créativité. Nos étudiants deviennent des singes savants et d'ennuyeux conformistes plutôt que des créateurs enthousiastes et sensibles.

Au cours des dernières décennies, on a effectué un grand nombre de recherches sur l'hémisphère droit du cerveau. Cet hémisphère holiste et intuitif produit la «pensée sensitive», essentielle à la musique et à la poésie. Il accorde une place beaucoup plus large à l'imagination qu'à la mémoire. Les élèves chez qui prédomine naturellement cette forme de pensée émanant de l'hémisphère droit sont pénalisés.

Je sais que certains brillants élèves ont été douloureusement humiliés parce qu'ils appréhendaient la connaissance de manière intuitive et sensible. Notre parti-pris rationaliste entraîne effectivement le rejet de l'imagination et de l'émotion. À ce propos, je me rappelle la réaction d'un professeur à qui j'avais fait part de mon «pressentiment» au sujet d'un problème qu'il nous avait donné à résoudre. Il m'avait répondu que l'usage du «pifomètre» n'était pas la marque d'un esprit bien éduqué et m'avait expédié à la bibliothèque pour trouver l'information juste. Somme toute, nos écoles humilient certains des aspects les plus vibrants et les plus créatifs du psychisme humain.

La mortification par le groupe de pairs

Je me souviens d'Arnold, un brillant comptable. Il avait été méchamment humilié à l'école secondaire. Selon toute apparence, il souffrait d'un sens critique très développé vis-à-vis du sexe féminin. Aucune femme n'était jamais assez bien pour lui. Dès que sa relation avec une femme devenait plus intense, Arnold commençait à lui trouver des défauts. Il était passé maître dans l'art de trouver à redire. Résultat: à quarante ans, il jouissait d'une grande aisance financière mais se sentait douloureusement seul.

Durant sa petite enfance, Arnold avait souffert des humiliations infligées par un père autoritaire et rigide, du genre général d'armée. Mais, jusque vers le milieu de son enfance, sa mère lui avait donné assez d'amour pour tempérer l'influence paternelle et lui éviter d'être terriblement pétri de honte. Plus tard, sa famille ayant emménagé dans une petite ville, Arnold avait dû terminer sa deuxième année d'études secondaires dans une nouvelle institution. La ville aussi bien que l'école étaient riches et il y régnait un esprit de clan. Quant à Arnold, sa famille était plutôt pauvre. Il devait se rendre à l'école en autobus alors que la majorité des autres jeunes possédaient une voiture neuve. À la minute même où il avait mis les pieds dans cette école, Arnold avait été pris comme bouc émissaire. Un groupe de jeunes filles riaient de lui, s'amusaient à ses dépens et le ridiculisaient. Certains jours, lorsqu'il attendait l'autobus, des élèves l'attaquaient avec leurs fusils à eau ou lui lançaient du crottin de cheval. Tout cela avait duré jusque vers la fin de ses études secondaires. Pendant deux ans, Arnold avait subi une humiliation quasi constante, ce qu'il avait vécu comme une expérience particulièrement pénible.

Les études secondaires coïncident avec le moment de la puberté, une période où l'on se sent extrêmement exposé et vulnérable. Toute la honte toxique emmagasinée depuis l'enfance est alors mise à l'épreuve dans le cadre de l'école. Souvent, les groupes d'adolescents se rabattent sur un bouc émissaire, une personne sur qui chacun peut déverser et projeter sa propre honte. Tel avait été le sort d'Arnold, méchamment humilié par son groupe de pairs féminin. Cela expliquait ses problèmes relationnels avec les femmes.

Le groupe de pairs se présente comme un nouveau parent. Toutefois, seul ce parent est à ce point rigide et doté de plusieurs paires d'yeux pour vous surveiller. L'apparence physique est primordiale. L'adolescent qui souffre d'acné ou celui dont les caractéristiques sexuelles ne sont pas très développées risque d'en pâtir atrocement. En ce qui concerne la façon de se vêtir, le groupe de pairs possède des normes incontournables auxquelles le jeune doit se conformer s'il ne veut pas se faire humilier. Bref, le fait de n'être pas bien pourvu physiquement ou financièrement peut s'avérer désastreux.

Les années d'école primaire peuvent elles aussi se révéler une grande source de honte. Les enfants sont capables d'une terrible cruauté, et ceux qui souffrent d'une difformité quelconque sont particulièrement exposés à la raillerie. Les enfants se bafouent les uns les autres de la même manière qu'ils ont eux-mêmes été bafoués. Et quand l'un d'eux est humilié par sa famille, il éprouve le besoin de refiler cette patate chaude à ses pairs en les humiliant à son tour. Les enfants aiment la taquinerie, et celle-ci constitue une source majeure d'humiliation. Au départ, ce sont d'ailleurs souvent les parents foncièrement honteux qui, trouvant un exutoire pour leur propre honte, taquinent leurs enfants. Quant aux camarades plus âgés, ils peuvent inventer les plus cruels tourments. J'ai été saisi d'horreur en écoutant des clients me raconter comment ils avaient été taquinés par des pairs plus âgés qu'eux.

L'école était probablement le seul endroit où Max pouvait échapper à la mortification. Sa honte toxique le poussait à réussir brillamment tout ce qu'il entreprenait. Il avait poursuivi ses études supérieures en travaillant la nuit et il en avait vu de dures afin d'obtenir son diplôme. Ce n'est que dans ce domaine de son existence qu'il avait le sentiment d'accomplir quelque chose. Malheureusement, les réalisations personnelles n'amoindrissent pas la honte intériorisée. En fait, plus on accomplit des performances, plus on est obligé d'en accomplir. La honte toxique concerne l'être; c'est pourquoi les réalisations multiples (le « faire ») ne peuvent jamais rien y changer.

Le système religieux

L'éducation religieuse de Max avait été rigide et autoritaire. Très jeune, il avait appris qu'il était venu au monde avec une âme souillée par le péché et qu'il n'était qu'un misérable pécheur. On lui avait également enseigné que Dieu connaissait ses pensées les plus intimes et qu'il surveillait tous ses faits et gestes.

À l'âge de neuf ans, Max avait vécu une première humiliation traumatique. Un jeune fanatique religieux, appartenant à l'assemblée des fidèles, l'avait surpris en train de se toucher dans les toilettes de l'église et lui avait fait une scène effroyable. Après avoir traîné Max à l'intérieur de l'église, il l'avait obligé à se prosterner devant l'autel pour implorer le pardon de Dieu.

Plusieurs religions enseignent que l'homme est un être misérable et souillé par la tache originelle. Pour certains corps religieux, le péché originel signifie que l'on est mauvais dès la naissance. Cette conception du péché originel explique l'existence du grand nombre de pratiques éducatives qui visent à briser l'esprit de rébellion de l'enfant et son prétendu penchant naturel pour le mal.

Le Dieu punitif

Max m'a souvent déclaré qu'il espérait que Dieu lui pardonnerait tout le mal qu'il avait fait. Et bien que doté d'une intelligence plutôt brillante, il n'en restait pas moins attaché à ce genre de croyances religieuses puériles. D'une manière ou d'une autre, Dieu marquait des points et Max ne pouvait jamais se rattraper. Car avec le péché originel, vous êtes battu dès le départ.

Je me suis souvent demandé comment on pouvait sincèrement croire au feu de l'enfer. En regardant Max, dont la vie était un tourment perpétuel et en qui les voix intérieures créaient d'incessantes spirales de honte, j'avais tout lieu de penser qu'aucun autre enfer n'était pire que le sien. Était-il concevable qu'un Dieu juste et aimant puisse vouloir faire brûler quelqu'un comme Max pendant toute l'éternité ? Eh bien, Max le croyait, et cela fait partie des choses avec lesquelles un thérapeute doit composer. Sa honte était grandement intensifiée par sa croyance en un Dieu qui connaissait toutes ses pensées intimes et le punirait un jour de ses péchés.

La négation de la causalité secondaire

Plusieurs religions présentent une erreur d'interprétation extrêmement insidieuse et génératrice de honte toxique : il s'agit de la négation de la causalité secondaire. En effet, si l'on en croit certaines doctrines religieuses, la volonté humaine est inepte. L'homme ne peut *rien* faire qui vaille. En soi, il n'est rien de plus qu'un ver de terre. C'est uniquement lorsque Dieu accomplit son œuvre à travers lui que l'homme accède à la dignité. Ce n'est jamais par quelque chose qu'il fait de lui-même.

La théologie découlant de cette conception n'aboutit à aucune véritable doctrine judéo-chrétienne. Dans la plupart des grandes interprétations, on considère que l'homme jouit d'une réelle causalité secondaire. Dans le prologue de la seconde partie de sa *Somme théologique*, Thomas d'Aquin écrit ceci : « Après notre traité sur Dieu, nous nous tournons vers l'homme, qui est à l'image de Dieu, dans la mesure où, en tant qu'homme, également, *tout comme Dieu, il exerce un pouvoir sur ses œuvres*. » (C'est moi qui ai voulu faire ressortir ce passage en le mettant en italiques.)

Il s'agit là d'une vigoureuse affirmation de la causalité humaine. La volonté de l'homme est efficiente. Afin de recevoir la grâce, l'homme doit être prêt à accepter le cadeau de la foi. Après cette acceptation, sa volonté jouera un rôle majeur dans le processus de sanctification.

Si l'on en croit l'interprétation erronée, l'homme est complètement médiocre et anormal. Livré à lui-même, il ne peut que pécher. L'homme est essentiellement pétri de honte.

La négation des émotions

En général, le système religieux n'a jamais laissé beaucoup de place aux émotions. Il existe, bien sûr, des cultes et des sectes qui permettent une vive expression émotionnelle. Et de temps à autre, des groupes du renouveau charismatique émergent spontanément et donnent un nouveau dynamisme à la vie de leur communauté spirituelle. Mais d'ordinaire, l'expression des émotions n'est pas permise.

Je distingue deux types de structure religieuse fondamentaux : l'apollinien et le dionysiaque. Ni l'un ni l'autre ne permettent vraiment une expression saine et authentique des émotions.

Le type apollinien est très rigide, stoïque, sévère, et parfois très intellectuel. Dans tous les cas, les effusions du cœur sont carrément inacceptables.

Le type dionysiaque est propre aux cultes qui, à l'instar du mouvement charismatique, sont basés sur l'enthousiasme. Ces cultes semblent favoriser la libre expression des émotions, mais, en réalité, ils ne permettent d'extérioriser que certaines catégories d'émotions. On assiste ainsi à des effusions émotionnelles qui ne sont pas vraiment reliées aux sentiments. En fait, l'épanchement auquel donne lieu la religiosité vise souvent à triompher des émotions; le sujet les extériorise mais ne les éprouve pas longtemps. Les émotions franches, la colère en particulier, ne sont permises nulle part, pas plus d'ailleurs que les émotions en rapport avec la sexualité. La religion a ajouté sa voix à la honte sexuelle. Selon certaines interprétations des réformistes protestants, c'est la concupiscence ou le désir sexuel qui serait à l'origine du péché originel. Dans d'autres interprétations, on établit une équation entre le désir et la sexualité, ce qui entraîne automatiquement la prohibition de toute forme de désir intense.

Le perfectionnisme : le scénario religieux

Du fait de son perfectionnisme, la religion a toujours constitué une importante source de mortification. Les devoirs, les obligations et les prescriptions d'ordre moral ont été sanctionnés par une interprétation subjective des révélations religieuses. La Bible a été utilisée pour justifier toutes sortes de jugements et de condamnations, et le perfectionnisme religieux prône une espèce de comportement vertueux. Il existe donc un scénario religieux dans lequel on retrouve les critères de la sainteté et de la vertu. Cette norme dicte la manière de parler (il y a une voix de Dieu appropriée), de s'habiller, de marcher et de se comporter dans à peu près n'importe quelle situation. Tout écart par rapport à cette norme est jugé comme étant un péché.

Ce qu'un système perfectionniste parvient à créer, c'est un scénario qui pourrait s'intituler «Comment marcher droit». On y apprend à avoir l'air affectueux et vertueux. En réalité, il est plus important d'*avoir l'air* affectueux et vertueux que d'*être* affectueux et vertueux. Le fait de se sentir vertueux et de se comporter comme un petit saint constitue une merveilleuse manière de modifier l'état de son âme, pétrie de honte toxique. C'est également un bon moyen de se décharger de sa propre honte sur les autres.

La foi religieuse compulsive

La recherche des moyens de modifier ses états d'âme est une composante du comportement compulsif/dépendant. Le lecteur se rappellera qu'au premier chapitre, j'ai défini la dépendance comme une relation pathologique et destructrice avec un moyen quelconque de modifier son humeur. J'y ai également expliqué que la honte toxique constitue le moteur et le carburant de toutes les formes de dépendance. La foi religieuse compulsive ne fait pas exception : elle prend racine dans la honte toxique, un état d'esprit que l'on peut rapidement modifier en adoptant divers comportements de dévotion. Pratiquement toutes les formes de culte sont aptes à faire naître le sentiment que l'on est vertueux. On peut jeûner, prier, méditer, se mettre au service de son prochain, accomplir les rituels sacramentaux, parler en des langues inconnues, être frappé par l'Esprit saint, citer la Bible, lire des passages de la Bible, invoquer Iahvé ou Jésus. Ce faisant, on peut ne rechercher qu'un moyen de modifier ses états d'âme. Car à partir du moment où l'on se sent intoxiqué par la honte, ce genre d'expérience peut s'avérer extrêmement satisfaisant.

Les disciples d'un quelconque système religieux peuvent affirmer qu'ils sont bons et que les autres, ceux qui ne pensent pas comme eux – autrement dit, les pécheurs –, sont méchants. Et cela est vivifiant pour les âmes contaminées par la honte.

La pratique de la vertu constitue par ailleurs une forme de *comportement impudent*, c'est-à-dire *dénué de honte*. En effet, la honte saine nous signalant que nous commettons des erreurs et en commettrons inévitablement d'autres (la Bible n'affirme-t-elle pas que le juste tombera soixante-dix fois sept fois ?), la vertu se présente en quelque sorte comme un comportement éhonté.

En définitive, le système religieux a été une très importante source de honte toxique pour nombre de gens.

Le système culturel

T. S. Eliot a écrit ceci : « C'étaient d'honnêtes gens impies. Ils n'avaient pour tout monument que la route d'asphalte et un millier de balles de golf perdues. » Dans cette citation, tirée de *The Waste Land*, et dans *The Love Song of J. Alfred Prufrock*, Eliot dénonce vigoureusement le désespoir de l'homme moderne.

Dans *La famille*, la société tout entière est considérée comme un système familial reposant sur les règles de la pédagogie noire, qui nient les émotions. L'engourdissement psychologique qui en résulte mène tout droit aux problèmes d'accoutumance. Les règles de la pédagogie noire remontent au temps de la monarchie. Antidémocratiques, rigides et basées sur une espèce d'inégalité maître/esclave, elles prônent un sens de l'ordre et de l'obéissance allant jusqu'à l'obsession. Elles définissent les « bons enfants » comme des êtres doux, pleins d'égards, généreux et parfaitement respectueux des lois, mais elles n'accordent aucune valeur à la vitalité, à la spontanéité, à la liberté, à l'indépendance ou au sens critique. Les parents férus de tels principes – même les mieux intentionnés – abandonnent leur enfant, ce qui génère en lui la honte toxique dont j'ai parlé jusqu'ici.

Une société souffrant de compulsion et de dépendance

Il y a d'énormes problèmes de dépendance dans nos sociétés modernes. Aux États-Unis, par exemple, on estime qu'il y a 60 millions de victimes d'abus sexuels. Dans ce même pays, près de 75 millions de personnes voient leur existence affectée par l'alcoolisme, sans parler de toutes celles qui sont touchées par les autres drogues. On ignore ce que les milliards de dollars empochés par les trafiquants de drogue peuvent avoir comme répercussions réelles sur l'économie américaine, étant donné que ces revenus échappent à toute imposition. Par ailleurs, plus de 15 millions de familles sont aux prises avec des problèmes de violence. Soixante pour cent des femmes et cinquante pour cent des hommes souffrent de troubles de l'alimentation. On n'a pas de données récentes sur les problèmes de dépendance à l'égard du travail et de la sexualité, mais on sait qu'ils existent. J'ai lu dernièrement un article où l'on évaluait à 13 millions le nombre des «gamblers» invétérés. Par conséquent, si l'on considère que la honte toxique est le carburant de la dépendance, on peut affirmer que la société américaine est massivement contaminée par la honte.

L'hyperactivité fiévreuse et le mode de vie compulsif qui caractérisent nos sociétés modernes sont également évocateurs du désespoir engendré par la honte dont nous sommes pétris. Erich Fromm a posé un minutieux diagnostic de ce désespoir dans son ouvrage intitulé *The Revolution of Hope*. Il voit dans notre hyperactivité une manifestation de l'agitation et de l'absence de paix intérieure qui découlent de notre honte profonde. Nous sommes des «faires» humains parce que nous n'avons pas de vie intérieure, notre honte toxique nous empêchant de nous tourner vers l'intérieur de nous-mêmes. Il existe au sein de nous-mêmes trop de souffrance, trop de désespoir. Comme le dit Sheldon Kopp: «Nous pouvons changer ce que nous faisons, mais nous ne pouvons pas changer ce que nous sommes.» Si je suis un être humain médiocre et anormal, c'est qu'il y a quelque chose qui cloche en moi. Je suis un raté, un bon à rien et cela me désespère.

Le mythe du succès

Quelqu'un a dit un jour que «Le succès est différent à chacun des différents stades de notre développement: il consiste à ne pas mouiller sa culotte durant la petite enfance; à être admiré durant l'enfance et l'adolescence; à se mettre au lit au début de l'âge adulte; à gagner argent et prestige un peu plus tard; à être encore capable de se mettre au lit durant l'âge moyen; à être admiré à l'âge de la maturité; et à ne pas mouiller sa culotte à l'âge de la sénilité.» Dans cette description, je trouve que l'accent mis sur l'argent, le prestige et le besoin d'admiration est particulièrement juste.

Dans la littérature américaine contemporaine, la plus célèbre tragédie est probablement la pièce de théâtre d'Arthur Miller intitulée

Mort d'un commis voyageur, dans laquelle l'auteur a su faire d'un homme tout à fait ordinaire un grand héros tragique aristotélicien. Willy Loman, le personnage principal, incarne le mythe américain du succès. Toute son existence repose sur la croyance selon laquelle le succès consiste à être admiré et riche. Il mourra seul et dans l'indigence, en sacrifiant sa vie afin de toucher l'argent de l'assurance qui, selon lui, devrait témoigner de sa réussite personnelle. Dans ses *Poésies*, Aristote affirme que la force d'un grand héros de tragédie résulte de sa noblesse combinée à un défaut tragique. Willy est noble. Il est prêt à mourir pour sa foi. Et c'est dans sa foi que réside le défaut tragique. Il croit sincèrement que si un homme est riche et admiré, sa vie est un succès. Voilà ce que signifie la réussite pour lui.

Le mythe du succès prône également une espèce d'individualisme farouche. On doit réussir tout seul. On doit se faire soi-même et ne se fier qu'à soi-même. Dans cette mythologie, l'argent et ses symboles deviennent les instruments de mesure de la réussite. Un homme dans la cinquantaine ayant un faible revenu est donc voué à subir le pincement de cœur humiliant provoqué par ce système de croyances. On peut bien sûr contester de telles valeurs, mais il n'en demeure pas moins que l'argent et la célébrité qui l'accompagne exercent toujours un énorme pouvoir sur notre existence.

Les rôles sexuels rigides

Les rôles sexuels rigides que nos sociétés modernes continuent de perpétuer constituent des étalons permettant d'évaluer le degré de perfection des êtres humains. Il y a de vrais hommes et de vraies femmes. Avant même que nous venions au monde, il existait déjà un plan relatif à la manière de se vivre en tant qu'homme et en tant que femme.

Les vrais hommes sont farouchement individualistes. Ils agissent plutôt que de parler. Ils sont silencieux et décidés. Un vrai homme ne fait jamais preuve de faiblesse, d'émotivité ou de vulnérabilité. Les vrais hommes gagnent toujours. Ils ne donnent jamais l'avantage à leur adversaire.

Les vraies femmes sont les compagnes des vrais hommes. Elles sont responsables de la vie domestique. Elles sont émotives, vulnérables et fragiles. Ce sont des pacificatrices. En échange, elles espèrent trouver « l'amour romantique » durable. Elles cherchent le Prince qui viendra compenser tout ce à quoi elles doivent renoncer, c'est-à-dire celui qui les prendra en charge pour le reste de leurs jours.

Si vous croyez, comme bien des personnes, que ces rôles ne sont plus que choses du passé, je vous suggère de simplement observer la manière dont les parents s'occupent de leurs petits garçons et de leurs petites filles. Notez comment ils les habillent et, surtout, quels jouets ils leur achètent. Les jeux enfantins préfigurent le monde du travail de l'adulte, et la classification des jouets est encore extrêmement sexiste. Observez comment une maman et un papa « libérés » prennent leur petite fille, puis observez comment ils prennent leur petit garçon. Vous constaterez qu'ils ne les touchent même pas de la même manière.

Nos scénarios à propos des rôles sexuels sont rigides et sèment la discorde. De plus, ils s'avèrent humiliants en ce qu'ils présentent des caricatures de la masculinité et de la féminité. De ce fait, ils nous amènent à nous identifier démesurément à certains aspects de nous-mêmes, mais à négliger l'ensemble et le sentiment d'intégrité. Or, chacun de nous est le fruit d'un homme et d'une femme. Chacun de nous possède aussi bien des hormones mâles que des hormones femelles. Notre sexe est simplement déterminé par nos hormones majoritaires. Pour devenir des êtres complets, l'homme et la femme doivent donc intégrer les caractéristiques du sexe opposé. Mais les rôles sexuels rigides fixent des critères qui ne permettent pas d'accéder à cette intégrité. De tels critères humilient les côtés féminins de l'homme et les côtés masculins de la femme. L'homme se fait couvrir de honte s'il se montre vulnérable et la femme passe pour une garce si elle s'affirme et actualise sa masculinité.

Le mythe du dix sur dix parfait

En ce qui a trait à l'apparence physique, notre culture a établi un système perfectionniste qui humilie cruellement les personnes défavorisées par la nature. L'homme ou la femme physiquement parfaits sont une transposition de la note parfaite de dix sur dix. Des films comme *10*, dans lequel jouait Bo Derek, ont largement contribué à renforcer cette mythologie de la perfection.

Les modèles de perfection humaine possèdent des attributs très précis qui avivent la honte sexuelle dans notre société. La femme parfaite pouvant récolter un dix sur dix a des seins parfaitement ronds, correspondant à la taille de soutien-gorge 38 D, ainsi que des hanches et des fesses bien proportionnées. L'homme parfait susceptible d'obtenir la même note a un corps musclé, bronzé et parfaitement proportionné. Son pénis mesure au moins vingt centimètres.

Ces idéaux physiques ont provoqué la honte et la souffrance muettes d'un nombre incroyable de personnes. J'ai dans mes classeurs une quantité incalculable de dossiers se rapportant à des hommes et à des femmes ayant intensément souffert d'humiliation à cause de la taille de leurs attributs sexuels. Au cours de ces vingt dernières années, mon cabinet de consultation a été peuplé de femmes ayant peu ou pas de poitrine et me racontant leur souffrance et leur isolement à l'époque où elles fréquentaient l'école secondaire. Quant aux hommes inquiets de la taille de leur pénis, ils sont devenus monnaie courante dans les annales de la psychothérapie. Le sexe est soit caché soit banalisé. Il est notamment banalisé dans les plaisanteries relatives à la grosseur des attributs sexuels véhiculées par les « talk show », à la télévision, et par les spectacles humoristiques, dans les boîtes de nuit.

Max était obsédé par l'idée que son pénis était trop petit. Par ailleurs, il se croyait totalement dénué de charme parce que, ayant autrefois reçu un coup de batte de base-ball sur la bouche, il en avait gardé une imperceptible déformation en bec-de-lièvre. Adolescent, il avait également souffert d'acné. Tous ces petits défauts physiques ajoutaient à sa souffrance et à sa honte. Et cela, malgré qu'il ait pris connaissance d'informations médicales attestant que la grosseur moyenne d'un pénis en érection est de treize à quinze centimètres et en dépit du fait incontestable que les femmes le trouvaient extrêmement séduisant.

L'autoévaluation en fonction des critères du parfait « dix sur dix » mythique constitue une source majeure de honte sexuelle dans notre société.

Le déni des émotions

Notre culture ne démontre pas une grande tolérance à l'égard des émotions. Nous aimons simplement que les gens aillent bien et soient heureux. Dès notre plus jeune âge, nous apprenons certains rituels qui nous aident à faire semblant d'aller bien et d'être heureux. Pour ma part, je me rappelle avoir maintes fois déclaré « Je vais très bien » à mes interlocuteurs alors que j'avais l'impression que le ciel me tombait sur la tête. À propos de l'expression des émotions, je pense souvent à un sénateur américain qui s'était permis de pleurer durant sa campagne électorale pour la présidence du pays. À partir de ce moment, il avait été relégué dans l'histoire ancienne. Qui voudrait d'un président ou d'un premier ministre ayant des émotions ? On préfère nettement en élire un qui sache faire semblant ! Les émotions sont assurément considérées comme inacceptables dans le milieu du travail. En outre, l'expression sincère d'émotions qui ne sont pas « positives » est accueillie avec dédain.

Le mythe du bon garçon et de la bonne fille

Le mythe du bon garçon et de la bonne fille fait partie du mythe de la conformité sociale. Si on le met en parallèle avec l'aspect « farouchement individualiste » du mythe du succès, on voit se dessiner un véritable paradoxe : comment peut-on tout à la fois être farouchement individualiste, être soi-même et se conformer ? Se conformer, cela signifie « ne pas faire de vagues », « ne pas faire tanguer le bateau ». Être un bon garçon ou une bonne fille. Comme je le soulignais dans *La famille*, cela veut dire qu'il faut se tuer à faire semblant :

Nous apprenons à être gentils et polis. Nous apprenons que ces attitudes (le plus souvent mensongères) sont préférables à la vérité. Nos institutions religieuses, scolaires et politiques s'abaissent à enseigner la malhonnêteté (dire des choses que l'on ne pense pas et faire semblant de ressentir ce que l'on ne ressent pas). Nous sourions quand nous sommes tristes; nous ricanons nerveusement alors que nous avons du chagrin; nous rions de blagues que nous ne trouvons pas drôles; pour être polis avec les gens, nous disons des choses que, de toute évidence, nous ne pensons pas.

Les rôles et les faux-semblants constituent des formes de mensonge. Dès que l'on montre ses vrais sentiments et que l'on «fait tanguer le bateau», on s'expose à l'ostracisme. Notre culture valorise donc un mode de vie fondé sur le mensonge et la pure comédie. Cependant, cette façon de vivre provoque une rupture à l'intérieur de nous-mêmes. En apprenant à nous cacher et à dissimuler notre honte toxique, nous nous enracinons encore plus profondément dans la solitude et l'isolement.

Chapitre trois

Les cachettes
de la honte toxique

Où étais-tu, Adam ?

Selon le livre de la Genèse, après la chute, Adam a couru se cacher. Après avoir essayé d'être plus qu'humain, Adam s'est senti moins qu'humain. Avant la chute, il n'était pas honteux, mais après la chute, il l'était. Or la honte toxique est un véritable supplice. Il s'agit d'une souffrance vécue de l'intérieur, du plus profond de l'être. Elle est atrocement douloureuse.

Le sentiment de honte toxique

L'enfant éprouve une honte toxique chaque fois que sa vulnérabilité est soudainement dévoilée, soit avant qu'il ait pu assurer sa protection en délimitant ses frontières personnelles. Autrement dit, il subit ses premières humiliations à un âge où il est encore incapable de faire des choix. De façon générale, la honte se traduit par une vive impression d'être pris par surprise, involontairement exposé au regard d'autrui sans que l'on ait pu prévoir cette situation. Souvent, la honte toxique se manifeste dans les rêves, lorsque, par exemple, on se voit nu dans un endroit public ou bien pris au dépourvu par les questions d'un examen final auquel on ne s'est pas préparé.

TABLEAU 3.1. LES DIVERSES COUCHES DE DÉFENSES CONTRE LE SUPPLICE DE LA HONTE INTÉRIORISÉE

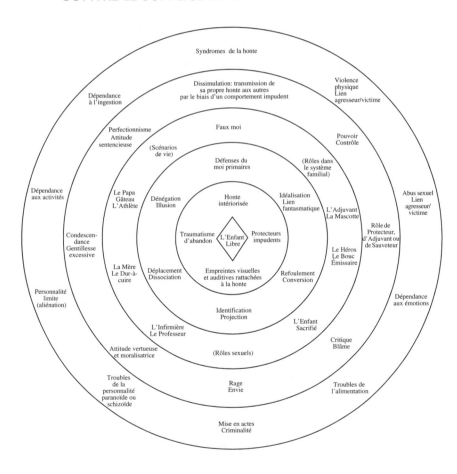

À cause de leur caractère inattendu, les vexations infligées à l'enfant provoquent chez lui une perte de confiance en soi. À mesure que la honte toxique l'envahit, l'enfant se fie de moins en moins à sa propre perception, à son jugement, à ses sentiments et à ses désirs. Or, ces facultés constituent les ressources fondamentales de l'être humain. De ce fait, sitôt que nous ne pouvons plus nous y fier, nous éprouvons un profond sentiment d'impuissance. Lorsque certains aspects de nous-mêmes nous font honte, nous devons nous en dissocier, les évacuer de notre conscience. Nous nous retrouvons alors avec un moi divisé, ce qui nous conduit à avoir l'impression de vivre en dehors de nous-mêmes et à nous percevoir comme un objet. À partir du moment où je deviens un objet à mes propres yeux, je n'ai plus de vie intérieure. Je suis absent de mon propre vécu. Je me sens vide et exposé. Je n'ai pas de frontières, donc aucune protection. Il ne me reste plus qu'à courir me cacher. Mais je ne peux me cacher nulle part puisque je suis complètement à découvert. Quelqu'un est à mes trousses et va m'attraper, me prendre par surprise. Je suis constamment pourchassé, et mon poursuivant ne cesse de gagner du terrain. Il ne me laisse pas une seule minute de répit. Je dois continuellement rester sur mes gardes par crainte de commettre une imprudence. Je suis complètement isolé.

On ne peut supporter très longtemps le véritable supplice que constitue cet état chronique. Si bien qu'au niveau interne le plus profond, la honte toxique déclenche un mécanisme de défense inconscient qui masque l'état psychique réel. Freud a appelé «défenses primaires du moi» l'ensemble des moyens utilisés pour cette dissimulation automatique. Une fois constituées, ces défenses fonctionnent automatiquement et inconsciemment, refoulant le vrai moi toujours plus loin dans sa cachette. Le sujet développe alors une fausse identité à partir de ce noyau intime, passant maître dans l'art d'usurper son identité. Il évite la souffrance et le profond supplice causés par la honte toxique et, au bout d'un certain nombre d'années, n'est plus conscient de ce qu'il cherchait à éviter.

Le tableau 3.1 présente un schéma des différentes couches de protection que l'on élabore afin de se défendre contre le supplice de la honte. Plus on s'éloigne du centre, plus les défenses se rapprochent du champ de la conscience. Les couches les plus profondes – les défenses du moi, les rôles et les scénarios inhérents au système familial – correspondent aux mécanismes automatiques et inconscients. Toutes les couches protectrices génèrent des comportements compulsifs et chaque élément caractéristique du « bouclier » de secrets semble avoir sa vie propre.

Les défenses primaires du moi

Freud a été le premier à définir clairement un processus automatique d'autoconservation, la « défense primaire », se spécifiant en des « mécanismes de défense du moi » qui se déclenchent lorsque nous devons affronter une sérieuse menace. Nous avons tous besoin de ces défenses à l'occasion. La nature les a conçues pour nous aider à affronter des situations particulières, mais non pour que nous y recourions continuellement.

L'enfant est démuni et impuissant. Son moi étant indifférencié à la naissance, il doit en développer les forces et en délimiter les frontières. Plus encore que l'adulte, il a besoin de ses défenses du moi, et ce jusqu'au moment où il sera capable d'établir de solides frontières personnelles. Pour ce faire, il a besoin de prendre pour modèles des parents ayant eux-mêmes de solides frontières. Cependant, tout parent foncièrement humilié est complètement dépourvu de frontières. À partir du moment où l'on se croit essentiellement médiocre et anormal en tant qu'être humain, on a le sentiment qu'il n'y a rien de bon en soi-même. La honte toxique n'a pas de frontières. Or, sans frontières protectrices, un enfant ne peut survivre. Vivre sans frontières, c'est comme vivre dans une maison dépourvue de portes ou dans un pays n'ayant soit aucune limite définie, soit aucune armée pour protéger son territoire.

En plus de son égocentrisme, la nature dote l'enfant d'un système de défenses du moi qui lui tiennent lieu de frontières. Chaque défense du moi permet à l'enfant de survivre à des situations qui sont en fait insupportables.

Le déni et le lien fantasmatique

Le déni est probablement la défense du moi la plus élémentaire. Il est à l'œuvre lorsque l'être humain confronté à quelque chose de menaçant nie ce qui se passe, la souffrance que cela lui occasionne ou les répercussions que cela peut avoir sur sa vie.

Robert Firestone a élargi la notion freudienne du déni. Selon lui, c'est le « lien fantasmatique » qui constitue la défense du moi la plus fondamentale. Il définit le lien fantasmatique comme une illusion d'attachement que l'enfant entretient à l'égard de son principal protecteur, bien que celui-ci le méprise.

Paradoxalement, plus un enfant est victime de sévices physiques, émotionnels ou sexuels, plus il s'enferre dans l'illusion du lien fantasmatique. Ce lien fondé sur l'abus est un des éléments les plus complexes du processus d'induction de la honte. Les sévices sont habituellement infligés de manière imprévisible, comme s'ils relevaient d'un coup du sort. Ils provoquent une baisse de l'estime de soi et font naître un sentiment de honte. À mesure que la victime perd de plus en plus le respect d'elle-même, ses possibilités d'effectuer des choix ou de trouver des solutions de rechange diminuent.

Au bout du compte, l'enfant victime de sévices a l'impression qu'il n'a pas le choix et, souvent, il s'accroche désespérément à son tortionnaire. Le lien fantasmatique (un réel esclavage) lui donne l'illusion que quelqu'un est là pour lui, que cette personne l'aime et le protège; il est comme un mirage dans son désert affectif. Une fois établi, le lien fantasmatique basé sur le déni de la réalité fonctionne automatiquement et inconsciemment. Des années plus tard, même lorsque la réalité ne constitue plus une menace pour la vie de l'enfant, ce lien imaginaire persiste.

Le refoulement

Tout événement insupportable provoque en nous des émotions intenses. Les émotions constituent une forme d'énergie en mouvement. Elles nous indiquent une perte, une menace ou un état d'assouvissement. La tristesse concerne la perte de quelque chose que nous aimons. La colère et la peur nous signalent que des menaces présentes ou imminentes risquent de compromettre notre bien-être. La joie nous révèle que nous sommes comblés et satisfaits. Toutes les fois où l'enfant est humilié par quelque forme d'abandon que ce soit, il éprouve des sentiments de colère ou de tristesse. Étant donné que les parents pétris de honte ont été bafoués dans toutes leurs émotions, ils sont absolument incapables de tolérer les émotions de leur enfant. Par voie de conséquence, ils méprisent ses émotions. Face à ce mépris, c'est au moyen du refoulement que l'enfant s'engourdit, sur le plan émotionnel, de façon à ne plus rien ressentir. Bien que le mécanisme du refoulement ne soit pas encore compris très clairement, on sait qu'il a certainement quelque chose à voir avec la tension musculaire, les changements du rythme respiratoire et les fantasmes d'abandon. Et qu'après le refoulement d'une émotion, on se sent engourdi. À la longue, l'évitement émotionnel devient une seconde nature : on n'est plus du tout conscient de ce que l'on cherchait à éviter au départ et de ce que l'on cherche toujours à éviter.

L'effacement du vécu subjectif

Kaufman établit un lien direct entre le refoulement et le blocage émotionnel causé par la honte. Il émet l'hypothèse que, après avoir été émotionnellement bafoué pendant un certain temps, on procède à un « effacement expérienciel », mécanisme équivalant au refoulement. On vit intérieurement ses émotions plutôt que de les exprimer ouvertement. Voici ce que Kaufman écrit à ce propos :

> Même l'expérience d'une émotion particulière peut-être réduite
> au silence, si les séquelles paralysantes de la honte s'étendent

à l'enregistrement intérieur et conscient de l'effet inhibiteur de la honte. Au moment où le moi se sent soudainement exposé ne serait-ce qu'à lui-même, la connaissance de la teneur de la conscience (et de l'effet déclencheur) peut s'effacer expérienciellement.

Cet effacement du vécu est une défense du moi. Graduellement, avec le temps, on apprend à ne même plus avoir conscience des émotions génératrices de honte. On apprend à ne plus rien ressentir. On s'engourdit sur le plan psychique.

La dissociation

La dissociation est la défense du moi systématiquement déclenchée par les deux plus violentes formes d'humiliation : les sévices physiques et l'abus sexuel. Dans les deux cas, le traumatisme se révèle si grave et la peur si terrifiante que la victime a besoin de trouver un soulagement immédiat. La dissociation constitue une forme d'engourdissement instantané. Outre les mécanismes du déni et du refoulement, elle met en jeu de puissants éléments imaginaires qui distraient l'attention de la victime.

La victime d'inceste s'échappe purement et simplement hors d'elle-même durant l'abus, qu'elle ne vit plus alors que comme un long rêve éveillé. Face à la violence physique, la réaction est la même. La souffrance et l'humiliation sont si insupportables que la victime « quitte » son corps.

Cela explique pourquoi il est si difficile de traiter la victime de ce genre de sévices. Les souvenirs se dérobent à sa conscience mais les émotions persistent. Souvent, elle se croit atteinte de folie et a l'impression de vivre dans l'irréel. Il arrive d'ailleurs fréquemment qu'elle développe une personnalité double, voire multiple. Ne pouvant plus faire le rapport entre la violence et sa réaction à la violence, elle se tient pour responsable de sa folie et de sa honte et ne met nullement en cause ce qui lui est arrivé.

La dissociation ne se manifeste pas uniquement face à des sévices physiques ou sexuels. Les mauvais traitements affectifs, un traumatisme grave ou une détresse chronique sont d'autres facteurs susceptibles de déclencher ce mécanisme de défense. La dissociation peut perdurer toute la vie.

Le déplacement

Le déplacement est directement relié à la dissociation. En ce qui a trait aux rouages de ce mécanisme, l'histoire d'une de mes clientes est particulièrement révélatrice.

Cette femme, dont le père alcoolique faisait autrefois régulièrement irruption dans sa chambre, peu après la fermeture des bars, et venait l'agresser sexuellement, s'éveillait fréquemment vers 3 heures du matin et croyait apercevoir une silhouette sombre dans sa chambre. Elle faisait également un cauchemar récurrent dans lequel apparaissait un monstre noir qui la rouait de coups avec son énorme pouce sombre. Au début de sa thérapie, elle ne se doutait pas du tout qu'elle avait été victime d'un inceste. Elle était venue me consulter parce qu'à différentes reprises elle avait été abusée sexuellement par des hommes beaucoup plus âgés qu'elle.

Cette femme n'avait que vingt-six ans au moment où elle avait entrepris sa thérapie. Après avoir examiné avec moi la dynamique de sa famille d'origine, alors qu'elle était sous l'effet d'une légère hypnose l'ayant amenée à régresser dans le temps, ma cliente vécut un épisode d'hypermnésie : un flot de souvenirs de sa chambre et de son père jaillirent de sa mémoire. Au début, ces souvenirs étaient très flous, mais elle retrouva petit à petit certains détails, jusqu'au moment où elle prit un air honteux et se mit à pleurer en décrivant comment son père l'obligeait à se livrer à la fellation sur lui. Au bout de plusieurs mois de témoignage, elle avait finalement reconstitué le souvenir d'un traumatisme qui avait duré deux ans et demi et avait commencé alors qu'elle avait environ quatre ans et demi. Elle était la préférée de son père. Il l'avait menacée de la punir très sévèrement si elle parlait à quelqu'un de ce qui se passait secrètement entre eux. Par ailleurs, il était le seul membre de la famille à lui avoir donné de l'affection et de l'attention.

Une fois que ma cliente fut en mesure de faire le lien entre ses émotions et les événements du passé, la silhouette noire et le monstre au gros pouce sombre – les symptômes de son déplacement – disparurent de ses rêves.

La dépersonnalisation

La dépersonnalisation est étroitement reliée au déplacement. Elle se manifeste chez la personne qui, dans le contexte d'une relation avec un être significatif, a été sexuellement abusée. Dans cette relation pernicieuse, la victime ne perçoit plus la réalité de son moi subjectif : elle se vit plutôt comme un objet. De ce fait, elle perd conscience de son intériorité. Il suffit alors que l'abus se répète pour qu'elle en arrive progressivement à ne plus percevoir ni la réalité de son moi ni celle de son environnement.

L'identification

Souvent, la personne qui est victime d'une forme d'agression quelconque s'identifie à son persécuteur. De cette manière, elle cesse d'éprouver l'impuissance et l'humiliation inhérentes à sa condition de victime. Quant à l'agresseur, il a lui-même été auparavant une victime qui s'est identifiée à son propre agresseur. L'identification lui a permis d'échapper à la honte.

La conversion

J'ai parlé de la conversion des affects et des besoins lorsque j'ai décrit la manière dont Max compensait l'abandon qu'il avait vécu à travers l'abus et la négligence. Nous avons alors vu que Max convertissait la plupart de ses sentiments et de ses besoins en pensées, en sensations et en comportements de nature sexuelle. Il existe cependant d'autres détours utilisés par la conversion pour nous défendre de la honte toxique.

Le racket des émotions

J'ai déjà expliqué comment, dans le processus d'intériorisation de la honte, la personne rejette certaines parties vitales de sa réalité humaine. Comment les parties du vécu subjectif ainsi dissociées (les émotions, les besoins et les pulsions) cherchent impérieusement à s'exprimer et se comportent comme des chiens affamés emprisonnés dans une cave. Il faut donc trouver des moyens de les apaiser. La conversion des sentiments est un de ces moyens, car elle permet de transformer ce qui est interdit ou humiliant en quelque chose de plus acceptable ou de plus supportable.

Nous avons vu comment la conversion peut intervenir dans les émotions de nature sexuelle. Mais bien d'autres émotions peuvent également servir à remplacer celles que la honte inhibe. La colère, notamment, est souvent bloquée au niveau conscient et convertie en d'autres émotions plus supportables – le chagrin ou la culpabilité, par exemple – ou plus facilement admises dans la famille. Ainsi, la personne en butte à la colère n'en éprouvera plus après l'avoir convertie et ressentira à la place l'émotion « acceptable ».

Considérons l'exemple suivant. Le petit Daniel, trois ans, est furieux contre sa mère qui ne veut plus l'emmener chez le marchand de crème glacée alors qu'elle le lui avait promis. Fulminant, Daniel lui lance qu'il la déteste (ce qui est interdit aux enfants de trois ans). Or cette maman, qui est une personne codépendante et pétrie de honte, est terrifiée par la colère, qu'il s'agisse de la sienne ou de celle d'autrui. En fait, la colère de Daniel ravive sa propre colère à l'égard de ses parents. Mais étant donné qu'à l'intérieur d'elle-même la colère est intimement liée à la culpabilité et à la honte, elle va bloquer la honte qu'elle éprouve (à la place de la colère) en culpabilisant et en humiliant son fils.

Elle lui explique donc à quel point cela lui fait du chagrin quand il est fâché contre elle. Elle se met à pleurer puisque, dans son enfance, elle a appris à convertir sa colère en tristesse. Cette substitution des larmes à la colère constitue un *racket* féminin très courant.

Remontons le temps jusqu'à une scène issue de l'enfance de cette mère. Son père est fâché parce que, très absorbée par son jeu, elle ne

veut pas aller dormir. Quand il lui exprime sa colère, elle se met à sangloter. Plein de remords, papa la prend dans ses bras et la caresse. Puis
il lui donne un verre de jus frais et la berce jusqu'à ce qu'elle
s'endorme. Toute jeune, la mère de Daniel a donc découvert que la
tristesse était acceptable et qu'elle lui donnait du pouvoir. La colère
s'avérait inefficace dans sa famille. Maintenant, face à Daniel qui
vient de lui crier qu'il la déteste, elle pleure et lui déclare qu'un jour,
peut-être, elle ne sera plus à la maison quand il aura besoin d'elle. Elle
va même jusqu'à lui affirmer qu'elle pourrait s'en aller et mourir !

Le pauvre petit Daniel est foudroyé, envahi par une terrifiante
angoisse à l'idée d'être séparé de sa mère ou abandonné. Se sentant
terriblement coupable, il se précipite vers elle. Il n'a plus du tout
conscience d'éprouver de la colère. Sa colère s'est convertie en
culpabilité.

Il arrive parfois que des parents se fâchent lorsque leur enfant
exprime de la colère, de la peur ou de la tristesse. Dans ce cas, les
émotions de l'enfant risquent d'être soit contaminées par la honte
soit converties en peur, voire en terreur.

En ce qui me concerne, mes sentiments de colère ont été complètement dominés par la peur durant une grande partie de ma vie. Dès
que je ressentais de la colère, celle-ci était en général immédiatement
convertie en peur panique. Même quand je parvenais à l'exprimer,
ma voix s'étranglait, mes lèvres et mes jambes tremblaient. Eric Berne,
le créateur de l'analyse transactionnelle, a appelé ce sentiment le
« processus de conversion ». En fait, c'est la « formation d'un racket »
que je décris ici. *On se livre au racket émotionnel quand on utilise un sen-*
timent permis par la famille à la place d'un autre, considéré comme inac-
ceptable ou honteux.

La conversion somatique

Un troisième type de conversion est en jeu lorsque l'on somatise
ses besoins et ses émotions, les transformant parfois en maladie
physique.

Quand on est malade, quelqu'un s'occupe généralement de nous.
Dans cet état, on peut légitimement se laisser envahir par la douleur.

La conversion est particulièrement fréquente dans les systèmes familiaux où la personne malade reçoit beaucoup d'attention et se voit même récompensée.

Enfant, j'étais asthmatique. Lorsque, certains jours, je ne voulais pas aller à l'école, je provoquais une crise d'asthme. J'avais appris très tôt qu'un malade recevait beaucoup de sympathie dans mon système familial. La recherche de l'attention d'autrui par le biais de la maladie est un phénomène très répandu. Quand on a envie de s'absenter du travail, ne déclare-t-on pas que l'on est mal en point? La maladie est décidément très efficace!

La conversion des émotions en une maladie est à la base des troubles psychosomatiques. Dans la famille de Max, par exemple, il y avait plusieurs générations d'hypocondriaques. Son arrière-grand-mère maternelle avait été clouée au lit par intermittence durant des années. Sa grand-mère maternelle était en quelque sorte restée alitée pendant quarante-cinq ans et sa mère, Félicia, avait continuellement souffert d'ulcères, de colite et d'arthrite. Quant à Max, la maladie était une de ses principales obsessions.

Personnellement, je crois qu'en règle générale les familles ne convertissent pas leurs émotions et leurs besoins en maladies physiques réelles à moins que des facteurs héréditaires ne les prédisposent à souffrir de certains troubles tels que l'asthme, l'arthrite ou ceux liés à la fragilité d'un organe particulier. Cependant, si à la prédisposition génétique s'ajoutent l'exemple que donnent les parents et les importantes «récompenses» que le sujet reçoit quand il est malade, la conversion des émotions et des besoins en affections somatiques n'est rien de moins que garantie.

La projection

La projection est un des mécanismes de défense les plus primitifs. Les fantasmes et les hallucinations psychotiques en sont les manifestations les plus spectaculaires. À partir du moment où l'on est pétri de honte, la projection devient inévitable, car les émotions, les désirs, les besoins et les pulsions – ces parties vitales de soi-même que l'on a reniées – cherchent impérieusement à s'exprimer.

C'est en attribuant aux autres ces parties de soi-même que l'on trouvera le moyen de les affronter. Si je me suis dissocié de ma colère, par exemple, il se pourrait fort bien que je la projette sur vous et que je vous demande pourquoi *vous* êtes en colère.

Pour l'une de mes clientes, qui détestait les femmes en général et se montrait particulièrement véhémente à l'égard des femmes très sexy, la projection était un mécanisme de défense privilégié. Elle dirigeait un groupe de superviseurs rustres, impitoyables et rigides dans une usine de produits chimiques. Son père était un homme chauvin et très macho qui humiliait sa femme tant à la maison qu'en public. Petite fille, ma cliente se comportait en véritable garçon manqué. Elle s'était identifiée à son père et l'accompagnait régulièrement à la chasse et à la pêche. À dix ans, « elle savait manier le fusil aussi bien qu'un homme », comme le clamait fièrement son père. Cette femme avait complètement rejeté sa féminité et sa sexualité. Elle projetait sa propre honte sur les autres femmes en s'attaquant de façon méprisante à leur sexualité et à leur féminité.

On utilise la projection quand toute tentative de refoulement a échoué. La projection constitue une importante source de conflits et d'hostilité dans les relations humaines. Par ailleurs, c'est essentiellement à cause du phénomène de la projection que l'enfant croit à la toute-puissance de ses parents. L'enfant ne fait qu'un avec le monde. Voici ce qu'en dit le poète Christopher Morley :

[...]
Né pour être l'ami de l'oiseau, de la bête et de l'arbre
Et aussi libre de contrainte que l'abeille
[...]
Fervent explorateur de chaque sens,
Sans désarroi, sans prétention !
Dans tes yeux immaculés et transparents

Nulle conscience, nul étonnement :
Les énigmes biscornues de la vie tu acceptes,
Ton étrange divinité toujours préservée
[...]
Mais il fut un temps, ô elfe tendre,
Où tu étais la poésie même !

Cet animisme et cette toute-puissance qui font partie de son égocentrisme, l'enfant les attribue facilement à ses parents par le biais de la projection. Pour lui, ses parents sont des dieux : il les croit omnipotents. Lorsque Piaget a interrogé des petits joueurs de billes sur l'origine des règles de leur jeu, fasciné, il s'est rendu compte que les enfants croyaient que c'était leur père qui avait inventé ces règles. Quand il leur a demandé si leur grand-père ou le bon Dieu y avait été pour quelque chose, les petits garçons ont affirmé qu'ils croyaient que leur père savait jouer aux billes bien avant leur grand-père ou le bon Dieu.

C'est justement parce qu'il attribue une telle omnipotence à ses parents que l'enfant est si vulnérable à l'humiliation dans le lien affectif qu'il entretient avec eux. Les dieux incarnent la perfection. Si l'enfant souffre d'une quelconque forme d'abus dans sa relation avec ses parents, il en déduit que c'est lui, la source du problème, convaincu que ce ne peut être ses parents (puisque les dieux sont parfaits).

Les défenses du moi secondaires

Freud a décrit d'autres défenses du moi, secondaires, celles-là, qui prennent la relève lorsque les processus de défense primaire semblent avoir échoué. Elles s'avèrent particulièrement utiles dans les cas où le refoulement paraît inefficace.

Il arrive, par exemple, qu'une personne sentant émerger de son inconscient un sentiment de honte soit effrayée et mobilise une deuxième ligne de défense. Les défenses secondaires les plus courantes sont l'inhibition, la formation réactionnelle, l'annulation, l'isolation de l'affect et l'autodestruction.

L'inhibition

Un de mes clients, un homme très replié sur lui-même, se sentait littéralement paralysé chaque fois que, dans une boîte de nuit, il essayait de danser. Au cours de la thérapie, il s'est rappelé qu'à l'âge de douze ans il avait vécu une pénible expérience en rapport avec la danse.

Un soir, sa mère, qui sombrait périodiquement dans l'alcoolisme, était rentrée à moitié ivre. Pour s'amuser, elle avait mis de la musique et invité son fils à danser avec elle. Comme il se montrait maladroit, elle l'avait ridiculisé. Puis, au cours d'une danse, mon client avait eu une érection. Sa mère s'en était aperçue et l'avait taquiné à ce sujet. Il s'était alors senti profondément humilié. L'incapacité à danser dont il a fait preuve par la suite illustre bien ce qu'est l'inhibition: en inhibant les muscles dont il avait besoin pour danser, il parait à une humiliation éventuelle.

La formation réactionnelle

La formation réactionnelle sert à maintenir dans l'inconscient un sentiment troublant qui a été refoulé en raison de sa nette propension à raviver la honte. Ce mécanisme de défense pallie les éventuelles lacunes du refoulement. C'est ainsi, par exemple, que certaines personnes en arrivent à cultiver une apparente bonté pour combattre leurs élans de cruauté, car elles auraient trop honte de se montrer cruelles. À l'opposé de la cruauté, il y a la bonté. La bonté protège le sujet contre sa propre cruauté et lui évite d'avoir honte. La formation réactionnelle présente toujours plusieurs caractéristiques de la véritable pulsion qu'elle recouvre. Voici ce qu'en disent White et Gilliland dans *Elements of Psychopathology*:

> La bonté [...] comporte alors des aspects rigides et inappropriés. On l'impose aux autres en toute circonstance, qu'elle soit requise ou non [...] elle se révèle coercitive et teintée de sadisme. La personne qui étale ce genre de bonté réactionnelle est quelqu'un qui tue avec sa gentillesse.

L'annulation

L'annulation est un comportement qui relève de la pensée magique et vise à supprimer un sentiment, une pensée ou un comportement que l'on redoute parce qu'ils risquent de provoquer un sentiment de honte.

C'est dans ce but qu'un jeune étudiant que je suivais en thérapie consacrait énormément de temps à accomplir un rituel très élaboré avant de se mettre au travail. Il était très intelligent, mais il échouait lamentablement au collège à cause de cette manie. Avant d'étudier, il passait des heures à aligner livres, stylos, crayons, cahiers de notes, etc., jusqu'à ce qu'il ait réussi à les placer selon un schéma compliqué. Chaque objet devait être rangé de manière à ne pas en toucher un autre. La tâche s'avérait d'autant plus ardue qu'il avait une bibliothèque très bien garnie.

Au cours de la thérapie, j'ai constaté que mon client évitait systématiquement tout ce qui avait rapport au toucher. Étant jeune, il s'était fait un jour cruellement humilier pour avoir touché et montré son pénis devant le pasteur venu rendre visite à sa famille. Un peu plus tard, sa mère l'avait surpris en train de se tripoter et lui avait administré une violente correction. Par la suite, on lui avait fait croire qu'il deviendrait aveugle si jamais il se masturbait vraiment (on m'avait dit la même chose, mais durant mon adolescence, j'étais prêt à courir ce risque!). Le rituel fondé sur l'évitement du contact qu'il avait élaboré était une sorte de tour de magie lui permettant d'annuler son désir de toucher son pénis et de se masturber.

L'isolation de l'affect

L'isolation de l'affect est un moyen de convertir en pensée un sentiment ou une pulsion dont on risque d'avoir honte. En recourant à ce type de défense, on peut se dégager de toute responsabilité quant à son sentiment ou à sa pulsion.

J'ai lu un document au sujet d'une victime d'inceste qui était obsédée par la pensée suivante: « Putain de Jésus ». C'était pourtant une parfaite chrétienne, une dame très convenable. En outre, elle était plutôt intelligente et se rendait compte de l'absurdité de cette idée.

Elle avait subi l'inceste pendant quatre ans, victime d'un oncle qui était par ailleurs la seule figure paternelle qu'elle eût jamais connue durant son existence. Il était entré dans sa vie alors qu'elle avait six ans. Comme sa mère travaillait à l'extérieur, la petite était confiée à une bonne très bigote et sentencieuse qui la rudoyait émotionnellement. Un jour où l'enfant avait rageusement exprimé son incrédulité face à l'enseignement religieux de la domestique, elle avait été punie en se faisant profondément humilier. Elle éprouvait également de la rage à l'égard de son oncle. Étant jeune, elle l'avait cependant beaucoup aimé. C'était le seul être qui lui témoignait de l'affection et lui faisait des cadeaux. Aucun de ces conflits n'avait été résolu. Par conséquent, sa rage, sa culpabilité et sa honte, son amour pour cet oncle qui s'occupait d'elle comme un père resurgissaient sous la forme d'une pensée récurrente, « Putain de Jésus », *complètement dénuée de tout sentiment*. Cette pensée la distrayait des émotions douloureuses et honteuses qui la troublaient.

Ce cas illustre dramatiquement la manière dont des sentiments troublants sont convertis en un schéma de pensée. *Toute préoccupation peut distraire quelqu'un de ses sentiments.*

L'autodestruction

L'autodestruction est une défense du moi qui permet au sujet de retourner contre lui-même l'hostilité agressive qu'une autre personne lui témoigne. Ce moyen de défense est extrêmement répandu chez les personnes qui ont subi cette forme d'abandon que constituent les sévices graves. Étant donné que l'enfant a désespérément besoin de ses parents pour survivre, il ne peut pas s'en prendre à eux et retourne contre lui-même la rage et l'agressivité qu'il ressent face aux mauvais traitements. Sous sa forme la plus virulente, l'autodestruction se manifeste par des tendances suicidaires. Dans ce cas, la personne s'identifie tellement à son agresseur que, désirant le tuer, elle se tue elle-même.

L'onychophagie (se ronger les ongles), le *head-banging* (se cogner la tête volontairement), l'automutilation et la prédisposition aux accidents constituent des formes atténuées d'autodestruction que l'on observe chez certains enfants. Parvenus à l'âge adulte, ceux-ci auront éventuellement tendance à se faire du tort socialement ou financièrement. Dans tous les cas, la rage éprouvée à l'égard de l'agresseur est si effrayante et si mortifiante qu'elle est retournée contre soi.

Avec l'âge, les défenses primaires se transforment et deviennent plus complexes. Elles se présentent alors sous la forme de défenses secondaires telles que la rationalisation, la minimisation, la justification, la sublimation, la compensation et tous les types de comportements éhontés servant à transmettre sa propre honte aux autres.

Bien qu'elles aient été bonnes premières dans votre processus d'autoconservation, ces défenses primitives passeront au dernier plan dans le processus de guérison de la honte qui vous inhibe. Leur pouvoir et leur force résident dans le fait qu'elles sont automatiques et inconscientes. Au départ, elles représentaient pour vous le meilleur recours possible. Elles ont préservé votre santé mentale, vous ont littéralement sauvé la vie. Cependant, ces mécanismes de défense très efficaces qui, autrefois, vous ont permis de survivre sont devenus avec le temps les gardiens vigilants de votre honte toxique.

Le faux moi

J'ai déjà souligné le fait que la rupture du moi causée par la honte intériorisée constituait une blessure des plus profondes. Une fois que l'on a intériorisé la honte, on ne fait plus que simplement la ressentir : on l'incarne littéralement. Parce que l'on se croit médiocre et anormal, on ne peut plus se regarder sans en éprouver de la souffrance. Par conséquent, on doit se créer un faux moi, une deuxième couche de défense qui allégera le sentiment de honte toxique.

Toutes les grandes écoles de pensée dans le domaine de la thérapie parlent du faux moi. Les jungiens, par exemple, l'appellent la *persona* (le masque) tandis que les spécialistes de l'analyse transactionnelle l'appellent l'*enfant adapté*.

Bob Subby parle quant à lui du *moi public*, qu'il oppose au *moi privé*, et il se sert d'un dessin formidable pour illustrer son propos. Le tableau 3.2 en est une adaptation; la petite silhouette qui devient minuscule représente le moi authentique envahi par la honte et la plus grande silhouette représente le faux moi, ou moi public.

La Bible évoque l'hypocrisie des pharisiens. Or, en grec, le mot «hypocrite» signifie *acteur*, quelqu'un qui fait semblant. Jésus n'aimait pas les faux moi.

De son côté, le Training *est* confronte les gens à leur pièce de théâtre, c'est-à-dire à leur histoire mélodramatique. La pièce de théâtre ou l'histoire personnelle révèle le moi mythifié, le moi factice qui se donne en représentation.

Je divise le faux moi en trois catégories: le faux moi culturel, les scénarios de vie et les rôles du système familial.

Le faux moi culturel

Dans le chapitre précédent, j'ai parlé des rôles sexuels propres à notre culture et montré de quelle façon ces rôles nous imposent un système d'évaluation basé sur un idéal de perfection. Puisque chacun de nous est absolument unique, il n'existe pratiquement aucun moyen de nous comparer à autrui ou de nous évaluer. En ce sens, nos rôles sexuels rigides sont humiliants.

Il importe que nous comprenions bien la manière dont les rôles sexuels prennent forme au cours du processus que les sociologues appellent «l'élaboration sociale de la réalité». En effet, ce processus explique pourquoi nous nous identifions si volontiers à ces rôles et comment nous édifions notre faux moi à partir d'eux.

L'élaboration sociale de la réalité

Dès notre naissance, nous nous sommes tous intégrés à un ordre social dans lequel un « consensus autour de la réalité » était déjà établi. Pour les sociologues, cette expression désigne le résultat de l'élaboration sociale de la réalité. Les êtres humains sont des créatures attachées à leurs habitudes.

À force de répéter certains gestes nécessaires à notre survie, nous prenons des habitudes, qui deviennent très vite des façons de se conduire socialement acceptables et approuvées. Au bout d'un certain temps, ces comportements habituels et socialement admis sont « légitimés », pour reprendre une expression de sociologue. Après avoir été légitimés pendant un moment, ils deviennent inconscients et se transforment graduellement en *lois de la réalité*. À ce stade, nous ne les mettons plus en question, nous les acceptons car ils sont prévisibles et sécurisants. Et qui plus est, nous sommes très ébranlés si quelqu'un tente de les changer.

En fait, ces lois de la réalité ne sont pas la réalité du tout. Comme les anthropologues l'ont constamment souligné, dans d'autres cultures que la nôtre les choses se passent assez différemment. Les lois de la réalité qui se sont élaborées au gré de la légitimation de nos habitudes ne reflètent, de toute évidence, qu'un « consensus autour de la réalité », un ensemble de phénomènes que nous avons convenu socialement de considérer comme la réalité.

Dans tout consensus culturel sur la réalité, l'aspect le plus remarquable concerne la notion de ce que sont un homme, une femme, le mariage et la famille. Dès notre naissance, on avait déjà déterminé comment vous et moi devions être et agir en tant qu'homme ou femme véritables. Ces rôles stéréotypés sont parfaits pour l'élaboration d'une identité pétrie de honte. Quand, par exemple, je joue le rôle de l'homme véritable, je reçois de généreuses gratifications culturelles. Cependant, les stéréotypes m'amèneront à mépriser les parties de mon moi authentique qui ne correspondent pas à l'idéal du rôle qui m'a été assigné. Dans leur forme courante, les rôles sexuels propres à notre culture ont été légitimés durant la colonisation du

TABLEAU 3.2. L'INTÉRIORISATION DE LA HONTE
(Adaptation du concept de moi privé/mio public de Robert Subby)

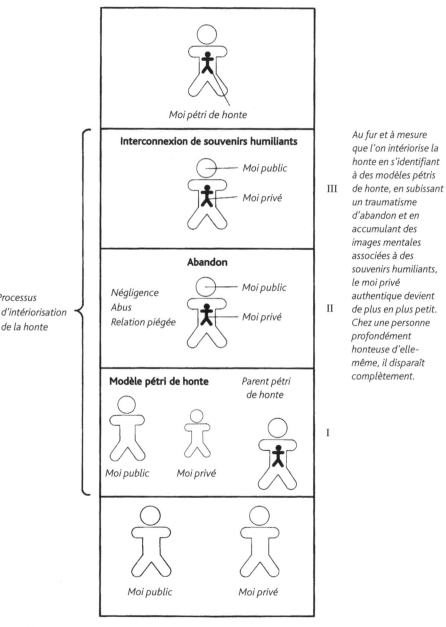

Moi pétri de honte

Interconnexion de souvenirs humiliants

Moi public

Moi privé

III

Abandon

Négligence
Abus
Relation piégée

Moi public

Moi privé

II

Modèle pétri de honte   Parent pétri de honte

I

Moi public   Moi privé

Processus d'intériorisation de la honte

Moi public   Moi privé

Au fur et à mesure que l'on intériorise la honte en s'identifiant à des modèles pétris de honte, en subissant un traumatisme d'abandon et en accumulant des images mentales associées à des souvenirs humiliants, le moi privé authentique devient de plus en plus petit. Chez une personne profondément honteuse d'elle-même, il disparaît complètement.

Ce tableau a été adapté de *Lost in the Shuffle : The Co-dependent Reality*, un ouvrage de Robert Subby.

pays: les hommes défrichaient la terre, chassaient et faisaient la guerre, tandis que les femmes s'occupaient des enfants et du foyer.

Bien sûr, je crois que les différences sexuelles ont un fondement biologique, mais les rôles sexuels qui ont cours dans notre culture vont bien au-delà du fondement biologique: ils en sont même des caricatures. De plus, comme je l'ai souligné précédemment, ils nient l'évidente polarité androgyne présente en tout homme et en toute femme. Chacun de nous a vu le jour grâce à l'union d'un homme et d'une femme, et il y a en chacun de nous des hormones mâles et des hormones femelles. Chez une personne saine, les caractéristiques présumément féminines et masculines sont en équilibre.

Non seulement les rôles sexuels bafouent ce que nous sommes, mais ils deviennent un refuge, une cachette. Lorsque nous faisons semblant d'être de vrais hommes ou de vraies femmes, nous pouvons dissimuler le fait qu'en réalité nous ignorons complètement qui nous sommes. À partir du moment où nous jouons notre rôle à fond, nous sommes en mesure de modifier notre état de conscience et d'éviter ainsi de ressentir notre douloureuse honte.

Les scénarios de vie

C'est Eric Berne, le créateur de l'analyse transactionnelle, qui a développé l'idée des scénarios de vie. Il a observé le fait qu'un grand nombre de personnes connaissent une existence tragique, parce que, selon lui, elles semblent n'avoir aucun choix. Comme des acteurs, elles jouent leur rôle conformément à un scénario. Berne avait le sentiment que la plupart des gens mettaient en scène une existence banale ou mélodramatique. Thoreau a évoqué ces scénarios mélodramatiques lorsqu'il a déclaré que la grande majorité des êtres humains menait une vie de désespoir tranquille. Berne avait en outre l'impression que très peu d'entre eux avaient une existence vraiment authentique.

Les scénarios de vie s'apparentent aux scénarios sur lesquels sont construits les films et les pièces de théâtre. Ils décrivent un certain type de personnage, ils déterminent ce qu'on doit ou ne doit pas éprouver et comment on doit se comporter dans la vie. Les scénarios tragiques se terminent habituellement sur la chute du personnage principal : soit il tue quelqu'un, soit il se suicide ou choisit un mode de vie qui l'amènera à se tuer à petit feu, soit on le déclare fou.

Selon Claude Steiner, un analyste transactionnel, il existe trois scénarios tragiques fondamentaux : le scénario de *l'absence d'intelligence* (la folie), le scénario de *l'absence d'amour* (tue quelqu'un ou suicide-toi) et le scénario de *l'absence de sentiments* (les problèmes de dépendance). L'élaboration de ces scénarios tragiques résulte du mépris de nos trois pouvoirs de base : le pouvoir de savoir, le pouvoir d'aimer et le pouvoir de ressentir.

L'élaboration de ces scénarios est complexe mais, fondamentalement, elle dépend des choix que nous effectuons tant à partir des injonctions et des attributions dont nous sommes l'objet, qu'à partir des modèles de scénario qui nous sont offerts dans notre famille et des expériences de vie que nous y faisons.

Les injonctions

Les injonctions, qui émanent de l'enfant pétri de honte terré à l'intérieur du parent, sont habituellement non verbales. Elles prennent la forme de messages du type « ne sois pas » : « Ne sois pas une fille », « Ne sois pas un garçon », « Ne sois pas important » ou « Ne réussis pas ». Bref, tous les scénarios néfastes comportent l'injonction suivante : « Ne sois pas toi-même ! » Ce type de message bafoue le moi authentique et provoque une rupture intérieure.

Les attributions

Les attributions, plus conscientes, sont habituellement révélées par des paroles blessantes. Des messages tels que « Comment peux-tu être si stupide ? » ou « Quand donc vas-tu te servir de ta tête ? » disposent l'enfant à se conformer au scénario de l'absence d'intelligence. Des messages tels que « Tu l'aimes vraiment, ton frère, n'est-ce pas ? » ou

«Ce n'est pas mon petit garçon qui se montre aussi détestable!» instaurent chez l'enfant une incapacité à reconnaître la nature de ses propres sentiments d'amour. Quant aux messages du type «Je sais que tu n'es pas vraiment en colère» ou «Tu n'as aucune raison de pleurer», ils ne tiennent pas compte des sentiments de l'enfant et le désorientent.

Les attributions peuvent aussi être exprimées ouvertement, par exemple lorsque maman parle à un ami et dit de votre frère «Il est sage comme une image» et de vous «C'est mon petit diable». En voici d'autres types: «Tu auras toujours des problèmes avec tes études (ton poids, ta colère, etc.)»; «Tu ne feras jamais grand-chose de bon»; «Tu as toujours été égoïste. Je plains la personne qui t'épousera!»; «Tous les hommes de notre famille sont devenus des avocats»; «Dans notre famille, il n'y a jamais eu de divorcée». Les messages d'un scénario nous disent qui nous sommes censés être ou quel rôle nous sommes censés jouer dans la vie. Ils méprisent ce que nous sommes vraiment et créent une rupture intérieure.

Les modèles

J'ai parlé précédemment des modèles parentaux et de leur importance dans le processus d'intériorisation de la honte. Les scénarios piégés ne se limitent pas, cependant, à ceux que dictent les parents. En effet, ils peuvent provenir de contes de fées, de films, d'émissions de télévision ou encore d'autres modèles culturels ou familiaux. Les femmes qui ont un père absent ou abusif, par exemple, peuvent s'identifier au personnage féminin de *La Belle et la Bête* et transposer ce scénario magique maintes fois dans leur vie en choisissant des brutes pour compagnons.

On inculque souvent aux femmes l'idée que leur Prince viendra à condition qu'elles sachent attendre assez longtemps. Cette idée correspond à une croyance magique. La magie joue un rôle important dans la vie de beaucoup de personnes pétries de honte. En se réfugiant dans des illusions telles que «Un jour...», «Si seulement...» et «Quand...», on peut passer sa vie à attendre une fée bienfaisante. Le lien fantasmatique établi à l'origine par l'enfant le prédispose à transférer par la suite ses croyances magiques dans d'autres liens imaginaires.

Les expériences de vie

Nos expériences de vie nous incitent à adopter certains types de scénario. C'est pourquoi le contexte familial est un facteur clé dans l'élaboration d'un scénario. L'enfant dont la mère est alcoolique, par exemple, peut être enclin à s'attribuer un rôle d'aide ou de sauveteur. Dans ce cas, l'attention et les éloges qu'il reçoit en retour sont déterminantes en ce qu'elles scellent le scénario du sauveteur. Il en est de même pour l'enfant chouchouté lorsqu'il est malade et qui risque fort d'adopter un scénario de maladie chronique dont il ne pourra jamais se détacher. Quant aux enfants qui grandissent dans une famille dysfonctionnelle et pétrie de honte, l'anxiété et la détresse leur sont si familières qu'elles finiront un jour par être profondément ancrées dans leur vie. Ils n'éprouveront plus alors que de l'inquiétude quand tout ira bien.

Les rôles dans le système familial

On joue des rôles dans toutes les familles. Le père et la mère jouent un rôle de modèle, donnant l'exemple de ce que c'est qu'être un homme ou une femme, un père ou une mère. Les parents montrent aussi comment on entretient une relation intime, comment on délimite ses frontières, comment on affronte et résout les problèmes, comment on lutte en respectant certaines règles du jeu, etc. Le rôle des enfants consiste à se montrer curieux et désireux d'apprendre. Les membres d'une famille saine ont des rôles flexibles. Par exemple, maman peut être l'héroïne du jour parce qu'elle prépare un gâteau spécial. La fille peut également jouer ce rôle en se portant volontaire pour la corvée de vaisselle. Quant au fils, il peut hériter de ce titre le jour où, ayant aperçu de la fumée qui s'échappait du four de la cuisinière, il réussit à prévenir un incendie. À son tour, papa devient le héros quand il emmène toute la famille en vacances.

J'ai déjà décrit en détail les rôles les plus caractéristiques des systèmes familiaux dysfonctionnels. Vous êtes maintenant en mesure de vous poser les questions suivantes : « Quelle était ma façon de me comporter dans ma famille ? Quel rôle ai-je joué afin de maintenir la cohésion familiale ? »

Au cours de nos recherches au Center For Recovering Families (Centre de thérapie familiale) à Houston, nous avons découvert qu'en dehors des rôles dont j'ai déjà parlé, il en existait bien d'autres. En voici quelques-uns : le Parent d'un Parent, le Copain de Papa ou de Maman, le Conseiller Familial, la Vedette de Papa ou de Maman, le Parfait, le Saint, l'Adjuvant de Maman ou de Papa, le Vaurien, le Mignon, l'Athlète, le Pacificateur ou l'Arbitre de la Famille, l'Enfant Sacrifié, le Religieux, le Gagnant, le Perdant, le Martyr, la Supermaman ou le Superpapa, la Superépouse ou le Superépoux, le Clown, l'Adjuvant Principal, le Génie, le Bouc Émissaire de Papa ou de Maman.

Au Centre, nous aidons les gens à identifier le sentiment dominant qui les habitait lorsqu'ils jouaient leur rôle ; pour ce faire, chacun doit trouver un nom à son ou à *ses* rôles, car on peut en avoir joué plusieurs. En fait, tout rôle implique un sentiment dominant que l'on continue d'éprouver même lorsque l'on a cessé de le jouer. Supposons, par exemple, que vous ayez été le bébé de la famille pendant un certain temps et que, étant très mignon, vous en soyez rapidement devenu la Mascotte. Deux ans plus tard, votre petit frère est né et vous a dépossédé de votre rôle. En dépit de cela, vous avez continué de vous percevoir comme une Mascotte. Soulignons que le fait de jouer un rôle implique inévitablement l'abandon du moi authentique. *Le rôle constitue un faux moi.* Les rôles sont essentiels au maintien de l'équilibre du système familial dysfonctionnel, d'autant plus que ce système doit composer avec une importante source de stress ou d'angoisse : l'alcoolisme ou la violence du père, la narcomanie de la mère, ses troubles de l'alimentation ou son fanatisme religieux, l'inceste, etc. Chaque rôle représente un moyen d'affronter la détresse et la honte familiale ; il donne à l'« acteur » l'impression d'exercer un certain contrôle et plus l'acteur le joue, plus le rôle devient rigide. Étant donné que parallèlement l'acteur devient de moins en moins conscient de son vrai moi, sa rupture intérieure s'aggrave. La honte qui, au départ, l'avait poussé à jouer un rôle se trouve alors intensifiée par le rôle même. Quel paradoxe! On se crée un rôle pour affronter la honte du système familial, et, en réalité, ce rôle n'a pour effet que de figer et d'accroître la honte. Le vieux proverbe affirmant que «Plus les choses changent, plus elles sont pareilles» reflète bien cette situation.

Le principal problème avec les rôles, c'est qu'ils sont inefficaces. Le fait que j'aie joué le rôle du Héros n'a absolument rien changé dans mon système familial pétri de honte. Max non plus, d'ailleurs, n'a rien changé aux dysfonctions de son système familial en jouant ses rôles de Bouc Émissaire et d'Enfant Sacrifié.

Aux yeux d'une personne pétrie de honte, le pouvoir d'un rôle réside dans sa rigidité et sa prévisibilité: il donne un sentiment d'identité. Même le Bouc Émissaire peut être «quelqu'un» et profiter de la prévisibilité de son rôle. S'il est à ce point difficile de renoncer à ses rôles, particulièrement à ceux du type Héros, Protecteur, Perfectionniste ou Vedette, c'est, d'une part, pour la raison que je viens de mentionner et, d'autre part, parce que les rôles ont le pouvoir de modifier l'état de conscience. On se sent bien lorsqu'on joue les Protecteurs. «Comment pourrais-je être quelqu'un de médiocre et d'anormal alors que je m'occupe si bien de tous ces gens?», semble-t-on se dire.

Je me souviens m'être répété cette phrase dans les moments où je surchargeais ma semaine de travail en recevant plus de cinquante personnes en consultation. *Ce que j'étais incapable de comprendre, c'est qu'il est impossible de changer son «être» au moyen de son «faire»*. Quand, du plus profond de soi-même, quelque chose vous crie que vous êtes nul et anormal, qu'il n'y a rien de bon en vous, toute l'agitation du monde ne pourrait rien y changer.

Les rôles joués dans les systèmes familiaux dysfonctionnels font perdre le contact avec la réalité. Au bout d'un certain temps, on n'est plus du tout conscient de jouer un rôle. On s'identifie à la *persona* commandée par son rôle. On s'approprie les sentiments prescrits par le rôle et on croit les éprouver réellement. *On devient littéralement accoutumé à son rôle*.

Les styles caractérologiques dénués de honte

L'impudence, un comportement qui se veut dénué de honte, constitue une troisième couche de protection contre le sentiment de honte toxique. Il s'agit d'un schéma de comportement fort répandu chez les parents, les enseignants, les politiciens et chez ceux qui prêchent la vertu. Toutes les formes d'impudence servent à modifier un sentiment de honte et à transmettre aux autres sa propre honte toxique. Les théoriciens de l'analyse transactionnelle appellent cela « refiler la patate chaude ». Les comportements impudents représentent tous des stratégies de défense contre la douleur générée par la honte toxique. Ils modifient l'état de conscience et créent une accoutumance. La négation de la honte revêt plusieurs formes: le perfectionnisme, la recherche effrénée du pouvoir et du contrôle, la rage, l'arrogance, la critique et le blâme, l'attitude sentencieuse et moralisatrice, le mépris, la condescendance, le besoin excessif de protéger ou d'aider les autres, le besoin d'être toujours gentil et l'envie de plaire à tout le monde. La personne qui adopte ce genre de comportement concentre son attention sur une autre personne et se soulage ainsi de sa « brûlure ».

Le perfectionnisme

Étant donné que, fondamentalement, la honte toxique est sans frontières, elle constitue un milieu très favorable au développement du perfectionnisme. Un perfectionniste n'éprouve aucun sentiment de honte normale car il n'a aucune conscience de ses limites. Par conséquent, il ne sait jamais quand s'arrêter dans sa recherche de la perfection.

On inculque les valeurs du perfectionnisme à l'enfant en ne le valorisant que pour ce qu'il fait. Le perfectionnisme s'installe donc à partir du moment où l'acceptation et l'amour des parents dépendent des performances que l'enfant accomplit. La performance étant toujours reliée à quelque chose d'extérieur à lui-même, l'enfant doit constamment s'évertuer à se dépasser, à aller plus loin. Il ne peut jamais se détendre ni savourer une joie ou une satisfaction intérieures.

Le perfectionnisme implique toujours la création d'un système de mesure surhumain d'après lequel on est évalué. Et l'on a beau travailler dur, faire de son mieux, on n'est jamais à la hauteur. Cette évaluation se traduit en termes de bien et de mal, de meilleur et de pire ; elle repose sur une attitude moralisatrice et sentencieuse. Le perfectionnisme conduit directement aux comparaisons. À ce sujet, Kaufman dit ceci : « Quand le perfectionnisme fait loi, la comparaison de notre propre moi avec celui des autres nous amène inévitablement à éprouver un sentiment d'infériorité. »

C'est principalement au moyen de la comparaison que l'on continue, plus tard, à se rabaisser intérieurement, car on persiste, en effet, à s'imposer intérieurement ce qui nous a été imposé de l'extérieur. Le jugement et la comparaison créent une compétitivité qui, au lieu d'être constructive en incitant le sujet à faire de son mieux, est en quelque sorte destructrice dans le sens où elle n'a pour but que de surpasser les autres et de se sentir vainqueur. Un tel esprit de compétition modifie l'état de conscience et crée une accoutumance.

La recherche effrénée du pouvoir et du contrôle

La recherche effrénée du pouvoir dénote un besoin de contrôler les autres. Le pouvoir constitue une forme de contrôle, ce trouble de la volonté grandiose dont j'ai parlé au premier chapitre. Les personnes qui éprouvent l'impérieux besoin de tout contrôler ont peur d'être vulnérables. Pourquoi ? Parce qu'en se montrant vulnérables, elles risqueraient d'être humiliées.

Terry Kellogg a un jour expliqué qu'il avait toujours vécu en restant sur ses gardes de manière à ne jamais être pris au dépourvu. Il en a été de même pour moi. Toute ma vie durant, j'ai dépensé mon énergie à me surveiller constamment. C'était un considérable gaspillage de temps et d'énergie causé par ma peur d'être mis à nu. Si je m'étais révélé aux autres, tout le monde aurait découvert que j'étais une personne médiocre et anormale.

Le contrôle se présente à nous comme un bon moyen d'empêcher qu'on nous humilie de nouveau. Il implique non seulement que nous maîtrisions nos pensées, nos paroles, nos sentiments et nos gestes, mais également que nous dominions les pensées, les sentiments et les gestes d'autrui. Il est, par conséquent, le grand responsable de la destruction de l'intimité. On ne peut, en effet, partager librement sa vie avec une personne que dans le contexte d'une relation d'égal à égal. À partir du moment où l'un des partenaires est dominé par l'autre, l'égalité n'existe plus.

Si nous avons ainsi besoin de garder la situation en main, c'est que la honte toxique nous fait vivre littéralement en dehors de nous-mêmes. Sous son emprise, nous nous percevons comme un objet, comme un être insuffisant et anormal. Nous sommes donc obligés de «sortir de notre propre maison» et de nous poster en avant pour la surveiller, avec une vigilance excessive, de façon que personne ne puisse jamais y entrer.

La recherche effrénée du pouvoir découle du besoin de tout contrôler. Par l'exercice d'un pouvoir quelconque, on tente de compenser un sentiment d'insuffisance. Quand on exerce un certain pouvoir sur les autres, on est moins vulnérable, moins exposé à l'humiliation. En outre, on peut être avide de pouvoir au point de consacrer sa vie entière à le rechercher. Sous sa forme la plus névrotique, ce genre d'avidité constitue une dépendance consommée. Des individus déploient une énergie folle à élaborer des stratégies, à nouer des intrigues, à jouer et à manœuvrer pour gravir les échelons du succès. Souvent, ils cherchent à jouer certains rôles ou à occuper certains types d'emploi pour profiter du pouvoir inhérent à ces positions et dissimuler leur honte.

«Si seulement j'avais assez de cran pour être médecin, me disait un client, personne ne pourrait plus jamais me regarder de haut.»

Parent, professeur, médecin, avocat, pasteur, prêtre, rabbin, politicien : tous ces rôles confèrent du pouvoir.

Les êtres avides de puissance essaient toujours de tirer le maximum de pouvoir de leurs relations interpersonnelles. Ils luttent pour accéder à un poste susceptible de leur conférer du pouvoir et assurent leur position en s'adjoignant des gens plus faibles, moins sûrs d'eux, disposés à se mettre à leur service. Ils sont pratiquement incapables de partager leur pouvoir, car cela signifierait être égal aux autres. Or, c'est seulement en se plaçant au-dessus des autres que les professionnels du pouvoir peuvent se sentir convenables et supérieurs.

Pour la personne qui en est dépendante, le pouvoir est un moyen de se protéger contre une éventuelle humiliation supplémentaire. En exerçant un certain pouvoir sur les autres, elle peut renverser les rôles qui se sont joués dans sa prime enfance.

La recherche du pouvoir peut également n'être qu'une stratégie pour se venger. C'est ainsi que des parents pétris de honte, par exemple, en arrivent à faire subir à leurs enfants ce que leurs parents leur ont fait subir. Ils prennent pour victimes leurs propres enfants et remettent leur passé en scène, mais en jouant cette fois le rôle de l'agresseur. Une investigation plus poussée de ce qu'a été l'enfance de ces parents révèle qu'ils ont été abandonnés et abusés, souvent exactement de la même façon qu'ils abandonnent leurs enfants ou abusent d'eux.

La rage

La rage constitue probablement le moyen le plus courant d'étouffer sa honte. On pourrait presque la classer parmi les principales défenses du moi, car elle leur ressemble beaucoup, si l'on exceptait le fait qu'elle n'est pas commune à tous les enfants. Certains d'entre eux éprouvent de la rage quand ils sont bafoués alors que d'autres la suppriment et quelquefois la retournent contre eux-mêmes.

Lorsque la rage est utilisée comme moyen de défense, à la longue, elle devient un trait de caractère grâce auquel la personne peut soit maintenir les autres à distance, soit leur transmettre sa propre honte. Les gens qui ont pour habitude de refouler leur rage deviennent vite amers et sarcastiques. Ils ne sont pas d'un commerce très agréable.

Qu'elle s'exprime par de l'hostilité ou de l'amertume, la rage, qui avait tout d'abord pour fonction de protéger le moi contre d'autres humiliations, s'intériorise progressivement, elle aussi. Une fois intériorisée, elle devient plus une façon d'être qu'une simple émotion parmi tant d'autres.

La rage intériorisée fomente une profonde amertume qui, de par la vision réduite et le négativisme qu'elle engendre, détruit le moi. Elle s'intensifie fréquemment jusqu'à se transformer en haine. Quand une personne qui a intériorisé sa rage acquiert du pouvoir, on peut s'attendre à ce qu'elle use de violence, cherche à se venger, se montre vindicative ou commette des crimes.

L'arrogance

L'arrogance se définit comme une manière blessante pour autrui d'exagérer sa propre importance. L'individu arrogant modifie son état de conscience au moyen de cette exagération. Ses victimes sont des personnes qui ont moins de pouvoir, de connaissances ou d'expérience que lui. Au contact de ce je-sais-tout qui se prend pour le centre de l'univers, non seulement elles se sentent diminuées, mais elles se croient réellement insuffisantes en raison de leur manque de savoir, d'expérience ou de pouvoir. En revanche, tout individu qui se situe au même niveau que ce nombril du monde le tiendra tout simplement pour ce qu'il est: un arrogant.

L'arrogance est un déguisement servant à masquer la honte que l'on éprouve. Mais quand on s'est réfugié pendant des années derrière l'arrogance, on finit par se retrouver si éloigné de soi qu'on ne sait vraiment plus qui on est. *Voilà un des aspects les plus tragiques de la dissimulation de la honte : non seulement la personne se dérobe à la vue des autres, mais elle se dérobe à sa propre vue.*

La critique et le blâme

La critique et le blâme sont peut-être les deux façons les plus courantes de transmettre sa propre honte aux autres. Si je me sens diminué et humilié, je peux me soulager de ces sentiments en critiquant et en blâmant quelqu'un d'autre. En décortiquant les manquements de cette personne, je peux échapper à mon sentiment de honte (et, par le fait même, modifier mon état de conscience).

La critique et le blâme constituent des stratégies de défense contre la honte toxique. Comme ils ont le pouvoir de modifier l'état de conscience, toute personne y ayant recours continuellement en devient dépendante. L'enfant qui est la cible de critiques et de blâmes souffre d'une profonde humiliation. Il ne peut d'aucune façon décoder le comportement défensif de ses parents. Lorsque sa mère lui crie qu'il ne pense qu'à lui-même, il en conclut qu'il est mauvais. La mère peut avoir honte de sa vie, de son mariage, de sa maison et, au lieu de reconnaître qu'elle se sent triste et frustrée de voir où elle en est arrivée, elle dit à son enfant : « Tu ne penses qu'à toi-même. » En le critiquant et en le blâmant, elle se soulage de sa honte. Mais l'enfant en est profondément humilié.

L'attitude sentencieuse et moralisatrice

L'attitude sentencieuse et moralisatrice découle du perfectionnisme. En jugeant les autres et en leur faisant la morale, on se sent le vainqueur d'une espèce de compétition spirituelle. En condamnant les autres, en les tenant pour des êtres mauvais qui se livrent au péché, on peut se sentir vertueux et supérieur. Étant donné que ce sentiment a un énorme effet sur l'état de conscience, on risque fort d'en devenir un jour ou l'autre extrêmement dépendant.

À partir du moment où l'on tente de nier sa propre honte au moyen du perfectionnisme, de la morale et du jugement, on se conduit de manière « éhontée », comme si l'on ne connaissait pas la honte. C'est ainsi que les parents perfectionnistes et moralisateurs font subir à leur enfant la honte qu'ils refusent d'éprouver. Non seulement cette attitude se révèle blessante, voire mortelle pour l'âme, mais *elle est spirituellement abusive*, puisque Dieu seul est parfait ; Lui seul n'a aucune honte... *Nier sa honte, c'est se prendre pour Dieu. Les* parents éhontés faussent dès le départ la perception que leur enfant aura de Dieu.

Le mépris

Le mépris nous inspire un très vif dégoût pour une autre personne ; il nous amène à rejeter complètement son moi.

Il est fréquent que des parents, des professeurs et des prêtres moralisateurs adoptent une attitude impudente et affichent du mépris à l'égard de leurs enfants, de leurs élèves ou de leurs fidèles. De ce fait, les personnes placées sous leur tutelle se croient abominables et se sentent rejetées de manière non équivoque.

L'enfant apprend à se condamner lui-même en s'identifiant au protecteur qui le condamne et en introjectant sa voix. Cette identification lui donne le sentiment d'être protégé, lui qui n'a aucune protection. Parvenu à l'âge adulte, il condamnera les autres exactement comme on l'a condamné lui-même.

La condescendance

Traiter quelqu'un avec condescendance, c'est donner son appui, sa protection ou son soutien à une personne qui, bien qu'elle possède moins de richesses, de connaissances ou de pouvoir que soi-même, n'a nullement sollicité notre aide. C'est une façon de se sentir supérieur. En traitant une personne avec condescendance, on l'humilie d'une manière très subtile. En apparence, on a l'air de l'aider en lui prodiguant soutien et encouragements, mais en réalité, on ne l'aide pas du tout : on lui fait honte. La condescendance est encore un moyen de dissimuler sa propre honte. Habituellement, elle cache aussi du mépris et de la colère passive-agressive.

Le besoin excessif de prendre soin des autres

Aussi étrange que cela puisse paraître, en aidant une personne ou en prenant soin d'elle, en se présentant comme son protecteur, on ne fait souvent qu'intensifier la honte que cette personne éprouve. Le rôle de Protecteur est fort répandu dans les systèmes familiaux. Contrairement à ce que l'on pourrait croire, le Protecteur n'aide en réalité personne d'autre que lui-même.

L'individu qui se croit médiocre et anormal éprouve un sentiment d'impuissance. Mais en s'occupant de quelqu'un d'autre, il est à même de modifier ce sentiment et d'avoir une meilleure perception de lui-même. *Par conséquent, c'est l'aide en soi que le Protecteur recherche, et non pas le mieux-être de la personne aidée.* En prodiguant des soins, il se distrait de ses sentiments d'insuffisance – distraction qui lui permet de modifier son état de conscience.

Cette stratégie de défense contre la honte toxique amène la personne à jouer les sauveteurs ou à maintenir complaisamment les autres dans leur impuissance. La femme qui prend soin de son mari alcoolique, par exemple, entretient la maladie de son époux et, par le fait même, accroît la honte toxique qu'il éprouve. Souvent, les parents jouent les sauveteurs auprès de leur enfant en faisant à sa place des choses qu'il pourrait très bien faire lui-même. L'enfant en conçoit alors un sentiment d'insuffisance. Le fait de maintenir les autres dans l'impuissance ou de jouer les sauveteurs constitue une escroquerie : on empêche l'autre de prendre conscience de sa force aussi bien que de sa capacité à réussir et, par conséquent, on intensifie sa honte toxique.

Le besoin d'être toujours gentil et de plaire à tout le monde

Les bons garçons et les bonnes filles qui désirent plaire à tout un chacun se comportent, eux aussi, de manière éhontée et transmettent leur honte aux autres. Dans leur ouvrage intitulé *L'agressivité créatrice*, le docteur George Bach et le docteur Herb Goldberg ont décrit en détail le comportement névrotique de ces gentilles personnes désireuses de plaire à tout le monde.

De bien des façons, être «gentil», c'est utiliser un mensonge officiellement et culturellement admis pour dissimuler sa honte toxique. En effet, le gentil garçon est aussi typiquement américain que la maternité et la tarte aux pommes. L'attitude amicale et sympathique du «gentil» n'est qu'une façade qui lui permet de se défendre.

Le « gentil » se préoccupe beaucoup de son image et pas du tout des autres. Sa gentillesse lui fournit d'abord et avant tout un moyen de manipuler aussi bien les gens que les situations et de fuir toute intimité ou contact affectif réel. En évitant l'intimité, il s'assure qu'on ne pourra jamais le voir tel qu'il se voit, c'est-à-dire pétri de honte, médiocre et anormal.

Bach et Goldberg ont évalué le prix de cette pseudo-gentillesse qui se révèle autodestructrice et indirectement humiliante pour les autres parce qu'empreinte d'hostilité. Voici ce qu'en disent les auteurs de *L'agressivité créatrice* :

1. Les « gentils » créent autour d'eux une atmosphère qui empêche les autres d'avoir des réactions honnêtes et sincères, ce qui bloque leur développement affectif.

2. Les « gentils » bloquent le développement affectif des autres parce qu'ils les empêchent de s'affirmer ouvertement en ne réagissant jamais sincèrement. Leurs proches sont forcés de diriger leur agressivité contre eux-mêmes, ce qui suscite chez eux des sentiments de culpabilité et de honte.

3. Le comportement des « gentils » est irréaliste ; il limite très sérieusement toute relation.

L'envie

Cette remarque de Richard Sheridan sur l'envie : « Il n'existe pas de passion aussi profondément enracinée dans le cœur humain que l'envie », semble fort juste. Dante a désigné l'envie comme un des péchés mortels. Un écrivain classique a noté que : « L'envie, c'est cette souffrance de l'esprit qu'infligent à leurs voisins les hommes qui ont réussi. »

Plus communément, l'envie pourrait se définir comme « le malaise que l'on éprouve devant l'excellence ou la bonne fortune de quelqu'un ». Ce genre de malaise s'accompagne fréquemment de commentaires désobligeants, d'une virulence variable et allant de l'insinuation malveillante – qui entoure si bien l'envie d'une auréole de mystère – jusqu'au dénigrement rageur le plus total.

Étant douée pour le déguisement, l'envie prend des formes pratiquement impossibles à reconnaître. La personne envieuse peut aussi bien se cacher ce sentiment à elle-même que le cacher aux autres.

Je me rappelle avoir assisté à la conférence d'un orateur auquel on m'avait souvent comparé. La force et l'énergie qu'il déployait pour communiquer son message m'avaient réellement impressionné. Par la suite, en parlant de lui avec des gens, je m'étais entendu déclarer : « J'ai vraiment aimé sa force et son énergie... mais je dois admettre que cela m'a étonné de voir qu'il lisait ses notes aussi souvent. » Si vous m'aviez demandé de dire, sous serment, si oui ou non je l'enviais, sans hésitation, je vous aurais juré que non.

Mais en réalité, j'étais envieux et, en trouvant à redire sur des détails, je m'arrangeais pour annuler tout ce que j'avais dit de positif sur le conférencier. Mon envie me rendait oublieux du contenu et me poussait à me concentrer sur des peccadilles, comme le fait qu'il avait eu besoin de lire ses notes. Plus tard, en repensant plus honnêtement à lui, je me suis rendu compte que son style m'avait semblé trop spectaculaire, trop égocentrique. Je n'avais pas aimé son outrecuidance. C'est d'ailleurs souvent cet aspect qui prime quand l'envie prend la forme de la dépréciation ou du dénigrement. À tout coup, ou presque, la désobligeance envieuse est une projection malsaine de notre propre besoin d'affirmation de soi.

Il arrive souvent qu'après une conférence des gens viennent me dire : « Votre conférence était très intéressante, mais n'avez-vous pas glané vos idées maîtresses chez tel ou telle spécialiste ? » Les personnes qui font ce genre d'éloges désirent en réalité affirmer la supériorité de leur propre savoir. En s'affirmant ainsi, elles tentent également de susciter l'envie chez la personne enviée. Cependant, elles ne peuvent l'admettre car les envieux nient leur outrecuidance tout comme ils nient leur envie.

Parallèlement à cette confiance excessive en soi-même, l'envie peut se déguiser en admiration ou en avidité. À propos de l'admiration, je me souviens m'être senti dégoûté de moi-même en faisant l'éloge grandiose d'une personne que j'enviais, en réalité. Réflexion faite, je me suis aperçu que je lui disais exactement le contraire de ce que je ressentais. Voilà bien le déguisement ultime de l'envie: se faire passer précisément pour son contraire.

Comme Leslie Farber l'a merveilleusement dit:

> Puisque l'admiration sincère ne relève pas de la volonté consciente, elle peut toujours se vivre dans le silence. Quant à l'admiration fortement teintée d'envie, elle doit à tout prix être reconnue publiquement. Plus son envie est cuisante, plus l'envieux est obligé d'exagérer son rôle de fervent admirateur... dont l'enthousiasme fait honte à ceux qui réagissent plus tièdement que lui.

L'avidité est la forme d'envie la plus puérile. L'envieux reproche aux autres de posséder telle chose ou telle qualité: sagesse, courage, magnétisme, etc. Sous l'effet de sa pensée magique, il croit qu'il serait heureux s'il avait une de ces qualités. La publicité exploite notre avidité en affirmant, au moyen de suggestions posthypnotiques, que nous sommes ce que nous possédons.

En définitive, l'outrecuidance, l'admiration et l'avidité ne sont que des formes d'envie déguisées qui dissimulent toutes le même problème fondamental: la honte toxique. En appréhendant la supériorité d'une autre personne, on est forcé de faire son autoévaluation de manière critique. Or, un moi pétri de honte étant un moi affreusement déprimé et douloureusement scindé, l'excellence d'autrui vient exacerber sa souffrance. Par conséquent, pour tromper cette douleur, on exprime son envie soit au moyen d'un dénigrement teinté d'outrecuidance, soit par une admiration qui, lorsqu'elle prend la forme de l'éloge dénué de tout discernement, peut s'avérer, pour la personne qui en est l'objet, plus humiliante que la critique.

Comme le dit Farber :

> [L'admiration aveugle que l'on porte à un individu] peut lui faire envier l'image exaltée de lui-même qu'on lui impose et, parce qu'il a conscience de l'immense disparité entre cette image et sa propre image de soi, elle peut lui rappeler encore plus brutalement ses limitations.

Qu'elle se manifeste par de l'admiration ou par du mépris devant l'outrecuidance de quelqu'un, l'envie constitue toujours un moyen de transmettre sa propre honte aux autres. Mais quand elle prend la forme de l'avidité, elle émane directement de la honte, qui fait naître la conviction que l'estime de soi dépend de quelque chose d'extérieur.

Les comportements compulsifs, dépendants et la mise en actes du passé

Les comportements compulsifs et dépendants

Dans *La famille*, j'ai présenté divers comportements compulsifs et dépendants qui laissent supposer que l'on est beaucoup plus « intoxiqué » qu'on ne le pense généralement. Trop souvent dans ce domaine, notre attention se concentre exclusivement sur l'alcool et l'abus de drogues. Pour Pia Mellody, la dépendance englobe « tout procédé que l'on utilise pour se couper d'une réalité intolérable ». Ce procédé ayant pour effet de nous soulager d'une souffrance intolérable, il devient vite notre plus grande priorité, si bien qu'on lui consacre du temps et de l'énergie au détriment des autres aspects de notre existence. La dépendance a donc des conséquences néfastes sur notre vie.

Être pétri de honte, c'est être la proie d'une souffrance intolérable. La souffrance physique est horrible, mais il y a des moments de soulagement. Il y a l'espoir de guérir. Tandis que la rupture intérieure provoquée par la honte et le « deuil » de son vrai moi sont chroniques. Ils ne disparaissent jamais. On n'a, en outre, aucun espoir de guérison parce qu'on *est* anormal. C'est comme ça. On n'est pas en relation

avec soi-même, ni avec qui que ce soit, d'ailleurs. On est complètement seul. Confiné dans la solitude et la tristesse chroniques.

On a donc besoin de se soulager de cette intolérable souffrance,
besoin qu'un élément extérieur nous libère des terribles sentiments
que l'on éprouve vis-à-vis de soi-même. Il faut que quelque chose ou
quelqu'un nous arrache à cet isolement inhumain. On a besoin de
modifier son état de conscience.

Il existe d'innombrables procédés pour tromper sa souffrance,
mais ils sont tous potentiellement capables de provoquer une dépendance. Dès que l'un d'eux chasse le malaise qui nous tenaille, nous lui
accordons une priorité absolue dans notre vie et nous en faisons l'objet de notre plus importante relation; celle-ci prend vite le pas sur
tout autre aspect de notre existence, quel que soit le procédé choisi.

Avez-vous déjà souffert d'un mal de dents lancinant? Quand cela
arrive, il nous est impossible de penser à quoi que ce soit d'autre. Nous
sommes «centrés» sur notre rage de dents. Si le dentiste nous prescrit
un médicament pour soulager la douleur, rien d'autre – conjoint, travail
ou famille – ne nous apparaît plus important que cet analgésique et le
soulagement qu'il procure. De façon générale, tout ce qui est capable
d'engourdir notre souffrance chronique a préséance sur le reste. Et à
partir du moment où notre souffrance est chronique, nous nous voyons
contraints d'entretenir une relation «chronique» avec ce qui peut la
transformer. La chronicité devient alors pathologique et nous empoi-
sonne l'existence, mais malgré tout, nous ferions n'importe quoi pour
maintenir l'état second où nous nous trouvons. Si quelqu'un tente de
faire obstacle à notre relation de dépendance, nous nous livrons à toutes les pirouettes mentales possibles pour lui montrer à quel point nous
en avons besoin. Nous nions le fait qu'elle a des conséquences nuisibles.
Nous nous persuadons même qu'elle est bienfaisante malgré le fait
qu'elle détruit notre vie (l'illusion).

C'est ainsi que nous devenons dépendants des «analgésiques» dont
nous nous servons pour échapper à la honte toxique. Si vous êtes pétri
de honte, vous souffrez certainement d'une quelconque forme de
dépendance: il ne pourrait en être autrement. Les dépendances constituent la dernière couche de défense contre la honte toxique.

Comme Fossum et Mason l'ont affirmé : « La dépendance est un des aspects de la honte les plus facilement identifiables. »

La dépendance cache et aggrave la honte, et la honte entretient la dépendance. En outre, elle est toujours une maladie familiale, comme on a pu le voir clairement dans le génogramme de Max. « La dépendance est le principe organisateur du système familial : elle entretient le système aussi bien que la honte […]. Quand nous abordons les problèmes de dépendance d'une famille, nous débouchons directement sur sa honte », ajoutent Fossum et Mason.

La dépendance à l'ingestion

Parmi les différents moyens de modifier son humeur, certains sont plus susceptibles que d'autres de provoquer une dépendance. Voilà pourquoi les substances chimiques et la nourriture se sont toujours trouvées au centre des études portant sur le comportement compulsif/dépendant.

L'alcool et les autres drogues

Certaines substances chimiques sont, de par leur nature même, plus susceptibles que d'autres de créer une accoutumance. Une drogue comme l'alcool, par exemple, qui affecte l'activité électrique du système limbique (la partie du cerveau régissant les émotions), possède très nettement ce pouvoir. Outre le fait que l'alcool est un stimulant capable de lever les inhibitions, à la longue, il modifie l'état de conscience et affecte sérieusement le métabolisme ainsi que la chimie du corps. Tous les chercheurs concernés reconnaissent unanimement le fait que la dépendance à l'alcool évolue graduellement selon des étapes bien déterminées.

On croit à l'heure actuelle qu'il existerait deux types d'alcoolisme. Le premier type d'alcoolisme résulterait d'une faiblesse génétique naturelle et d'une intolérance innée à l'alcool. Quant au second, il se développerait à l'usage, après de longues périodes de consommation chronique. Il est généralement admis que les enfants de parents alcooliques ont de cinq à neuf fois plus de chances de devenir alcooliques que les enfants de parents non alcooliques.

En ce qui concerne ma famille, il semble que l'alcoolisme de mon grand-père paternel et celui de mon père aient été causés par des facteurs génétiques. Mon père a commencé à avoir des ennuis dès ses premiers verres d'alcool. Quant à moi, je pense être aussi un alcoolique par prédisposition génétique, puisque j'ai également eu des problèmes dès ma toute première consommation d'alcool. À l'âge de quinze ans, j'ai connu mon premier « blackout », une amnésie partielle provoquée par l'abus d'alcool. Cette perte de mémoire se produit lorsqu'un certain seuil de tolérance a été dépassé, effaçant les souvenirs associés à certaines expériences. Les blackouts sont de précieux indices dans le dépistage de l'alcoolisme héréditaire.

De prime abord, on pourrait penser que la thèse de l'alcoolisme inné réfute automatiquement celle voulant que la honte toxique soit au cœur des problèmes de dépendance. Bien que je ne veuille nullement nier l'existence de l'alcoolisme purement héréditaire, honnêtement, je peux affirmer que je n'en ai vu aucun cas. Pendant vingt-deux ans, j'ai été un membre actif de la communauté des alcooliques en voie de rétablissement. J'ai suivi en thérapie plus de cinq cents alcooliques et, pendant quatre ans, j'ai dirigé le Palmer Drug Abuse Program de Los Angeles, et ce après y avoir travaillé pendant dix ans à titre de consultant. Durant toutes ces années, je n'ai jamais vu personne qui, outre des problèmes de dépendance physique, ne souffrait pas également de honte intériorisée et de problèmes en rapport avec une forme d'abandon quelconque. Tout me porte à croire qu'il en va de même en ce qui a trait à la dépendance aux sédatifs (tranquillisants ou somnifères), aux stimulants, aux hallucinogènes, à la nicotine et à la caféine. Je pense, à l'instar de Fossum et Mason, que la dépendance est beaucoup plus qu'une simple « maladie » identifiable.

Les troubles de l'alimentation

Les troubles de l'alimentation ou la dépendance à la nourriture résultent également d'une combinaison de facteurs génétiques et de problèmes émotionnels. La dépendance à la nourriture est un syndrome de honte toxique évident. Les cliniciens divisent habituellement les troubles de l'alimentation en quatre catégories : l'obésité, l'anorexie, la boulimie et ce qu'on appelle habituellement l'« effet yo-yo » ou le trouble du corps-accordéon.

La dépendance à la nourriture : l'obésité

Les statistiques américaines révèlent que, sur un échantillon de trente-quatre millions de personnes, soixante pour cent des femmes et cinquante pour cent des hommes souffrent d'embonpoint. Pour Fossum et Mason, toute personne pesant sept kilos de plus que son poids normal souffre d'obésité. On recourt souvent à une sorte de rationalisation défensive pour excuser le comportement associé à l'obésité et pour nier ses effets destructeurs. On évoque, par exemple, les troubles glandulaires, l'hérédité, l'âge, la maternité, le mode de vie, la convivialité en tant qu'impératif social et, autre argument que j'ai souvent entendu, le fait d'avoir des gros os. Certes, la prédisposition à l'obésité existe sans aucun doute, mais il semble que personne ne puisse dire exactement dans quelle mesure ce problème est héréditaire. Je me limiterai donc à examiner les composantes affectives de ce trouble de l'alimentation.

Une brillante clinicienne de la région de Seattle, Jane Middelton-Moz, rapporte (dans *Children of Trauma : Rediscovering The Discarded Self*) d'intéressantes observations sur les origines possibles d'une dépendance à la nourriture. Dans un aéroport, non loin d'elle, un couple de parents se querellait. Leur petite fille de dix-huit mois était couchée sur un siège à côté d'eux, mais ils ne lui prêtaient pas attention. Chaque fois qu'elle émettait un son, sa mère lui enfonçait distraitement un biberon de jus de fruit dans la bouche. À un moment donné, quelqu'un est venu s'asseoir juste à côté de la petite qui, effarouchée, s'est mise à pleurer. Aussitôt, la mère a fouillé dans son sac, trouvé un autre biberon, plein de lait, celui-là, et s'est empressée de le lui enfoncer dans la bouche. Le père et la mère

avaient tous deux plus de neuf kilos en trop. Outre le fait qu'en grandissant, cette enfant aura pour modèles des parents qui abusent de la
nourriture, elle a déjà commencé à apprendre à réprimer ses émotions
en se gavant de nourriture, souligne Jane Middelton-Moz.

La dynamique de l'obésité résulte, au moins en partie, d'une trop
grande indulgence face à soi-même et du fait que l'on a développé de
mauvais réflexes de survie en grandissant dans une famille dysfonctionnelle. La personne obèse a été humiliée lorsqu'elle exprimait tant
sa colère que sa tristesse. Se sentant vide et seule, elle mange afin
d'avoir l'impression d'être pleine et comblée (sentiment de complétude). Quand la colère la tenaille (l'estomac serré), la personne
obèse mange et se remplit ; ainsi, elle étouffe sa colère et s'illusionne
en croyant qu'elle avait faim alors qu'elle aurait eu besoin d'exprimer sa
colère. Souvent, les obèses font semblant d'être gais et heureux alors
qu'en réalité ils éprouvent de la colère ou une profonde tristesse : ils
dissimulent ces sentiments par crainte d'être humiliés.

Dans la plupart des cas, les régimes amaigrissants constituent le
plus grand canular qu'on ait jamais monté à l'intention d'un groupe
de personnes qui souffrent. Quatre-vingt-quinze pour cent des gens
qui suivent un régime amaigrissant reprennent le poids qu'elles ont
perdu en moins de cinq ans. Les régimes mettent en évidence un des
grands paradoxes de la honte toxique : en suivant un régime et en
perdant du poids, on a le sentiment d'affronter, de surmonter, voire de
régler son problème, alors que, comme nous l'avons vu précédemment, le contrôle est une des principales stratégies utilisées pour
étouffer la honte. En recourant au contrôle, aussi bien qu'à tout autre
moyen de défense, on tente de maîtriser le monde extérieur afin
d'éviter que notre monde intérieur soit mis à nu.

Alors que je cherchais à définir ce démon que j'appelle la honte
toxique, j'ai trouvé, dans l'ouvrage de Fossum et Mason intitulé *Facing
Shame,* un point de repère dans leur description de la dynamique du
contrôle/relâchement. Le tableau 3.3 est une adaptation de leur travail. Le contrôle et le relâchement sont des polarités naturelles de

TABLEAU 3.3. LES DÉCLENCHEURS DU MÉCANISME DE CONTRÔLE/RELÂCHEMENT ASSOCIÉ À LA HONTE

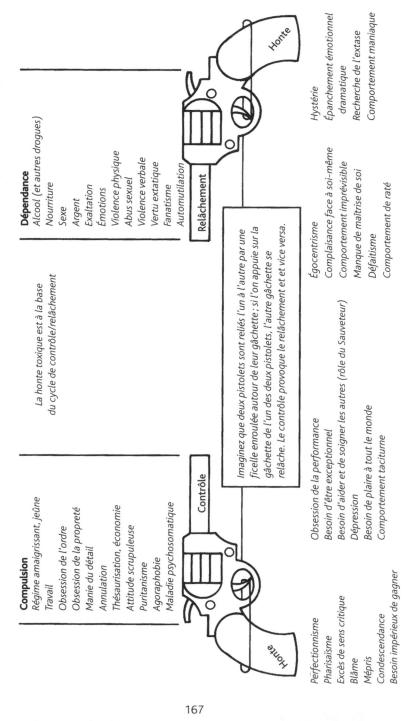

Compulsion
Régime amaigrissant, jeûne
Travail
Obsession de l'ordre
Obsession de la propreté
Manie du détail
Annulation
Thésaurisation, économie
Attitude scrupuleuse
Puritanisme
Agoraphobie
Maladie psychosomatique

*La honte toxique est à la base
du cycle de contrôle/relâchement*

Dépendance
Alcool *(et autres drogues)*
Nourriture
Sexe
Argent
Exaltation
Émotions
Violence physique
Abus sexuel
Violence verbale
Vertu extatique
Fanatisme
Automutilation

Imaginez que deux pistolets sont reliés l'un à l'autre par une ficelle enroulée autour de leur gâchette ; si l'on appuie sur la gâchette de l'un des deux pistolets, l'autre gâchette se relâche. Le contrôle provoque le relâchement et vice versa.

Contrôle

Relâchement

Honte

Honte

Perfectionnisme
Pharisaïsme
Excès de sens critique
Blâme
Mépris
Condescendance
Besoin impérieux de gagner

Obsession de la performance
Besoin d'être exceptionnel
Besoin d'aider et de soigner les autres *(rôle du Sauveteur)*
Dépression
Besoin de plaire à tout le monde
Comportement taciturne

Égocentrisme
Complaisance face à soi-même
Comportement imprévisible
Manque de maîtrise de soi
Défaitisme
Comportement de raté

Hystérie
Épanchement émotionnel dramatique
Recherche de l'extase
Comportement maniaque

l'activité humaine. Vous avez dû apprendre à retenir et à laisser aller lorsque, enfant, vous découvriez votre équilibre musculaire. Plus tard, vous avez affiné votre sens de l'équilibre en dansant (peut-être…), c'est-à-dire en vous laissant aller dans les limites d'une structure apprise. Au début, vous avez assimilé un à un les pas de danse ; vous étiez quelque peu maladroit et, pour les exécuter correctement, vous deviez exercer sur votre corps un contrôle conscient. Bientôt, vous avez pu oublier la technique et danser tout simplement. Les pas étaient devenus inconscients. Le contrôle et le relâchement avaient fusionné, vous permettant de danser inconsciemment un pas de deux ou une valse.

À partir du moment où l'on intériorise la honte normale, celle-ci devient toxique, détruisant tout équilibre et toute frontière. Versant dans la grandiosité, on se perçoit comme le meilleur des êtres ou le dernier des derniers. Avec la honte toxique, on est soit plus qu'humain (ultra-performant), soit moins qu'humain (sous-performant) ; soit une personne extraordinaire, soit un ver de terre. C'est tout ou rien. Soit on exerce un contrôle absolu (conduite compulsive), soit on n'a aucun contrôle (dépendance). Ces deux comportements sont interreliés et complémentaires.

Voici ce qu'en disent Fossum et Mason :

> Quand la honte se trouve à l'origine du contrôle et du relâchement, elle semble augmenter la tension des deux côtés […]. D'une part, la honte rend le contrôle dynamique encore plus strictement exigeant et impitoyable et, d'autre part, elle rend le relâchement encore plus dynamique et auto-destructeur. Plus le contrôle est excessif, plus on cherche l'équilibre dans le relâchement ; et plus le relâchement est abusif et autodestructeur, plus le besoin de contrôle est excessif.

Les régimes amaigrissants suivent ce cycle du contrôle/relâchement. Une dépendance demeure une dépendance. Être dépendant de quelque chose, c'est s'abandonner, s'en remettre obsessionnellement à cette chose. Quand on souffre d'une dépendance quelconque, la solution consiste à ne pas chercher à contrôler sa dépendance. La solution consiste à prendre conscience de son impuissance, de son problème de comportement, et de capituler. *Capituler, cela veut dire affronter le fait que l'on est incapable de contrôler sa dépendance. De par sa nature même, la dépendance est incontrôlable.*

Le syndrome du corps-accordéon

Plusieurs types de dépendance à la nourriture peuvent passer inaperçus. Quand on souffre du syndrome du corps-accordéon (qui se manifeste par la constante succession de pertes et reprises de poids), par exemple, on est continuellement obsédé par la nourriture. Cette obsession modifie l'humeur car elle agit à la manière d'une véritable distraction permanente : en vivant dans sa tête et en pensant constamment à manger ou à ne pas manger, on est en mesure de se distraire de ses émotions.

Personnellement, j'ai erré pendant des années alors que j'étais aux prises avec ce problème. Je traversais des périodes durant lesquelles je faisais de l'exercice physique, suivais un régime alimentaire sain et me privais de mets sucrés. Puis, généralement après des mois de contrôle, je mangeais un beignet ou un morceau de gâteau aux carottes. Cela m'arrivait ordinairement lorsque j'étais en voyage, car c'est dans ce contexte que je me sens le plus seul et le plus vulnérable. Je m'offrais une gâterie pour me récompenser d'avoir travaillé très fort.

Tout de suite après avoir mangé une sucrerie quelconque, j'entrais dans une phase de relâchement. J'étais tout d'abord obsédé par mon geste. Ensuite, je me disais que, comme j'avais tout gâché, je pouvais aussi bien manger d'autres sucreries. Je me gaverais aujourd'hui seulement et je reprendrais le contrôle demain. Oui, mais «demain» n'arrivait jamais! Et plus on mange des mets sucrés, plus on a envie d'en manger encore. Obsédé par les sucreries, j'entrais directement dans une phase de relâchement.

Cette phase durait habituellement *jusqu'à ce que mes seins se mettent à grossir !* Je savais alors qu'il était temps de me remettre au régime, de faire de l'exercice physique et de renoncer au sucre. Dans mon cas, comme dans tous les cas de compulsion/dépendance, il n'y avait pas de juste milieu. C'était tout ou rien.

L'anorexie

Dans notre culture, un nombre croissant de femmes jeûnent et se laissent mourir de faim. Parmi tous les troubles de l'alimentation, l'anorexie est certainement le plus paradoxal et le plus dangereux. Particulièrement répandue dans les familles aisées où l'on retrouve une fille âgée de treize à vingt-cinq ans, elle est presque épidémique dans certains collèges privés bien nantis.

Le plus souvent, la jeune fille anorexique est issue d'une famille riche, dominée par le perfectionnisme et très préoccupée par son image sociale. Pour montrer sa respectabilité et son appartenance à une classe sociale supérieure, on doit préserver et projeter une image très spéciale. Voici les caractéristiques dominantes de ce type de famille : le perfectionnisme ; la non-expression des émotions (règle du silence) ; un père autoritaire, strict et souvent tyrannique ; une mère obsessionnelle, complètement coupée de ses sentiments de tristesse et de colère ; une pseudo-intimité, une harmonie feinte dans le couple ; une grande peur de perdre le contrôle partagée par tous les membres du système familial ; des relations piégées et des alliances transgénérationnelles. Ces facteurs se présentent sous diverses combinaisons.

Grâce à son régime de famine et à son amaigrissement, l'anorexique prend le contrôle de la famille. Elle est l'illustration même de ce qui ne va pas dans sa famille. Elle a une maîtrise de soi rigide et excessive, nie toute émotion, s'efforce d'accomplir des performances et s'abrite derrière un mur de faux-semblants. Dans son système familial, elle devient le Pilier de service et le Bouc Émissaire. S'inquiétant de plus en plus pour sa vie, son père et sa mère se rapprochent l'un de l'autre.

Au départ, l'anorexique traverse habituellement des cycles d'alimentation/jeûne et ressent un grand besoin de manger des mets sucrés. Souvent, elle souffre de dépression et s'impose une activité physique excessive. À mesure que la maladie progresse, elle associe à son régime draconien le recours à des laxatifs et au vomissement provoqué. Les différents stades d'inanition s'accompagnent d'intenses modifications de l'humeur et de l'état de conscience.

L'anorexique souligne dramatiquement le refus d'être simplement humain qui est inhérent à la honte toxique. Ce refus sous-tend le dégoût et la négation de son corps, dégoût qui va jusqu'au rejet de sa vie instinctive et émotionnelle. L'anorexique renonce à sa sexualité en refusant littéralement les signes de sa féminité (les menstruations, le développement des seins). Elle renonce à ses émotions en refusant de manger. Pour elle, la nourriture semble être l'équivalent des émotions. Étant donné que toutes ses émotions sont reliées à la honte, en refusant de manger, elle évite de ressentir sa honte toxique.

Par ailleurs, il existe entre l'anorexique et sa mère une relation trouble ainsi qu'une confusion en ce qui a trait aux frontières personnelles de chacune. En effet, il arrive fréquemment que, la mère ayant réprimé la colère et la tristesse qu'elle éprouve pour son mari, la fille porte le poids de ces sentiments, lesquels s'avèrent d'autant plus accablants qu'ils ont été profondément refoulés (rappelons-nous l'exemple des chiens affamés). En s'imposant un régime de famine, elle se protège de ces sentiments accablants.

L'anorexie étant une maladie complexe, je ne crois certainement pas, au fil de ces quelques paragraphes, lui avoir rendu justice sur le plan clinique. Néanmoins, j'espère que le lecteur aura pu sentir que ce problème de dépendance prend sa source dans un état d'esprit transformé par la honte familiale. Le fait de croire que l'on peut vivre tout en refusant de s'alimenter constitue le rejet ultime de son humanité. Il s'agit là d'une tentative d'être plus qu'humain.

La boulimie

Bien qu'habituellement l'anorexique règle son problème de famine en passant par le cycle de gavage/purge propre à la boulimie, ce trouble de l'alimentation peut se développer indépendamment de l'anorexie. De nos jours, les femmes ne sont plus les seules à souffrir de boulimie ; on voit en effet de plus en plus d'hommes qui, obsédés par le culte de la forme physique et voulant préserver la jeunesse de leur corps, recourent au vomissement provoqué et deviennent boulimiques.

Pour Kaufman, la boulimie, la boulimarexie et l'anorexie constituent, sans aucun doute, les syndromes d'une honte profondément enracinée. Selon lui, la honte toxique est aussi présente dans la phase de gavage que dans celle de la purge. À l'instar de Tomkins, il croit que la nourriture sert de substitut aux besoins relationnels paralysés par la honte :

> Quand la personne se sent vide à l'intérieur, qu'elle a faim d'être unie à quelqu'un, qu'elle désespère de se blottir dans les bras de quelqu'un, qu'elle a un grand besoin d'être désirée et admirée – mais que tous ces besoins sont devenus tabous à cause de la honte – elle se tourne plutôt vers la nourriture.

Jamais cette attente ne peut être satisfaite par la nourriture et, à mesure qu'elle se transforme en honte, la personne mange encore plus pour anesthésier sa honte. La méta-honte, la honte de se gaver en cachette, est un déplacement de l'affect, une transformation de la honte de soi en honte de la nourriture. L'obésité présente la même dynamique.

Dans les cas de boulimie, la phase de gavage intensifie la honte qui, à son tour, déclenche la phase de purge, laquelle est aggravée par un dégoût et un mépris de soi-même. Le vomissement est un réflexe de dégoût. Certaines situations émotionnelles dégoûtantes ne nous donnent-elles pas la nausée ? On dira que telle chose nous rend « malade », que cela nous reste « en travers de la gorge » ou que c'est « difficile à digérer ». Consciemment, la personne boulimique se force à vomir pour ne pas grossir, mais inconsciemment, elle le fait pour se nettoyer de la scandaleuse quantité de nourriture qu'elle vient de dévorer. Ainsi, elle se lave littéralement de sa honte.

Selon Tomkins, le vomissement boulimique est l'exagération d'un affect. Une fois que la chose exagérée a atteint un certain pic d'intensité, il devient possible de s'en libérer. Le vomissement aggrave l'humiliation et le dégoût de soi-même, portant la honte jusqu'à un sommet où se produit un effet d'éclatement suivi du sentiment d'être nettoyé et purifié.

Kaufman abonde dans le même sens : « Une fois que les sentiments d'humiliation ont été exagérés en intensité et en durée, dit-il, ils finissent par s'évanouir, par se consumer. »

Beaucoup d'individus pétris de honte ont l'air d'être en contact avec leurs émotions parce qu'ils les expriment intensément. Mais, comme Cermak l'a souligné, l'explosion affective étant un moyen d'en finir avec les émotions, elle aboutit exactement au même résultat que l'exagération de l'affect dont parlait Tomkins. C'est une stratégie masochiste qui vise à résorber l'émotion en l'intensifiant. L'exagération fonctionne également dans le sens opposé : on peut intensifier ses émotions jusqu'à ce qu'elles explosent, mais on peut tout aussi bien les diminuer jusqu'à ce qu'elles se figent.

La dépendance aux émotions

Il est possible de modifier son humeur sans recourir à une quelconque substance chimique ou à la nourriture. Pensons, par exemple, au fameux racket des émotions – le troc d'un sentiment indésirable contre un sentiment autorisé par la famille – dont j'ai parlé dans les pages précédentes. Ce phénomène illustre bien de quelle manière on peut devenir dépendant d'une émotion quelconque, et plus particulièrement de cette forme de colère intensifiée que l'on appelle la rage.

La rage, la seule émotion qui ne peut être dominée par la honte, est en fait une colère aggravée par la honte. La colère, tout comme l'instinct sexuel, est une énergie émotionnelle qui nous protège : elle assure notre *auto*conservation, c'est-à-dire la conservation de notre vrai *moi*. Notre colère, c'est notre force. À partir du moment où elle est contaminée par la honte, elle devient pareille à ce chien affamé que l'on ne peut garder prisonnier dans la cave. Une fois que notre identité est envahie par la honte, notre colère tourne à vide. Sous l'emprise de la honte, elle se transforme en rage, s'échappe de sa prison et entre en action. La rage effraie tous ceux qui nous entourent.

La dépendance à la rage

Sous l'emprise de la rage, nous nous sentons puissants, unifiés, et non plus divisés intérieurement. Tout le monde tremble en notre présence. Nous n'avons plus le sentiment d'être anormaux et insuffisants. Tant et aussi longtemps que nous pouvons nous en tirer à bon compte, la rage demeure un moyen privilégié de modifier notre état d'esprit. C'est ainsi que nous devenons dépendants de la rage.

Personnellement, j'ai été un enragé invétéré durant mes premières années de mariage. Comme j'étais en proie à la honte toxique, je n'avais aucune frontière. Je me conditionnais tout d'abord à jouer un rôle de gentil garçon et de papa protecteur. Je laissais mes enfants violer mes frontières en oubliant mes besoins – sauf mon besoin de jouer au bon garçon et au merveilleux papa – pour répondre aux leurs. Une goutte finissait toujours par faire déborder le vase. Je me mettais alors à tempêter et à crier après ma femme ou mes enfants.

En écrivant ces lignes, je m'étonne du fait qu'à l'époque je ne voyais rien d'abusif ou de dysfonctionnel dans mon comportement. C'était pour moi la seule manière connue de protéger mes frontières, mon identité pétrie de honte. Mes crises de rage se sont espacées de plus en plus, jusqu'à disparaître totalement, quand ma femme et mes enfants ont commencé à me tenir tête. Cette attitude n'est cependant pas toujours un frein efficace, et on doit user de prudence lorsque l'on fait face à un enragé susceptible de recourir à la violence physique. Quoi qu'il en soit, elle m'a freiné. Voilà maintenant dix ans que j'ai pris en main ce problème de rage et je puis aujourd'hui affirmer qu'il est possible de changer.

J'ai vu bien des familles détruites par la rage. Notamment cette famille que j'ai suivie en thérapie et dans laquelle la mère était une enragée invétérée. Elle tyrannisait les siens en se servant de sa rage pour les manipuler et les soumettre à sa volonté. Le père avait fait de son aînée une Épouse Substitut. Victime de cet inceste émotionnel, cette jeune femme, à vingt-neuf ans, n'avait jamais connu une seule relation amoureuse normale. Il y avait également d'autres dysfonctions dans cette famille, toutes structurellement identiques à celles d'une famille alcoolique. On y jouait tous les rôles propres aux systèmes familiaux dysfonctionnels.

La dépendance à la tristesse, à la peur, à l'exaltation, à la vertu religieuse et à la joie

Comme je l'ai déjà dit, on peut devenir dépendant d'une émotion quelconque. Qui, parmi nous, ne connaît pas une de ces personnes «accoutumées» à la mélancolie, à l'angoisse ou à la peur? Pour ma part, je rencontre souvent ce que j'appelle des «drogués de la joie». Ils arborent un sourire pétrifié, ne se mettent jamais en colère, rient quand il n'y a rien de drôle et ne parlent que de choses gaies.

Le sentiment d'être vertueux, dans le droit chemin, qui modifie profondément l'état d'esprit, est au cœur de tous les types de dépendance à caractère religieux. La dépendance à la religion, un problème très répandu dans notre société, est peut-être la plus pernicieuse de toutes, car elle plonge la personne qui en souffre dans un monde d'illusion et de dénégation dont il est très difficile de sortir. Comment peut-on être dans l'erreur quand on aime Dieu, que l'on consacre sa vie aux bonnes œuvres et que l'on se dévoue au service de l'humanité?

En écrivant ces lignes, je pense à l'une de mes clientes, la fille d'un pasteur. Foncièrement pétrie de honte, elle se percevait comme une «prostituée de Babylone». Elle avait été abandonnée par son père, un homme pharisaïque et profondément honteux de lui-même. Il était si occupé à sauver des âmes et à jouer son rôle de Monsieur Merveilleux qu'il n'avait nul moment à lui consacrer. Des années plus tard, alors que j'assistais à une conférence, je l'ai revu en compagnie de sa femme obèse. Il était toujours aussi pompeux et passif-agressif.

Les hommes comme lui sont dangereux : ils dissimulent leur honte derrière une satisfaction de soi condescendante et la transmettent ainsi à leurs enfants et à leurs disciples.

En ce qui concerne la dépendance à la tristesse, les personnes terrifiées par leur propre colère y sont particulièrement exposées car la tristesse modifie la rage.

Quant aux personnes qui ne savaient jamais à quoi s'attendre dans leur famille dysfonctionnelle, il arrive parfois qu'elles finissent par envisager leur existence comme une succession d'imprévus plus excitants les uns que les autres. En recherchant constamment la nouveauté et l'imprévu, elles essaient de se maintenir en état d'exaltation (dépendance à l'exaltation).

La dépendance à la honte

Les personnes foncièrement honteuses d'elles-mêmes sont inévitablement dépendantes de leur honte toxique – source de toutes leurs pensées et de tous leurs comportements. Leur vie entière gravite autour de leur peur d'être mises à nu ; comme elles doivent à tout prix éviter d'être exposées, elles ne peuvent jamais laisser tomber leur masque et leurs défenses. La honte toxique est bien pire que des chiens affamés prisonniers dans une cave : c'est une horde de rhinocéros, un troupeau de requins mangeurs d'hommes. Face à elle, il est impossible de relâcher sa vigilance ne serait-ce qu'une seconde.

La dépendance à la culpabilité

La culpabilité toxique peut créer, elle aussi, une dépendance. Sous son emprise, on ne se sent aucun droit d'être la personne unique que l'on est. On est contraint de se livrer à un perpétuel examen de soi-même. *La vie est un problème à résoudre au lieu d'être un mystère à vivre.* La culpabilité toxique oblige à travailler interminablement sur soi-même et à analyser chaque événement, chaque transaction interpersonnelle. On ne peut jamais prendre un moment de répit car on doit toujours en savoir plus. On est confiné dans sa tête. D'autre part, ce genre de culpabilité donne un sentiment de puissance alors qu'en réalité on est impuissant : « J'ai rendu ma mère folle » ou « Je suis responsable de sa maladie » sont des affirmations dictées par la grandiosité.

La dépendance à l'activité mentale

Les pensées et l'activité mentale sont également susceptibles de créer une dépendance. En outre, elles font partie intégrante de tous les types de dépendance. L'obsession, qui nous amène à ressasser toujours les mêmes idées, est inhérente au cycle de la dépendance. De fait, elle est une dépendance en soi. J'ai mentionné précédemment, lorsque j'ai parlé de l'isolation de l'affect, qu'en se concentrant sur une pensée récurrente il est possible d'échapper à des sentiments douloureux. On peut tout aussi bien se couper de ses sentiments en ruminant sans cesse les mêmes pensées dans sa tête. Il arrive également que l'on développe une dépendance à la pensée abstraite.

Je détiens notamment un diplôme en philosophie. J'ai passé des années à étudier les grands philosophes, ce qui, en soi, n'est pas dangereux. Il n'en demeure pas moins que le fait de lire des ouvrages de philosophie et d'enseigner cette discipline me permettait de rester loin de mes émotions. Quand je lisais *La somme théologique* de Thomas d'Aquin, *La critique de la raison pure* d'Emmanuel Kant ou un traité de logique positiviste de Wittgenstein, je pouvais modifier complètement mon humeur conditionnée par la honte toxique.

Souvent, l'intellectualisation permet d'échapper à un sentiment de honte particulièrement paralysant. Certaines formes d'intellectualisation – la généralisation et l'universalisation, par exemple – comportent un risque d'accoutumance plus élevé que d'autres. Ce mode de pensée nous retranche dans des catégories si vastes et si abstraites que nous perdons tout contact avec l'aspect sensoriel et concret de la réalité. La généralisation abstraite est un merveilleux moyen de modifier son humeur.

La manie du détail

Le fait de s'attacher aux détails constitue une autre activité mentale susceptible de modifier l'humeur, et beaucoup de gens du type obsessif/compulsif y ont recours.

J'ai à l'esprit l'histoire d'une de mes clientes. De prime abord, son problème tenait à ce que les gens de son entourage la trouvaient ennuyeuse. Après que je lui eus demandé de m'en parler, elle me répondit à peu près ceci :

« Eh bien, pour venir à ce rendez-vous, j'ai eu l'idée de mettre ma robe de soie bleue. Malheureusement, j'avais complètement oublié qu'elle était chez le nettoyeur. Au fait, je suis très déçue de mon nettoyeur habituel. Naguère, il faisait pourtant de l'excellent travail, et à des prix tellement raisonnables. Il a complètement gâché deux très bons vestons de mon fils Robert. J'avoue que c'est difficile d'amener Robert à prendre soin de ses vêtements. Il est exactement comme son père. Tous deux négligés et amoureux de leur confort. Ça ne me dérange pas, tant qu'ils ne laissent rien traîner dans la cuisine. Garder la cuisine propre, c'est ma hantise. Normal, puisque je passe tellement de temps dans cette pièce. Ce matin, mon mari a oublié de refermer la boîte de céréales de maïs jaune. Il préfère les céréales à base de farine de maïs moulue sur la pierre, mais Robert aime mieux ces bonnes vieilles céréales Quaker... Vous savez, on s'habitue à... »

Avez-vous renoncé à la suivre ? Cela n'aurait sûrement pas tardé si j'avais continué de la citer. Après l'avoir écoutée pendant quinze minutes, je commençais à m'assoupir. Elle m'assommait tellement ! Je l'ai arrêtée et je lui ai doucement fait remarquer son obsession du détail. Elle était une maniaque du détail.

Par la suite, au fil de nos rencontres, j'ai appris que son père était complètement fou. Il l'avait forcée, sous la menace d'un fusil, à rester à la maison jusqu'à ce qu'elle ait trente-deux ans. Elle avait grandi dans une petite ville du Texas où son père était shérif. Cet homme, qui usait de violence physique et verbale, s'emportait pour un oui ou pour un non et lui lançait volontiers : «Les femmes devraient garder la bouche fermée et les jambes ouvertes.»

Ma cliente avait été victime de violence physique, émotionnelle et sexuelle. Une fois libérée de la coupe de son père, elle ne s'était plus arrêtée de parler. Mais son verbiage et son obsession du détail n'étaient qu'un moyen d'échapper à sa solitude et à sa pénible honte.

L'obsession est fréquente dans toutes les relations basées sur la co-dépendance. En entretenant une obsession à propos de son conjoint alcoolique, de son amoureux, de son enfant ou de ses parents, on vit dans sa tête et on reste coupé de ses émotions. En outre, on peut devenir terriblement dépendant des relations amoureuses. C'est la raison pour laquelle certaines personnes passent d'une mauvaise relation à l'autre ou s'accrochent à une relation qui ruine leur existence. L'*amour*, en tant que sentiment et expérience, modifie grandement l'état d'esprit; il peut donc engendrer une très forte dépendance.

La dépendance aux activités

Certaines activités peuvent procurer des moyens de modifier son état d'esprit. J'ai parlé précédemment de l'annulation, ce mécanisme de défense du moi qui se traduit par un comportement rituel et magique. En adoptant certains comportements obsessifs/compulsifs ritualisés, on cherche souvent à se débarrasser de la peur que l'on éprouve devant des pulsions, des désirs ou des sentiments dont on a honte.

Voici les activités auxquelles on recourt le plus souvent pour modifier son humeur: travailler, magasiner, amasser des biens, avoir des relations sexuelles, lire, jouer à des jeux de hasard, faire de l'exercice physique, assister à des matches sportifs, regarder la télévision, adopter et soigner des animaux domestiques. Aucune de ces activités ne constitue en soi une forme de dépendance. Chacune peut être considérée comme normale tant qu'elle n'a pas de conséquences néfastes. Cependant, sitôt que l'on s'engage dans une de ces activités au point de modifier profondément son état d'esprit et de détruire sa vie, elle devient une vraie dépendance.

La dépendance au travail, ou ergomanie, est une dépendance sérieuse. En passant des milliers d'heures à travailler, l'ergomane peut échapper à ses douloureux sentiments de solitude et de dépression. L'expérience vécue par ces dix cadres supérieurs qui s'étaient soumis volontairement à une retraite expérimentale le prouve. Pendant un week-end de quatre jours, ils ne devaient rien faire qui puisse les distraire de leurs émotions : ils ne pouvaient en aucun cas lire, boire, fumer, regarder la télévision, parler d'affaires, téléphoner, faire de l'exercice, etc. Au bout du troisième après-midi, cette troupe de battants dynamiques et casse-cou, ces abonnés de la performance étaient tous déprimés. Ils étaient en contact avec leurs sentiments de vide et d'isolement. Par ailleurs, plusieurs d'entre eux avaient un enfant aux prises avec de sérieux problèmes de drogue ou ayant de graves démêlés avec la justice. Dans la majorité des cas, ces jeunes avaient hérité de la solitude et de la souffrance de leur père.

La même dynamique s'observe dans les autres formes de dépendance aux activités qui, toutes, servent à dissimuler la solitude et la souffrance nichées au cœur de la honte toxique. Dans ces types de dépendances, la honte toxique est semblable à un vampire qui aspirerait la vie en poussant ces victimes à réaliser sans cesse de plus en plus de choses.

La dépendance à la volonté

À la longue, les émotions paralysées par la honte contaminent certaines facultés mentales, perturbant la relation de coopération qui existe normalement entre la volonté et l'intellect.

Les opérations intellectuelles que sont la perception, le jugement et le raisonnement ont une influence décisive sur notre faculté de vouloir et de choisir. C'est grâce à elles si, par l'exercice de notre volonté, nous pouvons considérer différentes solutions de rechange lorsqu'il s'agit d'effectuer des choix. Or, à partir du moment où la honte paralyse notre énergie émotionnelle, notre intellect s'affaiblit sérieusement et n'est plus aussi objectif. Par conséquent, la volonté perd son pouvoir d'envisager diverses solutions ; elle perd la vue, en quelque sorte, elle devient aveugle. Ne recevant plus les données nécessaires pour effectuer des choix éclairés, la volonté n'a plus d'autre contenu qu'elle-même ; *la faculté de vouloir ne peut donc plus que s'exercer pour s'exercer.* On se retrouve alors engagé dans une *relation pathologique avec sa propre volonté.* Ce genre de relation est de nature à modifier l'humeur.

Quand on agit sous le coup d'une impulsivité obstinée, on n'a plus le sentiment d'être divisé ou en rupture avec soi-même. On a une sensation de plénitude, de puissance, d'unité. Comme le remarque Leslie Farber, « la volonté devient un moi ». Le fait de vouloir pour vouloir nous retranche dans un entêtement destructeur qui nous conduit non seulement à l'égocentrisme, à la folie du contrôle et à des extrêmes dramatiques, mais également à désirer ce qui ne peut être désiré (l'irréalité). L'entêtement est sans limites.

Ce genre d'entêtement constitue l'essence même de toutes les dépendances. Les intoxiqués de toutes sortes sont, au bout du compte, dépendants de leurs propres désirs. « Je veux ce que je veux quand je le veux », disent les Alcooliques Anonymes pour exprimer cette dépendance à la volonté, cet entêtement débridé.

La dépendance à la volonté causée par la honte toxique mène tout droit à la faillite spirituelle. C'est pourquoi on doit nécessairement s'engager sur la voie de la guérison spirituelle pour s'affranchir de la honte toxique.

En considérant ce qui vient d'être dit, on peut se demander si tout le monde ne souffre pas d'une dépendance quelconque. Selon Stanton Peele, la dépendance est « une intense expérience unificatrice pour le genre humain ». Mais, pourrait-on objecter, si tout le monde a des problèmes de compulsion et de dépendance et si tout peut créer une dépendance, ce mot ne veut plus rien dire. À cela, je répondrais que l'on doit bien comprendre le rôle de la honte toxique, car c'est elle le moteur du comportement compulsif/dépendant. Tout le monde ne devient pas dépendant de substances, d'émotions, de processus mentaux ou d'activités parce que tout le monde n'est pas pétri de honte. Cependant, lorsque je regarde notre culture, nos institutions scolaires et religieuses ainsi que nos systèmes familiaux, tout me porte à croire qu'une très grande majorité de gens souffre vraiment de honte toxique. Qui pourrait dire dans quelle proportion, et à quoi cela servirait-il ?

L'obsession pour ce genre de détail permet probablement d'échapper à la honte. Dans *La famille*, j'ai cité Satir et Wegscheider-Cruse, qui estiment que quatre-vingt-seize pour cent des familles américaines sont dysfonctionnelles. En citant ce chiffre, je ne prétends pas être exact. (Comment le pourrait-on ?) Mon but est simplement de retenir l'attention du lecteur, de susciter l'étonnement, voire un sentiment d'horreur. Quant aux statistiques que j'ai données précédemment sur l'ampleur des problèmes de dépendance, elles sont rigoureusement précises. Si on relevait autant de cas de polio ou de variole, on parlerait d'épidémie. Comparés à l'étendue des problèmes de dépendance, les ravages causés par la peste noire sont aussi ridiculement petits que Mickey Mouse.

La mise en actes

La honte toxique se dissimule également derrière un phénomène paradoxal appelé « mise en actes » ou *acting out* et dont voici quelques exemples : s'engager sans cesse dans des relations destructrices et humiliantes qui nous font revivre un traumatisme passé ; se livrer à la criminalité ; faire subir à ses enfants ce qu'on a soi-même subi durant l'enfance. Les attaques de panique relèvent également de la mise en actes.

Pour mieux comprendre ce phénomène, il est important de se rappeler la nature des émotions. Les É-motions sont de l'énergie en mouvement. *Elles constituent cette énergie qui nous active, c'est notre carburant humain.* De plus, nos émotions jouent un rôle semblable à celui du voyant lumineux rouge qui indique le niveau d'huile dans notre voiture : elles nous signalent un besoin, une perte ou un état de satiété. La colère nous donne de la force ; la peur nous insuffle du discernement ; la tristesse nous guérit ; la culpabilité agit à la manière d'un directeur de conscience ; la honte nous rappelle notre finitude fondamentale et c'est d'elle que jaillit notre spiritualité.

Une fois que nos émotions sont contaminées par la honte, on doit les refouler. Par le fait même, la tension musculaire s'installe et la respiration devient plus superficielle. Tout un groupe de muscles se mobilise pour bloquer l'énergie mise en mouvement par l'émotion associée à la honte. Ce faisant, il arrive fréquemment que l'on convertisse sa tristesse en un sourire forcé (formation réactionnelle).

Je me suis souvent surpris à sourire alors que j'étais triste. Une fois que l'énergie est bloquée, on ne ressent plus l'émotion. Cependant, elle demeure présente sous forme d'énergie. Elle est dynamique. Rappelons-nous cet exemple de Virginia Satir, qui démontrait, avec cette image des chiens affamés prisonniers dans une cave, jusqu'à quel point la colère refoulée peut devenir intense. Dans cet exemple, on voyait qu'il est impossible de refouler sa colère indéfiniment : elle finit toujours un jour ou l'autre par exploser. Quand on reconstitue inconsciemment des événements du passé, on se livre à une « mise en actes » de l'énergie émotionnelle refoulée. On adopte de nouveau les comportements qui, autrefois, nous avaient valu d'être humilié, et ce en s'entourant d'« acteurs » substituts qui font revivre les scènes mortifiantes initiales.

La mise en actes du rôle de victime

Souvent, les victimes d'inceste continuent, d'une relation amoureuse à l'autre, de mettre en actes l'abus sexuel qu'elles ont vécu dans leur enfance. Elles ont été utilisées puis abandonnées par le biais de l'inceste et, de cette expérience, elles ont retenu sensiblement le message suivant : « Le sexe est le seul moyen pour moi d'être désirable ou digne d'intérêt ; je n'ai pas le choix : ou bien je suis sexy et sexuel ou bien je ne suis rien. » À titre d'exemple, considérons le cas d'une de mes clientes.

Léonie n'avait que trente ans, mais elle était déjà bien établie dans le domaine des affaires et possédait sa propre compagnie. Son mari voulait qu'elle laisse tomber son travail pour avoir des enfants. Il cherchait sans cesse à l'humilier verbalement et la menaçait de détruire son entreprise. Elle détestait ce mari qui exigeait des relations sexuelles bucco-génitales quatre fois par semaine, et elle avait un amant. Lorsque j'ai parlé avec le mari de Léonie, j'ai su tout de suite que j'avais affaire à un agresseur. Il parlait de sa femme comme s'il s'agissait d'un objet. Il m'a déclaré qu'elle pouvait faire tout ce qu'elle voulait, pourvu qu'elle comble ses besoins sexuels quatre fois par semaine et qu'elle lui donne un enfant.

L'amant de Léonie était un coureur de jupons notoire. Au cours de la thérapie, elle eut l'enfant que son mari voulait, abandonna sa carrière et s'engagea dans plusieurs autres liaisons extraconjugales. Elle finit par divorcer et continua d'avoir des aventures successives. Chaque fois, elle se rabattait sur un homme très riche, du genre casse-cou, ayant un lourd passé de coureur de jupons (un compulsif sexuel de niveau I). Chaque fois, son amant la couvrait de cadeaux, l'utilisait sexuellement puis l'abandonnait. Et chaque fois, elle mettait en actes l'abus sexuel que son père alcoolique lui avait fait subir.

Dès l'âge de cinq ans et demi, et ce jusqu'à l'âge de dix ans, elle s'était adonnée à la fellation avec son père. Il la considérait comme sa préférée et la couvrait de cadeaux. C'était le seul être qui, durant son enfance, lui avait donné de l'amour. Léonie était extrêmement aguichante; par sa façon de s'habiller, elle suscitait immédiatement le désir des hommes. Elle comprit finalement que sa séduction était une transposition de sa honte. C'était une façon de dominer une situation dans laquelle elle s'était sentie impuissante autrefois. En exerçant son pouvoir de séduction, elle tentait d'exprimer sa souffrance non résolue.

Dans chaque cas, lorsque son amant la quittait, Léonie pouvait enfin éprouver les sentiments qui lui étaient interdits à l'origine. Elle avait peur d'être abandonnée; elle pleurait, se mettait en colère et rageait contre son amant. Chaque nouvelle mise en actes n'était pour elle qu'une vaine tentative d'exprimer les sentiments dont elle s'était dissociée. Dans son état normal de dissociation, elle était coupée de ces sentiments. Elle avait souvent l'impression d'être folle. En mettant ses sentiments refoulés en actes, elle se sentait moins folle.

La compulsion de répétition, cet impérieux besoin de reproduire des événements du passé, constitue, pour Alice Miller, « la logique de l'absurdité ». Beaucoup de gens en souffrent, moins cruellement toutefois que dans le cas de Léonie.

Je connais un homme qui a été élevé par une mère non disponible sur le plan émotionnel. Il s'est marié quatre fois, toujours avec des femmes non disponibles affectivement. Dans son fameux livre intitulé *Ces femmes qui aiment trop*, Robin Norwood décrit les innombrables variations de cette mise en actes.

La criminalité

Dans son ouvrage sur la criminalité, Alice Miller analyse le cas de Jurgen Bartsch, un jeune homme qui, entre 1962 et 1966, a assassiné quatre petits garçons. À quelques détails près, la façon de procéder de Jurgen Bartsch était toujours la même. Après avoir attiré un petit garçon dans un ancien abri antiaérien situé près de chez lui, il le battait, le ligotait avec de la ficelle de boucher, lui faisait des attouchements sexuels en se masturbant, le tuait en l'étranglant ou en l'assommant, lui ouvrait le ventre, le vidait de ses entrailles puis enterrait les restes du cadavre. Lors de sa déposition, Bartsch a déclaré que c'est en dépeçant les cadavres de ses victimes qu'il atteignait l'orgasme.

À la lecture, les détails de cette histoire nous donnent la nausée, ne nous inspirent que de l'indignation et de l'horreur. On ne peut s'empêcher de croire qu'un individu comme Bartsch avait certainement des gènes criminels, une perversion quelconque ou une pulsion sexuelle pathologique. Cependant, à mesure que Alice Miller brosse un tableau détaillé de la prime enfance du meurtrier, on peut difficilement réfuter sa thèse voulant que le passé de Bartsch soit en rapport direct avec les crimes qu'il a commis. « Tout crime contient une histoire cachée que l'on peut déchiffrer en examinant les détails particuliers du méfait et la façon dont il a été commis », affirme Alice Miller.

Je me bornerai ici à relever certains faits qui illustrent mon propos. Bartsch était orphelin ; ses parents adoptifs l'avaient choisi après avoir fait une longue et minutieuse recherche pour trouver le « bon » enfant. Plus tard, il allait lui-même devoir se livrer à une sorte de rituel consistant à chercher le « bon » garçon qu'il allait tuer. Ses parents avaient commencé à le battre alors qu'il n'était encore qu'un bébé. À plusieurs reprises, on s'était aperçu qu'il était couvert de bleus et de meurtrissures. Il se faisait battre dans la pièce où son père, un boucher, dépeçait les animaux. Plus tard, les sévices physiques se poursuivant toujours, on l'avait enfermé dans un vieux cellier souterrain. Ce traitement avait duré six ans. Jurgen n'avait pas le droit de jouer avec d'autres enfants. En outre, sa mère abusait de lui sexuellement. Jusqu'à ce qu'il ait douze ans, c'était elle qui lui faisait prendre son bain, occasion dont elle profitait pour tripoter les organes génitaux de son fils. À huit ans, il avait été séduit par un cousin de cinq ans son aîné puis, à l'âge de treize ans, par son professeur. Ses crimes portent la trace de chaque détail de sa vie. Il a mis en actes sa haine refoulée en la faisant subir à des petits garçons qui, comme lui autrefois, portaient tous des culottes courtes en peau. Il les a découpés en morceaux avec un couteau de boucher tout comme son père dépeçait les animaux pendant que lui-même se faisait battre et abuser par sa mère. Après l'avoir battu, sa mère lui donnait souvent un baiser mouillé sur la bouche. Jurgen Bartsch embrassait ses victimes, lui aussi.

De victime, Jurgen a fini par devenir un bourreau. Il éveille en nous des sentiments d'indignation et d'horreur. « Mais, écrit Alice Miller, notre horreur devrait être dirigée vers le premier meurtre, qui a été commis en secret et est resté impuni. »

Quand un enfant subit des sévices physiques ou sexuels, sa réaction normale consiste à crier sa colère et sa souffrance. Mais comme on lui interdit d'exprimer tant sa colère que sa souffrance en le menaçant de le punir encore plus sévèrement, il réprime ses sentiments, s'identifie à son agresseur et refoule le souvenir du traumatisme. Plus tard, n'étant plus en contact avec la colère, l'impuissance, la confusion et la souffrance qu'il éprouvait à l'origine, ayant oublié jusqu'à leur cause première, il met en actes ces puissantes émotions : s'il les dirige contre les autres, il commettra éventuellement des crimes ; s'il les dirige contre lui-même, il deviendra probablement toxicomane, se prostituera, souffrira de troubles psychiques ou se suicidera.

« Quelqu'un qui n'a pu prendre conscience du mal qu'on lui a fait n'a aucun moyen de le dire, sauf en le répétant », ajoute Alice Miller.

De façon moindre, tous les parents qui n'ont pas liquidé leurs propres traumatismes d'enfance les reproduiront avec leurs enfants.

Au Centre de thérapie familiale, on a un mot d'ordre pour exprimer cela : « Soit vous le rendez, soit vous le transmettez aux autres. »

Les attaques de panique

La compulsion de répétition démontre clairement que le comportement humain – aussi déshumanisant et bizarre soit-il – a une signification. On revit nécessairement toute souffrance demeurée inexprimée ou tout traumatisme non résolu. Les attaques de panique en témoignent de façon très convaincante.

Pour Jane Middelton-Moz, l'attaque de panique est une fenêtre qui s'ouvre sur l'enfant effrayé que l'on porte en soi. Dans *Children of Trauma : Rediscovering The Discarded Self* et dans *After The Tears*, elle cite deux cas d'attaque de panique ayant pour origine un traumatisme de la petite enfance.

Elle relate tout d'abord l'histoire d'une femme qui, en faisant son jogging, cédait à la panique dès que les battements de son cœur augmentaient jusqu'à un certain point. Elle avait essayé plusieurs choses pour contrôler son état, mais sans succès. Madame Moz a pu l'aider à découvrir l'ancien traumatisme non résolu qui était à l'origine de ses attaques de panique.

Cette femme, qui avait grandi dans un quartier pauvre, se souvenait d'avoir souvent joué dans la rue avec son frère quand elle était petite. C'était risqué, car il y avait des gangs de délinquants qui rôdaient dans les parages. Un événement tragique était survenu un jour où l'un de ces gangs les avait pourchassés, elle et son frère. En s'enfuyant à toutes jambes, elle avait pu échapper à ses assaillants, mais son frère n'avait pas eu cette chance : il avait été capturé et tué.

L'ancienne terreur rattachée à sa souffrance non résolue resurgissait chaque fois qu'en faisant son jogging elle atteignait la même vitesse que lorsqu'elle avait fui devant ses agresseurs.

Madame Moz relate le cas d'une autre femme qui avait connu trois divorces successifs à cause de sa jalousie maladive. En temps normal, elle n'était pas une femme particulièrement jalouse. Ses crises ne se produisaient qu'au moment d'une séparation quelconque. Si son mari devait travailler tard le soir ou partir en voyage d'affaires, elle avait une attaque de panique : elle transpirait, tremblait et était terrifiée. Lorsque son mari revenait à la maison, elle lui faisait une scène infernale digne d'une hystérique ; le lendemain, prise de remords, elle se rendait compte que sa réaction avait été tout à fait excessive. Au cours de sa thérapie avec madame Moz, elle a pu se rappeler l'événement du passé qui était à l'origine de ses attaques de panique.

Elle avait grandi dans une ville du midwest américain. Pour aller travailler, son père devait se rendre à la ville voisine, ce qui l'obligeait à traverser une rivière en bateau. Un jour, alors qu'il était au travail, un orage avait éclaté et des pluies torrentielles avaient provoqué une telle crue de la rivière qu'il n'avait pu revenir à la maison qu'au bout d'une semaine. Or, sa femme était alcoolique et c'était lui qui l'approvisionnait en alcool ; par conséquent, la cliente de madame Moz, alors âgée de six ans, ainsi que son petit frère de quatre ans avaient passé la semaine seuls avec leur mère qui, privée d'alcool, était en proie au délirium tremens ! La cliente de madame Moz comprit que son traumatisme non résolu refaisait surface chaque fois que son mari devait partir loin d'elle.

En lisant cette première partie, le lecteur a pu découvrir l'ampleur et le pouvoir destructeur de la honte intériorisée. Néanmoins, comme ce sont les côtés obscurs et secrets de ce démon qui font sa force, il devient possible, une fois qu'on l'a démasqué, d'établir des programmes éducatifs et des approches thérapeutiques qui l'empêcheront de s'insinuer dans toutes les familles.

Nous sommes en mesure de trouver, pour nos institutions sociales, scolaires et religieuses, des moyens créatifs susceptibles de contrecarrer la formation d'une identité pétrie de honte. Une telle recherche est primordiale. Elle nous amènera *effectivement* à découvrir comment nous pouvons *prévenir* les problèmes de dépendance.

Deuxième partie

La solution

Le processus d'extériorisation

Pour guérir notre honte toxique, nous devons sortir de notre ca-chette. Car tant et aussi longtemps que nous dissimulerons notre honte, nous ne pourrons rien y changer. Pour changer notre honte toxique, nous devons faire corps avec elle, l'accepter totalement. Ainsi que le constate cet adage fort utilisé en thérapie : « La seule façon de s'en sortir, c'est de passer à travers. »

Faire corps avec notre honte implique de la souffrance. Or, la souffrance est une chose que nous nous efforçons constamment d'éviter. De fait, la plupart de nos comportements névrotiques sont causés par cette tendance à éviter notre souffrance légitime. Nous tentons de trouver des voies plus faciles, ce qui est parfaitement compréhensible. Cependant, comme Scott Peck l'a dit, cette attitude est à l'origine de toutes les maladies mentales.

En ce qui concerne la honte, plus nous essayons de l'éviter, plus elle s'aggrave. Nous ne pouvons changer notre honte « intériorisée » tant que nous ne l'avons pas « extériorisée ». Ce processus est simple mais difficile. Il sous-tend le recours aux « méthodes d'extériorisation » suivantes :

1. Sortir de sa cachette afin d'établir un contact social, c'est-à-dire partager honnêtement ses sentiments avec des personnes significatives.

2. Trouver un reflet et un écho de soi-même dans le regard d'au moins une personne non humiliante qui fera partie de la nouvelle famille d'affiliation. Reconstruire un « pont interpersonnel ».

3. S'engager dans un Programme en 12 étapes.

4. S'efforcer d'atténuer sa honte en « légitimant » le traumatisme d'abandon. On peut le faire en abordant ce sujet verbalement et par écrit (témoignage). L'écriture s'avère particulièrement utile lorsqu'il s'agit d'exprimer des humiliations passées. Il est ensuite possible d'extérioriser les sentiments reliés au traumatisme d'abandon. On peut les exprimer, les clarifier et se mettre en contact avec eux.

5. Extérioriser son enfant intérieur oublié, et ce en renouant avec l'enfant vulnérable que l'on porte en soi.

6. Apprendre à reconnaître les différentes parties de soi-même qu'on a rejetées. À mesure que l'on prend conscience de ces parties dissociées (quand on les extériorise), on peut faire corps avec elles et les intégrer.

7. Choisir de s'accepter entièrement et inconditionnellement. Apprendre à dire : « Je m'aime pour… ». Apprendre à extérioriser ses désirs et ses besoins en développant son affirmation de soi.

8. Extérioriser de vieux souvenirs inconscients, qui forment des collages de scènes humiliantes, et apprendre à soigner les blessures reliées à ces souvenirs.

9. Faire des exercices visant à extérioriser et à changer son image de soi.

10. Extérioriser ses voix intérieures. Ce sont elles qui maintiennent les spirales de honte en opération. En effectuant certains exercices particuliers, on peut apprendre à faire taire ces voix humiliantes et à les remplacer par des voix positives et bienfaisantes.

11. Apprendre à reconnaître les situations qui, dans les rapports interpersonnels, sont les plus susceptibles de déclencher en soi les spirales de honte.

12. Apprendre à composer avec les personnes critiques et méprisantes en appliquant des techniques d'affirmation de soi et en créant une ancre d'extériorisation de la honte.

13. Apprendre à être tolérant face à ses erreurs, et avoir le courage d'être imparfait.

14. Finalement, au moyen de la prière et de la méditation, apprendre à créer en soi un espace de silence qui permette de se sentir centré et relié à la Puissance supérieure en laquelle on croit intimement.

Toutes ces techniques d'extériorisation sont des adaptations de celles proposées par les principales écoles de thérapie. Presque toutes les thérapies visent, en effet, à rendre manifeste et conscient ce qui est tenu secret et inconscient.

Seule la pratique vous amènera à maîtriser ces techniques. Vous devrez donc commencer par les *mettre en application*, puis les appliquer de nouveau afin de les renforcer. *Le bénéfice que vous tirerez de cette démarche sera directement proportionnel à l'énergie que vous y investirez.*

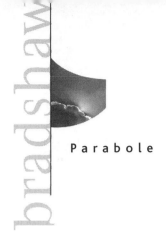

P a r a b o l e

Le prisonnier et la caverne obscure

Il était une fois un homme qui venait d'être condamné à mort. On lui avait bandé les yeux puis on l'avait conduit dans une caverne obscure d'environ cent mètres sur cent. On lui avait dit que cette caverne comportait une issue et que s'il réussissait à la trouver, il serait un homme libre.

Après que les geôliers eurent refermé l'entrée de la caverne au moyen d'une grosse roche, le prisonnier put enlever son bandeau et errer à sa guise dans l'obscurité. Il n'allait recevoir pour toute nourriture que du pain sec et de l'eau pendant trente jours au terme desquels on ne lui donnerait plus rien. On lui faisait descendre le pain et l'eau par une petite ouverture dans le plafond, à l'extrémité sud de la caverne. Le plafond était approximativement à cinq mètres cinquante de hauteur. Quant à l'ouverture, elle avait tout au plus trente centimètres de diamètre. Le prisonnier percevait une faible lueur qui s'en échappait, mais aucune lumière ne pénétrait jusque dans la grotte.

Alors qu'il parcourait la caverne en rampant, le prisonnier se heurta à des roches, dont certaines étaient plutôt grosses. Il se dit qu'en entassant de la terre battue et des roches, il arriverait peut-être à construire un monticule assez élevé pour lui permettre d'atteindre l'ouverture du plafond ; ensuite, dès qu'il l'aurait suffisamment agrandie pour pouvoir s'y glisser, il pourrait enfin s'évader. Étant donné qu'il mesurait un mètre soixante-quinze et qu'avec les bras tendus, il gagnait soixante centimètres de plus, il devait ériger un monticule d'au moins trois mètres quinze.

Le prisonnier passa donc toutes ses heures de veille à entasser les roches et à creuser dans la terre. Au bout de la deuxième semaine, son monticule atteignait environ un mètre quatre-vingts de hauteur. L'homme se dit qu'en redoublant d'effort au cours des deux autres semaines, il pourrait atteindre son but avant qu'on lui coupe les vivres. Mais comme il avait utilisé presque toutes les roches, il devait creuser de plus en plus dans le sol, et ce à mains nues. Une fois le mois écoulé, le monticule s'élevait à deux mètres quatre-vingt-dix. En sautant, le prisonnier pouvait presque atteindre l'ouverture, mais il était extrêmement faible, presque à bout de forces.

Un matin, au moment même où il croyait être enfin capable d'atteindre l'ouverture, il tomba. Son épuisement était si grand qu'il ne put se relever et mourut deux jours plus tard. Ses juges vinrent chercher son corps. Ils firent rouler l'énorme rocher qui fermait l'entrée de la caverne. La lumière inonda les lieux, révélant une ouverture d'environ un mètre de circonférence dans une des parois.

C'était l'entrée d'un tunnel qui conduisait de l'autre côté de la montagne, le passage vers la liberté dont le prisonnier avait entendu parler. Cette issue avait été pratiquée dans la paroi sud, tout juste en dessous de l'ouverture du plafond. Tout ce que le prisonnier aurait eu à faire, c'était de ramper sur environ soixante mètres : au bout du tunnel, il aurait trouvé la liberté. Cependant, il avait été tellement obsédé par la petite lueur du plafond qu'il n'avait jamais eu l'idée de chercher la liberté dans le noir. Pendant tout le temps de sa détention, la libération se trouvait à portée de sa main, juste à côté du monticule qu'il érigeait, mais *elle était dans l'obscurité*.

bradshaw

Chapitre quatre

Pour en finir avec la dissimulation et l'isolement

Un homme seul n'est pas un homme.

ANCIEN PROVERBE

Nous sommes aussi malades que nos secrets.

MOT D'ORDRE DU PROGRAMME

La pénible solitude qu'engendre la honte toxique est déshumanisante. À mesure qu'une personne s'isole, elle perd l'effet bienfaisant du feedback humain, elle ne peut plus retrouver sa propre image dans le regard d'autrui. Erik Erikson a démontré clairement que la formation de l'identité est toujours un processus social. Pour lui, l'identité se définit comme «un sentiment intime d'uniformité et de continuité suscité par le fidèle reflet de soi dans le regard d'au moins une personne significative». Souvenez-vous: si notre honte toxique a pu proliférer, c'est parce que dans nos relations significatives, on nous a renvoyé une image de nous-mêmes contaminée.

Pour guérir, nous devons en finir avec l'isolement et la dissimulation. Nous devons trouver un groupe de personnes significatives auxquelles nous nous sentons prêts à accorder notre confiance, ce qui s'avère très difficile quand on est pétri de honte.

Je me rappelle avoir moi-même frénétiquement cherché un hypnotiseur alors que j'avais besoin d'entreprendre un Programme en 12 étapes. J'étais ni plus ni moins que terrifié à l'idée de m'exposer au regard attentif des autres.

La honte devient toxique à cause d'une mise à nu prématurée. Cela se produit quand nous subissons le regard d'autrui alors que nous ne nous y attendions pas ou que nous n'avons pas pu nous y préparer. Nous nous sentons alors faibles et impuissants. Il n'est donc pas étonnant que, par la suite, nous ayons peur du *regard scrutateur des autres*. Cependant, le *seul* moyen d'en finir avec la honte toxique, c'est d'embrasser la honte… nous *devons* sortir de notre cachette.

Trouver un réseau social

Pour sortir de sa cachette, la meilleure méthode consiste à s'intégrer à un réseau social intime et non humiliant. Ici, le mot clé est *intime*. Nous devons nous situer à un niveau intime parce que c'est à ce niveau-là que la honte sévit. La honte toxique recouvre les secrets les plus profonds que nous ayons sur nous-mêmes, y compris notre croyance en notre insuffisance essentielle. Nous nous sentons si abominables que nous n'osons même pas réfléchir à cela, et encore moins en parler à qui que ce soit. Le seul moyen de nous rendre compte que notre perception de nous-mêmes est erronée, c'est de courir le risque de nous exposer au regard attentif d'autrui. À partir du moment où nous faisons confiance à quelqu'un et où nous ressentons son amour et son acceptation, nous commençons à changer nos croyances à propos de nous-mêmes. Nous découvrons non seulement que nous ne sommes pas mauvais, mais aussi que nous sommes aimables et acceptables.

L'amour authentique guérit et influe sur la croissance spirituelle. Si l'amour que nous recevons ne favorise pas notre développement, en règle générale, cela signifie qu'il s'agit d'une contrefaçon de l'amour. L'amour authentique se manifeste par une véritable estime, inconditionnelle, qui nous donne un sentiment d'intégrité et nous permet d'accepter toutes les parties de notre être. Pour sentir notre intégrité, nous avons besoin de rassembler tous les aspects de nous-mêmes dont nous avons honte et dont nous nous sommes dissociés.

Virginia Satir parle des cinq libertés qui s'accroissent quand une personne est aimée inconditionnellement. Ces libertés concernent nos pouvoirs fondamentaux : le pouvoir de percevoir ; le pouvoir d'aimer (choisir et désirer) ; le pouvoir d'éprouver des sentiments ; le pouvoir de penser et de s'exprimer ; et le pouvoir d'imaginer ou d'envisager l'avenir.

Lorsque nous nous percevons comme un tout et que nous nous acceptons totalement, nous jouissons de la liberté de voir et d'entendre ce que nous voyons et entendons, plutôt que ce que nous devrions ou ne devrions pas voir et entendre ; nous avons la liberté de penser et d'exprimer ce que nous pensons, plutôt que ce que nous devrions ou ne devrions pas penser ou exprimer ; nous sommes libres de ressentir ce que nous ressentons, plutôt que ce que nous devrions ou ne devrions pas ressentir ; nous avons la liberté d'aimer (choisir et désirer) ce que nous voulons, plutôt que ce que nous devrions ou ne devrions pas aimer ; nous pouvons imaginer librement ce que nous imaginons, plutôt que ce que nous devrions ou ne devrions pas imaginer. À partir du moment où quelqu'un nous aime inconditionnellement, c'est-à-dire nous accepte tels que nous sommes, nous pouvons nous accepter nous-mêmes tels que nous sommes.

L'acceptation de soi triomphe de la rupture intime causée par la honte toxique. En fait, l'acceptation de soi est une force intérieure qui nous donne un sentiment d'unité ; toute notre énergie est centrée et circule vers l'extérieur. La non-acceptation de soi crée une rupture et un malaise internes, nous donnant le sentiment d'être à côté de nous-mêmes. Toute notre énergie est alors mobilisée pour soustraire notre moi à son propre regard. Par voie de conséquence, nous disposons d'une énergie moindre pour faire face au monde extérieur. L'acceptation de soi, au contraire, nous rend pleinement opérationnels.

Puisque ce sont nos relations personnelles qui ont engendré notre honte toxique, c'est par des relations personnelles que nous pourrons la soigner. Il est donc crucial que nous établissions de nouvelles relations. *Nous devons nous risquer à rechercher et à nouer des relations interpersonnelles non humiliantes si nous désirons nous guérir de notre honte. Il n'y a pas d'autre moyen.* Une fois que nous aurons ouvert le dialogue et que nous nous serons intégrés à un groupe, nous devrons pousser plus loin notre démarche de guérison, mais nous ne pourrons pas l'entreprendre tant que nous n'aurons pas établi des relations d'affiliation.

Les groupes appliquant le Programme en 12 étapes se sont avérés des plus efficaces en ce qui concerne la guérison des gens pétris de honte. Souvenez-vous du fait que la honte est à l'origine de toutes les dépendances. Les groupes suivant un Programme en 12 étapes sont littéralement nés du courage de deux hommes qui se sont risqués à sortir de leur cachette. Un alcoolique (Bill W.) s'est tourné vers un autre alcoolique (Dr Bob) et tous deux se sont confié à quel point, au fond d'eux-mêmes, ils se sentaient mal dans leur peau. Je suis entièrement d'accord avec Scott Peck, qui voit dans ce dialogue révélé au grand jour l'un des événements les plus importants du siècle. Les Programmes en 12 étapes ont toujours fonctionné dans le contexte d'un groupe ; pour ce type de thérapie, c'est le groupe qui prime.

Du fait que nous sommes des êtres essentiellement sociaux, nous ne pouvons vivre heureux et comblés en dehors d'un contexte social. Autrement dit, nous, les êtres humains, avons besoin d'aimer et d'être aimés. Nous avons besoin des autres et nous avons besoin que les autres aient besoin de nous. C'est fondamental. Nous ne pouvons être pleinement humains qu'à partir du moment où ces besoins sont satisfaits.

Pour soigner notre honte, nous devons courir le risque de nous intégrer à un groupe et accepter de révéler notre moi essentiel. Les

Alcooliques Anonymes (A A) apprennent aux personnes alcooliques à se présenter ainsi lors de leurs réunions : « Mon nom est X et je suis un(e) alcoolique. » L'identification du problème fondamental est essentielle au rétablissement. Elle amène le sujet à affirmer verbalement qu'il accepte son impuissance et la perte de maîtrise de sa vie. En s'avouant ainsi vaincu, il indique qu'il fait corps avec sa honte.

Cette reddition est l'essence même du paradoxe spirituel selon lequel il faut perdre pour gagner. Pour tout Nord-Américain entraîné à être un battant, une telle attitude est difficile à adopter. Et comme tout ce qui touche les lois spirituelles, elle est paradoxale. Pour gagner sa vie, on doit la perdre. Il s'agit d'un véritable truisme pour les gens pétris de honte. Nous devons laisser tomber notre faux moi illusoire et nos défenses pour trouver le précieux noyau vital de notre être. C'est dans notre honte névrotique que se trouve notre moi sensible et vulnérable. Nous devons embrasser les ténèbres pour trouver la lumière. Caché dans les tréfonds obscurs de notre honte toxique, notre vrai moi est bel et bien vivant.

La vie ne pourrait exister sans la mort, le son sans le silence, la retenue sans le laisser-aller et la lumière sans l'obscurité. Rien n'est plus merveilleux que le spectacle de l'océan rugissant sur une plage de sable blanc, au beau milieu d'une journée ensoleillée. Le regard perdu dans l'horizon, nous sommes ensorcelés. Cependant, si le jour ne laissait place à la nuit, nous manquerions un autre spectacle merveilleux : nous ne pourrions jamais admirer le ciel rempli de lumières scintillantes, par une belle nuit étoilée. Car pour voir les étoiles, nous avons besoin des ténèbres.

La parabole présentée au début de cette partie est l'adaptation d'une histoire qui circule dans les milieux thérapeutiques, histoire visant à illustrer ce qu'est l'effort humain. En effet, nous nous rabattons toujours sur des évidences lorsqu'il s'agit de trouver la solution d'un problème. Nous ne pensons jamais à chercher une issue dans l'obscurité. C'est pourtant là que se trouve la seule issue permettant de s'affranchir de la honte toxique.

Critères pour le choix d'un groupe

Mis à part les groupes qui appliquent le Programme en 12 étapes, il en existe d'autres où règne une intimité respectueuse. Certaines personnes la trouvent dans tel groupe ou tel genre de groupe constitué par une association religieuse, d'autres au sein d'un groupe de psychothérapie ou auprès d'un thérapeute qu'ils rencontrent indivi-duellement. Voici les points décisifs qu'il faut examiner quand vient le temps de choisir son groupe d'attaches :

- Le groupe ne doit être ni sentencieux ni méprisant. Lorsque vous vous aventurez dans un groupe, gardez bien à l'esprit que vous êtes libre de partir si vous vous sentez humilié ou trop exposé.
- Le groupe devrait être démocratique et non contrôlant. Tous les individus ont le droit d'être eux-mêmes dans ce genre de groupe. Chacun a la permission d'être différent. Les gens pétris de honte n'ont jamais connu cette liberté.
- Le meneur du groupe doit donner l'exemple de l'expression d'une saine honte. Cela signifie qu'il ne doit à aucun moment adopter une attitude «impudente» (contrôle, perfectionnisme, rigidité). Il doit incarner les valeurs qu'il prône. Il doit se comporter comme un guide qui précède les membres du groupe dans leur cheminement et est capable de leur dire ce qui les attend au prochain tournant.
- Quand on est pétri de honte, on a habituellement besoin de se retrouver dans un groupe où l'on peut se faire caresser et étreindre de manière respectueuse. Autrement dit, on doit être certain que personne ne pourra venir brusquement vers soi et nous prendre dans ses bras. On doit respecter les frontières personnelles de chacun. Si vous vous sentez trop menacé par les contacts phy-siques, vous avez le droit de vous en abstenir sans donner aucune explication. Vous avez aussi le droit de demander qu'on vous étreigne et lorsqu'une personne aura envie de vous serrer dans ses bras, elle devra d'abord s'assurer que vous le lui permettez.

- La plupart d'entre nous avons été bafoués, durant notre vie pré-verbale, par manque de caresses et d'étreintes. Avant l'acquisition du langage, un pont interpersonnel se construit par le biais des contacts physiques. Les nourrissons privés d'interactions et de contacts physiques meurent d'une sorte de déficience en caresses appelée « marasme ». Marcel Geber, qui avait été envoyé en Ouganda par les Nations Unies afin d'étudier les carences protéiques de la population enfantine, a découvert que les nourrissons et les bambins de ce pays étaient les plus évolués au monde. Ces enfants sont continuellement dans les bras de leur mère. Leur corps jouit d'un contact physique et d'un mouvement constants.

- Finalement, le groupe doit favoriser la pleine expression de toutes les émotions. C'est la dynamique la plus décisive dans le fonctionnement du groupe. Chacun doit pouvoir exprimer ses émotions ouvertement et librement. La honte est l'émotion maî-tresse, car elle paralyse toutes les autres émotions sauf la colère. Comme nous l'avons vu, elle transforme la colère en rage et devient accablante. La libre expression des émotions ressemble à un dégel. La honte ayant petit à petit paralysé toutes vos émo-tions, vous vous êtes psychologiquement engourdi. Si bien que vos premiers contacts avec vos émotions seront difficiles. Vous vous sentirez peut-être accablé ou confus de temps à autre. Quelquefois, vous commencerez par vous sentir plus mal avant d'aller mieux. Quoi qu'il en soit, l'important, c'est de ressentir. Nos émotions représentent ce que nous sommes à un moment donné. Quand elles sont engourdies, nous perdons le contact avec ce que nous sommes.

Je vous conseille de progresser lentement lorsqu'il s'agira d'iden-tifier et d'exprimer vos émotions. Ce sont en effet deux facultés que nous n'avons jamais pu développer, à cause des règles du « non-dit » qui avaient cours dans notre famille dysfonctionnelle et à cause de la pauvreté des modèles qui nous y étaient offerts. De prime abord, nos émotions nous semblent étranges, voire effrayantes et nous craignons qu'elles ne deviennent accablantes. Certains d'entre nous ont besoin de travailler plus intensément que d'autres sur leurs émotions. Au début, le simple fait d'éprouver ses émotions contribue à atténuer la honte. Partager ses émotions, c'est se montrer vulnérable ; c'est s'engager dans le processus d'extériorisation et sortir de sa cachette.

Dans son ouvrage intitulé *The Fantasy Bond*, Robert Firestone affirme que nous ne fonctionnons pas de manière tout à fait humaine tant que nous ne connaissons pas l'amitié authentique et que nous ne fraternisons pas avec nos semblables. À l'inverse, on peut vivre sa vie en entretenant l'illusion d'être rattaché aux autres par le biais du lien fantasmatique. Toutes les dépendances et les relations enchevêtrées procèdent de cet attachement imaginaire, condamnant la personne à vivre repliée sur elle-même et à se complaire dans la recherche de satisfactions immédiates. Une telle existence est inhumaine. C'est uniquement à travers le dialogue et la fraternisation que nous pouvons vraiment vivre et nous développer.

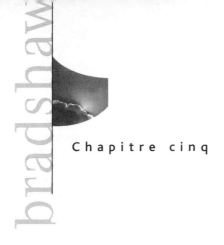

Chapitre cinq

Les douze étapes qui assainissent la honte toxique

Parmi tous les mouvements de croissance spirituelle,
ce sont sans doute les Programmes en 12 étapes qui aujourd'hui
se développent le plus rapidement à travers le monde.

KEITH MILLER

SIN : OVERCOMING THE ULTIMATE ADDICTION

Je dois la vie à ma participation à un Programme en 12 étapes. Par conséquent, en affirmant qu'un tel Programme vous permettra de vous affranchir de la honte qui vous paralyse, je ne prétends pas être objectif. Cependant, un fait incontestable demeure : les Programmes en 12 étapes ont prouvé qu'ils pouvaient traiter efficacement toute forme de dépendance. Dans le présent chapitre, je vais donc tenter d'expliquer de quelle manière ces Programmes en arrivent à guérir la honte toxique. En gardant à l'esprit le fait que c'est la honte toxique qui provoque et entretient la dépendance, vous comprendrez facilement pourquoi les Programmes en 12 étapes sont si efficaces.

La première des 12 étapes du Programme s'ouvre sur l'affirmation suivante : «Nous avons admis que nous étions impuissants devant… *(telle ou telle forme de dépendance)* – que nous avions perdu la maîtrise de nos vies.» On voit que cet énoncé souligne l'aspect le plus redoutable du syndrome de la honte : son autonomie fonctionnelle. Le proverbe suivant illustre bien cette autonomie fonctionnelle :

L'homme prend un verre.
Le verre prend un verre.
Le verre prend l'homme.

On se rappellera, d'une part, qu'à cause de ses propriétés chimiques l'alcool peut créer une dépendance et que, d'autre part, la honte toxique produit le même effet que l'alcool une fois qu'elle a été profondément intériorisée et qu'elle est devenue un état d'esprit permanent. Il ne faut donc pas s'étonner que la toute première étape du Programme fasse ressortir l'autonomie fonctionnelle des troubles de compulsion/dépendance. C'est dans cet ordre d'idées que, au sein de mon groupe d'entraide contre la compulsion, nous parlons habituellement de la honte toxique comme d'une entité qui jouit d'un pouvoir propre.

En effet, l'individu est totalement impuissant face à la dépendance, tout comme il l'est face à la honte toxique. Et un jour ou l'autre, la souffrance que lui inflige sa dépendance le conduit à prendre un tournant décisif dans sa vie.

En ce qui me concerne, c'est la souffrance qui m'a rendu conscient de mon impuissance et de la perte de maîtrise de ma vie. Pour me libérer de cette souffrance, je n'avais d'autre choix que de sortir de ma cachette : il fallait que je rende les armes. Je devais faire corps tant avec ma honte qu'avec ma souffrance. D'ailleurs, celle-ci était devenue tellement atroce que plus rien ne m'aurait fait reculer. Je devais mettre à nu ma douleur morale, ma tristesse, ma solitude et ma honte, chose que j'avais peur de faire depuis trop longtemps. À partir du moment où j'ai admis à quel point je souffrais, je me suis rendu compte que les autres membres du groupe posaient sur moi un regard empreint d'amour et d'acceptation. Me sentant ainsi accepté, j'ai commencé à croire que je comptais. J'ai commencé à m'accepter, tel que j'étais. *Le pont interpersonnel entre moi et les autres était reconstruit.*

Après avoir fait l'aveu d'impuissance inhérent à la première étape, nous abordons la deuxième, qui nous incite à tendre vers quelque chose de plus grand que soi-même. À ce stade, nous affirmons : « Nous en sommes venus à croire qu'une Puissance supérieure à nous-mêmes pouvait nous rendre la raison. »

J'ai parlé précédemment de l'histoire de la Chute telle qu'elle est relatée dans la Genèse, où l'on montre implicitement que c'est la honte toxique d'Adam qui a provoqué la destruction de ses quatre relations fondamentales : sa relation avec Dieu, sa relation avec lui-même, sa relation avec son frère et son prochain (Caïn tue Abel), et sa relation avec l'univers (la nature). Il faut savoir que, chacune à sa manière, les 12 étapes rétablissent ces relations. La deuxième étape, quant à elle, nous amène à accepter l'existence de quelque chose de plus grand que soi-même pour qu'ensuite, à la troisième étape, nous puissions décider : « Nous avons décidé de confier notre volonté et nos vies aux soins de Dieu tel que nous Le concevons. » Bien que Dieu y soit consciemment désigné comme la Puissance supérieure, chacun est libre d'avoir sa propre conception de Dieu.

Je me souviens d'un membre pour qui cette Puissance supérieure était incarnée par un chêne. Un jour, il a brusquement fait irruption dans le groupe en disant qu'on venait d'abattre sa Puissance supérieure ! Cette anecdote montre bien que les Programmes en 12 étapes n'imposent aucune notion de Dieu.

Une fois rétabli, le lien de mutualité avec Dieu a un très grand pouvoir de guérison sur la honte toxique. On a vu que la honte toxique est un trouble de la volonté qui, une fois corrompue, prend la forme de la grandiosité. On sait également que la grandiosité incite à se cacher derrière des faux-semblants, à adopter progressivement une attitude « éhontée », en dissimulant ses erreurs sous le masque du perfectionnisme, du contrôle, du blâme, de la critique, du mépris, etc. En d'autres termes, se comporter de manière éhontée équivaut à se prendre pour Dieu. Cette grandiosité est un véritable désastre, une grave faillite spirituelle. Voilà pourquoi les deuxième et troisième étapes visent à rétablir le sain et nécessaire lien de dépendance de l'être humain avec une Puissance supérieure.

Les personnes pétries de honte croient ne pas avoir *le droit de dépendre de quelqu'un, quel qu'il soit*. Cette croyance résulte de ce que leurs besoins de dépendance ont été bafoués à travers un traumatisme d'abandon. Toutefois, sitôt que l'on tourne sa volonté et sa vie vers Dieu, on rétablit une saine relation de dépendance. Et quand, en plus, on participe à des rencontres de groupe et qu'on fait confiance aux autres, on court la chance de dépendre à nouveau sainement de quelqu'un.

Éprouver une honte normale, c'est se donner la permission d'être simplement humain, c'est-à-dire essentiellement limité, dépendant et sujet aux erreurs. Et seule une saine honte peut nous faire sentir que nous ne sommes pas Dieu et que nous avons vraiment besoin d'aide.

Les trois premières étapes rétablissent une relation adéquate entre nous-mêmes et la source de notre vie. Une fois que nous avons reconnu notre impuissance et notre incapacité à diriger notre vie, que nous croyons profondément qu'une Puissance supérieure peut nous rendre la raison, que nous avons choisi d'abandonner tout contrôle et de confier notre volonté aux soins de Dieu tel que nous Le concevons, nous redevenons capables d'éprouver une honte normale et, par le fait même, de renouer avec notre humanité fondamentale. Laissant enfin tomber notre impudence et notre grandiosité (la folie du contrôle), nous cessons de nous prendre pour Dieu.

Ainsi, en traversant les trois premières étapes, nous réintégrons la race humaine ; nous reconnaissons notre besoin de fraterniser et nous acceptons les limites essentielles de notre réalité humaine. À ce propos, il est intéressant de noter que, selon Scott Peck, l'être émotionnellement malade évite la réalité à tout prix alors que celui qui jouit d'une bonne santé mentale accepte la réalité à tout prix. C'est ce contact fondamental avec la réalité que les trois premières étapes cherchent à rétablir.

Ensuite, à la quatrième étape, nous disons que « Nous avons courageusement procédé à un inventaire moral, minutieux de nous-même ». Nous commençons alors à rétablir notre relation avec nous-mêmes et notre relation avec notre prochain (les deuxième et troisième relations dont la destruction est évoquée dans le récit de la Chute). Ces deux processus vont de pair, car s'il est certain que nos défenses contre la honte nous permettaient de ne pas nous révéler aux autres, il n'en demeure pas moins vrai que, tragiquement, ce sont ces mêmes défenses qui nous empêchaient de poser un regard honnête sur nous-mêmes. En effet, comme je l'ai déjà dit, être pétri de honte c'est être exilé de son moi. C'est devenir un objet d'aliénation pour soi-même.

En renouant une relation de confiance avec Dieu tel que nous Le concevons, en partageant notre vécu avec notre groupe tout en nous montrant honnêtes et vulnérables, nous en arrivons à renouer avec nous-mêmes. Le fait de voir notre image reflétée dans le regard affectueux et sincère des autres nous permet de nous accepter nous-mêmes. La réunification de soi s'opère alors lentement et graduellement.

Pour ma part, je n'ai fait l'inventaire réclamé par la quatrième étape qu'après deux années d'adhésion au Programme. En soi, cela n'est ni bien ni mal. De fait, chacun franchit les étapes en suivant son propre rythme.

Par ailleurs, dans la plupart des Programmes, on recommande fortement à chaque membre de se choisir un parrain, c'est-à-dire une personne qui, idéalement, jouit d'une bonne santé émotionnelle et est elle-même engagée dans un programme de rétablissement. Le parrain sert de modèle et de guide ; il offre son aide indéfectible au nouveau venu engagé dans sa propre démarche.

En ce qui me concerne, si j'ai mis deux ans avant de dresser ce fameux inventaire, c'est que mes faux-fuyants intellectuels étaient très tenaces. Diplômé en psychologie, en philosophie et en théologie, j'avais enseigné toutes ces matières à l'université. La simplicité du Programme en 12 étapes me rebutait. Une partie de ma façade consistait à me comporter en intellectuel sensible, conscient de l'imposante complexité de la souffrance humaine. Je buvais, croyais-je, parce que j'avais une conscience trop aiguë de la souffrance humaine. Mais tout cela n'était que foutaises, qu'une manière subtile de me maintenir dans l'illusion et le déni.

Au cours de mon existence, c'est Abraham Low, le fondateur de Recovery Inc., qui m'a donné l'une des leçons m'ayant le plus marqué. Il disait que l'intellectualisation des problèmes est complexe mais facile, alors que la recherche de solutions est simple mais difficile. Il est indéniable que les intellectuels pétris de honte adorent discuter et compliquer les choses.

Lorsque j'ai vraiment rédigé mon inventaire, j'ai découvert que la plupart de mes actes incorrects provenaient de mon alcoolisme et de ma peur. Je suis devenu conscient qu'un profond sentiment d'insuffisance était la source de tous mes problèmes. Cependant, à ce moment-là, je ne comprenais pas ce qu'était la honte, je ne savais pas que la honte toxique était le noyau dur de mon incorrecte façon d'agir.

Je me suis néanmoins rendu compte que mon problème fondamental était moral plutôt qu'immoral. En réalité, les premières fois que j'avais essayé de dresser cet inventaire, je n'avais produit que de longues listes de comportements répréhensibles. Mon parrain m'a aidé à prendre conscience du fait que j'étais aux prises avec une faillite morale constante. Effectivement, dans ma grandiosité, j'étais soit sur-humain (exceptionnel) soit inhumain (vil). Je n'étais jamais humain d'abord et avant tout. J'essayais d'être plus qu'humain (éhonté) et je finissais par être moins qu'humain (honteux).

Pour descendre dans l'arène de la moralité, on doit jouir d'une volonté, d'une faculté de choisir entièrement opérationnelle. Les actes moraux font appel au jugement, à la raison et à la faculté de choisir. Or, je crois que les gens pétris de honte n'ont pas dépassé le stade prémoral, car leur volonté est mutilée. En effet, on peut difficilement doter un faux moi d'un plein pouvoir humain. Cela ne signifie pas pour autant que les gens pétris de honte sont incapables de léser véritablement les autres. En ce qui me concerne, les torts que j'ai causés étaient bien réels. Par conséquent, en franchissant cette étape, non seulement j'ai accepté d'endosser la responsabilité du mal que j'avais fait, mais j'ai également saisi la nature de mon problème fondamental. Quelques années après, j'ai retravaillé cette étape à la lumière de ma conception de la honte toxique. Il m'est alors apparu clairement que quatre-vingt-quinze pour cent de mon fardeau de honte était la conséquence directe de mes problèmes en rapport avec l'abandon. Après avoir compris cela, je me suis senti prêt à chercher des solutions. Tout individu profondément mortifié reprend espoir le jour où il comprend que la plus grande part de la honte qu'il porte en lui est une honte «héritée». Souvenez-vous: la honte intériorisée suscite en nous du désespoir et nous plonge dans l'irrémédiable. À partir du moment où l'on se considère comme un véritable raté, comme quelqu'un de fondamentalement médiocre et anormal, on ne voit pas comment on pourrait s'en sortir.

La quatrième étape amène l'individu à considérer ses torts de façon telle qu'il puisse entrevoir la possibilité de s'amender. Cette étape amorce le processus de transformation de la honte toxique en une honte saine qui, sur le plan du développement, constitue la base d'un sentiment de culpabilité normal.

Les cinquième, sixième et septième étapes nous amènent à affirmer successivement: «Nous avons avoué à Dieu, à nous-mêmes et à un autre être humain la nature exacte de nos torts» (cinquième étape); «Nous avons pleinement consenti à ce que Dieu élimine tous ces défauts de caractère» (sixième étape); «Nous Lui avons humblement demandé de faire disparaître nos déficiences» (septième étape). Si j'ai regroupé ces trois étapes ensemble, c'est que chacune d'elles fait partie d'un processus qui, graduellement, nous conduit à prendre notre vie en charge tout en nous libérant de notre volonté grandiose et dominatrice. Chacune de ces trois étapes est un acte d'espoir.

Au cours de la cinquième étape, nous sortons de notre cachette pour parler de notre honte. Nous révélons notre honte («la nature exacte de nos torts ») à un autre être humain et à Dieu. À mon avis, cette étape nous permet non seulement d'examiner attentivement nos fautes – des erreurs et quelquefois des actes épouvantables – mais elle nous fait aussi prendre conscience que ces actes étaient provoqués par les défauts de caractère que nous utilisions pour nous défendre de la honte. En nous confiant à un autre être humain, nous embrassons la souffrance que nous inflige la honte et nous nous exposons au regard d'autrui. Sans affectation ni dissimulation, nous laissons l'autre voir à quel point nous nous sentions mal dans notre peau.

La sixième étape, quant à elle, constitue un acte de foi et d'espoir. Jusque-là, nous avons regagné assez d'estime de soi pour espérer que Dieu éliminera nos défauts de caractère. Du moins sommes-nous prêts à le lui demander et à croire que nous pouvons légitimement dépendre de quelqu'un ou de quelque chose de plus grand que nous-mêmes. Fini le contrôle grandiose et les prétentions à la divinité. Nous avons besoin que Dieu nous aide et nous sollicitons son aide car nous sommes conscients de cela. De plus, si nous demandons à Dieu d'éliminer nos défauts de caractère, c'est que nous nous estimons dignes d'en être débarrassés.

Ensuite, à la septième étape, nous demandons humblement à Dieu de faire disparaître nos déficiences. Cette humilité nous remet en contact avec notre honte normale. Nous reconnaissons que nous nous sommes trompés, que nous sommes humains et que nous avons commis des erreurs (comme tous les humains). Mais, par ailleurs, nous croyons en la possibilité d'une aide. Nous choisissons de croire que nous pouvons changer et nous développer. Nous pouvons alors tirer un enseignement de notre souffrance et de nos malheurs.

C'est à cette étape que j'ai retrouvé la saine honte qui devait ensuite me permettre d'éprouver une saine culpabilité. La culpabilité est le sentiment qui joue le rôle d'un directeur de conscience. Agir de manière éhontée, c'est n'avoir aucune conscience. Or, c'est notre conscience qui nous informe que nous avons manqué à nos engagements, que nous avons transgressé nos valeurs. La culpabilité, quant à elle, nous pousse à changer. *La personne qui se sent coupable a peur d'être*

punie et désire s'amender. La personne pétrie de honte désire être punie.
C'est après avoir retrouvé ma conscience et mon sentiment de culpabilité normal que j'ai voulu faire amende honorable.

En résumé, les cinquième, sixième et septième étapes nous font reprendre contact avec nous-mêmes. À ce stade, nous nous acceptons suffisamment tel que nous sommes pour être disposés à parler de nos fautes. Nous croyons assez fortement en nous-mêmes pour demander de l'aide à notre Puissance supérieure. Nous sommes désormais prêts à assumer nos responsabilités, à réparer nos torts, à changer et à grandir.

Les huitième et neuvième étapes marquent le temps de la réparation. Nous affirmons d'abord : « Nous avons dressé une liste de toutes les personnes que nous avions lésées et consenti à leur faire amende honorable » (huitième étape), puis : « Nous avons réparé nos torts directement envers ces personnes partout où c'était possible, sauf lorsqu'en, ce faisant, nous pouvions leur nuire ou faire tort à d'autres » (neuvième étape).

À ce stade, nous abordons notre relation avec autrui – la troisième relation dont la destruction est évoquée dans le récit de la Chute. En fait, l'incapacité à établir une relation d'intimité est peut-être la pire blessure dont souffrent les gens pétris de honte. Or, cette incapacité découle directement de la malhonnêteté fondamentale inhérente à la honte toxique, car le fait d'incarner un faux moi, de toujours se cacher et d'accumuler des secrets, rend pratiquement impossible tout semblant d'honnêteté dans les relations. De plus, comme je l'ai souligné précédemment, les gens pétris de honte cherchent toujours à établir des relations avec d'autres gens pétris de honte. Ils réagissent comme les joueurs de hockey professionnels, par exemple, qui ne se mêlent habituellement pas aux joueurs de bridge professionnels : les uns ignorent les règles du jeu des autres. Le plus souvent, nous avons tendance à rechercher les gens qui jouent selon des règles identiques aux nôtres.

En ce qui me concerne, la dissimulation, la malhonnêteté et les manigances constituaient évidemment la toile de fond de mon vécu relationnel. C'est ainsi, par exemple, que je blessais les femmes en les traitant comme des objets auxquels je pouvais mentir ; je me comportais comme si elles avaient été des jouets que je pouvais aimer puis abandonner.

Dans le cadre du Programme en 12 étapes, je me rappelle que des membres de mon groupe m'avaient fait remarquer à quel point je me montrais cruel dans mes relations avec les femmes. Ils m'avaient déconseillé de fréquenter des femmes engagées dans le Programme. Il s'agit là d'une ligne de conduite qu'observe la majorité des groupes constitués autour d'un Programme en 12 étapes. Ce n'est cependant pas une règle absolue, et plusieurs personnes qui se sont rencontrées dans ces groupes ont développé de bonnes relations. Mais comme la honte généralisée représente un sérieux danger, on recommande habituellement aux membres de ne pas s'engager dans une relation de couple avant d'avoir plusieurs années de sobriété à leur actif.

Dès mon adhésion au Programme, j'ai commencé à fréquenter des femmes du groupe. Et comme j'incarnais parfaitement les dysfonctions propres à l'enfant d'alcoolique devenu adulte, je choisissais toujours des femmes très mal en point. Je les prenais habituellement en pitié et, comme elles tombaient immédiatement dans mes filets, je pouvais me sentir fort et puissant. Ensuite, à mesure que le fardeau de leur dépendance acharnée se faisait de plus en plus pénible, je les délaissais en douceur. Cela aussi, c'était malhonnête et cruel. Une légère entaille peut toujours s'infecter et devenir une blessure grave. Quand on me confrontait à ma cruauté et à ma rage passive-agressive vis-à-vis des femmes, j'étais outré au plus haut point ! C'est seulement plusieurs années plus tard que j'ai compris à quel point je mettais en actes, avec des moyens passifs-agressifs extrêmement dévastateurs, la colère que je ressentais à l'égard de ma propre mère. Mes rôles de Héros, de Gentil Garçon et d'ex-séminariste m'avaient toujours embrouillé l'esprit. Je jouais ces rôles depuis tant d'années que si l'on m'avait interrogé à leur sujet en me soumettant à un détecteur de mensonges, on n'aurait rien soupçonné de ma duplicité.

Il y avait également les victimes de ma condescendance et de ma permissivité, notamment les étudiants qui ont dû porter tout le poids de ma honte alors que je me cachais sous la robe noire du perfectionnisme, de la sainteté et du sacré. Mon frère, en particulier, a dû récolter les fruits de ma sainteté condescendante. J'étais un séminariste rigide à l'époque où j'étudiais la prêtrise. Au début de ma période de formation, il m'arrivait quelquefois de m'agenouiller six heures durant, essayant de ne pas bouger un muscle. Mon juge intérieur était développé à l'extrême et il déteignait sur mon entourage et ma famille.

Durant mes épisodes d'ivrognerie, je rageais et devenais violent. Lors de tels épisodes, j'ai détruit des biens qui ne m'appartenaient pas, j'ai violé les frontières personnelles et les droits de nombreuses personnes. Je crois que si on peut en arriver à réparer les torts qu'on a causés, c'est fondamentalement parce que la culpabilité nous pousse à le faire. La culpabilité joue le rôle d'un directeur de conscience ; elle nous incite à faire amende honorable, à progresser et à croître.

Les dixième, onzième et douzième étapes nous aident à entretenir les relations que nous avons précédemment rétablies. Nous y affirmons ce qui suit : «Nous avons poursuivi notre inventaire personnel et promptement admis nos torts dès que nous nous en sommes aperçus» (dixième étape) ; «Nous avons cherché par la prière et la méditation à améliorer notre contact conscient avec Dieu, tel que nous Le concevions, Lui demandant seulement de connaître Sa volonté à notre égard et de nous donner la force de l'exécuter» (onzième étape) ; «Ayant connu un réveil spirituel comme résultat de ces étapes, nous avons essayé de transmettre ce message à d'autres alcooliques et de mettre en pratique ces principes dans tous les domaines de notre vie» (douzième étape).

Au cours de la onzième étape, nous entretenons et approfondissons notre lien de réciprocité avec Dieu. Cette étape nous incite à maintenir une relation fondée sur l'échange conscient. C'est cela, une relation authentique. La boucle est maintenant bouclée : nous sommes partis de nos relations initiales qui, parce qu'elles étaient dévastées par la rupture et l'abandon, nous avaient amenés à intérioriser la honte et sommes arrivés à une relation d'amitié avec Dieu tel que nous Le concevons.

La dixième étape nous permet, quant à elle, d'entretenir notre relation avec nous-mêmes. Elle nous permet de rester en contact avec la honte saine, émotion qui nous rappelle que nous sommes – et resterons – faillibles. En demeurant conscients de notre humanité fondamentale et de nos limites essentielles, nous sommes en mesure de nous accepter nous-mêmes. Reconnaître nos erreurs, c'est embrasser et exprimer notre vulnérabilité aussi bien que notre finitude. Une telle conscience nous permet d'avoir l'œil sur notre penchant vers la grandiosité et l'impudence.

La douzième étape nous apprend que le réveil spirituel est le but et le résultat des douze étapes. Elle souligne le fait que la honte toxique, avec tous ses simulacres, nous précipite vers la faillite spirituelle. La honte toxique est meurtrière pour l'âme. C'est par elle que nous devenons des êtres humains « *altérés* », sans vie ni paix intérieures. Les gens pétris de honte ont immensément besoin de silence intérieur et de solitude véritables.

Le silence et la solitude sont des signes de maturité spirituelle. Ils ouvrent la voie vers la paix et la félicité. Étant donné que la vie spirituelle est une vie intérieure, on ne saurait la trouver à l'extérieur de soi-même. De plus, elle porte en elle sa propre satisfaction et ne vise rien au-delà d'elle-même. Une fois que nous avons atteint la paix intérieure et rétabli le contact conscient avec nous-mêmes, nous avons envie de rayonner. La vérité et l'amour ont pour caractéristique de nous faire tendre vers la bonté et la transcendance. Les anciens philosophes ne disaient-ils pas que la bonté, la vérité, la beauté et l'amour constituaient les propriétés transcendantales de l'Être ?

La douzième étape nous incite à témoigner de notre expérience auprès de nos frères et sœurs qui demeurent cachés derrière les masques de la honte toxique. Cette étape nous incite à appliquer dans tous les domaines de notre vie les principes spirituels de l'honnêteté rigoureuse et de la générosité envers les autres. Elle nous demande d'être droits et d'agir en conformité avec ce que nous prêchons. Elle nous demande de rayonner sur notre entourage en donnant l'exemple d'une vie fondée sur l'autodiscipline, l'amour et le respect. À partir du moment où nous devenons des modèles quant au rétablissement de nos relations avec Dieu, avec nous-mêmes, avec notre prochain et avec le monde extérieur, nous montrons aux autres qu'il est possible de s'en sortir. Qu'il y a de l'espoir.

bradshaw

Chapitre six

Libérez votre enfant intérieur oublié

Sans doute serais-je restée moi aussi victime de ce besoin de défendre les parents [...] si je n'étais pas entrée en contact en moi-même avec l'enfant qui, à une époque si tardive de ma vie, devait me confier son secret. [...] Et voilà que je me trouvais sur le seuil de cette porte ouverte [...] avec toute l'angoisse de l'adulte devant l'obscurité [...] et je ne pouvais plus me résoudre à refermer la porte et à laisser à nouveau l'enfant seule jusqu'à ma mort. Je pris alors une décision qui devait changer fondamentalement toute mon existence : j'ai résolu de me laisser guider par l'enfant, et de faire confiance à cet être presque autiste qui avait survécu à des décennies d'isolement.

ALICE MILLER
Images d'une enfance

Dans *La famille*, pour décrire le processus d'extériorisation et de diminution de la honte dans lequel j'étais engagé, j'ai distingué les trois phases illustrées par le tableau 6.1.

La première phase est la phase de rétablissement. Avec l'aide du groupe, qui me soutenait et me renvoyait affectueusement mon image, j'ai retrouvé le sentiment de ma propre valeur. Je me suis risqué à sortir de ma cachette et à révéler mon identité pétrie de honte. Me voyant alors reflété dans le regard non humiliant des autres, j'ai commencé à me percevoir plus positivement. J'ai repris contact avec moi-même. Je ne me sentais plus complètement isolé et exilé hors de moi-même. Le groupe et les personnes les plus importantes à mes yeux m'ont redonné le sentiment d'être rattaché par un lien interpersonnel.

Le rétablissement correspondant à un changement de premier type, j'ai troqué un genre de comportement contre un autre. J'ai cessé de boire et de m'isoler. J'ai partagé mon vécu, ma force et mon espoir. Je me suis mis à parler de mes émotions et à les partager. J'ai recommencé à éprouver mes propres émotions. Au bout du compte, j'ai reporté mes besoins de dépendance sur la nouvelle famille que je venais de découvrir. Pour le petit enfant dépendant et pétri de honte qui vivait toujours en moi, le groupe est devenu un parent protecteur et sécurisant.

Cependant, ma honte était encore bien active, bien que moins virulente. Aussi pouvais-je me rendre compte que ma compulsion et mes problèmes avec l'intimité étaient toujours aussi présents. Confondant l'amour avec la pitié, je choisissais instinctivement des femmes qui avaient profondément besoin de moi. Dans mes relations, je me posais en sauveteur, m'arrangeant pour que les autres deviennent dépendants de moi et me perçoivent comme quelqu'un de tout-puissant. C'est à cette époque que je me suis mis à travailler douze heures par jour, y compris le samedi. Je fumais de plus en plus et je mangeais désormais d'énormes quantités de mets sucrés. En fait, j'avais mis un terme à cette dangereuse maladie appelée « alcoolisme », j'avais atténué ma honte, je m'estimais davantage, mais j'étais toujours compulsif et dominé par des forces irrépressibles. Je n'étais pas encore libre.

Afin de me libérer, je devais retourner aux sources, à ma famille d'origine. J'avais encore besoin de grandir et de quitter le foyer familial pour de vrai.

À ce sujet, Fritz Perls a dit: « Le but ultime de notre vie, c'est de passer du soutien de notre milieu à l'autosuffisance ». Nous cherchons effectivement tous à conquérir notre indépendance. Celle-ci se fonde sur une saine honte qui nous rappelle que nous sommes responsables de notre vie.

Dans le cadre de nos toutes premières relations, étant donné que nous avons souffert d'abandon chronique et que nous n'avons eu que de piètres modèles auxquels nous identifier, nous avons développé une identité pétrie de honte. Ainsi privés d'un véritable moi, soit nous nous sommes désespérément accrochés au lien fantasmatique qui nous unissait à nos protecteurs, soit nous nous sommes retranchés derrière une façade afin que personne ne puisse nous blesser. Ces premières expériences gravées dans notre mémoire ont coloré toutes nos relations subséquentes.

Un jour, j'ai entendu Werner Erhard, le fondateur de *est,* affirmer ceci: « Tant que nous n'aurons pas résolu les problèmes de nos relations sources, nous ne nous engagerons jamais vraiment dans d'autres relations. » Si quitter le foyer familial signifie rompre nos relations sources, ce départ symbolique nous soulagera d'une grande partie de notre honte, car c'est principalement à travers ces relations que notre honte s'est développée autrefois.

Quitter le foyer familial

Qu'implique ce départ de la maison ?
Comment l'effectuons-nous ?

Dans notre cheminement vers la plénitude, le départ du foyer familial correspond à la « phase du dévoilement ». Au cours de cette phase, nous reprenons contact avec notre enfant intérieur souffrant et isolé qui a été abandonné il y a bien longtemps. L'enfant intérieur symbolise la partie de nous-mêmes qui souffre d'un blocage émotionnel, et ce blocage est particulièrement intense chez ceux qui ont subi de graves sévices physiques ou émotionnels. Afin de reprendre contact avec notre enfant blessé et souffrant, nous devons revivre le passé et les émotions autrefois réprimées.

L'énergie émotionnelle bloquée affecte sérieusement notre faculté de penser et de raisonner. Ne nous laissant plus qu'une perspective réduite, elle altère notre jugement, notre perception et notre capacité de réfléchir à tout ce qui nous touche personnellement. (Cependant, ce type de blocage ne semble pas affecter la pensée abstraite ou spéculative.)

Une fois que notre jugement est réduit au silence, notre volonté – la fonction exécutive de notre personnalité – ne peut plus considérer tous les choix possibles et elle perd contact avec la réalité. Ainsi coupé de nos émotions, nous devenons volontaristes, c'est-à-dire que nous débordons littéralement de volonté. Ce désastre provoqué par la honte toxique se caractérise par la grandiosité et un acharnement à tout contrôler. Être volontariste, c'est se prendre pour Dieu ; c'est faire preuve de l'entêtement débridé évoqué dans les Programmes en 12 étapes.

Ce n'est qu'en retournant en arrière et en revivant nos émotions refoulées, exactement comme elles se présentaient à l'origine, que nous pourrons sortir notre esprit de sa prison et nous guérir de notre compulsion. Ensuite, en faisant de nouveaux apprentissages et des expériences correctives, nous réapprendrons à composer avec nos besoins de dépendance inassouvis.

Nous devons vivre la souffrance rattachée à notre enfance perdue. Nos problèmes de compulsion résultent de vieilles émotions refoulées (notre souffrance non liquidée) que nous avons inlassablement mises en actes. Jusqu'ici, soit nous avons exprimé ces émotions en les revivant, soit nous les avons mises en actes à travers notre compulsion. Il se peut également que nous les ayons retournées contre nous-mêmes, en les transposant dans une dépression ou une tentative de suicide ; ou encore que nous les ayons projetées sur les autres, en adoptant une des stratégies interpersonnelles de déplacement de la honte.

Cependant, pour nous guérir de notre compulsion, il nous faut quitter la maison et devenir qui nous sommes vraiment. Pour ma part,

TABLEAU 6.1. LA FÉLICITÉ – LE DÉTACHEMENT

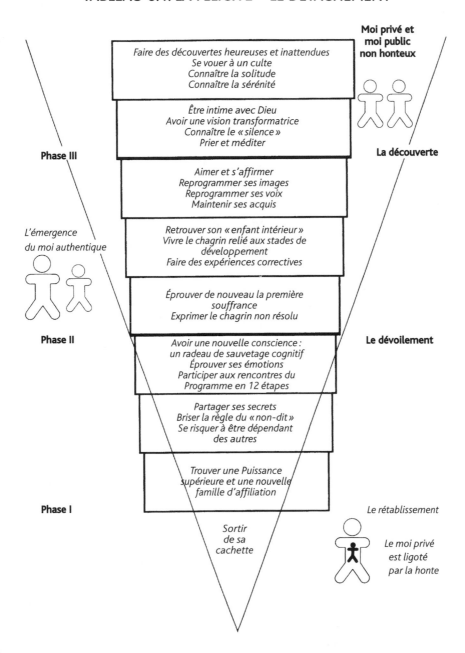

bien que rétabli de mon alcoolisme, je n'avais jamais quitté le foyer paternel. Je n'avais jamais dévoilé les sources et les machinations de ma honte toxique. Je n'avais jamais exprimé ma « première souffrance ». Je n'avais jamais rompu avec ma famille d'origine.

L'expression de la première souffrance

Toute personne pétrie de honte a vécu un traumatisme dans sa famille d'origine. Lors d'un traumatisme, l'enfant reçoit trop de stimuli en un trop court laps de temps pour être capable de les maîtriser tous adéquatement. Quelle qu'en soit la forme, le traumatisme d'abandon provoque chez lui une souffrance et, simultanément, l'empêche d'exprimer cette souffrance.

Dans un aéroport, j'observais dernièrement un homme accompagné de sa petite fille. Je me faisais couper les cheveux chez le coiffeur, et l'homme était assis deux fauteuils plus loin. Il ne cessait de réprimander la fillette, allant jusqu'à lui dire, avec colère, qu'elle n'était qu'un « paquet de problèmes, exactement comme sa mère ». (J'en ai déduit qu'il était séparé ou divorcé.) En sortant, il l'a giflée à deux ou trois reprises. Cela faisait vraiment peine à voir. Comme la petite fille pleurait, il l'a giflée de nouveau. Il l'a ensuite traînée au comptoir de produits laitiers et lui a offert une crème glacée pour qu'elle se taise. Cette enfant est en train d'apprendre, à un très jeune âge, qu'elle n'est pas désirée, que tout est de sa faute, qu'elle n'est pas une personne, que ses émotions ne comptent pas et qu'elle est responsable des émotions des autres. Je me demande si elle pourra jamais trouver un allié qui s'assoira avec elle, reconnaîtra la légitimité de sa tristesse et lui permettra de pleurer tout son soûl.

Dans une famille saine, dont les membres se respectent les uns les autres, les émotions de l'enfant sont validées, c'est-à-dire que l'on en reconnaît pleinement la légitimité. Cela n'exclut pas la possibilité qu'un traumatisme puisse venir troubler l'enfance normale de ce petit privilégié. Mais, comme Alice Miller l'a très souvent dit : « Ce ne sont pas les traumatismes que nous subissons durant l'enfance qui nous rendent malades émotionnellement, mais l'incapacité dans laquelle nous nous trouvons d'exprimer ces traumatismes. »

Lorsqu'un enfant est abandonné à travers la négligence, des sévices tant émotionnels que physiques ou un enchevêtrement relationnel, il en conçoit de la peine et de la souffrance. Il a besoin que l'on reconnaisse sa souffrance et qu'on lui montre comment se libérer de ses émotions. Il a également besoin qu'on lui laisse tout le temps nécessaire pour se décharger de son fardeau émotionnel et qu'on le soutienne dans cette tâche. L'enfant qui souffre d'abandon chronique ne deviendrait pas inéluctablement pétri de honte s'il pouvait bénéficier du soutien d'un allié qui reconnaîtrait sa souffrance et l'encouragerait à prendre tout son temps pour l'exprimer.

Je connais, par exemple, une famille saine dont le père a été grièvement blessé lors d'un accident survenu à la maison. Le petit garçon de six ans jouait dehors lorsqu'il a entendu un bruit d'explosion. Il a subi un choc en découvrant son père ensanglanté et apparemment estropié. Suivant les instructions données par son père, il a aussitôt appelé une ambulance. Puis un voisin s'est occupé de lui jusqu'à ce que sa mère rentre du travail. L'enfant était en état de choc. Par la suite, la mère l'a emmené voir un thérapeute pour enfants. Le petit garçon avait peur d'aller au sous-sol de la maison (là où se trouvait l'appareil de chauffage). Il était en colère contre sa mère parce qu'elle n'était pas à la maison lors de l'accident et il en voulait à son père de s'absenter aussi longtemps (il avait été hospitalisé).

Au cours des mois suivants, le petit garçon a pu exprimer ses émotions à travers un jeu symbolique. Son père et sa mère étaient heureux de voir qu'il pouvait manifester son animosité à leur égard. (Des parents pétris de honte l'auraient culpabilisé d'exprimer ainsi sa colère.) Ils l'ont soutenu dans ses efforts pour surmonter sa peur d'aller au sous-sol, là où se trouvait l'appareil de chauffage. Ils ont partagé leurs propres émotions avec l'enfant.

La validation

Si l'on veut en arriver à la résolution de notre souffrance, plusieurs facteurs doivent être présents. Le premier facteur est la validation. Le traumatisme d'abandon que nous avons subi durant l'enfance doit être validé, reconnu comme quelque chose de réel, à défaut de quoi il ne pourrait être résolu. La conséquence la plus néfaste de notre état de profonde mortification, c'est probablement le fait que *nous ignorons à quel point nous sommes vraiment déprimés et en colère*. Nous *ne ressentons pas vraiment* notre souffrance non résolue, car notre faux moi et ses défenses nous en empêchent. Paradoxalement, ces mêmes défenses qui nous ont permis de survivre au traumatisme vécu durant l'enfance sont maintenant devenues des obstacles à notre développement. À ce sujet, Fritz Perls disait : « Les choses ne peuvent changer tant qu'elles ne sont pas devenues ce qu'elles sont vraiment », ce qui revient à dire que nous devons dévoiler, mettre au jour notre souffrance refoulée.

Je me souviens que ma grand-mère maternelle m'avait un jour ridiculisé parce que je pleurais hystériquement le départ de mon père. Il venait de se quereller violemment avec ma mère et avait quitté la maison fort en colère, en jurant d'aller se soûler à mort. Je m'étais mis à pleurer et j'avais bientôt perdu toute maîtrise de moi-même. Ma grand-mère m'avait alors ridiculisé et humilié, en me disant notamment que je n'étais qu'une « grande tapette », puis elle m'avait ordonné de prendre sur moi et de me calmer. Je n'ai jamais oublié cette expérience. Il y a des années de cela, et je porte encore au fond de moi ce chagrin non résolu.

Le soutien

Le plus tragique dans ce que j'ai évoqué précédemment, c'est de savoir que nous pourrions nous soulager naturellement de notre chagrin si nous recevions du soutien. Sur ce point, Jane Middelton-Moz a même précisé : « Une des choses que nous savons sur la résolution du chagrin, c'est qu'il est un des seuls problèmes au monde qui se résout de lui-même avec du soutien. » (Dans *After the Tears* de Jane Middelton-Moz et Lorie Dwinell, vous trouverez un exposé clair et concis sur le chagrin non résolu.)

Si trop souvent nous tardons à exprimer notre chagrin, c'est que personne n'est là pour en reconnaître la légitimité et nous apporter du soutien. Nous ne pouvons l'éprouver tout seuls. Des millions d'entre nous, adultes enfants que nous sommes, l'ont essayé. Nous nous sommes mis au lit pour pleurer dans nos oreillers ou nous nous sommes enfermés à double tour dans la salle de bains.

Le chagrin à retardement est l'élément clé de ce qu'on a appelé « le syndrome du stress post-traumatique ». Lorsque des soldats reviennent de la guerre, par exemple, ils ressentent communément des symptômes d'irréalité : ils souffrent d'attaques de panique, d'engourdissement psychique, de frayeurs subites et irraisonnées, de dépersonnalisation, d'un besoin excessif de contrôle, de cauchemars et de troubles du sommeil. On observe fréquemment les mêmes symptômes chez les enfants de famille dysfonctionnelle. Ce sont là les symptômes d'une souffrance non résolue.

« L'expression de la souffrance »

Une fois que nous avons reçu une validation de notre traumatisme et trouvé le soutien nécessaire pour exprimer notre chagrin, il nous faut éprouver les émotions qu'on ne nous avait pas permis d'éprouver. Cette démarche doit évidemment se faire dans un contexte sécurisant et non humiliant. Les émotions concernées par « l'expression de la souffrance » sont la colère, le remords, la peine, la dépression, la tristesse et la solitude. La résolution de la souffrance est une sorte de « travail psychique » qui doit être accompli. Sa durée varie selon l'intensité du traumatisme, mais dans tous les cas, le sujet doit disposer de suffisamment de temps pour aller jusqu'au bout de ce travail. Or, dans les familles dysfonctionnelles, on n'a jamais assez de temps.

À notre Centre de thérapie familiale de Houston, nous organisons des ateliers thérapeutiques de quatre jours et demi sur la « première souffrance ». Nous nous servons des rôles types du système familial pour faire comprendre aux participants comment ils ont perdu leur moi authentique et comment ils se sont enlisés dans un faux moi. À partir du moment où une personne est sensible à la manière dont on a tué son âme, elle commence à éprouver du chagrin. Souvent, le thérapeute «faciliteur» doit l'aider à faire corps avec ses émotions, car elles sont paralysées par la honte. Dès qu'une personne reprend contact avec ses émotions authentiques, sa honte s'atténue. Ce processus se prolonge bien au-delà de l'atelier et peut même durer deux ou trois ans.

Il existe d'autres techniques d'expression de la première souffrance. Mais, quelle que soit la technique employée, on doit obligatoirement effectuer cette démarche pour résoudre son chagrin et stopper aussi bien la mise en actes que la compulsion.

Les expériences correctives

L'expression de la souffrance non résolue est un processus de retour dans le passé qui nous amène à libérer et à intégrer notre enfant intérieur oublié.

Puisque la majeure partie de notre honte toxique est due au fait que, au cours de notre développement, nos besoins de dépendance ont été négligés, il importe que nous reprenions contact avec ces besoins. Chacun de nos stades de développement était différent et comportait ses besoins particuliers ainsi que sa dynamique propre. Durant la prime enfance, par exemple, nous avions besoin d'être reflétés par le biais d'un amour inconditionnel. Nous avions besoin d'entendre des paroles (transmises sous la forme de messages non verbaux quand nous étions des nourrissons) telles que: «Je suis si heureux que tu sois là. Tu es le bienvenu en ce monde. Tu es le bienvenu dans ta famille et ta maison. Je suis si heureux que tu sois un garçon (ou une fille). Je veux être près de toi, te serrer dans mes bras et t'aimer. Tes besoins me conviennent parfaitement. Je vais prendre tout le temps qu'il faudra pour assouvir tes besoins.» Ces affirmations sont inspirées de l'ouvrage de Pam Levin intitulé *Cycles Of Power*.

Dans le cadre de mes ateliers, pour amener les participants à exprimer leur première souffrance, j'aime bien constituer un petit groupe (six à huit personnes) au centre duquel une personne va s'asseoir. Celle-ci indique aux autres participants le degré de proximité qu'elle souhaite. Certaines personnes désirent se faire bercer et étreindre. D'autres veulent seulement qu'on les effleure à peine. Quant à celles qui ont presque totalement été privées de caresses, elles ne se sentent pas assez en confiance pour accepter une telle proximité. On laisse donc à chacun le soin de délimiter ses propres frontières.

Une fois le groupe installé, nous mettons une musique de berceuse et chaque membre communique verbalement une des affirmations à la personne assise au centre en la touchant, en la caressant ou simplement en restant à ses côtés.

La personne qui, enfant, a souffert d'une grave négligence se met à pleurer quand elle entend les paroles dont elle a été privée mais qu'elle avait désespérément besoin d'entendre. Quant à celle qui a autrefois joué le rôle de l'Enfant Sacrifié, elle se met souvent à sangloter. Ces paroles touchent ce que j'appelle « le trou dans l'âme ».

Après avoir communiqué les affirmations, les membres du groupe discutent de l'expérience qu'ils viennent de vivre. J'essaie toujours de constituer des groupes mixtes pour que la personne installée au centre puisse entendre des voix masculines et des voix féminines. Il arrive souvent qu'un participant déclare avoir particulièrement aimé entendre une voix masculine ou une voix féminine, étant donné qu'il n'en avait jamais entendu étant jeune. Parfois, quand un participant a été sexuellement abusé par un parent, il est incapable de faire confiance à la voix correspondant au sexe du parent en cause. Le partage qui se vit dans le groupe, le fait d'entendre les affirmations, d'être touché et soutenu, tout cela permet aux participants de bénéficier d'une expérience corrective.

Je suggère également d'autres moyens grâce auxquels les participants peuvent combler les besoins de leur prime enfance à mesure que ces besoins resurgissent au gré de nouvelles expériences. Ils doivent en général demander à un ami de leur offrir un soutien physique (beaucoup de caresses) et de les nourrir (les emmener manger au restaurant). Comme ils ont grand besoin de gratifications épidermiques, ils peuvent aussi avoir besoin de prendre de bons bains chauds, de s'envelopper dans une couette ou encore de se faire masser tout le corps.

Nous passons ensuite aux besoins du bambin en répétant le même procédé. Comme le bambin a besoin de se séparer de ses parents, je laisse les gens s'asseoir à la fois proches et séparés les uns des autres. Je leur propose habituellement une méditation qui les amène à «retomber en enfance» et je demande à la personne installée au centre d'imaginer qu'elle redevient un bambin. Je propose des affirmations telles que: «Ton besoin de vagabonder et d'explorer me convient tout à fait. J'approuve ton besoin de me quitter et de te séparer de moi. Je ne t'abandonnerai pas. C'est bien de tester tes limites. J'accepte que tu te fâches, que tu piques une crise de colère, que tu dises non. C'est parfaitement convenable que tu le fasses, et que tu le fasses à ta manière. Je resterai là. Tu n'as pas à te presser. Je te laisserai tout le temps qu'il te faudra. C'est très bien de t'entraîner à retenir et à laisser aller. Je ne te quitterai pas.»

Après que chaque personne a entendu ces affirmations plusieurs fois, les participants se réunissent de nouveau pour discuter de l'expérience et, habituellement, pour partager des émotions profondes. Ils se rappellent souvent un épisode d'abandon oublié depuis longtemps. C'est un moment où certains parviennent à aller encore plus loin dans l'expression de leur souffrance non résolue.

Nous traversons ainsi tous les stades de développement jusqu'à l'adolescence. L'adolescence est importante car, durant ce stade, beaucoup de gens ont vécu un douloureux abandon et maintes humiliations. Vous vous souvenez d'Arnold? (Si vous ne vous en souvenez pas, revenez au chapitre deux.)

À ce stade, je demande habituellement à chaque participant d'écrire une lettre à ses parents, ou à l'un d'eux, pour leur révéler la nature de ses besoins demeurés inassouvis. Pour écrire cette lettre, je recommande parfois, à l'instar de Wayne Kritsberg, d'utiliser la main non dominante, car cette technique aide effectivement le scripteur à se sentir comme un enfant. Lorsqu'un participant lit sa lettre au groupe, il éprouve fréquemment une intense libération émotionnelle. Dès qu'il a terminé, je demande au groupe de lui communiquer les affirmations correspondant aux besoins inassouvis qu'il a mentionnés dans sa lettre.

Vers la fin de l'atelier, j'invite chaque participant à faire connaissance avec son enfant intérieur oublié. Je ne saurais décrire le pouvoir de cet exercice que j'ai enregistré plusieurs fois sur cassette. Bien que le texte écrit ne rende pas compte de la puissance de cette méditation, je l'ai retranscrit ci-après. Vous pourrez l'enregistrer et l'écouter. Comme musique de fond, je vous recommande le morceau de Daniel Kobialka intitulé *Going Home*.

Méditation : étreignez votre enfant intérieur oublié

Installez-vous, le dos bien droit, sur une chaise ou dans un fauteuil. Détendez-vous et concentrez-vous sur votre respiration... Prenez quelques minutes pour concentrer progressivement votre attention sur votre respiration... Soyez conscient de l'air qui circule lorsque vous inspirez et expirez... Observez comment l'air que vous inhalez puis rejetez est différent. Concentrez-vous sur cette différence... (une minute). Maintenant, imaginez que vous descendez un long escalier. Descendez-en lentement les marches en les comptant à rebours à partir de dix. Dix... (dix secondes). Neuf... (dix secondes). Huit... (dix secondes), etc. Une fois rendu au bas de l'escalier, tournez à gauche et traversez un long corridor avec des portes de chaque côté. Sur chaque porte, vous voyez un symbole de couleur... (une minute). Au bout du couloir, vous voyez un champ de force lumineux... Traversez-le et, en imagination, remontez le temps afin de vous rappeler la rue où vous demeuriez avant l'âge de sept ans. Marchez dans cette rue en direction de la maison que vous habitiez. Regardez la maison. Notez sa couleur, la forme de son toit, ses fenêtres, ses portes... Voyez un jeune enfant qui sort par la porte donnant sur la rue... Comment est-il habillé? De quelle couleur sont ses chaussures? Dirigez-vous vers cet enfant... Dites-lui que vous faites partie de son futur... Dites-lui que vous savez mieux que personne tout ce qu'il a enduré... Sa souffrance, son abandon... sa honte... Dites-lui que, de toutes les personnes qu'il connaîtra au cours de sa vie, vous êtes la seule qu'il ne perdra jamais. Maintenant, demandez-lui s'il veut bien rentrer à la maison avec vous... S'il refuse, dites-lui que vous reviendrez le voir demain. S'il accepte de vous accompagner, prenez-le par la main et mettez-vous tous deux en route... Au moment de partir, voyez votre père et votre mère qui sortent du foyer familial. Faites-leur un signe de la main pour leur dire au revoir. En vous éloignant, regardez par-dessus votre épaule et observez-les devenir de plus en plus petits, jusqu'à ce qu'ils aient complètement disparu... Bifurquez au coin de la rue et voyez votre Puissance supérieure et vos amis les plus chers qui vous attendent. Étreignez tous vos amis et laissez votre Puissance supérieure entrer dans votre cœur... Maintenant, continuez votre route et promettez à votre enfant que vous viendrez le voir pendant cinq minutes à tous les jours. Convenez d'un moment précis. Engagez-vous à être fidèle au rendez-vous. Prenez votre enfant par la main et laissez-le rapetisser jusqu'à ce qu'il tienne dans votre main. Mettez-le dans votre cœur... À présent, acheminez-vous vers un magnifique site en plein air... Debout au milieu de cet endroit, réfléchissez à l'expérience que vous venez de vivre... Laissez-vous envahir par un sentiment de communion avec votre Puissance supérieure et avec tout ce qui vous entoure... Maintenant, levez les yeux vers le ciel; voyez les nuages blancs s'empourprer et prendre la forme du chiffre cinq... Voyez le cinq devenir un quatre... et redevenez conscient de la présence de vos pieds et de vos jambes... Voyez le quatre devenir un trois... Sentez la vie dans votre ventre et dans vos bras. Voyez le trois se transformer en un deux; sentez la vie dans vos mains, votre visage et tout votre corps. Sachant que vous êtes sur le point de vous éveiller complètement – capable de faire tout ce que voulez avec votre esprit conscient – voyez le chiffre deux prendre la forme du

chiffre un, et revenez tout à fait à l'état de veille, en conservant le souvenir de cette expérience...

Je vous recommande fortement de vous procurer une ancienne photo de vous-même qui aura été prise, de préférence, avant l'âge de sept ans. Emportez-la avec vous dans votre portefeuille ou dans votre sac à main. Placez-la sur votre bureau, de sorte qu'elle rappelle à votre souvenir cet enfant qui vit en vous.

Beaucoup de données nous permettent de croire que l'enfant intérieur vit en nous dans un état de développement complet. Cet enfant constitue la partie de nous-mêmes la plus vitale et la plus spontanée, et il a besoin que nous l'intégrions à notre vie.

Comblez les besoins liés à votre développement infantile

Il faut savoir que les besoins inhérents au développement durant la prime enfance resurgissent sous différentes formes durant toute notre vie, notamment à chaque fois que nous nous lançons dans une nouvelle expérience. Sitôt que nous nous sentons en sécurité et que nous faisons confiance à notre milieu, le bambin en nous veut explorer et expérimenter par lui-même. Nos propres enfants font resurgir nos besoins infantiles à mesure qu'ils traversent les différents stades de leur développement. Parvenus à l'âge adulte, nous sommes heureusement capables de combler nos besoins en rapport avec chacun de ces stades. Pour ma part, étant donné que durant ma jeunesse j'ai souffert d'un sérieux manque d'attention et de soins paternels, je me suis constitué un groupe d'amis de sexe masculin qui me procurent soutien et feedback. Je me suis rendu compte que, une fois adulte, on est en mesure de mettre les autres à contribution pour combler ses besoins. Les enfants sont insatiables mais, la maturité aidant, les adultes, quant à eux, apprennent à se satisfaire de ce qu'ils ont. Ainsi, lorsqu'un événement quelconque rapproche les membres du groupe, je profite de l'occasion pour me faire «paterner». L'affection que j'y reçois me tient lieu de soins paternels. Je peux également profiter d'autres occasions particulières pour me faire paterner et materner. En tant qu'adulte, je peux apprendre à aller chercher exactement ce dont j'ai besoin. Je suis capable d'être bienveillant à mon égard et de me traiter avec une bonté et un respect affectueux.

La quête universelle de l'enfant intérieur

Il est important de souligner que le besoin de retrouver l'enfant intérieur est inhérent au cheminement vers la complétude qu'accomplissent tous les êtres humains. Étant donné que personne n'a joui d'une enfance parfaite, chacun porte en soi les problèmes inconscients et non résolus de son histoire familiale.

La quête de l'enfant intérieur est propre au héros. En effet, la route étant parsemée d'embûches, devenir une personne à part entière relève de l'héroïsme. Dans la mythologie grecque, par exemple, Œdipe tue son père et Oreste tue sa mère. On constate donc que la séparation d'avec les parents est un obstacle que le héros doit inévitablement surmonter au cours de son voyage. À ce sujet, soulignons que le meurtre des parents évoque symboliquement la nécessité de quitter le foyer familial et de grandir.

Si la recherche de notre enfant intérieur constitue le premier bond par-dessus l'abîme de chagrin où nous risquons tous de sombrer, les retrouvailles avec cet enfant ne sont cependant qu'un début. Parce qu'il a non seulement été laissé à l'abandon mais encore contraint à l'isolement et à l'indigence, notre enfant intérieur est égocentrique, faible et effrayé. C'est pourquoi nous devons le discipliner si nous voulons qu'il libère son *formidable pouvoir spirituel*.

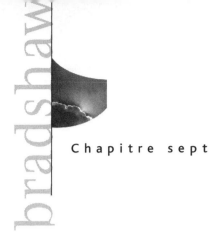

Chapitre sept

Intégrez les parties de vous-même que vous avez reniées

Le cours de notre vie est déterminé [...] par un impressionnant ensemble de moi qui vivent en chacun de nous. Ces moi nous interpellent constamment dans nos rêves et nos fantasmes, nos humeurs et nos maladies ainsi que dans une multitude de réactions imprévisibles et inexplicables face au monde qui nous entoure.

HAL STONE ET SIDRA WINKELMAN

Je ne peux profiter de ces transformations sans en payer le prix. Elles m'obligent à apprendre à vivre dans l'ambiguïté jusqu'à la fin de mes jours, en sachant que, de tout ce que je suis, je suis également le contraire. Je ne peux me débarrasser de mes démons sans courir le risque de voir mes anges s'enfuir avec eux.

SHELDON KOPP

Comme j'ai un passé lourdement marqué par la honte, je dois travailler dur pour m'accepter complètement. Une totale acceptation de soi implique notamment que nous intégrions nos émotions, nos besoins et nos désirs paralysés par la honte. La plupart des êtres foncièrement mortifiés éprouvent de la honte lorsqu'ils ont besoin d'aide, lorsqu'ils sont en colère, tristes, effrayés ou gais et lorsqu'ils s'affirment ou ressentent du désir sexuel. Ils se sont coupés de ces parties essentielles d'eux-mêmes.

Nous nous comportons souvent comme si nous n'avions besoin de rien. Nous faisons semblant de ne pas éprouver ce que nous éprouvons (je pense, par exemple, à toutes les fois où j'ai déclaré que j'allais bien alors que j'étais triste ou blessé). Soit nous engourdissons notre sexualité afin d'adopter un comportement très puritain, soit nous nous servons de notre sexualité pour échapper à tous nos autres sentiments et besoins. Dans tous les cas, nous sommes coupés des parties vitales de notre être. Ces parties reniées – et plus particulièrement notre sexualité et nos instincts – se manifestent le plus souvent à travers nos rêves et nos projections, comme le démontrent ces quelques exemples :

- Un homme rêve qu'il est dans une salle de classe. Un groupe de femmes le déshabillent. L'une d'elles lui fait des attouchements sexuels et il est très excité.
- Je rêve que je suis poursuivi par un animal sauvage.
- Je rêve qu'un cambrioleur portant une cagoule noire essaie de pénétrer chez moi par effraction.
- Une femme rêve qu'elle se fait lorgner par des musulmans noirs alors qu'elle circule en voiture.

Chacun de ces rêves représente une énergie instinctuelle reniée. Ainsi, les rêves nous offrent une merveilleuse voie d'accès aux parties de nous-mêmes que nous avons reniées mais qui continuent de se signaler à notre attention. Les aspects reniés de notre moi constituent autant de formes d'énergie – une émotion, un désir ou un besoin – dont nous avons eu honte chaque fois qu'elles se manifestaient. Ces schémas d'énergie sont réprimés mais non détruits. Ils continuent de vivre dans notre inconscient.

Ces côtés reniés de nous-mêmes forment ce que Jung appelait notre «ombre». Or, si nous n'intégrons pas notre ombre, nous ne pouvons pas être complets.

Le dialogue intérieur de Stone et Winkelman

Dans leur ouvrage intitulé *Le dialogue intérieur : connaître et intégrer nos subpersonnalités,* Hal Stone et Sidra Winkelman décrivent une technique très efficace qu'ils ont mise au point pour surmonter l'aliénation de soi provoquée par la honte toxique. Ils partent du principe que notre personnalité est composée d'un ensemble de moi vivant en chacun de nous. Ces moi résultent du clivage intérieur qui s'est opéré naturellement au cours de notre développement. En effet, puisque nos protecteurs étaient nécessairement imparfaits, aucun d'entre eux n'a pu nous accepter en nous témoignant un amour parfait et inconditionnel. Chacun à sa façon, ils ont tous défini ce qui était valable en nous et nous ont tous évalués selon leur propre «carte» du monde. Ce faisant, ils ont rejeté les parties de nous-mêmes qui ne correspondaient pas à leur façon de voir les choses. Nous avons donc dû renier ces aspects de nous-mêmes et, au terme d'une longue enfance, ils sont devenus autonomes, en quelque sorte.

Par conséquent, chaque partie rejetée est devenue un petit moi, et tous ces moi nous rappellent constamment à eux. Ils se manifestent dans nos rêves, nos fantasmes, nos humeurs, nos maladies et dans une multitude de façons aussi imprévisibles qu'inexplicables de réagir à notre vécu. Ils nous interpellent par le biais de nos voix intérieures. Or, plus nous devenons conscients de ces voix intérieures, plus le champ de notre liberté s'élargit. Ces voix, communes à tous les êtres humains, sont particulièrement nombreuses chez les individus pétris de honte; par conséquent, ces derniers ont encore plus besoin que les autres d'intégrer leurs divers moi.

En tant que formes d'énergie, nos moi rejetés exercent une influence considérable sur nous. On peut constater, par exemple, que les personnes pétries de honte ont tendance à souffrir d'épuisement chronique. Elles dépensent effectivement beaucoup d'énergie à s'accrocher aux masques de leur faux moi et à cacher leurs parties reniées. J'ai déjà comparé ce phénomène à l'immersion forcée d'un ballon de plage. Quant à Virginia Satir, elle le compare à l'emprisonnement de chiens affamés. Nos parties refoulées exercent sur nous une pression énorme, en nous obligeant à maintenir leurs aspects contraires en activité.

Si nos moi reniés nous inspirent de la répulsion, ils n'en exercent pas moins une certaine fascination sur nous. Or, pour Stone et Winkelman, *toutes les parties de nous-mêmes sont acceptables.* Aucun principe de base ne pourrait être plus opposé à la discrimination et à la honte. Il reconnaît en effet implicitement que tous les aspects d'une personne sont essentiels à son intégrité, aucune loi ne pouvant décréter qu'une partie est meilleure qu'une autre. Ainsi, notre conscience, avec ses multiples moi, doit nécessairement fonctionner en accord avec les principes sociaux d'égalité et de démocratie.

Le Dialogue Intérieur exigeant beaucoup d'engagement et de pratique, je me limiterai ici à vous donner un aperçu de sa structure complexe.

Les créateurs du Dialogue Intérieur voient la conscience comme un processus plutôt que comme une entité en soi. Selon eux, la conscience n'est pas un état que l'on peut s'efforcer d'atteindre mais un processus dans lequel on s'engage, un processus évolutif qui change continuellement, qui fluctue d'un instant à l'autre.

Si l'on en croit Stone et Winkelman, la conscience évoluerait sur trois niveaux différents: la vision lucide; *l'expérience* des différentes subpersonnalités (aussi appelées «schémas d'énergie» ou «voix intérieures»); le développement d'un ego de conscience. La vision lucide serait la capacité d'être témoin de la vie dans tous ses aspects sans évaluer ni juger les schémas d'énergie qui sont vus. Quant à la subpersonnalité, il s'agirait d'une partie du moi qui s'exprime de façon autonome en tant que schéma d'énergie. Ce schéma pourrait être physique, émotionnel, mental ou spirituel.

Un homme furieux, par exemple, est susceptible d'éprouver des sentiments de colère qui étaient paralysés par la honte et refoulés depuis des années. Ainsi, la rage l'envahissant au point qu'il s'identifie à elle, sa conscience n'est pas engagée dans le processus. Cependant, selon Stone et Winkelman, à partir du moment où il prendra conscience de sa rage, il pourra en faire l'expérience et se servir ensuite de son ego pour devenir encore plus conscient de ce vécu. L'ego serait donc la *fonction exécutive* de la psyché, l'instance qui effectue des choix, et ses informations proviendraient tant du niveau de la vision lucide que des différents schémas d'énergie. Comme l'affirment Stone et Winkelman : « Au fur et à mesure de l'évolution de notre conscience, [l'ego] devient plus conscient. En tant qu'ego plus conscient, il est mieux placé pour faire de véritables choix. »

C'est cette direction que nous devons prendre pour nous affranchir de la honte. En effet, rappelons-nous que notre volonté grandiose et corrompue trouve son reflet dans les émotions que nous avons réprimées parce que nous en avions honte. À mesure que nous avons développé nos faux côtés perfectionnistes, contrôlants et gentils, notre ego a graduellement perdu son authentique fonction exécutive et s'est identifié à ce que Stone et Winkelman appellent le Protecteur/Régisseur.

Le Protecteur/Régisseur s'exprime souvent par le biais des subpersonnalités du Perfectionniste, du Critique Intérieur ou du Gentil, et, une fois que l'ego s'est identifié à ces subpersonnalités, il n'est plus capable de faire de véritables choix.

Cette identification de l'ego avec le Perfectionniste, le Protecteur/Régisseur, le Critique Intérieur ou le Gentil produit ce que j'ai appelé le faux moi. Le problème crucial, c'est de faire la différence entre chacune de ces subpersonnalités et l'ego, qui est l'authentique exécutant de la personnalité.

Une fois que nous nous sommes identifiés à l'une ou à l'autre de nos subpersonnalités, nous ne pouvons plus faire de choix réels. Pour remédier à cette situation, notre objectif sera donc de prendre conscience de l'énergie qui se manifeste en nous et de la considérer comme un des multiples schémas d'énergie que nous devons intégrer, processus qui nous amènera à faire des choix conscients et, par conséquent, à intégrer nos actes. Toutes nos subpersonnalités sont des parties de nous-mêmes, et elles méritent d'être valorisées et acceptées. Chacun de nous est entièrement acceptable. Nous devons simplement être conscients du fait que la voix que nous entendons est seulement une voix. Notre but ultime, c'est de progresser vers l'éveil et l'expansion de notre conscience.

Voici comment Stone et Winkelman résument le Dialogue Intérieur.

1. L'exploration des subpersonnalités ou des schémas d'énergie

Les subpersonnalités sont aussi appelées les « voix ». Par l'utilisation du Dialogue Intérieur, on engage directement ces subpersonnalités, ou voix, dans un dialogue sans l'interférence d'un Protecteur/ Régisseur critique, embarrassé ou répressif. On parle directement à chaque subpersonnalité, en la reconnaissant à la fois comme une identité individuelle et comme une partie de la personnalité totale. Chacune de ces subpersonnalités expérimente la vie d'une façon différente. L'Enfant Intérieur Effrayé, par exemple, se manifeste par un trouble d'angoisse.

Étant donné que ces subpersonnalités constituent des schémas d'énergie, elles ont également des manifestations extérieures physiques remarquables. Au cours de mes ateliers sur l'enfant intérieur, j'ai vu des chefs d'entreprise se transformer sous mes yeux : leur visage aux sourcils froncés, aux mâchoires et aux lèvres serrées pouvait soudainement ressembler à celui d'un enfant détendu, souriant, au regard vif.

2. La clarification du rôle de l'ego

Le Dialogue Intérieur opère une distinction définitive entre l'ego, d'une part, et le Protecteur/Régisseur ainsi que les subpersonnalités primaires qui travaillent avec lui, d'autre part. *Souvenez-vous que le contrôle est un des principaux refuges des individus pétris de honte.* Toutefois, il n'en demeure pas moins que la subpersonnalité du Protecteur/Régisseur est universelle, ce qui veut dire qu'absolument tous les êtres humains la développent. Nous l'avons développée pour protéger notre Enfant Vulnérable. Cependant, l'ego des individus pétris de honte s'est identifié de manière très rigide au Protecteur/Régisseur. Chez eux, ce schéma d'énergie est le Patron, en quelque sorte. C'est lui qui travaille avec les autres subpersonnalités comme l'Activiste, le Critique, le Perfectionniste, l'Éminence grise et le Gentil. L'une ou l'autre de ces subpersonnalités peut faire partie du schéma général du Protecteur/Régisseur, mais chacune peut aussi opérer indépendamment. Cela varie d'une personne à l'autre.

Lorsqu'une subpersonnalité commence à prendre le pas sur l'ego, la vigilance du faciliteur du Dialogue Intérieur signale cette prise de pouvoir, demande au sujet d'entrer dans un autre espace et fait intervenir directement la subpersonnalité. De la sorte, l'ego se différencie de plus en plus; cela signifie qu'il devient un ego plus conscient.

C'est ainsi que nous commençons à prendre conscience de tous les faux-semblants de la honte. Le Protecteur/Régisseur, le Critique et le Perfectionniste constituent en effet ce que j'ai appelé les masques du faux moi. Ils représentent un moi irréel dans le sens où notre ego s'est identifié à eux. À partir du moment où nous devenons conscients du fait que nous avons refoulé ces parties de nous-mêmes – ces subpersonnalités, si l'on préfère – afin de survivre à la honte que nous avons intériorisée, nous nous apercevons qu'elles ne constituent pas notre être essentiel. Plutôt que de les condamner, nous pouvons les considérer simplement comme des parties de nous, et non plus comme notre être entier.

3. Le renforcement de la conscience

La vision lucide est l'aspect primordial du Dialogue Intérieur. Dans le contexte du Dialogue, il existe un espace physique pour chaque subpersonnalité, un espace physique pour l'ego qui coordonne et exécute et, séparé de tous les autres, un espace physique pour notre vision lucide. Depuis ce point neutre, hors de tout jugement, la vision lucide peut être témoin et passer en revue tout ce qui se produit. Elle n'est concernée ni par les décisions ni par l'action. Rien n'a besoin d'être changé. Depuis ce point de vue neutre, tout est noté et accepté ; la pièce que jouent nos subpersonnalités et l'ego est clairement visible.

Le Dialogue Intérieur n'est pas une méthode que l'on peut utiliser seul. Au début, du moins, on doit le pratiquer avec un facilitateur. De fait, le Dialogue est essentiellement un processus basé sur la mutualité et l'exploration commune. Le facilitateur et le sujet collaborent ensemble afin de découvrir les subpersonnalités et de comprendre leurs fonctions. Plus le facilitateur est habile dans son rôle, plus il devient sensible aux changements qui s'opèrent au niveau des schémas d'énergie. Cela signifie que sa conscience est dans un continuel état d'expansion.

(Si la méthode de Stone et Winkelman vous intéresse particulièrement, je vous conseille de lire *Le dialogue intérieur : connaître et intégrer nos subpersonnalités*, ouvrage qu'ils ont publié aux éditions Le Souffle d'or.)

Vous pouvez également tirer profit de l'exercice suivant. Il s'agit d'une adaptation personnelle du Dialogue Intérieur que j'ai baptisée « Faites la paix avec tous vos concitoyens », sur la suggestion du révérend Mike Falls, aumônier de l'Église épiscopale au Stephen F. Austin College de Nacogdoches, au Texas.

Faites la paix avec tous vos concitoyens
1. Pensez à des gens que vous n'aimez pas et faites-en la liste. Classez-les en ordre, selon l'intensité de vos sentiments, la première personne étant celle que vous considérez comme la plus répréhen-

sible et la plus méprisable. Écrivez une ligne ou deux sous le nom de chaque personne en indiquant de façon précise les défauts qui vous répugnent en elle.

2. Relisez les noms de votre liste. Faites une pause afin de réfléchir aux aspects répréhensibles de chaque personne et, ce faisant, prêtez attention à vos sentiments. Quel trait de caractère vous inspire le plus intensément le sentiment d'être vertueux et bon ?

3. Réduisez chaque personne à son trait de caractère le plus répréhensible. Pour vous donner un exemple, voici à quoi ressemblait ma liste :

   a. Joe Slunk : egomaniaque grandiose.

   b. Gwenella Farboduster : agressive et mal élevée.

   c. Maximillian Quartz : hypocrite (il fait semblant d'aimer les gens, mais en réalité il est intéressé par l'argent).

   d. Farquahr Evenhouser : utilise une façade de chrétienté pour dissimuler sa fumisterie.

   e. Rothghar Pieopia : une mauviette ; n'a jamais une opinion personnelle.

4. Chacun de ces traits de personnalité représente une de vos parties reniées, une énergie que vous n'accepteriez d'intégrer à votre vie sous aucun prétexte. Par conséquent, vous avez rejeté à l'extérieur de vous-même le trait de personnalité que vous reniez.

5. À chaque partie rejetée correspond une force contraire à laquelle votre Protecteur/Régisseur s'est identifié. Renier ainsi une partie de soi exige une grande dépense d'énergie – pensons seulement à l'intensité des sentiments que nous éprouvons à l'égard de nos ennemis. D'après Hal Stone, c'est comme si nous avions construit un barrage pour stopper le flot de cette énergie. Derrière le barrage, l'eau sale et des débris de toutes sortes se sont accumulés. Il est important d'intégrer cette énergie et de l'utiliser de façon plus créative.

Posez-vous les questions suivantes à propos de toutes les personnes de votre liste : « Comment cette personne peut-elle être une sorte de maître pour moi ? Que puis-je apprendre en l'écoutant ? »

Cette personne que vous avez prise en aversion peut vous aider à examiner les parties de vous-même auxquelles vous vous êtes suridentifié.

Le Joe de ma liste m'aide à voir que je me suis suridentifié à mon besoin d'être humble. Dans mon cas, c'est vraiment plus qu'un semblant d'humilité. Quant à Gwenella, elle m'aide à comprendre que je m'identifie trop aux «gentils». Maximillian me fait prendre conscience que je m'identifie excessivement à mon rôle de personne qui se dévoue totalement aux autres sans rien demander en retour. Ce genre d'aide est inhumain. Essayer d'être plus qu'humain procède de la honte toxique. Farquahr me permet de voir que je m'identifie trop à mon besoin d'être un parfait chrétien (ce qui m'empêche quelquefois d'être tout bonnement chrétien) et Rothghar m'aide à comprendre que je m'identifie trop à mon besoin d'être «fort». En étant fort, j'essaie d'être plus qu'humain car je refuse la faiblesse humaine naturelle. C'est ainsi que je rejette ma honte normale.

6. À mesure que vous parcourez votre liste, adressez-vous directement à vos parties reniées. Demandez-leur ce qu'elles pensent et quels changements se produiraient dans votre existence si vous les assumiez. Laissez chaque partie vous parler. Écoutez ce qu'elle a à vous dire. Voyez les choses en empruntant sa perspective. Laissez-vous envahir par toute nouvelle énergie qu'elle pourrait vous insuffler. Cette partie est inévitablement une source d'idées nouvelles. Il se pourrait qu'elle soit en mesure d'apporter de nouvelles solutions à vos vieux problèmes. «Après tout, écrit Sidra Winkelman, ses idées n'ont jamais été accessibles auparavant.»

Vous pourriez bien être surpris de toute l'énergie nouvelle que vous procurera cet exercice, car vous êtes en train de mettre au jour une partie de vous qui était restée secrète. Vous transformez votre ombre en lumière. Évidemment, vous n'êtes pas obligé d'incarner votre moi renié. En effet, vous ne feriez que retomber dans le même piège qu'auparavant si vous vous identifiiez à une partie de vous-même en excluant toutes les autres. Le but de cet exercice, c'est de vous apprendre à dialoguer avec une partie de vous-même rejetée et « honteuse ». Il devrait normalement vous aider à libérer une énergie depuis longtemps paralysée par la honte.

La réunion des personnages

Le travail de Virginia Satir

En ce qui concerne le traitement de la honte toxique, peut-être n'y a-t-il personne qui ait fait autant œuvre de pionnier que Virginia Satir. La première fois que je l'ai vue travailler avec une famille, j'ai été d'emblée très impressionné par la manière dont elle validait les sentiments de chaque membre et lui portait une attention affectueuse. Jouissant de la considérable capacité de cette femme à refléter les autres, chacun en arrivait à s'accepter un peu plus et, à mesure que cela se produisait, tous les membres de la famille se rapprochaient les uns des autres. Je trouvais son travail si admirable que j'ai pleuré en l'observant.

Dans son ouvrage intitulé *Your Many Faces*, Virginia Satir présente le fondement théorique d'une technique utilisée par plusieurs thérapeutes américains. Cette technique est communément appelée « la réunion des personnages ». Différentes écoles de thérapie utilisent diverses méthodes inspirées de cet exercice. La méditation suivante est ma propre adaptation de cet exercice très efficace. Je crois qu'elle est plus bénéfique et produit plus d'effet lorsqu'on la pratique en groupe. Si le sujet vous intéresse, je vous recommande fortement de lire les ouvrages de Joe Cruse et Sharon Wegscheider-Cruse.

Méditation sur la réunion de nos personnages

Enregistrez les directives suivantes sur une cassette.

Fermez les yeux... Laissez votre esprit se concentrer sur votre respiration. Prenez deux ou trois minutes pour parvenir à n'être plus

attentif qu'à votre respiration. Alors que vous inspirez et expirez, commencez à voir apparaître le chiffre sept sur un écran. Ce peut être un sept noir sur fond blanc ou un sept blanc sur fond noir. Concentrez-vous sur le chiffre sept. Si vous ne pouvez le voir clairement, imaginez que vous le peignez avec vos doigts ou que vous entendez mentalement une voix qui murmure le mot « sept » ; procédez des trois façons si vous le pouvez. Ensuite, voyez, peignez, entendez le chiffre six ; faites de même avec le cinq, le quatre, etc., jusqu'au chiffre un. Une fois concentré sur le chiffre un, voyez-le prendre lentement la forme d'une entrée des artistes ; voyez la porte s'ouvrir lentement. Passez par cette entrée des artistes et découvrez un magnifique petit théâtre. Regardez les murs et la scène... (pause). Regardez le rideau baissé... (pause). Approchez-vous d'un fauteuil du premier rang et touchez le tissu de ce siège... Imaginez que c'est votre tissu préféré. Touchez-le tandis que vous vous asseyez dans le fauteuil. Installez-vous confortablement... (pause). Regardez autour de vous et donnez à ce théâtre la forme de votre choix. Voyez ensuite le rideau de scène monter lentement... Laissez-vous gagner par l'excitation que provoque ce lever du rideau. À mesure que le rideau se lève, voyez apparaître un gros titre inscrit sur le mur au fond de la scène. Il annonce *La revue des personnages de...* (mettez votre nom). Pensez à une partie de vous-même que vous appréciez vraiment et imaginez qu'elle est incarnée sur scène par une personne célèbre ou quelqu'un que vous connaissez bien. J'aime bien mon sens de l'humour et je vois Johnny Carson apparaître... Entendez une tempête d'applaudissements sonores. Ensuite, pensez à une autre partie de vous-même que vous appréciez vraiment et répétez le procédé. J'aime mon charisme d'orateur et mon honnêteté ; je vois donc apparaître John Fitzgerald Kennedy sur la scène. Reprenez le procédé jusqu'à ce qu'il y ait cinq personnes à droite de la scène. Pensez ensuite à une partie de vous-même que vous n'aimez pas et imaginez que cette partie entre en scène, personnifiée par une célébrité ou une de vos connaissances. Je n'aime pas mon côté négligé et désorganisé, et je vois apparaître sur la scène un de mes amis qui est toujours très débraillé. Entendez la huée qui s'élève comme s'il y avait une foule de spectateurs dans la salle. Pensez ensuite à une autre partie de vous-même que vous n'aimez pas. Je n'aime pas mon côté poltron et peureux, et j'imagine que je vois apparaître Judas sur la scène. Finalement, lorsque cinq parties de vous-même que vous détestez, n'appréciez pas ou rejetez se tiennent debout sur le côté gauche de la scène, imaginez qu'un être sage et très beau se dirige vers le centre de la scène. Ce peut être un vieillard portant une longue barbe, Jésus dans toute sa radieuse jeunesse, une femme très maternelle qui respire la tendresse ou quelque autre personnage... Laissez simplement apparaître cet être plein de sagesse... Voyez-le ensuite descendre de la scène et venir vous chercher... À mesure qu'il s'approche, notez ce qui vous frappe le plus en lui... Ensuite, entendez-le vous inviter à monter sur la scène pour passer en revue les multiples parties de vous-même. Circulez parmi les personnages qui incarnent divers aspects de votre moi; regardez-les en face. Comment chaque partie vous aide-t-elle? Comment chacune de vos parties vous entrave-t-elle ou vous limite-t-elle, les indésirables en particulier? Que pouvez-vous apprendre de vos parties indésirables? Que peuvent-elles vous enseigner? Maintenant, imaginez que toutes vos parties sont en interaction. Imaginez-les autour d'une table, discutant d'un problème. Pensez à un de vos problèmes courants. Qu'en dit votre sens de l'humour? En quoi ses propos sont-ils utiles? En quoi sont-ils nuisibles pour vous? Comment votre désorganisation vous aide-t-elle? Que se passerait-il si vous n'aviez tout simplement pas cette partie en vous? Que perdriez-vous? Comment aimeriez-vous changer la partie que vous voulez rejeter? Modifiez cette partie de manière à la rendre plus bénéfique... Quel effet cela vous fait-il de modifier cette partie?... À présent, faites un tour de table en répétant ce procédé avec chacune de vos parties. Modifiez-les jusqu'à ce que vous en soyez satisfait. Ensuite, approchez-vous de chacune et imaginez qu'elle se fond en vous-même. Continuez jusqu'à ce que vous soyez seul avec votre sage sur la scène. Écoutez votre sage vous dire que c'est le théâtre de votre vie. Que c'est un endroit où vous pouvez venir et passer en revue vos multiples moi de temps à autre. Écoutez le sage vous déclarer que toutes ces parties vous appartiennent, que chacune a sa propre complémentarité dans votre équilibre psychique. Prenez la décision d'embrasser vos moi ; de les aimer, de les accepter et de tirer un enseignement de chacun... Voyez votre sage qui s'apprête à partir. Remerciez-le de la leçon. Sachez que vous pourrez le rappeler de nouveau... Descendez de la scène. Soyez conscient d'être assis dans le théâtre, en train de regarder la scène où vous avez donné une représentation de votre vie. Faites défiler mentalement chacune de vos parties nouvellement modifiées et laissez-vous envahir par la sensation d'être un organisme complet avec plusieurs aspects et parties interdynamiques. Écoutez-vous dire à voix haute : « J'aime et j'accepte tout ce qui fait partie de moi. » Répétez cette phrase. Redites-la mentalement tandis que vous vous levez et vous dirigez vers la sortie. Passez les portes du théâtre. Retournez-vous et voyez le chiffre un... le chiffre un en noir sur un écran blanc ou en blanc sur un écran noir. Peignez-le avec vos doigts, entendez-le mentalement si possible, ou procédez seulement de l'une des trois façons. Ensuite, voyez apparaître le chiffre deux et faites la même chose. Voyez maintenant le chiffre trois, commencez à sentir la vie dans vos doigts et vos orteils. Laissez-la monter dans vos jambes. Voyez le chiffre quatre et sentez tout votre corps redevenir vivant. Puis voyez le chiffre cinq et sentez que vous revenez à votre état de veille normal. Voyez apparaître le chiffre six et dites : « Je deviens pleinement conscient » ; soyez sensible à l'endroit où vous vous trouvez et, en voyant le chiffre sept, redevenez tout à fait conscient du moment présent.

Le travail sur les rêves

L'intégration et l'interprétation de nos rêves constituent un autre moyen de travailler les parties de nous-mêmes inacceptables et honteuses. Il m'est évidemment impossible, au sein de ce chapitre ou de ce livre, d'expliquer dans le détail le travail sur les rêves, mais j'espère que ce bref aperçu vous sensibilisera à l'efficacité de ce merveilleux outil d'intégration du moi total.

Chaque nuit, nous rêvons. Des études récentes révèlent que tout être humain rêve pendant une heure à quatre heures par nuit. Nous rêvons afin de garder notre vie à jour. En effet, chaque nuit le rêve agit à la manière d'un caissier de banque qui remet tous les comptes à jour. Les parties de notre vie que nous avons rejetées réclament l'attention qui leur est due à travers notre activité onirique. Les rêves nous renseignent sur ces facettes de notre existence; ils tentent d'attirer notre attention sur elles afin que nous les intégrions. Nos rêves peuvent également nous parler d'une partie de nous-mêmes qui a besoin d'être actualisée. Quelquefois, nos rêves de mort ou d'agonie nous révèlent que nous avons laissé tomber un comportement ou une chose quelconques. Ce genre de rêve peut nous signaler un nouveau départ ou le début d'une étape créative.

Nous pouvons tous nous souvenir de nos rêves, mais la plupart d'entre nous ignorons comment y arriver. Je vous recommande donc d'effectuer l'exercice suivant. Prenez une fiche de format moyen et écrivez ceci: «Je vais me souvenir d'un rêve cette nuit.» Mettez la fiche dans votre poche ou votre sac à main. Relisez-la trois ou quatre fois durant la journée et juste avant d'aller vous coucher.

Gardez un journal intime, un bloc-notes ou un magnétophone à côté de votre lit. Quand vous vous réveillez et qu'un rêve est tout frais dans votre mémoire, notez-le ou enregistrez-le rapidement. Notez-en chaque détail, car les détails sont des parties cruciales du rêve. Le langage des rêves est le langage de la fantaisie, pas celui de la pensée logique. Le rêve essaie toujours de nous dire quelque chose que notre esprit conscient ignore.

Au sujet du rêve, le Talmud nous dit: «Le rêve est une lettre non décachetée qui nous est adressée.»

Le travail sur les rêves est réellement un travail. Ce serait une grossière erreur de croire qu'on peut en venir à bout instantanément. Les images du rêve fonctionnent au moyen des associations. Ces associations représentent des parties de nous-mêmes qui doivent être intégrées et assumées. Avec certaines techniques de travail sur les rêves, on peut s'égarer en insistant trop sur l'interprétation, en croyant, par exemple, que tout pistolet apparaissant dans un rêve symbolise l'organe sexuel mâle. Il existe des ouvrages entiers sur la symbolique du rêve. Ils peuvent être utiles, pour peu qu'on ne les prenne pas au pied de la lettre. Par ailleurs, on risque tout autant de s'égarer avec les techniques d'intégration des rêves, en tenant pour acquis que les associations symboliques n'existent pas et que chaque partie d'un rêve représente une partie reniée ou latente de soi-même. Pour être efficace, le travail sur les rêves doit tenir compte à la fois de l'interprétation et de l'intégration.

Le travail sur les rêves exige un réel engagement et le recours à un guide. Mon guide préféré est un jungien du nom de Robert A. Johnson. Je considère son livre, intitulé *Inner Work : Using Dreams and Active Imagination For Personal Growth* (Harper & Row), comme un outil très utile.

Première étape : faites des associations

Après avoir consigné aussi soigneusement que possible votre rêve, en incluant tous les détails, vous êtes prêt à passer à la première étape. Notez la première image qui est apparue dans votre rêve. Rappelez-vous que le langage des rêves est différent du langage de la pensée logique familière. J'ai rêvé que je pilotais un avion. J'ai écrit ceci :

«Je suis aux commandes d'un avion monomoteur, à l'aéroport Hobby. Je m'engage sur la piste d'envol, mais je ne peux faire décoller l'appareil. J'essaie alors de décoller sur une autre piste. Il m'apparaît clairement que je me suis d'abord dirigé du sud vers le nord, puis de l'est vers l'ouest : je trace une croix parfaite aux lignes d'égale longueur (+). En dépit de mes efforts, je n'arrive pas à décoller.»

Je note la première image: «Pilotage d'un avion (monomoteur)». À chaque symbole apparaissant dans un rêve correspond une association dans l'inconscient. Le langage de l'inconscient peut être décodé. Il s'agit de laisser l'association émerger spontanément.

Demandez-vous ceci: «Quel sentiment cette image fait-elle naître en moi? Quels mots ou quelles idées me viennent à l'esprit lorsque je la contemple mentalement?» et notez vos réponses. Cela équivaut à écrire tout ce que vous associez spontanément à l'image. Habituellement, une image inspire plusieurs associations, comme le démontre le tableau 7.1.

TABLEAU 7.1. NOTES POUR LE TRAVAIL SUR LES RÊVES

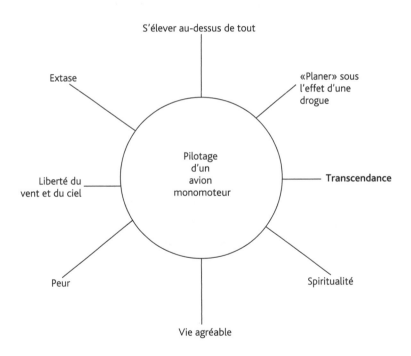

Après avoir épuisé les associations spontanées en rapport avec la première image, passez à l'image suivante. Ma deuxième image était l'aéroport Hobby. Une image peut être une personne, un objet, une situation, une couleur, un son ou des propos. Je note l'image au centre d'un cercle comme dans le tableau 7.2. Lorsque j'ai épuisé mon répertoire d'associations, je passe à une autre image. Je répète le même procédé, tel qu'il est schématisé dans le tableau 7.3, à partir de l'image des pistes d'envol entrecroisées. Finalement, mon incapacité à décoller produit seulement quelques associations : je ne peux tout simplement pas quitter le sol ; je n'arrive pas à faire ce que je veux. J'ai la *sensation d'être bloqué, enlisé*.

Pour faire un choix parmi les associations, il faut les examiner et attendre que l'une d'elles produise un « déclic ». Cette méthode du déclic exige d'attendre qu'une association se charge d'une certaine intensité ou d'une certaine énergie.

Robert Johnson explique ceci : « Pour trouver l'essence du rêve, il faut aller là où est l'énergie, autrement dit, choisir les associations qui véhiculent un flux d'énergie. » Rappelez-vous que les parties reniées de nous-mêmes sont chargées d'énergie, tout comme les symboles nés de l'inconscient. Il arrive parfois qu'on ne puisse discerner clairement l'association la plus énergétique. En ce cas, il est préférable de laisser tout cela « mijoter » pendant un moment. L'énergie est souvent présente au moment où on décide de reprendre le travail.

Dans mon rêve, les associations les plus énergétiques étaient la transcendance, le séminaire, Toronto, le mandala et la sensation d'être bloqué. Passons maintenant à la deuxième étape.

Deuxième étape : reliez vos images oniriques à votre dynamique interne

À cette étape-ci, nous essayons de relier l'image onirique à certains aspects intimes de nous-mêmes. Pour franchir cette étape, nous devons reprendre l'image du rêve et nous demander : « Quelle partie de moi est-ce ? Qui, à l'intérieur de moi, ressent les choses ou se comporte

TABLEAU 7.2.

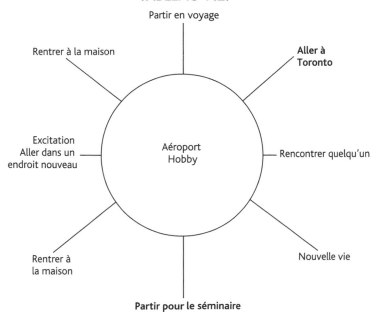

Partir en voyage

Rentrer à la maison

Aller à Toronto

Excitation
Aller dans un
endroit nouveau

Aéroport
Hobby

Rencontrer quelqu'un

Rentrer à
la maison

Nouvelle vie

Partir pour le séminaire

TABLEAU 7.3.

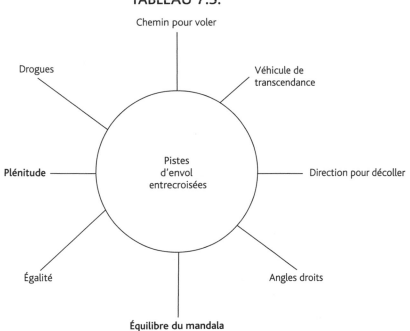

Chemin pour voler

Drogues

Véhicule de
transcendance

Plénitude

Pistes
d'envol
entrecroisées

Direction pour décoller

Égalité

Angles droits

Équilibre du mandala

de cette manière ? Sous quelle forme cette caractéristique est-elle présente dans ma personnalité ? » Nous écrivons alors tous les exemples qui nous viennent à l'idée.

Étant donné que la plupart des rêves, mais pas tous, sont l'expression de la vie intérieure du rêveur, nous choisissons à même notre vie des exemples qui correspondent aux événements observés dans le rêve.

En ce qui me concerne, je me sentais bloqué. J'avais environ quarante-cinq ans lorsque j'ai fait ce rêve. Ma vie était engagée dans une impasse. J'avais besoin d'une espèce d'équilibre. Le mandala est un symbole d'équilibre et de plénitude. J'étais arrêté. Je ne savais quelle direction prendre. Je réussissais bien, financièrement, mais j'étais insatisfait. Je me trouvais presque au sommet de ma carrière, mais quelque chose me manquait. Le rêve était la transposition de mon état intérieur. J'y voyais également un élément de solution. Le mot « Toronto » était une énigme pour moi. C'est à Toronto que j'ai étudié la prêtrise. Il y avait une association évidente entre la spiritualité et Toronto. Et je sentais vraiment que ma vie était bloquée sur le plan spirituel.

Troisième étape : interprétez

J'ai interprété ce rêve comme une profonde corroboration de l'insatisfaction que je ressentais à l'époque face à ma vie spirituelle. Même si je donnais des conférences sur la théologie chrétienne, quelque chose en moi n'était pas comblé sur le plan spirituel. J'étais en déséquilibre et enlisé dans une ornière.

Quatrième étape : accomplissez un rituel
pour concrétiser votre rêve

J'ai honoré ce rêve en discutant de mon aridité spirituelle avec mon meilleur ami. J'ai concentré mon attention sur Toronto, me laissant pénétrer par le mot et permettant à mes pensées de refluer vers l'époque de mes études au séminaire. Je n'ai cependant trouvé la clé de l'énigme qu'au bout d'un certain temps.

Une nuit, j'ai rêvé que j'étais dans le même petit avion. Cette fois-là, j'ai pu décoller très facilement. Je m'envolais vers Toronto. La première chose qui m'a frappé quand je suis descendu de l'avion, c'est le souvenir d'un moine que j'avais connu vingt ans auparavant dans un monastère trappiste de New York.

J'ai travaillé sur ce rêve et j'ai découvert que mon inconscient me disait que la *méditation* était la clé susceptible de libérer ma spiritualité bloquée. Des années plus tôt, j'avais été profondément ému par ce moine trappiste. Je passais des heures à méditer lorsque j'étudiais pour devenir prêtre, mais je n'arrivais à en retirer aucun bienfait. Plus tard, après avoir lu le livre de Robert Johnson intitulé *He*, j'ai compris que j'étais à ce moment-là trop jeune et inexpérimenté pour méditer.

Dans cet ouvrage, Johnson parle du mythe de Perceval. Selon lui, la quête du Saint Graal est un mythe en rapport avec le développement masculin. Il soutient que, à l'instar de Perceval, tous les hommes sont dans le château du Graal pendant leur adolescence. Tous les jeunes hommes ont une grande vision, mais ils sont trop jeunes pour savoir comment l'actualiser.

À Toronto, j'étudiais pour devenir prêtre. J'ai passé ma première année monastique à Rochester, dans l'État de New York. C'est au cours de cette année-là que j'ai fait la connaissance du moine trappiste. Cet homme était la plus puissante figure spirituelle que j'avais jamais rencontrée. Mais avec le temps, je l'avais complètement oublié. Et voilà que, à l'âge de quarante-cinq ans, en pleine crise de la quarantaine, mes rêves me ramenaient à Toronto et au moine du monastère trappiste.

J'avais fait entre-temps deux ou trois rêves qui m'avaient sensibilisé à la signification de tout cela. Au cours des mois suivants, j'ai pris pleinement conscience du fait que ma vie deviendrait un cul-de-sac si je continuais à poursuivre la richesse et le prestige temporel. Il m'est apparu clairement que je devais commencer à méditer si je désirais évoluer et accroître ma conscience ainsi que ma créativité.

Une de mes réalisations, à l'époque, consistait à siéger au conseil d'administration d'une compagnie de pétrole. Une partie de moi —

mon côté tout à fait pétri de honte – adorait être membre de ce conseil, mais les autres parties de moi ne se sentaient pas à leur place. C'est grâce à mes rêves sur ce thème que j'ai commencé à méditer.

Presque par coïncidence, j'ai rencontré Dennis Weaver à Los Angeles. Kip Flock et moi suivions dans cette ville un stage de formation destiné aux intervenants en toxicomanie. Dennis Weaver, notre conférencier invité, était venu nous parler de la méditation. Il pratiquait la méditation – quelquefois plusieurs heures par jour – depuis 1959. C'était le chef de file du Self-Actualization Movement à Los Angeles. J'ai été vivement impressionné par sa profondeur et par le sentiment de paix intérieure qui se dégageait de lui. J'ai commencé à méditer peu de temps après, et cela a considérablement changé ma vie.

J'ai honoré cette série de rêves en me rendant de nouveau à Toronto. Je me suis promené dans les endroits où j'étais allé autrefois. J'ai prié et médité dans la chapelle où j'avais prié et médité des années auparavant. C'était incroyablement différent. Mes rêves avaient ouvert un nouvel espace dans ma vie. Ils m'avaient fait faire un grand pas vers la guérison de ma honte.

Chapitre huit

Aimez-vous
vous-même

Vous n'avez pas besoin d'être aimé, pas au prix
de vous-même. L'unique relation qui soit vraiment centrale
et cruciale dans une vie, c'est la relation avec soi-même [...].
De tous les gens que vous connaîtrez au cours de toute votre vie,
vous êtes la seule personne que jamais vous ne perdrez.

JO COURDET
ADVICE FROM A FAILURE

Vous dire « Je m'aime », c'est défier la honte toxique comme s'il s'agissait de votre pire ennemi. Ce simple énoncé peut devenir votre plus puissant moyen de vous affranchir de cette honte qui vous paralyse. En effet, c'est en vous aimant vraiment que vous transformerez votre vie.

Choisissez de vous aimer

Selon Scott Peck, l'amour se définit comme « la volonté de se dépasser dans le but de nourrir sa propre évolution spirituelle et celle de quelqu'un d'autre ». Dans cette définition, l'amour est conçu comme un acte de la volonté, ce qui signifie que l'amour procède d'une décision. Je peux donc choisir de m'aimer, quel qu'ait été mon passé et indépendamment de ce que je ressens à mon égard.

Exercice : le sentiment du moi

Faites l'expérience suivante. Imaginez que vous êtes assis dans votre fauteuil préféré. Mettez-vous vraiment à l'aise et détendez-vous. Maintenant, fermez les yeux et imaginez que la personne que vous aimez et respectez le plus actuellement est assise en face de vous. (Cette personne ne doit être concernée par aucune souffrance émotionnelle que vous pourriez éprouver en ce moment.) Ce peut être votre conjoint, votre amoureux, un enfant, un parent, un ami, votre héros préféré, etc. Voyez apparaître cette personne. Laissez s'écouler trois ou quatre minutes...

Maintenant, laissez monter les sentiments que vous éprouvez en présence de cette personne. En ce qui me concerne, je me suis senti chaleureux, vivifié et admiratif quand je me suis imaginé ainsi en présence de mon meilleur ami. C'est le sentiment que je garde de ma relation avec lui.

À présent, fermez les yeux et imaginez que vous êtes assis en face de vous-même. Laissez-vous imprégner par cette expérience pendant trois ou quatre minutes...

La première fois que j'ai fait cette expérience, je me suis surpris en train de m'autocritiquer. Cela m'arrive encore parfois lorsque je me regarde dans un miroir. Notez simplement ce que vous avez éprouvé en vous regardant. Pour vous donner un exemple, une personne à qui j'ai fait faire cet exercice dernièrement trouvait ses joues trop rondes et se disait mécontente de sa posture. Il est vrai que, pour la plupart, nous entretenons des sentiments négatifs à notre endroit. Or, si la honte vous ronge et que vous n'avez rien fait pour vous en affranchir, vous éprouverez sans doute d'intenses sentiments de rejet. En effet, le rejet de soi est au cœur de la honte toxique.

Acceptez-vous inconditionnellement

Pour combattre ces sentiments négatifs envers vous-même, prenez la décision de vous accepter inconditionnellement. Ce geste exige que vous fassiez un choix.

« Je m'aime. Je vais m'accepter inconditionnellement. »

Dites cette phrase à haute voix et répétez-la souvent. Cela vous aidera à vous aimer inconditionnellement.

Je me rappelle nettement la première fois où je me suis vraiment aimé et accepté inconditionnellement. C'était impressionnant ! Plus tard, j'ai lu un livre intitulé *Learning To Love Yourself* dans lequel l'auteur, Gay Hendricks, parlait exactement de ce que j'avais vécu. Il relatait comment, au cours de ses ateliers, il mettait les participants face à eux-mêmes au moyen de cette simple question : « Vous aimerez-vous pour cela ? »

De prime abord, en lisant le dialogue qui rendait compte d'une de ses interventions thérapeutiques auprès d'un membre du groupe, je fus déconcerté. Nous faisons sûrement des choses qui sont indignes d'amour, me dis-je. Mais comme Hendricks continuait inlassablement, demandant sans cesse à la personne si elle allait s'aimer, indépendamment de ce qu'elle avait fait ou n'avait pas fait, je compris finalement que nous devons nous aimer pour ce que nous sommes, et non pour ce que nous faisons. Nous sommes dignes d'amour, point final.

Rappelez-vous que la honte toxique nous transforme en « faires » humains parce que, insidieusement, elle nous conduit à nous sentir médiocres et insuffisants. Or, à partir du moment où nous considérons notre être comme fondamentalement médiocre et anormal, nous ne pouvons pratiquement rien faire qui puisse nous rendre dignes d'amour. Nous ne pouvons en effet changer ce que nous sommes.

Le jour où j'ai compris la distinction entre l'être et le faire fut l'un des jours les plus riches en enseignement que j'ai vécus dans ma vie. En réalité, j'essayais de toutes mes forces de réussir ce que j'entreprenais et de faire toujours mieux, mais quoi que je fisse, j'éprouvais toujours ce profond sentiment d'insuffisance qui est une caractéristique de la honte intériorisée. Ainsi, en disant «Je m'aime pour *quoi que ce soit…*», nous opposons un puissant antidote à la voix de la honte. C'est pourquoi nous pouvons transformer notre vie en affirmant que nous nous acceptons inconditionnellement.

C'est grâce à cet exercice que j'ai connu l'une de mes réussites les plus éclatantes en thérapie, lorsque j'ai dû aider une cliente à résoudre son problème d'embonpoint. Cette femme considérait qu'elle avait une douzaine de kilos en trop. Elle méprisait son corps et se dénigrait en faisant des comparaisons et en s'affublant de sobriquets. J'ai travaillé avec elle pendant plusieurs mois, défiant continuellement ses comparaisons et ses dénigrements au moyen de cette question : « Allez-vous vous aimer et vous accepter pour cela ? »

Quoi qu'elle dît, je ne cessais de la défier avec cette question. Progressivement, elle a commencé à s'accepter telle qu'elle était. Je refusais d'entendre parler de régimes alimentaires ou d'exercice physique, sachant qu'aussi longtemps qu'elle ne s'accepterait pas, elle ne changerait nullement. J'étais effectivement convaincu qu'elle ne maigrirait jamais en s'humiliant ainsi constamment. Peut-on logiquement penser qu'il est possible de guérir un trouble structuré et induit par la honte toxique en augmentant la dose de honte toxique ? Chaque fois que ma cliente faisait des comparaisons à son désavantage, chaque fois qu'elle se rabaissait elle-même en se collant une étiquette négative, elle s'engageait dans une spirale de honte qui intensifiait sa honte intériorisée ; par voie de conséquence, elle se gavait encore plus de nourriture afin d'engourdir la souffrance induite par sa honte. Ainsi, les qualifications humiliantes et les comparaisons odieuses constituent un moyen de maintenir l'excédent de poids et non de le perdre.

Afin de guérir la honte qui nous paralyse, nous devons commencer par nous accepter et nous aimer. L'amour engendre l'harmonie. À partir du moment où nous choisissons de nous aimer inconditionnellement, nous nous acceptons inconditionnellement. Cette totale acceptation de soi nous rend indulgents à notre égard et instaure une harmonie intérieure. Nous nous mettons alors en accord avec nous-mêmes et toutes nos forces intérieures deviennent accessibles, car nous ne les gaspillons plus à refouler nos chiens affamés (les parties fragmentées et rejetées de nous-mêmes) dans la cave de notre intimité.

Nous pouvons choisir de nous accepter, et ce même si nous entretenons des sentiments négatifs à notre égard.

Il est souvent arrivé, par exemple, que l'un ou l'autre de mes enfants me déplaise, mais je ne cessais pas de l'aimer pour autant. Si nous prenons la décision de nous aimer inconditionnellement, nous commencerons à nous percevoir différemment.

Quand nous choisissons de nous aimer nous-mêmes, le sentiment de notre valeur personnelle s'accroît. Sur ce sujet, je vous recommande l'ouvrage de Sidney Simon et ses collaborateurs intitulé *À la rencontre de soi-même : 80 expériences de développement des valeurs*. Les auteurs y affirment que, pour être digne de ce nom, une valeur doit satisfaire aux sept conditions suivantes :

- Une valeur doit être choisie ;
- On doit l'avoir choisie parmi d'autres solutions possibles ;
- On doit connaître vraiment les conséquences de son choix ;
- Une fois qu'on l'a choisie, on doit lui accorder de l'importance et la cultiver ;
- On doit être prêt à proclamer publiquement cette valeur ;
- On doit vivre en se conformant à cette valeur ;
- On doit s'y conformer souvent et régulièrement.

Choisir de vous aimer vous-même est une question de libre choix ; c'est une simple décision. Vous avez aussi toute liberté de choisir l'autre possibilité, c'est-à-dire un mode de vie basé sur la honte, avec tout son cortège de conséquences désastreuses. En ce qui me concerne, je vous encourage à dire « Je m'aime » haut et fort, pour proclamer que vous vous aimez et que vous vous acceptez inconditionnellement. Car plus vous vivrez quotidiennement en accord avec cette valeur, plus vous développerez votre amour et votre estime de soi.

Accordez-vous du temps et de l'attention

Si vous choisissez de vous aimer, vous serez disposé à vous consacrer du temps et de l'attention. Et vous en aurez besoin car, ainsi que le laissait pressentir la définition de Scott Peck, l'amour est un travail difficile. Il implique l'expansion, le développement de notre être. Or, ce développement personnel exige du travail.

Combien de temps avez-vous l'habitude de vous consacrer ? Prenez-vous le temps nécessaire pour vous reposer et vous détendre, ou êtes-vous du genre à vous surmener impitoyablement ? Si vous êtes un « faire » humain, vous vous surmenez sans doute, car vous avez sans cesse besoin de multiplier vos prouesses pour être satisfait de vous-même. Lorsque vous aurez la volonté de vous aimer et de vous accepter inconditionnellement, vous prendrez le temps de simplement être. Vous vous réserverez des moments où vous n'aurez aucune tâche à faire ni aucune obligation de vous rendre à tel ou tel endroit. Vous vous allouerez des moments de solitude pour vous nourrir spirituellement. Vous prendrez le temps nécessaire pour veiller à votre hygiène personnelle et faire de l'exercice. Vous trouverez le temps de vous amuser et de vous divertir. Vous vous offrirez des vacances. Vous prendrez le temps d'enrichir votre vie sexuelle. Vous serez disposé à vous donner du plaisir.

Le travail d'amour consiste à vous mettre à l'écoute de vous-même, c'est-à-dire à être attentif à vos émotions, à vos besoins et à vos désirs. Il réclame que vous vous accordiez de l'attention, que ce soit en apprenant des techniques qui vous permettront d'entrer en contact avec vos émotions ou en adhérant à un groupe de partage qui vous donnera du feedback. Ce travail d'attention à votre propre égard exige de la discipline.

C'est encore Scott Peck qui souligne le fait que la discipline accroît le bonheur de vivre. Quand on s'aime soi-même, on accepte de retarder les satisfactions, ce qui laisse de la place pour quelque chose de plus favorable à notre croissance.

Lorsque j'étais un alcoolique pétri de honte, je ne pouvais d'aucune façon envisager de retarder les satisfactions. Comme la plupart des enfants ayant souffert de traumatismes et de dysfonctions, je ne pouvais jamais croire qu'il y en aurait assez. Dans mon for intérieur pétri de honte, je craignais de ne plus pouvoir en obtenir d'autres.

La discipline exige que l'on dise la vérité et que l'on soit responsable de sa propre vie. À partir du moment où je m'aime, j'accepte de vivre dans la réalité. Je m'engage à dire la vérité et à être responsable. En retour, cette attitude augmente mon estime de soi. J'aime les gens francs et responsables, alors pourquoi ne m'aimerais-je pas, moi aussi, si je suis franc et responsable ?

Il y a, dans la communauté des Alcooliques Anonymes, un mot d'ordre bien connu : « Faites "comme si" jusqu'à ce que vous y arriviez. » Si l'on en croit cet énoncé, il faut parfois simplement décider de se conduire comme si l'on était motivé par un sentiment souhaitable plutôt que d'attendre d'avoir vraiment changé intérieurement. Or, cette vérité s'applique également à l'amour de soi. Prenez la décision de vous aimer et affirmez-le haut et fort. Comportez-vous comme si vous vous aimiez, vous valorisiez et vous acceptiez inconditionnellement ; c'est alors que vous commencerez à vous aimer et à vous accepter.

L'affirmation de soi

Le travail d'amour sous-tend une autre démarche que vous pouvez entreprendre pour accroître votre estime de soi et guérir votre honte toxique : apprendre à vous affirmer davantage. L'affirmation de soi est basée sur l'estime et la valorisation personnelles ; elle est donc très différente de l'agressivité, qui est, le plus souvent, une conduite essentiellement motivée par la honte. L'agressivité suppose le désir de gagner à tout prix, et ce désir implique l'humiliation d'autrui. Mais ce n'est évidemment pas en humiliant autrui que l'on peut arriver à s'aimer mieux et davantage.

Je considère l'affirmation de soi, et l'apprentissage que cela suppose, comme l'un des moyens les plus efficaces de vous affranchir de la honte qui vous paralyse. Rappelez-vous qu'à l'époque où votre processus d'intériorisation de la honte suivait son cours dans votre famille dysfonctionnelle, vos besoins sont devenus quelque chose d'intimement associé à la honte. Au bout d'un certain temps, vous avez même perdu conscience de ces besoins, si bien que vous vous êtes trouvé dans la quasi-impossibilité d'apprendre à demander ce que vous vouliez. Voyant vos besoins de dépendance continuellement bafoués, vous avez fini par croire que vous ne pouviez vous en remettre à personne. Vous avez perdu tout sentiment de vos droits humains et de votre unicité fondamentale.

Il n'est cependant pas trop tard pour apprendre à vous affirmer et à combler vos besoins, en disant non et en demandant ce que vous désirez. C'est ainsi que vous apprendrez à délimiter de nouvelles frontières physiques, émotionnelles, volitives et intellectuelles. En cette matière, des ouvrages tels que *When I Say No, I Feel Guilty* de Manuel Smith, *Do You Say Yes When You Want To Say No?* de Fensterheim et *S'affirmer – Savoir prendre sa place* de Alberti et Emmons vous seront d'une grande aide. Bien sûr, les techniques présentées dans ces livres exigent de la pratique.

Par ailleurs, chacun de nous doit élaborer sa propre charte de droits et se donner l'entière permission d'exercer ces droits. Comme point de départ, je vous propose la liste de droits dressée par Manuel Smith dans *When I Say No, I Feel Guilty*. Vous pourrez y ajouter tout autre droit qui vous semble important.

- Vous avez le droit de déterminer la pertinence de vos comportements, pensées et émotions, et d'assumer la responsabilité de leur déclenchement aussi bien que de leurs conséquences sur vous-même.

- Vous avez le droit de ne donner aucune raison pour justifier votre conduite.
- Vous avez le droit de juger si vous êtes concerné ou non par les problèmes d'autrui.
- Vous avez le droit de changer d'idée.
- Vous avez le droit de commettre des erreurs et d'en assumer la responsabilité.
- Vous avez le droit de dire « Je ne sais pas ».
- Vous avez le droit de ne pas dépendre de la bienveillance des autres plutôt que de vous soucier d'eux.
- Vous avez le droit d'être illogique lorsque vous prenez des décisions.
- Vous avez le droit de dire « Je ne comprends pas ».
- Vous avez le droit de dire « Je m'en balance ».

En vous aimant vous-même, réfléchissez à la manière dont vous aimiez la personne à laquelle je vous ai demandé de penser au cours du premier exercice. Si quelqu'un lui faisait du mal ou lui causait des ennuis, comment réagiriez-vous ? Si vous la voyiez en train de se faire du mal ou de se dénigrer, comment prendriez-vous soin d'elle ? Pensez à tout ce que vous avez fait, à toute l'énergie que vous avez dépensée pour aimer vos enfants. Vous aimerez-vous de la même manière ? Vous le méritez vraiment. Il n'a jamais existé une seule personne comme vous auparavant et il n'existera plus jamais une personne comme vous à l'avenir. Vous êtes une personne absolument unique et de grande valeur.

Le recadrage des erreurs[1]

Un être foncièrement honteux tente désespérément de présenter au monde extérieur un masque exprimant « Je suis plus qu'humain » ou « Je suis moins qu'humain ». Être plus qu'humain signifie ne jamais faire d'erreur. Être moins qu'humain, c'est croire que l'on est un raté,

---

1. Une gande partie du matériel de cette rubrique a été inspirée du livre de Matthew McKay et Patrick Fanning intitulé *Self-Esteem*.

que l'on est soi-même une erreur. Or, nous devons à tout prix accepter nos erreurs si nous voulons entretenir notre estime de soi. Pour ce faire, nous pouvons apprendre à les « recadrer ».

J'utilise le terme « recadrage » pour signifier que nous pouvons changer notre interprétation ou notre point de vue, autrement dit que nous pouvons mettre un nouveau cadre autour d'un tableau ou d'un événement pour modifier notre façon de le voir, pour changer la signification qu'il revêt à nos yeux. Recadrer ses erreurs, cela signifie apprendre à les regarder de manière telle qu'elles perdent tout aspect catastrophique. Plutôt que de considérer nos erreurs comme des catastrophes alarmantes, nous pouvons les voir, et les accepter, comme des composantes naturelles et valables de notre vie. C'est exactement à cela que nous conduit la honte normale. En effet, quand nous sommes en contact avec notre honte normale, non seulement nous savons que nous commettons des erreurs et que nous continuerons d'en commettre, mais nous les utilisons soit comme des bonnes leçons à retenir soit comme des signaux nous avertissant de ralentir et d'être plus attentifs à ce que nous faisons.

Les erreurs en tant qu'avertissements

Les erreurs sont toutes semblables à l'alarme de votre voiture qui vous avertit du danger de conduire en n'ayant pas bouclé votre ceinture de sécurité. Si un policier vous colle une contravention parce que vous avez fait un excès de vitesse, cela peut vous servir d'avertissement et vous inciter à conduire plus lentement en vous concentrant davantage. Au bout du compte, ce genre d'erreur pourrait vous sauver la vie.

La honte toxique, avec son masque de perfectionnisme, transforme tout avertissement en une mise en accusation morale. On devient alors tellement soucieux de se défendre de ses voix intérieures critiques que l'on ne tient aucunement compte de l'avertissement donné par l'erreur. Prenez donc l'habitude de recadrer toute erreur en la considérant comme un signal d'alarme. Attardez-vous sur le signal plutôt que sur votre culpabilité.

Les erreurs en tant que source de spontanéité

Le fait de savoir que vous avez commis des erreurs et en commettrez bien d'autres donne de la vitalité et de la spontanéité à votre existence. En effet, la honte normale favorise la créativité car, en vous rappelant que vous êtes sujet à l'erreur, elle vous pousse à rechercher de nouvelles informations et de nouvelles solutions. Elle vous empêche de vous prendre pour Monsieur ou Madame Je-sais-tout.

En revanche, la phobie des erreurs tue la créativité et la spontanéité. En nous insufflant continuellement la crainte de dire ce que nous pensons ou ressentons, elle nous donne le sentiment de marcher sur des œufs. Voici ce que McKay et Fanning nous font observer à ce sujet :

> Si l'on ne vous a jamais permis de dire ce qu'il ne fallait pas dire, vous n'oserez probablement jamais dire ce qu'il faut dire, par exemple révéler à quelqu'un que vous l'aimez, que vous êtes blessé ou que vous avez envie de le réconforter.

Les erreurs en tant que leçons

Il est pratiquement impossible d'apprendre une tâche quelconque ou de développer une faculté particulière sans faire d'erreurs. Ce n'est pas sans raison que l'on a défini l'apprentissage comme une «succession d'approximations». Observez comment un enfant apprend à marcher ; il apprend en tombant. Chaque fois qu'il tombe, il modifie son équilibre et fait une nouvelle tentative. L'ensemble de ses erreurs crée une succession d'approximations grâce à laquelle, au bout du compte, il est capable de marcher.

Chacune de nos erreurs constitue une sorte de feedback nous révélant ce que nous devons corriger. Ainsi, au fur et à mesure que nous faisons les corrections nécessaires, nous nous rapprochons de la séquence comportementale la plus efficace.

En tant que professeur, je sais que les étudiants qui ont la phobie des erreurs ont beaucoup de difficultés d'apprentissage. Ils ont peur de s'attaquer à de nouvelles matières parce qu'ils craignent de ne pas les comprendre. Plus tard, confinés dans cette attitude, ils se rabattent sur le premier emploi qui leur est offert et sont souvent enclins à s'y accrocher toute leur vie durant. La perspective d'occuper un nouvel emploi les effraie énormément, car cela les obligerait à affronter de nouvelles façons de faire et à relever des défis. En outre, ils ne cherchent pas à se mettre à jour ni à se perfectionner dans leur domaine parce que les erreurs qu'ils commettraient inévitablement les feraient trop souffrir.

Comme McKay et Fanning l'expliquent fort bien :

> Le recadrage des erreurs, considéré comme un feedback indispensable dans le processus d'apprentissage, vous permet de vous détendre et de vous concentrer sur votre maîtrise graduelle d'une nouvelle tâche. Les erreurs vous informent de ce qui fonctionne ou ne fonctionne pas. Elles n'ont rien à voir avec votre valeur personnelle ou votre intelligence. Elles sont purement et simplement des étapes dans votre progression vers un but.

Les catégories d'erreurs les plus courantes

Certains types d'erreurs reviennent plus fréquemment que d'autres. En voici dix parmi les plus courantes.

1. **Les erreurs de données.** Vous notez le numéro de téléphone 529-6188 alors qu'il s'agit en réalité du 529-6185.
2. **Les erreurs de jugement.** Vous décidez d'acheter les chaussures les moins chères et au bout de six mois d'usage elles sont complètement déformées.
3. **Les pieux mensonges.** Vous appelez au bureau pour dire que vous êtes malade puis, au supermarché, vous tombez nez à nez avec votre patron.
4. **La procrastination.** Vous remettez à plus tard votre rendez-vous chez le dentiste. Durant le week-end, une rage de dents vous tenaille.

5. **L'étourderie.** Vous partez faire du shopping pour vous amuser et vous oubliez votre argent à la maison.

6. **Les occasions ratées.** L'or que vous avez refusé d'acheter à quarante-huit dollars l'once en vaut maintenant quatre cent trente-deux.

7. **La complaisance.** Après vous être empiffré, vous êtes malade toute la nuit.

8. **Le gaspillage d'énergie.** Vous travaillez à un manuscrit intitulé *Les lieux du cœur* et on annonce la sortie d'un film portant exactement le même titre. (Cela m'est arrivé.)

9. **L'échec dans la poursuite d'un but.** Vous partez en vacances à la mer et vous traînez encore vos kilos en trop.

10. **L'impatience.** Un poisson a mordu à votre hameçon mais, dès que vous donnez une vive secousse à votre canne, il se décroche et retombe à l'eau.

On pourrait ajouter plusieurs autres catégories d'erreurs à cette liste, car elles s'avèrent essentiellement humaines, naturelles chez l'*homo sapiens*. Voici le fil conducteur qui relie tous ces exemples : une erreur est toujours le produit d'une sagesse de l'après-coup. Selon McKay et Fanning :

> Une erreur c'est tout ce que vous faites et que, après réflexion, vous regrettez de ne pas avoir fait différemment. Cela s'applique également aux choses que vous n'avez pas faites mais que, en y réfléchissant par la suite, vous regrettez de ne pas avoir faites.

La sagesse de l'après-coup, c'est ce que l'on comprend clairement plus tard. Notons ici que l'expression clé est « plus tard ». En effet, c'est lorsque, après coup, on interprète une action que celle-ci nous apparaît comme une erreur. Rétrospectivement, on l'étiquette alors comme une « erreur ».

Sur le moment, nous optons toujours pour l'action qui nous semble la plus apte à combler nos besoins, car les bienfaits que nous en escomptons nous semblent alors surpasser les inconvénients possibles. Or, toute action que l'on entreprend à un moment donné dépend de notre conscience. Dans cet ordre d'idées, voyons comment McKay et Fanning définissent la conscience :

> La conscience, c'est le degré de clarté avec lequel vous percevez et comprenez, consciemment ou inconsciemment, tous les facteurs relatifs à votre besoin immédiat.

Ainsi, les erreurs sont le résultat d'une interprétation que l'on fait après coup. Voilà pourquoi elles n'ont rien à voir avec l'estime de soi. Si vous qualifiez votre choix de « mauvais » parce que, à la lumière de votre conscience tardive, il se révèle erroné, vous en arrivez inévitablement à vous punir pour des choses que vous ne pouviez pas réaliser. Lorsqu'il s'agit de qualifier vos erreurs passées, il serait plus approprié de parler de choix « peu judicieux », « inutiles » ou « peu efficaces ». Ces termes expriment votre jugement de façon plus juste.

L'expansion de la conscience est le corollaire évident du problème des erreurs. Si vous êtes particulièrement sujet aux erreurs, vous devriez peut-être envisager la possibilité d'élargir votre champ de conscience quand vous passez à l'action. C'est la meilleure solution. Il est complètement inutile de vous jurer que vous ne referez pas la même erreur deux fois, car si vous négligez d'accroître votre conscience, vous la referez inévitablement.

Cependant, même si vous reconnaissez que, compte tenu des choix qui s'offraient à vous, vous avez toujours pris les meilleures décisions possibles, cela ne vous dégage pas de toute responsabilité face à vos erreurs. Assumer cette responsabilité signifie accepter les conséquences de vos actes, car toute action entraîne des conséquences. Pour devenir plus responsable, vous devez donc nécessairement devenir plus conscient des conséquences de vos choix.

Par ailleurs, à mesure que l'on extériorise notre honte, notre conscience s'accroît. Nous savons déjà qu'une personne pétrie de honte jouit d'un faible niveau de conscience car ses émotions paralysées affectent son aptitude à réfléchir et à être consciente. En effet, la honte intériorisée lui donne une sorte de vision en tunnel qui, à son tour, rétrécit le champ de sa conscience et se manifeste par des distorsions de la pensée. Or, à partir du moment où elle soigne sa honte en recourant à divers procédés d'extériorisation, le champ de sa conscience s'élargit et elle commence à sentir que son intelligence se libère.

L'habitude de la conscience

McKay et Fanning proposent une méthode simple qu'ils appellent « l'habitude de la conscience ». Ils ont élaboré certaines questions que vous pouvez vous poser lorsque, ayant une décision importante à prendre, vous devez en soupeser les conséquences probables, à court et à long terme. Voici ces questions :

- Me suis-je déjà trouvé(e) dans une situation semblable auparavant ?
- Quelles conséquences négatives la décision que je compte prendre avait-elle entraînées à ce moment-là ? Dois-je maintenant m'attendre aux mêmes conséquences négatives ?
- Compte tenu de ce que j'espère gagner, ces conséquences sont-elles négligeables ?
- À ma connaissance, n'y aurait-il pas une autre solution entraînant moins de conséquences négatives ?

L'élément clé en ce qui concerne l'habitude de la conscience, c'est l'engagement que vous prenez face à vous-même. Vous vous engagez en effet à examiner les conséquences possibles de tous vos actes les plus significatifs. Voilà ce qu'implique la décision de vous aimer vous-même : prendre tout le temps nécessaire pour soupeser et évaluer les conséquences de vos choix. C'est une décision importante puisque, après tout, vos choix tissent la trame même de votre vie !

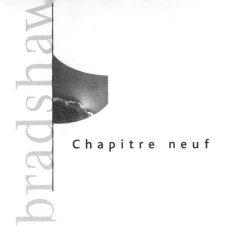

Chapitre neuf

Guérissez vos souvenirs et changez votre image de soi

Un jour, on s'apercevra que les hommes se distinguent
les uns des autres aussi bien par leur caractère
que par la forme de leurs souvenirs.

ANDRÉ MALRAUX

Ce sont nos meilleurs souvenirs qui resurgiront lorsque
nous évoquerons le temps où nous nous sentions
affectueusement acceptés quoi que nous fissions.

SHELDON KOPP
MIRROR, MASK AND SHADOW

« Maintenant, je vais vous montrer comment changer votre histoire personnelle », s'est exclamé l'animateur David Gordon. La gorge serrée, je me suis dit intérieurement : « Attendez un instant. C'est vrai que l'on peut changer son avenir en faisant de nouveaux choix... mais changer le passé ? Allons donc ! »

Changez votre histoire personnelle

C'est David Gordon qui, à l'origine, m'a initié à un nouveau et passionnant modèle de changement appelé la «programmation neurolinguistique» (PNL). Cette technique visant à modifier notre propre histoire personnelle, je l'ai d'abord apprise pour moi-même, puis je l'ai adaptée et utilisée au cours des six dernières années. Je suis donc en mesure d'affirmer que, parmi toutes les techniques proposées dans ce livre, c'est l'une des plus efficaces pour s'affranchir de la honte.

Ce que je vais vous présenter un peu plus loin dans ce chapitre, sous le titre «Renvoyer la patate chaude», c'est mon adaptation personnelle de la technique de PNL. Elle est spécialement conçue pour modifier le souvenir d'une humiliation infligée par un de nos protecteurs (une scène du passé au cours de laquelle un parent, un professeur, un pasteur ou un prêtre aurait déversé sa propre honte sur nous).

La nature des ancres

En soi, la technique de la PNL est basée sur un phénomène de programmation humaine appelé *ancrage*. Une ancre, c'est comme le bouton de mise en marche d'un magnétophone: elle peut faire «rejouer» un souvenir très ancien que nous avons enregistré dans notre mémoire. Elle ravive les sons, les images, les émotions, voire les goûts et les odeurs associés à un souvenir donné. Dans cette perspective, les mots eux-mêmes sont des ancres, puisqu'ils ont le pouvoir de faire resurgir les images et les émotions reliées à des souvenirs très anciens.

En examinant le tableau 9.1, vous verrez que la réalité peut être représentée uniquement par le langage. Cela signifie qu'il ne nous est jamais possible de rendre fidèlement compte d'une expérience vécue. Par conséquent, lorsque nous parlons de quelque chose que nous avons vécu, nous parlons en fait de l'interprétation que nous en ont donnée nos deux systèmes de représentation: la perception sensorielle et l'intellect, qui sont aussi nos deux principaux modes de connaissance.

Notre premier mode de connaissance, la perception sensorielle, est aussi le plus immédiat, comparé à notre connaissance intellectuelle qui, elle, est toujours décalée de deux degrés par rapport à la réalité. En effet, nous savons, depuis le philosophe Gottfried Leibniz, que les concepts (le savoir intellectuel) sont toujours fondés sur des préceptes (le savoir sensoriel). Ainsi, chacune de nos pensées porte en elle-même des informations sensorielles puisqu'elle a d'abord été perçue, vue, entendue, touchée, goûtée, sentie. Inversement, les concepts déclenchent des représentations sensorielles, qu'il s'agisse d'images visuelles, de monologues intérieurs ou de sensations kinesthésiques.

Quand nous parlons de la honte toxique, par exemple, cela provoque l'émergence inconsciente de maints souvenirs relatifs à la honte qui, habituellement, forment un collage d'images enchevêtrées. Une fois que nous avons intériorisé la honte, cette imagerie est fréquemment ravivée et nous entraîne dans des spirales de honte, lesquelles semblent fonctionner indépendamment, comme si elles avaient leur vie propre.

Les spirales de honte se déclenchent également sous l'effet de notre monologue intérieur, qui est basé sur les anciennes croyances que nous entretenons à propos de nous-mêmes et du monde extérieur. Ces croyances nous ont été inculquées par nos protecteurs pétris de honte. Quant aux spirales de honte auditives, elles résultent de l'introjection des voix parentales qui, à l'origine, étaient les voix réelles de nos protecteurs mortifiants. Elles jouent dans notre tête à la manière d'un enregistrement stéréo. Les analystes transpersonnels estiment que nous emmagasinons en mémoire environ vingt-cinq mille heures de ces enregistrements.

« Renvoyer la patate chaude », c'est changer notre ancienne imagerie en nous servant des ancres kinesthésiques (ancres tactiles). Cette démarche nous permet de revivre le passé, en quelque sorte, tout en y ajoutant des ressources correctives. Elle représente également un moyen de nous défaire de ce que Pia Mellody a appelé la honte « induite » ou « héritée ».

Lorsque, autrefois, nos protecteurs se sont comportés de manière «éhontée» en rageant, en nous condamnant, en nous critiquant ou en nous jugeant, nous avons intégré les sentiments de honte auxquels ils tentaient d'échapper. Puisqu'ils évitaient ces sentiments, c'est nous qui devions nous en charger. En fait, la honte de nos protecteurs est devenue la nôtre parce que leur comportement éhonté nous a vraiment humiliés. Nous nous sentions concernés par les jugements qu'ils portaient sur nous, alors qu'en réalité ce n'est pas nous qui étions en cause mais plutôt nos protecteurs. C'est ainsi que nous avons intégré leur propre honte et que nous l'avons véhiculée depuis lors.

Pour vous aider à comprendre la méthode que je vous propose, permettez-moi de citer Leslie Bandler, membre de l'équipe de pionniers qui a créé la PNL, en lui empruntant ce passage de *They Lived Happily Ever After*:

> Dans mon travail, je pars du principe que les gens ont toutes les ressources nécessaires pour effectuer les changements qu'ils veulent faire et qu'ils ont besoin de faire [...] Les ressources dont je parle [...] se trouvent dans notre histoire personnelle. Nous pouvons en effet tirer profit d'absolument toutes nos expériences vécues. Qui ne s'est pas déjà senti assuré, déterminé, audacieux ou détendu à un certain moment? La tâche du thérapeute, c'est de faire en sorte que ces ressources puissent être mobilisées dans les différents contextes où elles sont requises. Richard Bandler, Grindler, Delozier et moi avons mis au point une méthode appelée ancrage qui donne exactement ce résultat.

Madame Bandler explique ensuite que si à l'aide d'un simple stimulus – une mélodie entendue dans l'enfance, par exemple – on peut revivre mentalement une expérience passée, inversement, on peut tout aussi bien associer délibérément un souvenir avec un stimulus donné, correspondant cette fois-ci à une expérience particulière. Pour ce faire, on doit d'abord accéder au souvenir concerné puis joindre le

TABLEAU 9.1. LA REPRÉSENTATION DE LA RÉALITÉ

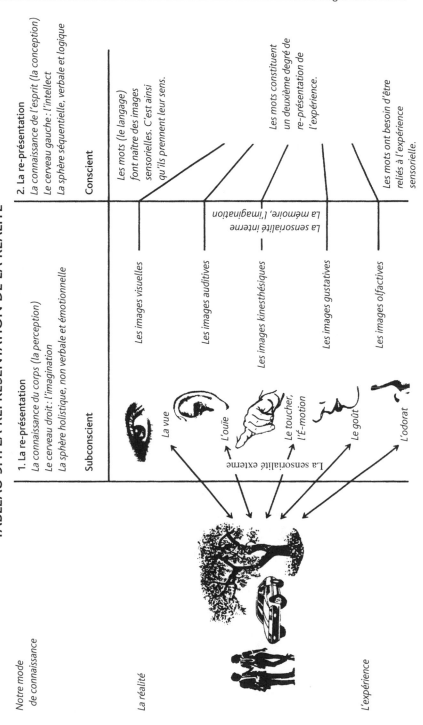

Notre mode de connaissance

1. La re-présentation
La connaissance du corps (la perception)
Le cerveau droit : l'imagination
La sphère holistique, non verbale et émotionnelle

Subconscient

2. La re-présentation
La connaissance de l'esprit (la conception)
Le cerveau gauche : l'intellect
La sphère séquentielle, verbale et logique

Conscient

Les mots (le langage) font naître des images sensorielles. C'est ainsi qu'ils prennent leur sens.

Les mots constituent un deuxième degré de re-présentation de l'expérience.

Les mots ont besoin d'être reliés à l'expérience sensorielle.

La sensorialité interne
La mémoire, l'imagination

Les images visuelles
Les images auditives
Les images kinesthésiques
Les images gustatives
Les images olfactives

La vue
L'ouïe
Le toucher, l'É-motion
Le goût
L'odorat

La sensorialité externe

La réalité

L'expérience

279

pouce à un autre doigt pendant que l'on revit ce souvenir en le modifiant. Une fois que l'association sera créée, le simple contact du pouce et d'un autre doigt suffira à raviver cette nouvelle expérience aussi souvent qu'on le désirera.

L'exemple suivant démontre que le langage fonctionne de la même façon que la technique d'ancrage. Voilà une dizaine d'années, j'assistais à une réunion en compagnie d'un ami. Me tournant vers lui, je m'étais rendu compte qu'il pleurait. « Qu'est-ce que tu as ? », lui ai-je demandé. « Bluff est mort », m'a-t-il répondu. Bluff était son chien, et j'ai trouvé cela vraiment bizarre de voir un homme dans la force de l'âge pleurer la mort d'un stupide animal. Dans ma tête, le mot *chien* n'était associé à aucune représentation de premier degré. En effet, je n'avais jamais connu ce que c'est que de posséder un chien. Enfant, je travaillais comme livreur de journaux et, par la force des choses, les chiens étaient mes ennemis naturels. Pour moi, cela ne rimait à rien de voir quelqu'un pleurer pour un chien parce que je n'avais aucun souvenir sensoriel chaleureux associé à un chien.

Environ huit ans plus tard, j'ai acheté à mon fils un petit chien de berger des Shetland que nous avons baptisé Cully. Quand je rentre à la maison et que Cully m'aperçoit, il bondit à presque un mètre de hauteur et fait pipi sur lui-même. (Jamais aucun de mes amis n'a fait cela !) Quel que soit le moment où j'arrive, quel que soit le nombre de fois que j'entre dans la maison, Cully devient fou de joie en me voyant. Je me suis énormément attaché à lui. J'ai maintenant le vécu sensoriel qu'il me fallait pour comprendre qu'on puisse pleurer la perte d'un chien. À présent, cela rime à quelque chose pour moi. Par conséquent, si quelqu'un me disait que son chien est mort, le mot *chien* raviverait instantanément mon expérience avec Cully. Ainsi, les mots sont des ancres qui font resurgir le vécu sensoriel du passé. Voici ce qu'en dit Leslie Bandler :

Si je vous demandais de vous souvenir d'un moment où vous vous êtes senti profondément content de vous-même, mes mots vous lanceraient à la recherche de vos expériences passées [...] vous seriez capable de vous mettre en colère en vous rappelant une querelle passée ou d'avoir peur en vous rappelant un film ou un incident terrifiant. De cette façon, en faisant émerger un souvenir (un vécu généré de l'intérieur), nous revivons plusieurs des émotions que nous avons éprouvées lors de la formation de ce souvenir.

Pour ma part, lorsque j'utilise ma propre version de la technique de PNL, je demande au sujet de choisir un souvenir rattaché à la honte et de l'ancrer. Pour ce faire, la personne doit simplement fermer les yeux et laisser sa mémoire retrouver un moment où son père, sa mère, un professeur ou un prédicateur déversait sa propre honte sur lui.

Un de mes clients s'est ainsi souvenu de l'humiliation qu'on lui avait infligée en deuxième année, à l'école catholique, un jour où le curé de la paroisse était venu distribuer les bulletins scolaires aux élèves. Le prêtre en question avait coutume de jeter par terre le bulletin des élèves n'ayant récolté qu'un D ou un E dans une matière quelconque. Étant donné que, enfant, mon client souffrait d'une dyslexie non diagnostiquée, son apprentissage de la lecture se faisait très laborieusement. Voyant sa note E en lecture, le bon prêtre avait donc lancé le bulletin de mon client par terre. Honteux, humilié, celui-ci avait en outre eu beaucoup de mal à le ramasser car ses ongles rongés étaient trop courts. Tout le monde riait tandis que cet enfant vivait un atroce moment d'humiliation. Ce souvenir, comme la plupart des souvenirs douloureux non dissociés, a été facile à ancrer par un simple contact du pouce gauche avec un autre doigt de la même main. Une fois cet ancrage effectué, je demandai à mon client de penser aux ressources dont il disposait depuis lors et de choisir celles qui l'auraient aidé, dans le passé, à mieux affronter cette expérience. Après un moment de réflexion, il me répondit fermement : «Je m'exprime avec aisance, maintenant, et j'ai appris à m'affirmer.»

« Fermez les yeux, lui dis-je, et pensez à un moment où vous vous êtes très bien exprimé. Le souvenir que vous choisirez peut remonter à n'importe quelle période de votre vie. Revoyez-vous en train de vous exprimer avec clarté et fermeté, disant exactement ce que vous voulez dire. »

Alors que mon client fouillait mentalement dans son passé, je remarquai que son visage commençait à se transformer. Ses mâchoires se desserraient et il avait l'air plus confiant. Je lui demandai de joindre son pouce droit à un autre doigt de la même main et de maintenir ce contact pendant trente secondes tandis qu'il se revoyait en train de s'exprimer clairement. Je lui demandai ensuite d'inspirer profondément et de se détendre. Puis, pour séparer l'expérience qu'il venait de faire – l'ancrage concernant l'expression verbale articulée – de celle qui allait suivre – l'ancrage concernant l'affirmation de soi –, je lui suggérai de se remémorer un vieux souvenir agréable.

Après cette pause, je lui demandai de penser à un moment où il s'était vraiment affirmé. Pour l'aider à reconstituer cette expérience en détail, je lui posai les questions suivantes : « Qui était présent ? Comment ces gens étaient-ils habillés ? Et vous, que portiez-vous ? » Pendant qu'il revivait mentalement cette expérience d'affirmation de soi, je lui demandai de faire son ancrage exactement comme le précédent, c'est-à-dire en joignant les mêmes doigts de la main droite et en maintenant ce contact pendant trente secondes. Cela fait, il prit une profonde inspiration et se replongea dans le souvenir agréable qu'il avait évoqué précédemment. À cette étape, mon client avait donc :

1. constitué une ancre de honte (X), à partir de la scène de remise des bulletins scolaires, en joignant son pouce gauche à un doigt de la même main ;
2. constitué une ancre ressource (Y) en joignant son pouce droit à un doigt de la même main. Cette ancre comprenait deux forces que mon client possédait à l'âge adulte mais qui lui faisaient

défaut à l'époque où il était un élève de deuxième année : l'aptitude à s'exprimer clairement et la capacité de s'affirmer.

Nous étions désormais prêts à recréer l'ancien souvenir douloureux. Pour mieux comprendre ce processus, on peut se référer à un principe de la cybernétique voulant que le cerveau et le système nerveux central soient incapables de faire la différence entre une expérience réelle et une expérience imaginaire, pour peu que l'expérience imaginaire soit assez vivante et détaillée.

C'est ainsi que la plupart des gens peuvent atteindre un certain degré d'excitation sexuelle en se servant uniquement de leur *imagination*. Par ce biais, ils parviennent à une véritable réaction kinesthésique bien qu'ils ne soient pas en compagnie d'un partenaire réel. Dans un même ordre d'idées, si les individus ayant une personnalité de type paranoïde vivent dans un monde de menaces et d'hypervigilance, c'est parce qu'ils sont la proie des fantasmes et des hallucinations qu'ils se créent eux-mêmes. Quant aux gens normaux, ils s'infligent souvent un terrible stress ou une grande anxiété en s'inquiétant à propos de l'avenir, c'est-à-dire à propos d'événements qui ne se sont même pas encore produits. Tous ces exemples démontrent que l'on peut programmer son comportement en se servant de son imagination.

Suivant ce principe, à la troisième étape du processus, je demandai à mon client de revivre la scène d'humiliation en y ajoutant ses nouvelles ressources d'expression verbale et d'affirmation de soi. Pour ce faire, il devait toucher simultanément les deux ancres X et Y et ne rien changer au comportement des autres acteurs de la scène. Il devait se concentrer uniquement sur sa réaction lorsque le prêtre jetait son bulletin par terre. Il pouvait réagir comme bon lui semblait, mais il devait s'affirmer et s'exprimer clairement. Je l'encourageai à dire sincèrement au prêtre ce qu'il ressentait et lui suggérai même des phrases comme celles-ci : « C'est épouvantable de vous voir en train de tyranniser et d'humilier un enfant comme moi. Je fais de mon mieux. Vous êtes un piètre modèle de l'amour de Dieu », etc.

L'idéal, c'est que les mots viennent spontanément – et on peut alors les dire à voix haute ou mentalement. En intervenant, je m'efforce d'amener le sujet à sentir une énergie assez forte pour qu'il puisse exprimer la colère induite par la honte.

Finalement, je demande au sujet de rendre à son protecteur éhonté les sentiments de honte qu'il a portés pour lui des années durant. Comme symbole de la honte, j'aime bien employer l'image d'une grosse poche sombre et humide. Cette remise symbolique est importante. Une fois que la personne a retrouvé son calme intérieur, je lui demande d'inspirer profondément, de se détendre puis d'ouvrir les yeux.

Des ancres bien constituées

La démarche que je viens de décrire peut s'effectuer sans l'intervention d'une autre personne et on peut retravailler chaque scène plusieurs fois. Personnellement, j'ai travaillé une centaine de souvenirs associés à la honte et j'ai refait certaines scènes jusqu'à une dizaine de fois. Dans cette démarche, la clé du succès réside dans la qualité des ancres ressources. Si l'ancrage de la honte est habituellement facile à réaliser, parce qu'il ravive une souffrance intense, l'ancrage adéquat des ressources, quant à lui, exige du temps, de l'entraînement et de la patience. Une ancre bien constituée répond aux conditions suivantes :

1. **Elle donne accès à un état pur.** L'ancre idéale est celle qui a la plus grande intensité d'énergie, qui véhicule l'émotion la plus forte.
2. **Elle est créée au moment opportun.** On doit constituer l'ancre (par le contact du pouce et d'un autre doigt) quand l'énergie atteint, ou est proche d'atteindre, son point culminant.
3. **On peut la reproduire.** Il est possible de vérifier l'efficacité d'une ancre en la testant. En joignant le pouce et le doigt ensemble, on active aussitôt l'expérience passée. Si l'ancre est bonne, elle véhiculera une forte intensité émotionnelle.

Le dernier point à surveiller (le point numéro 3) est crucial : afin de s'assurer qu'une ancre ressource est bonne, il faut toujours la tester au moins une fois avant de procéder à l'expérience corrective.

Je dois ajouter que deux choses m'enthousiasment dans cette méthode. La première, c'est que *la personne qui l'utilise doit faire appel à ses propres ressources.* Cela revêt une grande importance pour les individus pétris de honte et codépendants, car, en général, ils ont très peu conscience de leurs forces intérieures et ne croient qu'en une aide extérieure à eux-mêmes. Toute bonne thérapie se fonde sur l'utilisation des forces et des ressources propres à la personne. Autrement dit, le pouvoir réside dans la personne que le thérapeute cherche à aider. Nous avons tous en nous-mêmes toutes les ressources nécessaires pour changer, mais la honte toxique nous empêche de prendre conscience de ces ressources.

La deuxième chose que j'aime bien dans cette technique, c'est qu'*elle est vérifiable.* Vers la fin de mon travail avec le client dont j'ai parlé précédemment, je lui ai demandé de se détendre, de fermer les yeux et de revenir mentalement dans cette classe de deuxième année, le jour de la remise des bulletins scolaires. Il devait activer la première ancre qu'il avait faite avec sa main gauche. Je l'ai laissé revivre l'expérience humiliante qu'il avait préalablement ancrée et je lui ai demandé de porter attention à tous les changements qui pouvaient s'être produits dans ce vécu. J'ai examiné l'expression de son visage en la comparant à mon souvenir de celle que j'avais observée la toute première fois. C'est ainsi que mon client a rapporté des changements significatifs dans son expérience et que j'en ai noté, moi aussi.

En effet, lors du premier ancrage, il avait baissé la tête et froncé les sourcils ; sa respiration s'était accélérée et son teint s'était empourpré. Pendant le test, deux séances plus tard, sa tête était restée bien droite, sa respiration était pratiquement normale et la couleur de son teint n'avait pas changé. Ces indices neurologiques concordaient avec ce qu'il me dirait par la suite, après avoir revécu mentalement l'ancienne souffrance.

Renvoyer la patate chaude

Voici un résumé de la technique que je viens d'expliquer. Je vous recommande de bien mémoriser les directives suivantes ou de les enregistrer sur cassette.

1. Fermez les yeux et prenez trois à cinq minutes pour vous concentrer sur votre respiration. Sentez à quel point vos sensations sont différentes lorsque vous inspirez et lorsque vous expirez. Détendez-vous complètement.

2. Laissez-vous entraîner mentalement vers le passé, à un moment où quelqu'un vous a couvert de honte. Lorsque vous sentez le bouleversement ou la détresse que cette expérience provoque en vous, joignez votre pouce gauche à un doigt de la même main. Maintenez le contact pendant vingt secondes… Inspirez profondément et relâchez vos doigts. Reportez votre attention sur une image familière, par exemple la maison où vous vivez.

3. Après vous être concentré sur quelque chose de familier, pensez aux ressources que vous possédez maintenant, mais qui vous faisaient cruellement défaut à l'époque de la scène humiliante, et choisissez celle qui vous aurait permis d'affronter différemment la scène en question. (Par exemple, aujourd'hui, vous vous exprimez de façon plus articulée, vous vous affirmez davantage ou vous jouissez du soutien d'un groupe.)

4. Pensez à un moment où vous avez eu recours à cette ressource (vous pouvez choisir toute expérience réelle que vous avez vécue à n'importe quelle époque de votre vie) et revivez ce souvenir jusque dans le moindre détail. Que portiez-vous à ce moment-là ? De quelle couleur étaient les cheveux de votre interlocuteur ? De quelle couleur étaient ses yeux ?, etc.

5. Une fois que vous sentez cette ressource (vous êtes plein d'assurance, donc vous vous affirmez), joignez votre pouce droit à un autre doigt de la même main. Maintenez le contact pendant trente secondes… Prenez une profonde inspiration et relâchez

vos doigts. Répétez ce procédé avec toute autre ressource qui vous aurait aidé à affronter l'humiliation passée.

6. Reportez votre attention sur une image familière (votre chambre ou votre voiture).

7. Maintenant, imaginez que vous vous apprêtez à revivre la scène humiliante. Imaginez que vous avez le pouvoir de revenir en arrière en emportant avec vous la ressource actuelle que vous venez tout juste d'ancrer. Imaginez que vous allez revivre l'expérience en utilisant cette ressource.

8. À présent, activez simultanément vos deux ancres (celle de la main gauche et celle de la main droite). Retournez à la scène humiliante et revivez-la. Exprimez votre colère à la personne qui vous couvre de honte et dites ou faites tout ce que bon vous semble. *(Ne changez que votre propre comportement ; ne modifiez en rien celui de l'autre personne.)* Restez plongé dans cette expérience jusqu'à ce que, intérieurement, vous la perceviez de manière différente. Si cela vous est difficile, revenez au présent et ancrez davantage de ressources. Ensuite, reprenez votre expérience passée et modifiez votre souvenir en utilisant ces nouvelles ressources. N'oubliez pas de rendre à votre interlocuteur la honte qui lui appartient, celle qu'il a évitée en agissant de manière éhontée.

9. Attendez une minute ou deux puis, sans activer les ancres, rappelez à votre mémoire l'expérience passée ; vous pourrez alors savoir, par le biais de votre vécu sensoriel, si ce souvenir a bel et bien été modifié subjectivement.

10. Après avoir modifié une expérience passée, utilisez-la pour programmer des événements futurs. Imaginez que, dans un avenir plus ou moins rapproché, vous vous retrouvez dans une situation ou un contexte similaire à votre expérience passée. Ce faisant, imaginez simplement, sans avoir activé aucune ancre, que vous possédez la ou les ressources ancrées.

Changez votre image de soi

La « réflexion sur l'image de soi » est une autre technique très efficace que j'utilise depuis plusieurs années. Je remercie Stephen et Carol Lankton, deux brillants protégés de Milton Erickson, dont j'ai hérité l'essentiel de ce procédé. Eux-mêmes rendent hommage à Erickson, qui leur a inspiré cette technique.

C'est dans leur ouvrage intitulé *The Answer Within : A Clinical Framework Of Ericksonian Hypnosis* que les Lankton présentent leur méthode visant à changer l'image de soi. Dans les pages qui suivent, je vous en propose une adaptation personnelle.

Notre image de soi est comparable aux lentilles d'un appareil photo. Elle conditionne la manière dont nous voyons le monde et interagissons avec lui. C'est un filtre qui établit les limites de nos expériences et de nos choix. Les personnes pétries de honte ont une image de soi négative et se perçoivent comme insuffisantes. Pourtant, elles n'ont en général nullement conscience d'avoir une image de soi négative parce que les dissimulations de leur faux moi les en empêchent. En effet, elles se sont si profondément identifiées à leurs rôles et à leurs scénarios qu'elles n'ont plus aucune conscience des sentiments les plus intimes qu'elles entretiennent à leur endroit.

Par conséquent, pour apprendre à changer votre image de soi, vous allez devoir travailler fort. Considérez donc cette démarche comme un travail d'amour qui vous demandera de l'entraînement et un véritable engagement. Et dont le processus de base nécessitera que vous utilisiez des techniques de visualisation.

J'ai déjà expliqué sommairement le mode de fonctionnement de la visualisation. Rappelez-vous notamment que votre cerveau et votre système nerveux central ne peuvent faire la différence entre une expérience réelle et une expérience imaginaire, pour peu que celle-ci soit assez vivante et détaillée. La visualisation s'avère efficace, et ce que vous y croyez ou non. Votre scepticisme vous empêchera peut-être d'essayer de visualiser, mais il ne nuira pas au bon fonctionnement de la technique lorsque vous l'appliquerez.

Un avertissement s'impose avant que nous commencions. Nous sommes tous capables de *percevoir* intérieurement, mais nous ne sommes pas tous capables de *visualiser*. Certains d'entre nous se trouvent donc dans l'obligation d'apprendre cette technique. La capacité de visualiser semble être reliée à la manière dont nous avons élaboré notre « carte » mentale. Par conséquent, si vos parents s'exprimaient en un langage riche et imaginatif, vous avez probablement appris à visualiser.

Si bien que pour modifier votre image de soi, la première étape consiste à apprendre à visualiser. Pour ce faire, je vous propose ci-après un exercice préparatoire à l'exercice de réflexion sur l'image de soi.

Exercice d'échauffement préliminaire

La première chose à faire, c'est de vous détendre. Les visualisations les plus efficaces surviennent quand votre cerveau produit des ondes alpha, c'est-à-dire quand vous êtes dans un état de relaxation complète. Cette détente alpha rend votre cerveau hautement réceptif aux suggestions.

Enregistrez sur cassette les directives suivantes.

Assoyez-vous dans un fauteuil confortable. Prévoyez un support quelconque pour votre tête et assurez-vous que la pièce où vous êtes installé n'est ni trop chaude ni trop fraîche. Commencez par vous concentrer sur votre respiration. Au début, prenez simplement conscience de votre respiration. Normalement, vous n'avez pas conscience de respirer ; de ce fait, en vous concentrant sur votre respiration, vous rendez conscient ce qui était inconscient. Observez ce qui se produit dans votre corps lorsque vous respirez... Soyez conscient du passage de l'air qui entre et sort... Prêtez attention à la différence de sensations que provoquent votre inspiration et votre expiration. Concentrez-vous sur cette différence... Maintenant, imaginez que

vous pouvez voir une vapeur blanche lorsque vous expirez, comme cela se produit quand il fait très froid... Ensuite, concentrez-vous sur votre front, notez toute tension qui pourrait s'y trouver et chassez-la en expirant. Imaginez que cette tension prend la forme de petits points noirs disséminés dans la vapeur blanche de votre expiration. Inspirez et expirez jusqu'à ce que la vapeur soit d'un blanc pur... Concentrez-vous ensuite sur la région entourant vos yeux. Notez la tension et expirez-la... Concentrez-vous sur vos muscles faciaux... expirez-en la tension... Concentrez-vous sur les muscles de votre cou... expirez-en la tension... Concentrez-vous sur vos épaules... expirez-en la tension. Concentrez-vous sur vos mains et vos bras... expirez-en la tension. Concentrez-vous sur votre poitrine... Inspirez et expirez profondément plusieurs fois pour en chasser la tension. Concentrez-vous sur votre ventre... expirez-en la tension... Concentrez-vous sur vos fesses... expirez-en la tension... Concentrez-vous sur vos genoux... expirez-en la tension... Concentrez-vous sur vos mollets et vos chevilles... expirez-en la tension. Concentrez-vous sur vos pieds... expirez-en la tension.

Maintenant, laissez simplement tout votre corps se détendre. Imaginez que vous devenez semblable à une pousse de bambou creuse et qu'une chaude énergie dorée entre en vous par le dessus de votre tête et s'échappe par vos orteils. Laissez chaque cellule de votre corps se détendre.

À présent, tout en inspirant et en expirant, voyez lentement apparaître un sept noir sur un écran blanc ou un sept blanc sur un écran noir... Choisissez celui que vous visualisez le plus facilement... [Si vous avez de la difficulté à le voir mentalement, dessinez-le peu de temps avant de commencer cet exercice. Regardez-le puis, après avoir fermé les yeux, exercez-vous à le voir apparaître sur votre écran mental. Une fois que vous maîtriserez la visualisation du sept, vous pourrez commencer.]

Commencez par expirer le chiffre sept... Ensuite, expirez le chiffre six, puis le cinq, le quatre, le trois, le deux et le un. Concentrez-vous sur le chiffre un. Voyez-le devenir la flamme d'une chandelle. Contemplez les reflets orangés, rouges, jaunes et bleus de la flamme... Regardez le centre de la flamme ; sentez la chaleur et entendez les craquements d'un feu de bois. Voyez cette flamme devenir un feu de foyer bien chaud... Sentez la chaleur, humez l'odeur du bois qui se consume... écoutez-le craquer... Imaginez que vous y faites griller des guimauves... Goûtez une guimauve rôtie... Laissez votre langue et vos papilles gustatives en savourer le goût... Maintenant, laissez votre imagination vous transporter au cœur d'une journée d'été... Vous marchez en suivant un sentier... (pause de dix secondes)... Vous sentez une brise chaude sur votre visage... (dix secondes)... À votre gauche, il y a des pommiers chargés de grosses pommes rouges... (dix secondes)... Vous en cueillez une... (dix secondes)... Vous la croquez... et savourez son délicieux jus... Vous voyez ensuite un oranger... (dix secondes)... Vous cueillez une orange et la pelez en glissant vos doigts sous son écorce... (dix secondes)... Vous humez et dégustez son délicieux jus... (dix secondes)... Juste devant vous s'étalent des rangées de fleurs jaunes... (dix secondes)... Vous pouvez les sentir à mesure que vous vous en rapprochez... boutons d'or, chèvrefeuille... (dix secondes)... vos fleurs préférées... Vous continuez de marcher et arrivez à une plage de sable blanc... (dix secondes)... Enlevez vos souliers et enfoncez vos pieds dans ce beau sable blanc et propre. Sentez-le se faufiler entre vos orteils. Plongez vos mains dans le sable et laissez-le filer entre vos doigts... (dix secondes)... Vous regardez à votre gauche et voyez un sentier... (dix secondes)... Engagez-vous sur ce sentier bordé d'arbres... (dix secondes)... Il y a des oiseaux dans les arbres... écoutez-les chanter et gazouiller... (dix secondes)... Écoutez le vent qui souffle à travers les feuilles... Au bout du sentier, il y a un petit lac... Vous pouvez entendre le clapotis de l'eau... (dix secondes). De temps en temps, un poisson saute hors de l'eau... (dix secondes)... De l'autre côté du lac, un troupeau de vaches s'avance vers la rive. Vous les entendez meugler... (dix secondes)... Assoyez-vous au bord de l'eau... Détendez-vous et imaginez que vous pouvez vous voir vous-même, marchant à votre rencontre... Regardez-vous. Regardez votre chevelure... De quelle couleur est-elle ? Contemplez vos yeux... vos oreilles... votre nez... Regardez l'ensemble de votre corps... Imaginez que vous vous retournez... Regardez-vous de dos... Tournez-vous de côté... Regardez votre profil... Laissez votre double s'éloigner lentement... Assoyez-vous près du lac et contemplez votre propre reflet dans l'eau... Comptez lentement à rebours en partant du chiffre sept... Laissez-vous revenir à votre état de conscience normal à mesure que vous vous rapprochez du chiffre un...

En réfléchissant à cette expérience, vous vous rendrez peut-être compte que vous avez du mal à visualiser votre propre image corporelle. C'est une difficulté que rencontrent la plupart des personnes pétries de honte, mais vous pourrez la surmonter en effectuant l'exercice ci-après.

Exercice sur l'image du corps

La première partie de cet exercice s'accomplit les yeux ouverts et au moment de votre choix. Debout devant un miroir où vous pouvez vous voir de pied en cap, examinez votre visage, votre front, vos sourcils, vos yeux, vos joues, votre sourire, votre bouche, vos grains de beauté, vos cicatrices, vos oreilles, votre coiffure et la couleur de vos cheveux. Exercez-vous à sourire puis à vous donner un air sérieux. Devenez un expert de votre propre visage.

Maintenant, faites la même chose avec le reste de votre corps. En les balayant du regard, étudiez votre cou, vos épaules, vos bras et vos mains. Examinez votre poitrine et votre ventre, vos hanches et vos jambes. Retournez-vous aussi loin que vous le pouvez pour vous voir de dos. Observez votre posture. Tenez-vous droit puis laissez tout votre corps s'affaisser lentement. Marchez sur place en balançant vos bras. Vous pourriez également utiliser quelques photos de vous-même pour vous voir dans différentes poses. Rappelez-vous cependant que vous n'êtes pas là pour vous livrer à une autoévaluation critique. Ce n'est pas le temps non plus de dresser la liste de ce que vous aimeriez modifier.

Votre apparence n'ayant maintenant plus aucun secret pour vous, vous êtes prêt à passer à la deuxième partie de l'exercice. Cette fois-ci, vous devrez choisir le moment du réveil, le matin, et effectuer tout cet exercice au lit. Visualisez-vous en train de vous éveiller. Vous entendez la sonnerie du réveille-matin. Vous sentez la chaleur du lit. Vous faites mine de vous lever puis vous vous enfouissez de nouveau sous les couvertures chaudes. Ensuite, vous sortez du lit. Vous sentez le plancher froid sous vos pieds nus. Vous balayez la chambre du regard : votre ameublement, vos effets personnels, les fenêtres. Puis, vous vous habillez. En enfilant vos vêtements, vous sentez leur tissu sur votre corps. Vous en regardez la couleur. Ensuite, vous faites votre toilette habituelle : vous vous brossez les dents, vous vous lavez le visage, vous vous rasez, vous vous brossez les cheveux. Prêtez attention à la sensation de l'eau sur votre corps, à l'odeur de vos produits de beauté ou de votre lotion à raser. Notez tout malaise ou toute douleur dans votre corps. Imaginez la scène de manière aussi vivante et détaillée que possible.

Rappelez-vous que vous êtes encore au lit. Maintenant, ouvrez les yeux et faites pour de vrai toutes les activités que vous venez d'imaginer. Soyez conscient de vos sensations réelles et comparez-les à celles de votre visualisation. Notez soigneusement toutes les différences entre votre expérience imaginaire et votre expérience réelle. Faites cet exercice de visualisation chaque matin pendant une semaine. D'une fois à l'autre, ajoutez les détails que vous aviez omis le matin précédent. Au bout d'une semaine, vous aurez considérablement enrichi vos visualisations.

La maîtrise progressive de cette technique vous aura permis d'élaborer une « image de soi centrale » (ISC). À tout moment du jour, que ce soit au travail, dans l'autobus ou à l'heure du lunch (mais jamais en conduisant votre voiture), vous vous exercerez à fermer les yeux et à voir votre ISC chaque fois que vous disposerez d'une minute ou deux.

Réflexion sur l'image de soi

Première étape : intégrez vos nouvelles forces à votre ISC

Au cours de la première étape, vous contemplerez votre ISC. Si vous pensez qu'un élément quelconque de votre ISC (votre posture, votre énergie, vos vêtements, votre physionomie) pourrait être différent, assurez-vous que ce soit quelque chose que vous êtes vraiment capable de changer. Pensez à quelqu'un qui sourit comme vous aimeriez sourire. Dès que vous voyez mentalement son sourire, ancrez-le en procédant de la même manière que durant l'exercice de la patate chaude. Ensuite, fermez les yeux et visualisez votre ISC et plus particulièrement votre visage. Activez l'ancre du sourire désiré et maintenez le contact de vos doigts jusqu'à ce que vous voyiez ce sourire apparaître sur votre propre visage. Faites cet exercice plusieurs fois. Bientôt, en fermant les yeux, vous devriez être en mesure de vous voir sourire de la façon la plus souhaitable. Ce procédé peut également vous aider à améliorer votre posture, votre confiance en soi, votre façon de marcher, de parler ou d'établir un contact visuel avec autrui. Vous pouvez aussi vous visualiser tel que vous aimeriez être, par exemple, pesant cinq kilos de plus ou de moins ou adoptant certains comportements, selon vous, désirables. Le plus important, c'est qu'en cherchant à intégrer ces caractéristiques et ces comportements à votre ISC vous évitiez de vous juger et de vous critiquer. Si vous souhaitez un changement radical, vous pourriez visualiser votre nouvelle image sous les traits d'une image idéale.

Deuxième étape : ajoutez une personne significative

La deuxième étape vous demande de faire intervenir une relation significative pour vous. Souvenez-vous que votre identité pétrie de honte s'est développée à mesure que le pont interpersonnel entre vous et les personnes les plus importantes dans votre vie se détériorait. Pour développer un fort sentiment de notre identité, nous avons besoin d'être reflétés par au moins une personne importante à nos yeux. Par conséquent, votre nouvelle image de vous-même doit être reflétée par quelqu'un en qui vous avez confiance et dont l'opinion compte beaucoup pour vous.

Fermez les yeux et visualisez votre nouvelle ISC maintenant caractérisée par une attitude chaleureuse, de l'assurance et de la prestance. Tout en vous regardant vous-même, flottez jusque dans votre propre corps. Chaussez vos propres souliers, regardez à travers vos propres yeux et sentez l'étoffe des vêtements sur votre propre corps. Une fois bien installé dans ce nouveau point de vue, voyez un ami affectueux, une personne en qui vous avez confiance et qui ne vous juge pas, se diriger vers vous. Soyez certain que c'est bien le genre d'ami qui est toujours prêt à dire la vérité (et non pas un « gentil » qui veut plaire à tout le monde). Conversez avec votre ami et écoutez le feedback qu'il vous donne sur votre sourire et votre nouvelle assurance. Dialoguez avec lui. Voyez dans son regard combien il vous apprécie sincèrement. Dites-vous intérieurement : « J'aime mon nouveau sourire et ma nouvelle confiance en moi. J'ai du plaisir à être avec mon ami et mon ami a du plaisir à être avec moi. » Ces affirmations sont d'un grand soutien dans le travail de l'image de soi.

Troisième étape : répétez vos scénarios

Au cours de la troisième étape, vous allez explorer différents scénarios relatifs aux comportements que vous aimeriez changer. En ce qui me concerne, j'ai notamment travaillé dur pour changer mon attitude de « gentil » chronique. Je vous présente ci-dessous le scénario à partir duquel j'ai travaillé dans ce sens.

Imaginez qu'un bon ami vous rend visite. Il vous propose d'aller manger dans un nouveau restaurant thaïlandais et manifeste un enthousiasme délirant pour cette nourriture qu'il trouve extraordinaire. Sentez intérieurement votre besoin de dire oui et de faire plaisir à votre ami. Soyez attentif à vos sensations physiques. Vous êtes fatigué et pas du tout alléché par la nourriture thaïlandaise. Et qui plus est, la dernière fois que vous avez avalé ce genre de mets exotiques, vous avez été malade. Entendez votre voix lorsque vous répondez à votre ami : « Non, je suis fatigué et je n'aime pas la nourriture thaïlandaise. Ça me plairait d'aller manger à l'extérieur demain soir, mais sûrement pas dans un restaurant thaïlandais. Tu vas être obligé d'inviter un autre copain pour ce genre de bouffe. » Écoutez-le exprimer son désappointement. Redressez les épaules et prenez une profonde inspiration ; dites à votre ami que vous sentez sa déception et que c'est avec grand plaisir que vous partagerez un autre genre de repas avec lui. En le regardant dans les yeux, dites-lui que vous ne voudriez pas lui mentir ou jouer la comédie quand vous êtes avec lui… Plus tard, voyez-le partir. En refermant la porte derrière lui, dites : « Je peux être honnête dans mes relations interpersonnelles. Je peux exprimer ce que je désire et ce que je sens. J'ai droit à mes propres préférences et à mes propres aversions. Je m'aime quand je dis la vérité. »

Vous pouvez travailler votre ISC à partir de nombreux autres types de scénarios. Vous pouvez imaginer, par exemple, que vous exprimez votre amour à quelqu'un par un « Je t'aime » ; que vous dites « Non » à votre interlocuteur ; que vous demandez une augmentation de salaire ; que vous postulez un nouvel emploi ; que vous rapportez au magasin un article dont vous n'êtes pas satisfait ; que vous sollicitez un rendez-vous galant ; que vous rencontrez des gens nouveaux ; que le discours qu'on vous a demandé de prononcer suscite beaucoup d'enthousiasme. Choisissez des situations qui ont été contaminées par votre honte toxique.

Les Lankton suggèrent d'utiliser des scénarios positifs dans lesquels on ressent une forte ISC, et ce afin de développer les nouveaux schémas d'habitudes qui nous permettront de mieux surmonter le stress psychique. Supposons que vous vous mettez à penser que lundi vous devrez aller à la banque pour solliciter un prêt. À cette seule idée, vos muscles se contractent, votre gorge se serre et votre cœur se met à battre la chamade. Vous pourriez alors, dès le premier signe de stress, prendre l'habitude de vous concentrer consciemment à la fois sur votre ISC pleine d'assurance et sur l'un des scénarios où vous vous tirez d'affaire le plus brillamment possible. Les Lankton suggèrent de répéter ce procédé avec six scénarios fructueux ou plus. À mesure que vos schémas d'habitudes se développeront, ils deviendront inconscients. Vous commencerez automatiquement à réagir avec assurance, en étant confiant en votre réussite.

Je tiens à vous rappeler que notre identité pétrie de honte s'est formée à partir d'empreintes verbales et de scènes d'humiliation pénibles. Les collages de souvenirs humiliants se relient les uns aux autres et agissent sans que nous en soyons conscients. D'une certaine manière (maintenant positive), la réflexion sur l'image de soi sous-tend l'élaboration d'une carte intérieure qui nous servira ensuite de guide dans nos actions. Les chercheurs ont démontré de façon convaincante que notre performance est étroitement assujettie à notre imagerie interne.

Quatrième étape : les images émanées

La quatrième étape, qui correspond à ce que les Lankton appellent « les images émanées », vous amènera à découvrir de nouveaux développements positifs associés aux objectifs que vous désirez atteindre. Pour ce faire, vous devez vous imaginer en train de savourer la satisfaction d'avoir atteint un objectif désiré et, simultanément, vous devez laisser une nouvelle projection imaginaire « émaner » de la première. Au moment où j'ai travaillé mon refus d'être un « gentil chronique », par exemple, j'ai imaginé que mon ami me téléphonait le soir même pour me dire combien il avait apprécié l'honnêteté dont j'avais fait preuve en refusant d'aller dans un restaurant où je n'avais vraiment pas envie d'aller. J'ai perçu du respect dans le ton de sa voix. Je me sentais bien.

Cinquième étape : l'entraînement au futur

L'étape finale de la réflexion sur l'image de soi consiste à vous « entraîner au futur ». Pour y arriver, vous devez faire « comme si » vous aviez déjà atteint un objectif désiré. Voici ce qu'en disent les Lankton :

Lorsque le client travaille le futur du présent, nous l'amenons à savourer pleinement les émotions reliées à l'accomplissement, à la fierté, à l'intimité, etc., qui sont déjà présentes en lui ; il doit ensuite plonger dans une rêverie éveillée et faire un retour sur toutes les étapes qu'il a franchies avant que son rêve devienne réalité.

En d'autres mots, il faut vous projeter dans un avenir fantasmé et, depuis cette perspective, revenir en arrière afin d'apprendre quelque chose d'important sur la façon dont vous pouvez réaliser ce rêve.

Ces techniques sont très efficaces et, que vous y croyiez ou non, elles vous permettront d'obtenir des résultats satisfaisants. Tout ce que vous avez à faire, c'est de vous engager à les mettre en pratique. Ce qui n'est rien, comparé à toute l'énergie que vous gaspillez pour dissimuler votre honte. Si vous utilisiez ne serait-ce qu'une infime partie de cette énergie pour appliquer ces techniques d'imagerie mentale, vous pourriez changer votre vie.

bradshaw

Chapitre dix

Affrontez et changez vos voix intérieures

J'ai regardé son visage presque lumineux. Cette femme était rayonnante, sans doute la plus belle qui soit jamais venue me consulter. En la voyant traverser la salle d'attente pour se diriger vers mon bureau, je me suis senti touché par la féminité et l'élégance de cette personne toute menue. Fra Angelico disait que l'on ne peut pas désirer ce genre de femmes, car leur beauté est trop bouleversante. Lorsqu'elle a commencé à me parler d'elle-même, j'ai cru qu'elle me racontait des histoires, qu'elle se dénigrait comme on le fait parfois afin de s'attirer des compliments ou des éloges.

« Je suis une mère affreuse. Mes enfants méritent mieux que ça. Je suis sur le point de perdre mon emploi. Il semble que je ne comprendrai jamais rien à l'informatique. J'ai toujours été une espèce d'idiote. Je ne blâme pas mon mari d'avoir divorcé. J'aurais dû épouser Simon. Il était aveugle. Il n'aurait pas eu à souffrir la vue de mon corps. » Et elle a continué ainsi, apparemment incapable de s'arrêter. À deux reprises, j'ai remarqué un changement dans le ton de sa voix ; le premier l'avait rendu guttural et rauque tandis que le second l'avait rendu geignard et faible. De plus, pendant qu'elle parlait, j'avais la très nette impression d'entendre un enregistrement impossible à stopper.

Cette femme, Ophélie, est venue en thérapie pendant un an environ. Au cours de cette période, l'image d'un abandon s'est progressivement formée sous mes yeux. Son père naturel, un alcoolique, avait quitté sa mère alors qu'Ophélie avait trois ans. À plusieurs reprises, son premier beau-père l'avait brûlée avec des allumettes en lui disant que ce n'était qu'un « aperçu du feu de l'enfer ». Un autre homme, le frère de son beau-père, avait l'habitude de l'emmener en balade afin de faire des « choses amusantes » avec elle. Ophélie affirmait que c'était le seul être qui lui avait jamais prêté attention. Elle se rappelait qu'un jour il lui avait fait cadeau d'un petit chien, et c'était là un des rares souvenirs agréables qu'elle gardait de son enfance. Sa mère, qui travaillait comme serveuse dans un bar, s'acharnait constamment sur elle en criant de sa voix dure et rauque. Fière d'avoir été désignée comme la fille la plus sexy du collège à la fin de ses études secondaires, cette femme se comparait constamment à sa fille. Ainsi, à l'âge de treize ans, Ophélie s'était-elle fait dire des choses comme : « Tu devrais t'arranger pour avoir des nichons et des fesses si tu veux que les garçons t'invitent à sortir avec eux. Je portais du 36 C à ton âge. » Un des amants de sa mère s'était glissé dans son lit et l'avait obligée à lui faire des attouchements sexuels. Ophélie parlait de cet événement avec une souffrance évidente, mais elle semblait également le considérer comme une victoire sur sa mère. Tout compte fait, cette femme avait été gravement perturbée. Profondément enlisée dans la honte d'elle-même, elle entretenait ce sentiment par le biais d'un monologue intérieur négatif qui, à son tour, provoquait des spirales de honte.

La « voix intérieure »

Ce monologue intérieur négatif, Robert Firestone le désigne sous le nom de « voix intérieure ». D'autres psychologues en ont également parlé, mais en utilisant des images ou des appellations différentes. Eric Berne, par exemple, le décrit comme un ensemble d'enregistrements parentaux comparables à la bande sonore d'une cassette audio. On estime que le cerveau d'une personne normale emmagasine environ vingt-cinq mille heures de ces enregistrements. Fritz Perls et l'école gestaltiste, quant à eux, les appellent « voix parentales introjectées », tandis que Aaron Beck les nomme « pensées automatiques ». Quel que soit le nom qu'on leur donne, ces voix sont présentes en chacun de nous. Elles dominent la vie psychique des personnes pétries de honte, chez qui elles s'avèrent particulièrement destructrices, humiliantes et dénigrantes. Voici ce qu'en dit Robert Firestone dans *The Fantasy Bond* :

> Cette « voix » est en quelque sorte le langage d'un insidieux processus d'autodestruction existant, à divers degrés, en chaque personne. Cette voix véhicule une opinion de soi qui est extérieure à soi-même et provient de l'hostilité refoulée des parents à l'égard de l'enfant.

Fondamentalement, la voix dit à la personne pétrie de honte qu'elle est indigne d'amour, mauvaise et sans valeur. Elle renforce l'image du mauvais enfant.

La voix peut être perçue consciemment sous la forme d'une pensée, mais, comme le plus souvent elle n'est que partiellement consciente, voire totalement inconsciente, son activité habituelle reste imperceptible chez la plupart des gens. Ce n'est que dans certaines situations particulièrement stressantes – notamment quand on est mis à nu et qu'un sentiment de honte nous envahit – qu'elle devient consciente. Par exemple, après avoir commis une erreur, on se traitera de «tête de linotte» ou l'on se dira que l'on est vraiment un incurable empoté; juste avant une importante entrevue de sélection, elle viendra fort probablement nous tourmenter avec des pensées comme: «Qu'est-ce qui te fait croire que tu pourrais être à la hauteur d'un poste comme celui-là? Sans compter que tu es vraiment trop nerveux et qu'ils vont sûrement s'en apercevoir.»

En fait, il est extrêmement difficile de se débarrasser de ces voix à cause du lien fantasmatique qui, à l'origine, a été tissé suite à la destruction du pont interpersonnel. À partir du moment où un enfant est délaissé, il se crée l'illusion d'un attachement à ses parents, et la force de cet attachement illusoire – que Robert Firestone appelle le «lien fantasmatique» – est directement proportionnelle à la gravité de l'abandon (négligence, sévices physiques ou émotionnels, relations enchevêtrées).

L'enfant doit idéaliser ses parents et se percevoir comme le «mauvais» afin d'être en mesure de tisser ce lien fantasmatique qui, en définitive, assurera sa survie. Étant donné qu'il a désespérément besoin de ses parents, il ne peut en effet se permettre de les concevoir comme des êtres mauvais car, s'ils étaient mauvais ou malades, cela menacerait sa survie. Ainsi, le lien fantasmatique (basé sur la dichotomie «bons parents/mauvais enfant») est-il comme un mirage dans le désert. Il procure à l'enfant l'illusion de recevoir la nourriture affective et le soutien dont il a besoin pour vivre. Des années plus tard, lorsque, devenu grand, l'enfant quitte ses parents, le lien fantasmatique est bien établi et maintenu par le biais de la voix intérieure. Ce qui était extérieur à l'enfant – la voix qui criait après lui, qui le réprimandait et le punissait – est devenu intérieur. Cela explique pourquoi on ressent énormément d'anxiété quand, au cours d'un processus thérapeutique, on doit se confronter à ses voix intérieures et s'efforcer de les changer. Cependant, comme Firestone le souligne : « Un changement thérapeutique en profondeur ne se produit jamais sans cette anxiété. »

Avant d'amorcer le processus qui vous amènera à affronter et à changer vos voix intérieures, il est absolument nécessaire que vous vous rendiez compte de leur extrême puissance. Souvenez-vous que, en incorporant la voix de ses parents, l'enfant endosse automatiquement leur opinion subjective de lui-même et que si ses parents sont pétris de honte, leur vision est particulièrement déformée. De plus, comme Firestone le fait remarquer, l'enfant intériorise « l'attitude que ses parents avaient lorsqu'ils exprimaient les plus intenses sentiments de rejet et de colère. Il incorpore le dégoût et la dégradation que recouvraient leurs paroles ».

Étant jeunes, dans notre famille pétrie de honte, si nous ne pouvions faire autrement que de nous croire mauvais et indignes d'amour, c'est que nous ne pouvions tout simplement pas comprendre à quel point nos parents étaient profondément honteux d'eux-mêmes, psychologiquement démunis et, dans certains cas, carrément malades sur le plan émotionnel. Par ailleurs, suivant sa tendance à généraliser, la voix commence habituellement par formuler une critique précise puis elle l'étend à d'autres champs de notre existence. Si une mère transmet sa honte en se comportant comme une perfectionniste maniaque de l'ordre et de la propreté, par exemple, ce perfectionnisme extrême s'étendra à toutes les mauvaises habitudes et à tous les défauts personnels. L'enfant se traitera lui-même et traitera les autres avec le même sarcasme et la même dérision que ceux dont ses parents ont fait preuve à son égard.

Loin de constituer un système de valeurs positif, la voix, nous dit Firestone, « interprète et impose un système de valeurs extérieur qui, vicieusement, conduit à l'autoagression et à l'autopunition ». Ainsi, se révélant complètement contradictoire, la voix encouragera le sujet à faire certains gestes qu'elle condamnera par la suite.

Firestone rapporte que dans les cas les plus pathologiques « les patients suicidaires ou meurtriers disent avoir entendu des "voix" qui, prenant la forme de véritables hallucinations, leur ont ordonné d'obéir à leurs pulsions destructrices ». Dans des cas moins pathologiques, lorsqu'elles représentent le système de valeurs parental, les voix prennent habituellement un ton vindicatif incitant à la haine de soi plutôt qu'à une rééducation du comportement. Même quand le sujet reconnaît avoir commis une faute ou une erreur de jugement, qu'il admet réellement sa culpabilité, les voix se posent en juges punitifs et véhiculent des messages comme ceux-ci : « Ça ne suffit pas d'être désolé ! Tu n'apprendras jamais rien. Tu es si faible et maladroit. Regarde la vérité en face : tu ne vaux pas un clou. Ce que tu as fait en est la preuve. » Son jugement est catégorique : on est médiocre, insuffisant et jamais on ne pourra changer.

À l'origine, la voix s'est constituée à partir des défenses inconscientes de parents qui, rongés par la honte, étaient incapables d'accepter leur faiblesse, leurs désirs, leurs émotions, leur vulnérabilité et leurs besoins de dépendance. Par conséquent, ils se sont avérés incapables d'accepter l'indigence, les émotions, la faiblesse, la vulnérabilité et la dépendance de leur enfant. Selon Firestone, la voix est le résultat « du désir profondément refoulé des parents de détruire la vitalité et la spontanéité de l'enfant chaque fois qu'il empiète sur leurs défenses ».

N'oublions pas que les parents pétris de honte ont eux-mêmes été, autrefois, des enfants blessés, contraints de refouler la souffrance, l'humiliation et la honte qu'ils éprouvaient. Craignant d'être abandonnés, ils ont réprimé la colère qu'ils ressentaient à l'égard de leurs propres parents mortifiants et l'ont retournée contre eux-mêmes. C'est ainsi que cette colère s'est progressivement transformée en haine de soi. Une fois adultes, protégés par leur système de défenses, non seulement ils ne sont plus conscients de leur souffrance et de leur honte, mais ils empêchent leur enfant d'exprimer ces sentiments, car cela menace leurs défenses. C'est ainsi que les parents doivent faire obstacle à la souffrance et à l'indigence de leur enfant pour éviter de ressentir leur propre souffrance et leur propre indigence.

Les voix intérieures ou « pensées automatiques »

Il est très important que vous appreniez à être attentif à votre monologue interne, à ces voix intérieures destructrices que l'on a appelées « pensées automatiques ».

Imaginez la situation suivante : au milieu d'une foule assistant à un match de football, une femme pousse des cris perçants, se lève, gifle son voisin et quitte précipitamment le stade. Plusieurs personnes ont pu observer la scène, et chacune réagit différemment. Un homme se sent effrayé ; un adolescent bout de colère ; un quinquagénaire est déprimé ; un thérapeute éprouve de la curiosité et un prêtre de l'embarras. Mais comment expliquer qu'un même événement puisse provoquer des émotions si différentes chez les observateurs ?

La réponse se trouve dans les pensées automatiques de chaque observateur. Supposons que l'homme qui éprouve de la peur ait souvent été, dans sa jeunesse, la cible des coups et des hurlements de sa mère. Il entend encore la voix de sa mère qui lui crie : « Qu'est-ce que tu as donc à la place du cerveau ? »

L'adolescent en colère se dit : « Les femmes peuvent frapper les hommes et se faire pardonner. Exactement comme ma sœur peut me frapper sans être punie. Ce n'est pas juste. »

Le quinquagénaire récemment divorcé pense : « Y a-t-il encore des gens qui s'entendent ? C'est vraiment triste. »

Le thérapeute pense : « Je me demande ce que l'homme a bien pu dire pour déclencher cette réaction. »

Et le prêtre s'interroge : « Cette femme n'est-elle pas une de mes paroissiennes ? Comme c'est embarrassant ! »

Dans chacun des cas, l'émotion ressentie par l'observateur est le résultat d'une *pensée* ; cette pensée a d'abord donné lieu à une interprétation de l'événement puis elle a déclenché une réaction affective. Il faut savoir que les pensées foisonnent dans notre vie psychique et que *nombre d'entre elles se perpétuent inconsciemment et automatiquement.*

Or, sous l'emprise de la honte intériorisée, nous nous attachons à un groupe particulier de pensées automatiques et nous excluons toutes les pensées contraires. Puisque cette attention exclusive crée une sorte de vision en tunnel, nous ressassons continuellement le même genre de pensées et ne devenons sensibles qu'à certains aspects de notre environnement. Pour qualifier cette vision en tunnel, Aaron Beck emploie l'expression « abstraction sélective », qui rend compte de ce que l'on prête attention uniquement à un ensemble de signaux de notre environnement et que l'on exclut automatiquement les autres. La vision en tunnel, ou abstraction sélective, est provoquée par la honte toxique.

Affrontez vos voix intérieures

J'espère avoir démontré clairement que les voix négatives alimentent et intensifient la honte toxique, qu'elles déclenchent et amplifient les spirales de honte. Les voix sont puissantes. Ce sont elles qui, une fois bien ancrées, donnent à la honte toxique son entière autonomie fonctionnelle. Il existe heureusement plusieurs techniques pour affronter et changer nos voix intérieures.

Une adaptation du travail de Firestone sur les voix

Robert Firestone a fait œuvre de pionnier en identifiant les origines et le pouvoir destructeur des voix. Il a mis au point des outils efficaces pour rendre conscientes ces pensées hostiles, car il a constaté que « le processus de formulation et de verbalisation des pensées négatives semble réduire l'effet destructeur des voix sur le comportement du patient ».

Lorsque les patients se soumettent à une thérapie des voix intérieures, ils apprennent à *extérioriser* leurs pensées intimes critiques. Ce faisant, ils expriment leurs autoaccusations et, au bout du compte, développent des moyens de changer le point de vue négatif qu'ils ont d'eux-mêmes en une opinion plus objective, dénuée de jugement catégorique. Ce processus de verbalisation libère des affects douloureux et provoque une forte catharsis émotionnelle accompagnée d'intuitions.

Historiquement, la thérapie des voix intérieures s'est développée à partir des observations que Firestone avait faites sur des sujets « normaux » et des sujets névrotiques. Il avait observé à quel point des groupes de thérapeutes soi-disant normaux se fâchaient et adoptaient une attitude défensive sitôt qu'on leur disait certaines choses sur eux-mêmes et qu'ils interprétaient ces messages comme des critiques ou des remarques négatives.

« Leur réaction défensive, écrit Firestone, n'était habituellement pas en rapport avec l'exactitude ou l'inexactitude du feedback qu'ils recevaient, mais semblait plutôt coïncider avec leur propre autoévaluation négative. » En d'autres mots, plus leur réaction défensive était vigoureuse, plus on pouvait raisonnablement croire qu'ils se critiquaient de la même façon qu'on les critiquait. Firestone en est arrivé à la conclusion que « les appréciations et les évaluations d'autrui, lorsqu'elles valident l'opinion déformée qu'une personne s'est faite d'elle-même, ont tendance à déclencher un mode de pensée obsessionnel ». Étant déjà torturés par nos propres pensées critiques et nos propres autoaccusations, nous nous sentons très menacés chaque fois que d'autres personnes nous attaquent de la même manière que nous nous attaquons nous-mêmes.

Les techniques d'extériorisation des voix méprisantes

Les techniques de Firestone sont utilisées principalement dans le contexte des thérapies individuelles ou de groupe, mais je les ai adaptées de manière que vous puissiez également vous en servir dans d'autres contextes. Par ailleurs, j'ai tenté de démontrer à quel point les voix intérieures sont puissantes et pourquoi, le plus souvent, on ne veut pas y renoncer. Cela étant dit, si vous vous rendez compte, en faisant les exercices suivants, que vous êtes envahi par une sensation d'accablement, arrêtez-vous immédiatement. Ce genre de réaction signifierait que vous avez besoin d'une aide professionnelle pour effectuer la démarche proposée.

Consignez vos réactions excessives dans un journal

La technique suivante est directement inspirée des premières recherches de Firestone sur ce qui déclenche le processus des voix critiques obsessionnelles. Pour la mettre en pratique, vous devrez tenir un journal de vos « explosions » défensives. Cette démarche sera plus fructueuse si vous l'effectuez au sein d'un groupe de soutien apte à vous donner du feedback, mais vous pouvez aussi l'intégrer à votre vie quotidienne.

Chaque soir avant d'aller vous coucher, passez en revue les événements de la journée. Qu'est-ce qui vous a peiné ou fâché ? À quoi avez-vous réagi de manière excessive ? Dans quel contexte ? Qui était présent ? Que vous a-t-on dit ? En quoi les choses que l'on vous a dites sont-elles comparables à ce que vous vous dites à vous-même ?

Par exemple, un 16 décembre, ma femme et moi parlions de rénover une pièce de notre maison. À un certain moment de la conversation, je me suis aperçu que je parlais de plus en plus vite et que je haussais le ton. Peu après, d'une voix tonitruante, j'ai évoqué tout le stress que m'occasionnait mon travail du moment. Je me suis alors entendu dire à ma femme : « Ne t'attends surtout pas à ce que je supervise les travaux. J'arrive tout juste à respecter mes engagements prioritaires. » Plus tard, j'ai consigné cette explosion de colère dans mon journal en lui donnant la forme suivante :

Date : Mercredi le 16 décembre, 8 h 45.

Interlocuteur : Ma femme.

Contenu : Discussion concernant la rénovation d'une pièce de notre maison.

Réaction excessive : Lorsqu'elle m'a dit : « Je vais avoir besoin de ton aide », j'ai répondu en haussant de plus en plus le ton : « Ne t'attends surtout pas à ce que je supervise les travaux... »

Voix sous-jacentes : Tu es un mari lamentable. Tu es incapable de réparer quoi que ce soit. Tu fais pitié. Ta maison tombe en ruines. Quel faux jeton tu es ! Les vrais hommes savent fabriquer et réparer les choses. Les bons pères de famille entretiennent leur maison.

Il est très important que vous preniez le temps d'écouter vos voix. Commencez par vous détendre dans un environnement calme, puis mettez-vous vraiment à l'écoute de ce vous vous dites intérieurement. Écrivez ces pensées sur une feuille de papier puis dites-les tout haut. Exprimez vos voix intérieures le plus spontanément possible. Une fois que vous aurez commencé cette verbalisation, l'épanchement affectif qui s'ensuivra automatiquement pourrait vous surprendre.

Dans ses groupes de thérapie, Firestone incite les participants à exprimer leurs sentiments tout haut et avec émotion. Il dira, par exemple, à chacun : « Dites-le plus fort ! » ou « Laissez-vous aller ! » Je vous encourage à faire la même chose. Exprimez spontanément tout ce qui vous vient à l'esprit, en utilisant le « tu ». Permettez-vous de ressentir l'intensité émotionnelle provoquée par les voix.

Répondez à vos voix intérieures

Une fois que vous avez exprimé vos voix, vous pouvez commencer à leur répondre en mettant en doute leurs messages aussi bien que leurs diktats. Parvenu à ce stade, j'ai pour ma part consigné dans mon journal les réponses suivantes : « Je suis un bon mari et, grâce à moi, ma famille habite dans une belle maison. Ma virilité ne dépend pas de ce que je fais ou de ce que je ne fais pas. Je travaille dur et j'ai les moyens de payer quelqu'un pour entretenir ma maison. De toute façon, j'engagerais quelqu'un pour la rénover même si j'étais capable de le faire moi-même. Je préfère consacrer mon temps libre à des choses plus intéressantes. Beaucoup d'hommes très bien sont habiles en menuiserie et en bricolage. Beaucoup d'autres ne le sont pas. »

J'ai répété ce dialogue le lendemain. Je donne toujours à mes réponses une teneur aussi bien émotionnelle que factuelle (logique). *Firestone recommande d'agir en évitant consciemment d'obéir aux voix ou en s'y opposant directement.* Pour en revenir à mon exemple, j'ai appelé un menuisier que je connaissais et, après lui avoir expliqué exactement ce que je voulais, je l'ai laissé seul. Je suis allé jouer au golf en me réjouissant d'avoir les moyens d'engager quelqu'un pour rénover ma maison.

Dépistez votre critique intime

La seconde technique qui vous aidera à mettre au jour vos voix méprisantes vient de la thérapie gestaltiste. Je l'ai appelée tout simplement « le dépistage du critique intime ».

Tous les individus pétris de honte entretiennent intérieurement un dialogue autocritique que l'on a surnommé « le jeu de l'autosupplice ». Dans la plupart des cas, on s'habitue tellement à ce dialogue qu'il devient *inconscient*. L'exercice suivant, tiré de l'ouvrage de John O. Stevens intitulé *Awareness*, vous permettra de rendre ce dialogue plus conscient et vous procurera des outils qui faciliteront votre démarche d'intégration et d'acceptation de soi.

Assoyez-vous confortablement et fermez les yeux… Imaginez maintenant que vous vous voyez, assis en face de vous-même. Élaborez mentalement une sorte d'image visuelle de vous-même, votre double, comme si vous pouviez voir votre propre reflet dans un miroir. Dans quelle posture votre double est-il assis ? Comment est-il habillé ? Quelle expression son visage arbore-t-il ?

Maintenant, critiquez votre double en imaginant que vous vous adressez à quelqu'un d'autre que vous-même. (Même si vous faites cette expérience seul, parlez tout haut.) Dites-vous tout ce que vous devriez faire et ne pas faire. Commencez chacune de vos phrases par « Tu devrais… » ou « Tu ne devrais pas… » ou par une formule équivalente. Dressez une longue liste de critiques et, ce faisant, écoutez votre voix.

Ensuite, imaginez que vous et votre double échangez vos places. Entrez dans la peau de votre double et répondez silencieusement aux critiques. Que dites-vous en réponse à ces commentaires critiques ? Qu'exprime le ton de votre voix ? Comment vous sentez-vous en répondant à ces critiques ?

À présent, interchangez de nouveau les rôles et reprenez celui du critique. En continuant ce dialogue intérieur, soyez conscient non seulement de ce que vous dites et de la manière dont vous le dites, mais aussi de vos mots, de votre ton de voix, etc. Faites une pause de temps à autre, simplement pour écouter vos propres mots et ressentir l'effet qu'ils produisent sur vous.

Interchangez les rôles autant de fois que vous le désirez, mais poursuivez le dialogue en observant attentivement ce qui se passe en vous-même. Remarquez comment vous vous sentez, physiquement, dans chacun des rôles. Reconnaissez-vous quelqu'un dans cette voix qui vous critique et vous dit « Tu devrais… » ? Cette interaction vous fait-elle prendre conscience d'autres choses ? Poursuivez ce dialogue silencieux quelques minutes de plus et notez tout changement éventuel.

Maintenant, restez tout simplement assis et passez le dialogue en revue. Au cours de cette expérience, probablement avez-vous ressenti une sorte de rupture ou de conflit interne, une division entre deux parties de vous-même : d'une part, un moi fort, critique et autoritaire exige que vous changiez et, d'autre part, un moi moins fort se justifie, se dérobe, se répand en excuses. En fait, c'est comme si vous étiez divisé en deux personnes : un parent et un enfant. Le parent, ou le « dominant », essaie constamment de prendre le pouvoir afin de vous transformer en quelque chose de « mieux », et l'enfant, ou le « dominé », se dérobe continuellement à ces tentatives de transformation. En écoutant la voix qui vous critiquait et se montrait excessivement exigeante à votre égard, peut-être avez-vous trouvé qu'elle ressemblait à la voix de l'un de vos parents. Sinon, peut-être résonnait-elle comme la voix d'un autre proche très exigeant à votre endroit – votre mari ou votre femme – ou comme celle de votre patron ou d'une quelconque figure d'autorité qui vous domine.

Toute situation dans laquelle on se sent vulnérable ou mis à nu risque d'activer cette voix critique qui, à son tour, mettra une spirale de honte en mouvement. Et une fois en mouvement, la spirale exercera un pouvoir qui lui sera propre. Il faut donc impérativement que vous extériorisiez ce dialogue intérieur car c'est principalement lui qui alimente vos sentiments de division interne et d'autorejet. Cet exercice, qui vous aidera à prendre conscience de votre dialogue critique, constitue la première étape de cette technique d'extériorisation.

Au cours de la deuxième étape, vous reprendrez un à un vos messages critiques et les traduirez en comportements concrets et précis. Par exemple, plutôt que de dire « Tu es égoïste », vous direz « Je ne voulais pas faire la vaisselle » ; plutôt que de dire « Tu es stupide », vous direz « Je ne comprends pas l'algèbre ». Chaque critique est une généralisation et, en tant que telle, elle est erronée. Il nous arrive à tous de vouloir n'en faire qu'à notre tête. Il nous arrive à tous de nous sentir désorientés devant quelque chose. Quand vous traduirez vos généralisations (des jugements, des estimations de votre valeur personnelle) en comportements concrets, vous pourrez vous voir tel que vous êtes vraiment ; ainsi, vous vous accepterez de manière plus équilibrée, mieux intégrée.

Au cours de la troisième étape, vous travaillerez de nouveau à partir de vos généralisations (les jugements, les estimations de votre valeur personnelle) et formulerez des énoncés positifs contraires. Par exemple, plutôt que de dire « Je suis égoïste », vous direz « Je suis généreux ». Il est important que vous verbalisiez ces énoncés et que vous vous entendiez les dire tout haut. Je vous recommande aussi de choisir quelqu'un – un membre de votre groupe de croissance, votre meilleur ami, votre conjoint – qui écoutera vos énoncés positifs d'affirmation de soi. Assurez-vous cependant que cette personne ne se montre pas méprisante à votre égard.

Stoppez les pensées humiliantes obsessionnelles

La technique suivante, inspirée du travail de Bain, Wolpe et Meichenbaum, est particulièrement utile pour stopper soit une première pensée soit une pensée récurrente qui met en mouvement une spirale de honte. L'exercice en quatre étapes présenté ci-après est une adaptation personnelle de la démarche de Joseph Wolpe.

Cet exercice permet de neutraliser une pensée mortifiante en se donnant brusquement l'ordre de la stopper puis en la remplaçant par une nouvelle pensée positive en rapport avec l'affirmation de soi. En règle générale, on peut classer les pensées inductrices de honte en trois catégories : l'autodénigrement ; le catastrophisme relié à une prétendue inaptitude à affronter l'avenir ; les remords et les regrets, avec ce qu'ils comportent de pensées critiques et humiliantes.

Les pensées mortifiantes concernant l'éventualité d'une maladie ou d'une catastrophe peuvent faire de nous des angoissés chroniques. Le fameux « *Si seulement* je n'avais pas fait ceci ou cela » déclenche à coup sûr une spirale de honte, tout comme l'autodénigrement du genre « Je suis trop timide pour me faire des amis ou trouver ce dont j'ai besoin » ou « Je suis tellement idiot ». Les pensées obsessionnelles que nous entretenons relativement à nos insuccès ou à nos limitations déclenchent elles aussi des spirales de honte qui, à leur tour, provoquent une grave dépression. En effet, plus nous sommes obsédés par quelque chose, plus la spirale de honte est intense. La technique d'interruption des pensées mortifiantes est conçue pour neutraliser la spirale de honte à sa source.

Accordez-vous une pause pendant un moment et notez par écrit cinq de vos pensées les plus mortifiantes.

À titre d'exemple, voici les cinq pensées à partir desquelles j'ai fait cet exercice voilà quelques années :

1. Ton pantalon est tellement serré que c'en est dégoûtant. (Obsession à propos de mon poids.)
2. Je suis nul en tant que père. (Obsession à propos de mes devoirs parentaux.)
3. Je crois que je suis vraiment malade. (Obsession à propos de la maladie physique.)
4. À quoi bon ? Je vais mourir bientôt. (Obsession à propos de la mort.)
5. Tu es vraiment égoïste. (Obsession à propos de la moralité.)

Essayez de trouver les pensées récurrentes qui vous mortifient continuellement. Déterminez celles qui vous perturbent et vous humilient le plus, puis classez-les par ordre d'importance décroissant en attribuant un numéro à chacune. Maintenant, relisez les pensées numéro 1, 2 et 3 afin de choisir celle que vous voulez travailler. Ne vous attaquez pas nécessairement à la pire des trois, mais choisissez plutôt celle qui vous semble la plus facile à neutraliser. À ce stade-ci, l'important c'est que votre expérience soit fructueuse. Plus tard, lorsque vous maîtriserez mieux cette technique, vous pourrez revenir aux idées les plus mortifiantes.

Pour stopper une pensée mortifiante, vous devez rester constamment en alerte. En effet, il vous faut chasser la pensée mortifiante et non pas simplement souhaiter qu'elle disparaisse d'elle-même. Cela implique que vous vous concentriez sur votre pensée mortifiante puis que vous l'arrêtiez plutôt brusquement avant de faire le vide dans votre esprit. Voici les quatre étapes à suivre pour stopper une pensée obsessionnelle mortifiante.

Première étape : imaginez la pensée

Fermez les yeux et imaginez-vous dans une situation qui, vraisemblablement, fera émerger la pensée obsessionnelle que vous avez choisie. Plongez-vous mentalement dans cette situation. Si vous avez du mal à visualiser la scène, contentez-vous de ressentir l'émotion qui accompagne la pensée mortifiante ou d'entendre une voix qui l'exprime tout haut à votre intention. Imaginez la scène de la façon la plus détaillée possible : les vêtements que vous portez ; les couleurs, les odeurs, les sensations ; les sons produits par la ou les personnes en présence… Maintenant, commencez à suivre le cours de vos pensées durant cette scène. Laissez-vous absorber par ce monologue intérieur. Vivez très intensément la scène avant de passer à la deuxième étape. Vous commencez à vous sentir mortifié ? C'est bon signe, car si vous êtes capable d'intensifier volontairement des sentiments de honte, cela signifie que vous êtes également capable de les atténuer volontairement.

Deuxième étape : stoppez la pensée

Pour interrompre le cours de la pensée, vous devez provoquer un effet de sursaut en déclenchant la sonnerie d'un minuteur de cuisine ou d'un réveille-matin. Au début, cependant, je vous suggère d'utiliser une bande sonore sur laquelle vous aurez préalablement enregistré votre propre voix disant STOP haut et fort. Enregistrez cette injonction en ménageant des intervalles de silence variables, mais jamais plus courts que deux minutes. Assoyez-vous ou couchez-vous et, après vous être assuré que le magnétocassette est bien à votre portée, détendez-vous le plus complètement possible. Fermez les yeux et replongez-vous mentalement dans la situation mortifiante. Reconstituez-la dans tous ses détails et laissez émerger tout ce qui lui est typiquement associé. Rappelez-vous les images, les personnes présentes, votre monologue intérieur, bref tout ce qui a accompagné cette expérience mortifiante. Mettez votre magnétocassette en marche dès que vous serez plongé dans le monologue intérieur associé à la scène. Après avoir entendu l'ordre STOP (que vous aurez enregistré d'une voix forte et énergique), faites le vide complet dans votre esprit pendant environ trente secondes. Ensuite, essayez une autre fois : reprenez le fil de vos pensées mortifiantes, remettez votre magnétocassette en marche et, après avoir entendu le signal – l'ordre STOP –, notez pendant combien de temps vous pouvez rester l'esprit libre de pensées mortifiantes. Essayez de nouveau et voyez si vous êtes capable de les éloigner pendant trente secondes complètes. N'oubliez pas que vos pensées vont revenir. Pour augmenter le niveau de difficulté de votre entraînement, laissez le magnétophone en marche pendant que vous vous replongez dans vos pensées obsessionnelles. Variez les intervalles de silence et, dès que vous entendez le STOP, efforcez-vous de garder l'esprit libre pendant trente secondes complètes. Refaites cet exercice plusieurs fois.

Troisième étape : stoppez la pensée sans l'aide d'un signal extérieur

Pour travailler la troisième étape, vous aurez besoin de trouver un endroit où vous vous sentirez complètement à l'aise, sans retenue. Vous devrez pouvoir crier STOP sans que rien ne vous inhibe. Réglez un minuteur ou un réveille-matin de manière qu'il sonne au bout de trois minutes. Laissez-vous envahir par la pensée obsessionnelle que vous avez choisie et par toutes les émotions qui lui sont associées. Lorsque vous entendez la sonnerie, criez STOP et notez pendant combien de temps votre esprit reste libre de la pensée douloureuse... Maintenant, réglez la sonnerie de nouveau et essayez une autre fois; revenez aux pensées indésirables... Si vous avez de la difficulté à faire taire vos pensées, utilisez un ou plusieurs des trucs de renforcement suivants en même temps que vous criez STOP: d'un mouvement brusque, sautez; faites claquer vos doigts; donnez un coup de règle sur un bureau; levez une main comme le fait un policier qui dirige la circulation; ou faites claquer un élastique que vous aurez préalablement passé à votre poignet (mon truc préféré)... Continuez l'exercice en enregistrant la sonnerie du minuteur ou du réveille-matin sur votre magnétophone, avec des intervalles de silence d'environ trois minutes.

Une fois que vous aurez réussi à chasser la pensée obsessionnelle pendant trente secondes, le moment sera venu de dire STOP d'une voix normale. Mettez en marche la cassette sur laquelle vous avez enregistré une sonnerie retentissant toutes les trois minutes. Revenez maintenant à votre pensée obsessionnelle. Sitôt que vous entendez la sonnerie, dites STOP d'une voix normale et, simultanément, utilisez un des trucs de renforcement suggérés précédemment (coup de règle, claquement des doigts ou d'un élastique, etc.). Exercez-vous ainsi jusqu'à ce que vous puissiez interrompre la pensée obsessionnelle pendant trente secondes après avoir dit STOP d'une voix normale. Une fois que vous y serez arrivé, vous reprendrez tout le processus depuis le début mais, plutôt que de dire STOP d'une voix normale, vous devrez simplement murmurer cet ordre. Exercez-vous jusqu'à ce que vous soyez capable de chasser la pensée indésirable avec ce STOP murmuré.

Une fois que le STOP murmuré est devenu efficace, commencez à vous donner un ordre muet pour stopper la pensée mortifiante. Imaginez simplement que vous vous entendez mentalement crier le mot STOP. Ce faisant, vous pouvez contracter vos cordes vocales et bouger votre langue comme si vous disiez le mot à voix haute. Cette fois-ci, ne passez pas l'enregistrement de la sonnerie. Maintenant, exercez-vous à dire STOP silencieusement dès que la pensée obsessionnelle vous traverse l'esprit. Vous devez absolument l'interrompre à la seconde même où elle prend forme, avant qu'elle ne déclenche une spirale de honte.

Au début, si vous en sentez le besoin, vous pouvez utiliser le truc de la règle ou de l'élastique. Cependant, n'oubliez pas que la technique du STOP silencieux devrait, au bout du compte, vous permettre, en tout temps et en tout lieu, de bloquer une pensée mortifiante et obsessionnelle sans attirer l'attention sur vous. Finalement, exercez-vous à dire STOP silencieusement. Laissez dériver votre esprit et, dès qu'une pensée douloureuse le traverse, chassez-la.

Quatrième étape : faites des substitutions de pensées

Vous êtes maintenant capable de stopper une pensée mortifiante à la seconde même où elle vous traverse l'esprit. Il n'en reste pas moins que, indépendamment de votre talent à stopper ce genre de pensée, vous ne pouvez pas faire le vide dans votre esprit pendant plus de trente ou soixante secondes. La nature ayant horreur du vide, votre ancienne pensée reviendra probablement au bout de trente ou soixante secondes si vous ne la remplacez pas par une pensée positive.

Voici quelques exemples d'affirmations que vous pouvez vous dire : «C'est pénible, mais pas dangereux»; «Tu ne peux vivre qu'un jour à la fois»; «Vas-y étape par étape»; «Prends une profonde inspiration, arrête-toi un moment, détends-toi»; «Ça va se terminer bientôt; rien ne dure indéfiniment. Laisse passer»; «Tourne la page de ton passé; c'est bien d'oublier»; «Cherche ce que tu aimes en toi»; «C'est bien d'être imparfait»; «Il faut beaucoup de courage pour être imparfait»; «Accomplis une chose aujourd'hui et tu te sentiras bien».

Ce sont là de simples suggestions. Je vous propose de choisir les affirmations qui vous plaisent puis de formuler les vôtres. Si vous êtes engagé dans un Programme en 12 étapes, utilisez les slogans habituels comme «Vivre et laisser vivre»; «Un jour à la fois»; «L'important d'abord»; «Par la grâce de Dieu»; «Agir... aisément»; Pensez... méditez... pensez.

On appelle ces nouvelles pensées positives des «affirmations clandestines». C'est Meichenbaum qui, à l'origine, a mis au point l'utilisation des affirmations clandestines après l'interruption des pensées indésirables. Il appelait alors cette technique «la piqûre anti-stress».

Les affirmations ont pour effet de vous rappeler que vous avez le pouvoir de contrôler vos réactions et vos spirales mortifiantes. Pour formuler ces affirmations, le «tu» s'avère plus efficace que le «je», car il vous impose une distanciation par rapport à vos réactions et implique un certain contrôle extérieur.

De plus, pour être efficace, l'affirmation doit coller étroitement aux faits. Par exemple, si je ressens une douleur dans la poitrine, je devrais, dans la majorité des cas, en déduire qu'elle est causée par un gaz au lieu de croire que Dieu menace de m'envoyer un infarctus pour me punir de ma méchanceté passée.

Par-dessus tout, rappelez-vous que votre vieux monologue inté-rieur mortifiant a été renforcé pendant plusieurs années. Par consé-quent, pour vous en libérer, vous devrez vous exercer à stopper les pensées mortifiantes et vous répéter les affirmations clandestines. N'oubliez pas qu'il s'agit d'un savoir-faire qui, comme tout autre savoir-faire, exige du temps et de la patience. Vous aurez inévitablement des rechutes. Pour commencer, à l'exemple du skieur débutant qui se lance d'abord sur une pente douce, vous travaillerez d'abord une pensée ni trop mortifiante ni trop difficile. Je vous recommande éga-lement de porter un élastique à votre poignet. Chaque fois qu'une pensée inquiétante vous traversera l'esprit, vous direz STOP muette-ment tout en faisant claquer l'élastique. Ensuite, vous prononcerez mentalement votre affirmation clandestine.

Le travail d'Albert Ellis et Aaron Beck

Dans les pages suivantes, je présente mon adaptation personnelle du travail d'Albert Ellis et Aaron Beck. C'est en grande partie grâce à ces deux chercheurs que l'on parvient de mieux en mieux à comprendre de quelle façon on peut réussir à changer les pensées et le monologue intérieur mortifiants. Contrairement à Ellis, cependant, je ne crois pas que tous les sentiments soient directement reliés à des pensées ou au monologue intérieur. Néanmoins, je crois sincèrement que ses techniques peuvent renforcer les acquis d'un sujet qui travaille à changer les distorsions de la pensée qu'entraîne une image de soi pétrie de honte.

L'individu foncièrement honteux de lui-même se croit médiocre et insuffisant en tant que personne. C'est à partir de ce genre de croyance que se développe la mentalité pétrie de honte, une sorte de vision égocentrique en tunnel composée des types de distorsion suivants.

Les distorsions de la pensée causées par la honte
Le catastrophisme

Le catastrophisme vous amène à considérer une simple migraine comme le symptôme d'une tumeur au cerveau ou un mémo vous demandant d'aller voir le patron comme le signe que vous allez être congédié. Le catastrophisme trouve son terrain de prédilection chez les personnes n'ayant aucune conscience de leur valeur et de leurs limites personnelles. Pour elles, les « Qu'arriverait-il si... » n'ont jamais de fin.

La pseudo-télépathie

La pseudo-télépathie vous amène à élaborer des hypothèses (sans preuves) bâties sur la manière dont les gens se comportent avec vous. « À voir l'expression de leur visage, je sais qu'ils s'apprêtent à me congédier. » « Elle me croit immature, sinon elle ne me poserait pas de telles questions. » Ces hypothèses sont habituellement fondées sur une intuition, un pressentiment, de vagues appréhensions ou une expérience passée. En fait, c'est la projection qui est à l'origine de ce sentiment de pouvoir lire la pensée d'autrui: vous vous imaginez que les gens vous perçoivent aussi négativement que vous vous percevez vous-même. Comme toute personne pétrie de honte, vous vous posez en critique et en juge face à vous-même. Conséquemment, vous tenez pour acquis que les autres adoptent la même attitude à votre endroit.

La personnalisation

Les individus pétris de honte sont égocentriques. Pour moi, ce phénomène est comparable à une rage de dents chronique. Si vous avez continuellement mal aux dents, tout ce qui vous préoccupe, ce sont vos dents. Vous êtes centré sur vos dents. Dans le même ordre d'idées, si vous souffrez du fait que votre moi est divisé, vous restez centré sur vous-même.

Les gens pétris de honte ramènent tout à eux-mêmes. C'est le cas de la jeune mariée qui pense que son mari est fatigué d'elle parce qu'il se plaint d'être fatigué. C'est le cas du mari qui se sent attaqué dans sa capacité d'assumer le rôle de pourvoyeur quand sa femme se plaint de la hausse vertigineuse du prix des aliments.

La personnalisation implique aussi l'habitude de se comparer continuellement aux autres – une conséquence du perfectionnisme générateur de honte. En effet, comme on le sait déjà, le perfectionnisme est fondé sur la comparaison : « Il est bien meilleur organisateur que moi » ; « Elle se connaît beaucoup mieux que je ne me connais moi-même » ; « Il ressent les choses si profondément. Je suis vraiment superficiel ». La liste des comparaisons – qui concernent les doutes que vous entretenez au sujet de votre valeur personnelle – peut s'allonger indéfiniment.

La généralisation excessive

La généralisation excessive découle de la grandiosité inhérente à la honte toxique. « Jamais je ne pourrai apprendre à coudre », vous dites-vous après avoir raté une couture ; « Personne ne voudra jamais sortir avec moi », pensez-vous si l'on décline votre invitation. Autrement dit, vous êtes amené à faire des conclusions très générales à partir d'un incident isolé ou d'un seul élément de preuve.

La généralisation excessive conduit à l'utilisation d'expédients universels tels que « *Personne* ne m'aime » ; « Je n'aurai *jamais* un emploi plus satisfaisant » ; « Je serai *toujours* obligé de me battre » ; « Pourquoi ne puis-je *jamais* réussir ce que j'entreprends ? » ; « *Personne* ne m'aimerait si on me connaissait vraiment ». Les autres mots clés sont *tout, tous* et *tout le monde*.

La généralisation s'exprime également sous une autre forme que j'ai baptisée la « nominalisation » et qui nous fait prendre un processus pour une chose. Par exemple, si je dis « Mon mariage va mal », je fais une nominalisation. Le mariage est un processus dynamique ; par conséquent, seuls quelques-uns de ses aspects – et non le mariage entier – peuvent être en difficulté. J'ai relevé récemment un autre exemple typique de généralisation excessive en entendant un homme dire : « Ce pays est englouti par la télévision. » Le pays dont il parle comprend un nombre incalculable de forces, de processus et de citoyens. Certains aspects seulement de toute la dynamique du pays dérangent cet homme. Mais le pays au complet n'est pas une entité.

La généralisation excessive nous amène à vivre dans des limites toujours plus étroites. De par son absolutisme gandiose, elle sous-tend que certaines lois immuables gouvernent nos chances de bonheur. Cette forme de distorsion de la pensée intensifie notre honte.

La pensée dichotomique

La pensée dichotomique, ou « mentalité du tout-ou-rien », est une autre conséquence de la grandiosité générée par la honte. Cette distorsion de la pensée met particulièrement l'accent sur des choix dichotomiques : vous percevez tout sous forme d'extrêmes ; il n'y a pas de juste milieu. Les choses et les gens vous paraissent soit bons, soit méchants ; soit merveilleux, soit abominables. L'aspect le plus destructeur de cette distorsion de la pensée réside dans son impact sur votre façon de vous juger vous-même. Si vous ne vous montrez pas brillant ou infaillible, vous en déduisez que vous êtes un raté. Dans cette perspective, il n'y a aucune place pour l'erreur. Une de mes clientes, par exemple, élevait seule ses deux enfants et faisait preuve d'une grande détermination à être une mère parfaite. Dès qu'elle se sentait fatiguée ou dépassée par ses responsabilités parentales, elle se mettait à s'injurier devant moi. Elle se dégoûtait elle-même en tant que parent.

Le besoin d'avoir raison

Étant donné que vous êtes rongé par la honte, vous devez continuellement prouver aux autres que vos opinions et vos actes sont corrects. Vous vivez entièrement sur la défensive. Comme vous ne vous reconnaissez aucun droit à l'erreur, la part de vérité contenue dans l'opinion d'autrui ne vous intéresse nullement, tout occupé que vous êtes à défendre vos propres idées. Cette distorsion de la pensée vous maintient pratiquement prisonnier d'une sorte de tournette (cage d'écureuil) de la honte, car très peu d'informations nouvelles parviennent jusqu'à vous. Vous êtes coupé de toute source d'informations susceptible de vous aider à changer le système de croyances que vous entretenez à votre sujet.

Le « je devrais »

Dans ses écrits, Karen Horney parle de « la tyrannie des *il faut* ». Cette distorsion de la pensée, qui est une conséquence directe du perfectionnisme, vous amène à fonctionner selon une liste de principes inflexibles – à vos yeux justes et incontestables – qui dictent la manière dont vous et les autres devraient se comporter. C'est ainsi qu'une de mes clientes en était arrivée à considérer que son mari aurait dû avoir envie de sortir avec elle le dimanche : « Tout mari qui aime sa femme doit l'emmener, le dimanche, se balader à la campagne puis manger dans un petit restaurant sympathique. » Pour elle, le fait que son mari ne voulait pas agir ainsi signifiait qu'il était égoïste, qu'il « ne pensait qu'à lui-même ». La personne pétrie de honte souffrant de cette distorsion de la pensée – dont les mots clés les plus fréquents sont *il faut, il est indispensable que…, on doit* – fait son propre malheur et celui des autres.

Les sophismes du contrôle

Le contrôle est un des plus importants moyens de dissimuler la honte toxique. Résultant de la grandiosité, le contrôle déforme votre pensée de deux manières : il vous amène à vous percevoir soit comme un être démuni et entièrement dominé par des éléments extérieurs, soit comme un être omnipotent et responsable de tout votre entourage.

Dans le premier cas, vous croyez n'avoir aucune maîtrise de l'évolution de votre existence. Résultat : vous êtes bloqué et maintenu dans votre cycle de honte. Dans le deuxième cas, vous illusionnant sur votre présumée omnipotence, vous vous sentez responsable de tout et de tout le monde. Vous portez l'univers entier sur vos épaules et vous vous sentez coupable lorsque les choses ne vont pas comme vous le voudriez.

La déficience cognitive ou filtrage

La déficience cognitive, ou filtrage, vous conduit, dans une situation donnée, à ne retenir qu'un élément et à exclure tous les autres. Le détail qui vous absorbe vient alors confirmer votre croyance en une quelconque lacune personnelle. L'exemple suivant en dit long sur cette distorsion de la pensée. Un de mes clients, un excellent conseiller en gestion d'entreprise, avait reçu des commentaires on ne peut plus élogieux sur le rapport de marketing qu'il venait de présenter. Du même coup, son patron lui avait demandé s'il lui était possible de produire le rapport suivant plus rapidement. Mon client en avait fait une véritable dépression. En l'interrogeant, je décrouvris qu'il était obsédé par l'idée que son patron l'avait subtilement traité de paresseux. Parce que la honte lui inspirait une profonde peur de se montrer insuffisant, il était passé complètement à côté de l'éloge enthousiaste.

Le filtrage est un moyen d'exagérer, de « dramatiser » vos pensées, et il déclenche d'intenses spirales de honte.

Le blâme et l'étiquetage global

Au moyen du blâme, on tente de dissimuler sa propre honte et de la transmettre aux autres. En soi, le blâme est un moyen de coller une étiquette sur quelqu'un ou quelque chose. Vous vous dites, par exemple, que votre épicier vous vend des aliments pourris. Que les prix relèvent du vol pur et simple. Que la jeune fille tranquille et réservée avec qui vous êtes sorti est un véritable bonnet de nuit. Que votre patron est une poule mouillée.

Le blâme et l'étiquetage global constituent des moyens de vous distraire de votre souffrance et de votre responsabilité. Ces troubles de la pensée vous empêchent de faire une honnête introspection et d'éprouver votre propre souffrance. C'est pourtant votre souffrance qui vous poussera à changer.

Extériorisez les distorsions de votre pensée

Avant de commencer à rééduquer votre pensée déformée par la honte, remémorez-vous une tranche de vie au cours de laquelle vous avez éprouvé un douloureux sentiment de honte. En suivant les trois étapes décrites ci-dessous, vous pourrez identifier les distorsions de la pensée avec lesquelles vous étiez aux prises à ce moment-là. Cette démarche vous permettra également de restructurer votre pensée. Voici les trois étapes à suivre :

1. Sur une feuille de papier, décrivez la situation ou l'événement qui a fait naître votre sentiment de honte.
2. Trouvez vos distorsions de pensée.
3. Restructurez et éliminez vos pensées générées par la honte en récrivant ces distorsions différemment.

Pour bon nombre de gens, la troisième étape est celle qui pose le plus de problèmes. Cela ne devrait pas nous étonner, car nos distorsions sont tellement enracinées qu'il nous est difficile de réapprendre à penser de manière plus logique. Les rubriques suivantes guideront votre démarche lorsque vous apporterez les correctifs logiques aux distorsions de la pensée que j'ai décrites précédemment.

Le catastrophisme

Face au catastrophisme, la riposte la plus logique consiste à formuler honnêtement les chances réelles ou le taux de probabilité que la « catastrophe » arrive. Quelles sont les chances (que telle ou telle chose se produise) ? Une sur mille, une sur dix mille ou une sur cent mille ?

La pseudo-télépathie

La pseudo-télépathie relève de l'imagination et du fantasme. En fin de compte, il est préférable que vous vous absteniez de tirer des conclusions au sujet des gens. Considérez toutes vos interprétations du comportement d'autrui comme des hallucinations. Employez ce mot lorsque vous vous livrez à ce genre d'interprétation. Dites : « Si j'en crois mon hallucination ou mon fantasme… » La meilleure règle de conduite, c'est de vérifier vos éléments de preuve avant de tirer des conclusions.

La personnalisation

Efforcez-vous de trouver les véritables raisons de la fatigue de votre mari, des plaintes de votre femme ou du froncement de sourcils de votre patron. Vérifiez-les si cela vous est possible. Renoncez à votre habitude de comparer. Ne tirez aucune conclusion avant d'avoir obtenu des éléments de preuve bien fondés.

La généralisation excessive

Pour lutter contre votre tendance à la généralisation excessive, utilisez la technique des trois colonnes suivante.

Preuve à l'appui de ma conclusion	Preuve contraire à ma conclusion	Conclusion de rechange

Écrivez « L'absolu n'existe pas » sur une petite fiche que vous déposerez sur votre bureau. Jouez-vous des mots comme *tout*, *jamais*, *toujours, personne, tout le monde* en les exagérant. Par exemple, dites : « Est-ce que je veux vraiment dire que jamais, jamais, jamais, je ne… ? » Apprenez à utiliser des mots tels que *peut-être, quelquefois, souvent*.

Refrénez votre tendance à la nominalisation en vous demandant si vous pourriez mettre ce dont vous parlez dans une brouette. Pourriez-vous mettre votre mariage ou votre pays dans une brouette ? Non. Cela signifie donc que des énoncés comme « Mon mariage va mal » ou « Ce pays est englouti par la télévision » relèvent de cette distorsion de pensée que j'appelle la « nominalisation ».

La pensée dichotomique

Utilisez la fiche sur laquelle vous avez écrit « L'absolu n'existe pas » pour travailler sur la pensée dichotomique, ou mentalité du tout-ou-rien, qui est une forme d'absolutisme. Nous avons vu précédemment que la honte toxique nous fait sentir plus qu'humains ou moins qu'humains et qu'elle est à la base de la grandiosité. Les jugements tout noirs ou tout blancs ne correspondent nullement à la réalité. Le monde est gris. Pensez plutôt en termes de pourcentage en vous disant ceci, par exemple : « Pendant environ cinq pour cent du temps, je suis égoïste, mais je suis affectueux et généreux le reste du temps. »

Le besoin d'avoir raison

Assumez votre bonne honte saine. À partir du moment où vous cherchez à toujours avoir raison, vous n'êtes plus en mesure d'écouter ni d'apprendre. Quand on veut surmonter le besoin d'avoir toujours raison, la clé du succès réside dans l'écoute active. Carl Rogers a fait œuvre de pionnier en cette matière. Lorsque l'on pratique l'écoute active, on est attentif aussi bien au contenu du message verbal qu'à la manière dont il est livré. On apprend à écouter autant avec ses oreilles qu'avec ses yeux. On apprend à donner du feedback et à vérifier les informations que l'on reçoit.

Voici un exemple d'écoute active. Un jour, un homme se mit à me raconter qu'il avait eu une enfance merveilleuse et que son père était l'homme le plus admirable qu'il eût jamais connu. Il m'expliqua que, comme son père travaillait très dur du matin jusqu'au soir, il ne lui avait jamais consacré beaucoup de temps. Il n'avait même pas pu venir le voir jouer alors qu'il disputait un match sportif dans le cadre d'un championnat provincial. Au moment où il a dit cela, sa respiration a changé ; ses mains se sont contractées et, se perdant dans le vide, son regard s'est dérobé au mien. Doucement, je lui ai répété ce qu'il venait de me confier. Je lui ai dit ce que j'avais observé pendant qu'il parlait du match de championnat et je lui ai demandé ce qu'il avait ressenti à ce sujet. Il m'a répondu : « Oh, ç'a bien été. J'ai compris. Mais je me suis juré que je serais toujours là pour mes propres enfants. » Lorsqu'il a prononcé cette phrase, il m'a semblé que sa voix exprimait de la colère, aussi ai-je vérifié cette perception. Je pourrais continuer longtemps à analyser cet exemple, mais pour être bref, je dirai simplement qu'en écoutant et en clarifiant on apprend à voir les choses de la même façon qu'une autre personne les voit. Le processus de vérification nous aide à comprendre le point de vue d'autrui. Il est important de se rappeler que les autres croient à ce qu'ils disent aussi fermement que nous-mêmes sommes attachés à nos propres convictions. J'aime bien me demander à moi-même : « Que puis-je apprendre en écoutant le point de vue de mon interlocuteur ? »

Le « je devrais »

Considérez les mots *il faut, je devrais, il est indispensable que…* comme des feux rouges. Lorsqu'il s'agit de formuler des attentes ou des règles flexibles, on n'utilise pas ces mots, car ils sont toujours réservés à des circonstances ou à des cas exceptionnels. La rigidité caractérise la maladie mentale, tandis que la flexibilité caractérise la santé mentale. Il n'y a pas de liberté sans flexibilité.

Pensez à au moins trois exceptions à votre règle, puis imaginez les exceptions que vous n'auriez jamais pu concevoir auparavant.

Les sophismes du contrôle

Mis à part les désastres naturels, vous êtes responsable de ce qui se passe dans votre petit monde. J'ai mentionné précédemment que les névroses et les troubles du caractère sont des troubles de la responsabilité. Apprendre à être responsable et accorder ce privilège aux autres, c'est vivre dans la réalité. Demandez-vous : « Quels choix ai-je faits pour en arriver à ce résultat ? Quelles décisions puis-je maintenant prendre pour remédier à la situation ? » Rappelez-vous également que respecter les autres, cela signifie les laisser vivre leur propre vie, éprouver leur propre souffrance et résoudre leurs propres problèmes.

La déficience cognitive ou filtrage

Cessez d'employer des mots tels que *épouvantable, effroyable, révoltant, horrifiant*, etc. Recopiez les phrases suivantes : « Pas besoin d'exagérer. Je suis capable de me débrouiller. Je peux passer à travers. » La phrase que je préfère entre toutes et que vous pourriez vous répéter intérieurement vient d'Abraham Low : « C'est pénible, mais pas dangereux. »

Pour mettre un terme au filtrage, vous devrez reporter votre attention ailleurs, vous concentrer sur des stratégies qui vous permettront d'affronter le problème plutôt que de le laisser vous envahir jusqu'à l'obsession. Concentrez-vous sur des thèmes comme le danger ou la perte. Ensuite, pensez à des choses qui représentent la sécurité ou aux ressources utiles dont vous disposez.

Le blâme et l'étiquetage global

Assumez la responsabilité de votre comportement et de vos choix. Concentrez-vous sur vos propres problèmes. Regardez la poutre dans votre œil plutôt que la paille dans l'œil du voisin. Sitôt que vous commencez à cataloguer les choses ou les gens, demandez-vous : « Qu'est-ce que j'essaie d'éviter ? » Si vous vous apercevez qu'il ne s'agit pas d'une tentative d'évitement, précisez votre pensée plutôt que de l'exprimer de manière globale : « Mon patron est souvent conservateur. Il n'aime pas beaucoup courir des risques. » De tels constats sont plus exacts. En réalité, le fait de traiter votre patron de poule mouillée satisfait votre besoin d'exprimer la colère que vous inspire une situation où vous avez des comptes à rendre.

Changez vos voix intérieures grâce aux affirmations positives

La technique que je vais maintenant vous proposer est littéralement un lavage de cerveau positif. Elle vise à remplacer les vieux enregistrements négatifs – ces voix qui véhiculent des critiques et des jugements humiliants à votre endroit – par de nouvelles affirmations positives et réalistes à votre sujet. La plupart de vos vieilles voix critiques proviennent de diverses opinions que d'autres personnes s'étaient faites de vous-même ; par conséquent, elles représentent simplement la subjectivité des gens qui les ont émises et non pas ce que vous êtes vraiment. Les nouvelles affirmations que vous allez leur substituer vous aideront à changer votre monologue intérieur de manière que vous puissiez devenir la personne que vous vous voulez être.

Pour appliquer la technique des affirmations, vous devrez écrire de quinze à vingt fois (idéalement, au rythme de deux séances par jour) une affirmation positive qui vous concerne. Après avoir écrit votre affirmation, vous devrez attendre environ une minute et noter la première réponse spontanée – et habituellement négative – qui vous viendra à l'esprit. Si aucune réponse n'émerge, écrivez de nouveau la même affirmation une deuxième fois, une troisième fois, une quatrième fois, etc.

En écrivant les réponses que vous vous faites intérieurement, vous extérioriserez tous les messages négatifs et humiliants enfouis dans votre inconscient. De plus, en récrivant inlassablement une même affirmation – avec la monotonie que cela suppose – vous saboterez le mécanisme de contrôle mis en place par la honte. Par ailleurs, n'oubliez surtout pas que si quelques aspects de votre image de soi sont affectés d'une honte particulièrement intense, c'est parce que l'on vous a répété maintes fois des messages humiliants tels que : «Pourquoi n'es-tu pas comme ton frère/ta sœur, etc. ?» ou «Tu es si débraillé, paresseux, stupide, etc.». Le schéma de vos affirmations devrait se lire comme suit :

Affirmation	**Réponse**
1 Moi, _____, je suis souvent tendre et aimable.	Attendez chaque fois la première réponse spontanée.
2. Moi, _____, je suis souvent tendre et aimable.	Ce qui vous vient à l'esprit.
3. Moi, _____, je suis souvent tendre et aimable.	Ce qui vous vient à l'esprit.
4. Répétez la phrase ci-dessus.	Ce qui vous vient à l'esprit.

Vous devrez faire cet exercice vingt et un jours de suite. Si l'on se fie aux résultats des recherches, ce temps est nécessaire pour donner à cet exercice son efficacité maximale.

Pour tirer le meilleur profit possible des affirmations

1. Travaillez la même affirmation tous les jours, idéalement le soir, juste avant d'aller vous coucher, ou le matin, avant de commencer votre journée, et particulièrement dans les moments où vous vous sentez désœuvré.
2. Écrivez chaque affirmation de dix à vingt fois.
3. Écrivez et dites-vous chaque affirmation à la première, à la deuxième et à la troisième personne comme ceci :
   «Plus moi, _____, je m'aime, plus les autres m'aiment.»
   «Plus toi, _____, tu t'aimes, plus les autres t'aiment.»
   «Plus elle/lui, _____, elle/il s'aime, plus les autres l'aiment.»
   Rappelez-vous que vous devez toujours intégrer votre prénom à l'affirmation. Il est également très important que vous utilisiez la deuxième et la troisième personne, puisque vous avez été conditionné autrefois par votre entourage à l'aide de phrases à la deuxième et à la troisième personne du singulier.

4. Travaillez quotidiennement les affirmations jusqu'à ce qu'elles soient totalement intégrées à votre conscience. Vous saurez que cette intégration est complète lorsque votre esprit réagira positivement et que vous commencerez à éprouver un sentiment de maîtrise face à la poursuite de vos objectifs. Vous mettrez alors la force de votre esprit à votre service.

5. Enregistrez vos affirmations et écoutez-les quand vous en avez l'occasion. Personnellement, il m'arrive souvent de les écouter en conduisant ma voiture, lorsque j'emprunte une autoroute, ou juste avant d'aller me coucher.

6. Regardez-vous dans un miroir et dites-vous les affirmations tout haut : c'est une technique efficace. Répétez les affirmations jusqu'à ce que votre visage arbore un air détendu, heureux, et que vous en ayez éliminé toute tension ou expression grimaçante.

7. Recourez aux techniques de visualisation pour renforcer vos affirmations.

Au bout d'un certain temps, à mesure que vous accumulerez diverses réactions, il se pourrait que vous entendiez s'élever de nouvelles voix négatives en rapport avec un ou plusieurs thèmes récurrents ou que vous découvriez une voix dont vous n'étiez pas conscient auparavant. Vous les utiliserez pour créer de nouvelles affirmations contradictoires positives.

Affirmations d'estime de soi

1. Moi, _____, je m'aime. Je suis une personne digne d'amour.
2. Moi, _____, je suis très sympathique avec moi-même.
3. Moi, _____, je suis très sympathique avec les gens et je trouve les gens très sympathiques avec moi.
4. Moi, _____, je suis une personne autodéterminée et je reconnais que les autres ont aussi le droit de s'autodéterminer.
5. Moi, _____, j'ai le droit de dire « non » aux gens sans perdre leur amour.

6. Plus moi, _____, je m'aime moi-même, plus les autres s'aiment eux-mêmes.

7. Moi, _____, je suis attirant(e) et digne d'amour ; plus je reconnais ces qualités en moi, plus elles deviennent réelles.

8. Moi, _____, je mérite qu'on reconnaisse mes succès et mes réalisations, indépendamment du degré de difficulté qu'ils comportaient.

9. Moi, _____, je suis maintenant une femme/un homme de valeur même si je suis _____.

10. Moi, _____, je peux trouver satisfaction en présence de qui que ce soit.

11. Moi, _____, je suis aimé(e) et apprécié(e), que je sois seul(e) ou avec quelqu'un d'autre.

12. Moi, _____, je suis une personne précieuse et incomparable, que cela me plaise ou non.

bradshaw

Chapitre onze

Composez avec la honte toxique dans vos relations interpersonnelles

Il n'y a qu'un seul véritable problème, celui des relations humaines.
Nous oublions qu'il n'y a ni espoir ni joie sauf dans les relations humaines.

ANTOINE DE SAINT-EXUPÉRY

Pour blaguer entre elles, les personnes engagées dans un Programme en 12 étapes citent fréquemment cette phrase : « Nous ne nous lions pas avec les autres : nous les prenons en otages. » Ce genre de boutade met en lumière la souffrance que vivent les êtres pétris de honte lorsqu'ils essaient d'établir une relation d'intimité. À ce propos, je dirais même que les problèmes en relation avec l'intimité viennent en tête de tous ceux occasionnés par la honte toxique. En ce qui me concerne, du moins, cela a sans aucun doute été le cas.

L'intimité exige la capacité d'être vulnérable. Dans une relation intime, les deux partenaires prennent le risque de se révéler mutuellement leur moi secret ; ils osent dévoiler leurs pensées, leurs sentiments et leurs désirs les plus profonds. Ils se montrent tels qu'ils sont véritablement, ils s'aiment et s'acceptent l'un l'autre sans condition. Tout cela exige de la confiance en soi et du courage. C'est cette forme de courage qui permet aux conjoints de créer un nouvel espace dans la relation, un véritable *intimus* dont chacun pourrait dire : « Cet espace n'appartient ni à toi ni à moi : il est à nous. »

Lorsque la honte me rongeait, tout cela m'était impossible. Je n'étais pas du tout en contact avec moi-même. Je me cachais continuellement, non seulement pour me dérober au regard d'autrui mais aussi pour me dérober à mon propre regard. J'étais un « faire » humain, car j'étais incapable de rentrer en moi-même. Il n'y avait personne à l'intérieur, je n'avais pas de moi. Mon rapport à moi-même était fait de rejet et de mépris. Ce que je redoutais plus que tout, c'était d'être mis à nu. Je n'avais pas de moi à offrir à quiconque.

Les problèmes de codépendance chez les adultes enfants

J'ai mentionné précédemment que la codépendance et la honte toxique ne sont qu'une seule et même réalité. En fait, le terme « codépendance » définit très précisément le problème de la honte toxique dans les relations interpersonnelles. Quant à l'expression « adulte enfant » que j'utiliserai dans les lignes suivantes, elle permettra au lecteur de mieux comprendre ce problème.

La permanence du lien et de l'attachement

Étant donné que les individus pétris de honte ont souffert d'un traumatisme d'abandon durant leur enfance, ils deviennent des adultes enfants qui ne peuvent faire autrement que d'établir des relations de codépendance. Une relation de codépendance est dominée par l'attachement et la peur de l'abandon. Elle résulte de la « permanence du lien » dont parle Alice Miller.

Étant moi-même un adulte enfant, j'éprouve beaucoup de difficulté à me détacher de quoi que ce soit. J'ai encore en ma possession des notes de cours que j'ai prises durant ma première année d'études secondaires, voilà une trentaine d'années. J'ai des boîtes pleines de petites choses que je conserve depuis des lustres. Le changement est extrêmement difficile pour moi. Le fait d'avoir été abandonné m'a laissé un sentiment de manque, l'impression qu'il valait mieux que je m'accroche à ce que j'avais afin de pouvoir pallier une éventuelle pénurie. Pour la même raison, il m'est également difficile de retarder les satisfactions. Elles aussi pourraient venir à manquer.

J'ai dû faire de gros efforts pour apprendre à être souple dans mes relations, sans compter mes efforts, monumentaux, pour renoncer au contrôle. Par ailleurs, il me semblait impossible de mettre un terme à quelque relation que ce soit et je m'arrangeais toujours pour devenir si important aux yeux de l'autre personne que celle-ci ne pouvait plus me quitter.

Le contrôle

Le contrôle est le pire ennemi de l'intimité. Par définition, l'intimité exclut que, dans la relation, l'un des deux partenaires contrôle l'autre. Le besoin de contrôle est le produit d'une volonté dénaturée, d'un acharnement à vouloir l'impossible. On ne peut pas changer autrui. Il est en effet impossible de refaire ses parents, son conjoint, son amoureux ou ses enfants. On ne peut exercer aucun contrôle sur leur existence ou leur souffrance.

L'enchevêtrement

C'est sur la base de son moi fictif – le seul qu'elle croit avoir – qu'une personne dépourvue de moi authentique cherche à établir des relations. La « victime » cherche à se lier à un « persécuteur », tout comme le persécuteur cherche à se lier à une victime, puisque la relation persécuteur-persécuté est le seul type de relation qu'ils connaissent l'un et l'autre. Pour ma part, j'étais l'Époux Substitut de ma mère et le Protecteur de la famille. En tant qu'Époux Substitut de ma mère, une fois adulte, j'ai toujours jeté mon dévolu sur des femmes dont je pouvais prendre soin.

En règle générale, cependant, une telle situation n'aboutit qu'à la mise en actes du lien fantasmatique, ce piège de relations codépendantes et enchevêtrées dont j'ai parlé précédemment. Fondé sur un attachement permanent aux parents, le lien fantasmatique se développe à la suite d'un traumatisme d'abandon. Une fois lié par ce lien imaginaire, l'individu ne peut plus établir qu'un seul type de relation, et il le reproduit maintes et maintes fois.

Pour sortir de cette impasse, le sujet doit exprimer sa première souffrance et retrouver son enfant intérieur; il s'agit là d'un processus d'affliction fondamental. Si le sujet est prisonnier de son vieux lien fantasmatique, c'est parce que son vrai moi s'est retrouvé refoulé et paralysé à la suite d'un traumatisme d'abandon non résolu. Chaque fois qu'il instaure une nouvelle relation basée sur le lien fantasmatique, il tente de se libérer de sa souffrance passée. Il choisit toujours le même genre de partenaire en espérant se donner une autre chance de résoudre cette souffrance. Tous ceux qu'il choisit ressemblent sous certains aspects à l'un de ses parents ou aux deux à la fois. Afin de résoudre son conflit interne et de passer à autre chose, il essaie d'amener son partenaire à se comporter comme ses parents se comportaient avec lui. Mais, comme il n'est plus un enfant, cela ne fonctionne jamais.

La seule solution consiste donc à éprouver la souffrance légitime inhérente au processus d'affliction. Le sujet doit renoncer à son faux moi et quitter la maison, c'est-à-dire se séparer de ses parents. C'est uniquement ainsi qu'il pourra retrouver son vrai moi.

Le surinvestissement de pouvoir, d'estime et d'attente

Étant donné qu'une relation entre adultes enfants est une relation immature et infantile, les deux partenaires en arrivent à s'investir mutuellement d'un pouvoir et d'une estime démesurés. Ce genre de surinvestissement provient du fait que chacun a gardé, en héritage de son vécu d'enfant délaissé, le désir d'avoir un parent attentif à ses besoins. Cependant, cet espoir que l'autre nous donnera ce que nos parents n'ont pas su nous donner n'est qu'une illusion. C'est une attente irréaliste qui débouche sur la déception et la colère.

La projection de parties du moi reniées sur le partenaire

La projection sur son partenaire de certaines parties de soi-même que l'on a reniées est un des aspects les plus nuisibles de toute relation fondée sur la honte. À cet égard, je trouve que le film intitulé *Tendres Passions* dépeint très habilement la fascination et la répulsion qu'exercent les moi reniés. Dans ce film, Garrett (Jack Nicholson), est un homme complètement identifié à son moi fantasque, impulsif et libertin. Quant à Aurora (Shirley MacLaine), sa voisine, c'est une veuve moraliste, perfectionniste, excessivement retenue, qui a refoulé sa sexualité. Chacun incarne les polarités extrêmes de la honte toxique. Garrett mène une vie dissolue et se comporte comme s'il était moins qu'humain. Aurora se veut « plus catholique que le pape » et se comporte comme si elle était plus qu'humaine. Tous deux ont beaucoup de choses à s'apprendre mutuellement, bien qu'ils oscillent entre l'attirance et la répulsion. Au bout du compte, chacun aide l'autre à intégrer son moi renié : Garrett amène Aurora à intégrer son moi sexuel tandis que Aurora réconcilie Garrett avec son moi traditionaliste et affectueux.

Quand des personnes engagées dans une relation destructrice viennent me consulter, je constate, dans la majorité des cas, que la relation en cause est fondée sur leurs moi reniés. Ainsi, il arrive souvent qu'un homme généreux épouse une femme égoïste ; qu'une perfectionniste épouse un débraillé ; qu'une femme affectueuse s'éprenne d'un homme inaccessible sur le plan émotionnel. Plutôt que de s'apprendre mutuellement à intégrer leurs moi dissociés, les deux partenaires laissent l'autre les exprimer à leur place. Et comme ils rejettent ces parties d'eux-mêmes, ils s'irritent et se jugent mutuellement chaque fois qu'elles se manifestent chez l'autre.

Pour incorporer toutes les parties de son moi, il faut d'abord et avant tout travailler à s'accepter soi-même. Le sentiment d'intégrité et de plénitude est le produit d'une totale acceptation de soi, un indice de santé mentale. S'accepter totalement, c'est être en accord avec toutes les parties de soi-même, c'est s'aimer d'un amour inconditionnel.

Les collages d'attirance/répulsion

Une variante de l'exercice intitulé « Faites la paix avec tous vos concitoyens » m'a été suggérée par mon ami le révérend Mike Falls, un pasteur de l'Église épiscopale qui est maintenant l'aumônier du collège Stephen F. Austin à Nacogdoches, au Texas. Très doué et intuitif, le révérend Falls pratique la psychothérapie depuis vingt ans environ. Lorsqu'il reçoit un client aux prises avec des problèmes relationnels, souvent, il lui suggère de faire l'exercice suivant.

Feuilletez une pile de magazines et retirez-en la photo de tous les gens que vous trouvez attirants. Puis, en utilisant comme support un grand carton du format d'une affiche, réalisez un collage avec les photos que vous avez choisies.

Ensuite, feuilletez de nouveau les magazines et découpez-en la photo de tous les gens que vous trouvez antipathiques ou repoussants. Faites un deuxième grand collage à partir de ces photos.

Le collage des photos de personnes que vous trouvez attirantes représente, le plus souvent, les parties de vous-même auxquelles vous êtes suridentifié. Quant aux personnes que vous trouvez repoussantes, elles représentent très vraisemblablement les parties de vous-même que vous rejetez. À partir du moment où vous prendrez conscience de ces moi reniés, il vous sera possible de dialoguer avec eux en appliquant la technique décrite au chapitre 7.

Personnellement, j'ai fait cet exercice plusieurs fois et j'ai obtenu des résultats probants. Je vous recommande de choisir des photos de personnes aussi bien du même sexe que le vôtre que du sexe opposé. Il est en effet très fréquent que les hommes aient honte de leur féminité et les femmes, honte de leur masculinité.

Selon Carl Jung, une partie de notre « ombre » recèlerait notre opposé sexuel. Sur le plan hormonal, les hommes et les femmes correspondent à une union d'hormones mâles et d'hormones femelles. Les hommes ont une minorité d'hormones femelles et une majorité d'hormones mâles, alors que les femmes ont une minorité d'hormones mâles et une majorité d'hormones femelles. Jung appelait *anima* l'ombre féminine de l'homme et *animus* l'ombre masculine de la femme. Pour devenir des êtres humains entièrement unifiés, il est crucial que l'homme intègre son anima et la femme son animus.

J'ai souligné le fait que les rôles sexuels rigides imposés par notre culture nous amènent à développer un faux moi, à nous suridentifier à une seule partie de nous-mêmes. D'une part, on méprise les hommes qui expriment leur féminité en les affublant de noms tels que « tapette », « poule mouillée » ou pire, et d'autre part, on humilie les femmes qui expriment leur masculinité.

Outre le film intitulé *Tendres Passions* dont j'ai parlé précédemment, un autre film, *La Reine Africaine*, dépeint tout aussi spectaculairement la polarité masculin/féminin. Humphrey Bogart, qui joue le rôle d'un homme suridentifié à l'énergie masculine, et Katharine Hepburn, qui joue le rôle d'une femme suridentifiée à l'énergie féminine, y expriment de façon émouvante la dynamique de la fascination/répulsion instaurée par les parties reniées du moi. Petit à petit, à mesure que l'histoire avance, chacun des deux personnages intègre les aspects de lui-même qu'il désavouait et se retrouve transformé par l'addition des forces incarnées par l'autre. *Tendres Passions* et *La Reine Africaine* ont tous deux remporté des oscars. Il serait intéressant de savoir combien de films – parmi tous ceux ayant été primés par l'Académie des Arts et Sciences du cinéma – dépeignent cette lutte universelle pour l'intégration de soi et la plénitude.

Les situations relationnelles dangereuses

Parmi les différentes situations que nous sommes amenés à vivre dans nos relations interpersonnelles, certaines nous rendent particulièrement vulnérables à la honte. Si la critique et le rejet, par exemple, sont pénibles pour tout le monde, ils ne sont rien de moins qu'atroces pour les êtres pétris de honte. Plus loin dans ces pages, je traiterai séparément de la critique et du rejet, mais pour l'instant, je me contenterai d'évoquer certaines situations qui déclenchent habituellement des spirales de honte. Je vous recommande de les garder très présentes à l'esprit et de vous préparer soigneusement à les affronter.

Le contact avec vos parents

Vos relations sources – celles que vous entretenez avec vos parents – risquent, encore aujourd'hui, de déclencher d'anciennes spirales de honte. Si, autrefois, vous avez été gravement méprisé, restez sur vos gardes ne serait-ce que lors d'une banale conversation avec vos parents. Si vous faites de sérieux efforts pour vous affranchir de la honte et que vous avez terminé la deuxième phase de votre démarche, vous êtes assez bien préparé pour éviter de retomber dans les vieux pièges. Sinon, vous êtes en danger. Une simple conversation téléphonique pourrait effectivement raviver d'anciennes images auditives.

Les figures d'autorité

La peur des figures d'autorité est une caractéristique courante chez les enfants d'alcooliques. Cette peur est presque toujours reliée aux sévices humiliants dont le sujet a pâti dans le cadre de ses relations sources, mais des incidents mortifiants survenus à l'école peuvent également être en cause. Je connais un professeur de psychologie qui est envahi par un sentiment de honte dès qu'il voit passer une voiture de police dans la rue. Or, sa mère avait l'habitude de le menacer en lui disant que des policiers viendraient le chercher pour le jeter en prison. Comme ce genre de pratique n'est pas rare, on comprend la raison pour laquelle tant de personnes pétries de honte se sentent tout à coup exagérément mortifiées par la simple présence d'un patron ou d'une quelconque figure d'autorité.

Les nouvelles relations

Il arrive fréquemment que des relations naissantes ravivent notre honte. Une nouvelle connaissance vient à peine de nous tourner le dos et voilà que notre honte se manifeste aussitôt sous sa forme la plus commune, celle d'un monologue intérieur critique : « Dis donc ! Tu as vraiment tout gâché, cette fois ! », « Beau travail, Monsieur Crampon ! » ou « Toi et ta manie de parler entre tes dents ! ». Les relations naissantes comportent des risques, car elles nous exposent à une personne à laquelle nous n'avons jamais été exposés auparavant.

Votre colère et celle des autres

La plupart des individus pétris de honte se sentent très démunis face à la colère. Non seulement ils ne savent pas comment exprimer leur propre colère, mais ils sont extrêmement vulnérables, faciles à manipuler, lorsqu'ils affrontent celle des autres. Cela me fait penser à un type que je trouve vraiment antipathique. Un jour, de manière tout à fait incongrue, il m'a piqué une colère alors que j'étais en train de le complimenter. Par la suite, plusieurs personnes m'ont affirmé que cet homme était jaloux de moi. Apparemment, mes éloges avaient provoqué sa colère et il avait entendu tout autre chose que ce que je lui disais. Quant à moi, j'ai ruminé cet incident des semaines durant et j'ai même envisagé de téléphoner au type en question afin d'arranger les choses. Pour m'en empêcher, je me suis répété intérieurement beaucoup d'énoncés positifs d'affirmation de soi. Après tout, la colère de cet homme le concernait, lui et son histoire personnelle. Elle n'avait rien à voir avec moi.

Étant donné que la plupart d'entre nous avons été humiliés par la colère ou la rage des autres, notre première réaction, devant la colère de quelqu'un, en est une de peur. Pour mieux affronter ces emportements, les différentes méthodes que je propose dans la section consacrée à la critique vous seront très utiles.

Quand vous blessez les autres
ou que vous êtes blessé par eux

Parce que nous avons été cruellement blessés à maintes reprises, nous redoutons de blesser les autres et supportons difficilement la peine qu'ils peuvent nous faire. Notre vulnérabilité est encore plus grande si nos parents nous manipulaient sous prétexte que nous les faisions souffrir. Les parents rongés par la honte ont en effet pour coutume de se servir de la peine pour manipuler leur enfant quand son comportement leur déplaît : « Tu ne pourras jamais imaginer tout le mal que tu as fait à ton père » ou « Je ne sais pas si je pourrai jamais te pardonner. Tu m'as fait tellement de peine ». Beaucoup de ces prétendues souffrances ne sont que pures manipulations qu'ils utilisent pour arriver à leurs fins.

N'oublions pas que les relations saines sont fondées sur la responsabilité individuelle. « Si je t'ai blessé, j'assume ma part de responsabilité dans cette affaire. Néanmoins, je sais que ta peine te concerne, toi et ton histoire personnelle. »

Les différentes formes de réussite

Dans son essai intitulé *Man Against Himself,* Karl Menninger cite le cas de plusieurs personnes qui, après avoir connu la réussite, ont sombré dans une profonde dépression nerveuse ou se sont suicidées. Les gens pétris de honte ne se croient pas en droit d'être heureux à ce point. Au plus profond d'eux-mêmes, la honte toxique leur dit qu'ils n'ont pas le droit d'être riches ou d'avoir du plaisir tandis que d'autres vivent dans la souffrance et la pauvreté. Par ailleurs, la réussite ne se limitant pas à la prospérité matérielle, ils peuvent tout aussi bien être envahis par la honte toxique lorsqu'ils sont récompensés par une marque d'honneur quelconque. Ce problème se fait souvent sentir dans tout le système familial. Quand, rompant avec ses anciens rôles rigides, un des membres de la famille se crée une vie unique et bien à lui alors que les autres continuent de jouer leurs rôles figés, il est susceptible d'avoir honte d'être si différent et de réussir. Souvenez-vous que, dans une famille dysfonctionnelle, personne n'est censé abandonner son rôle.

Les éloges et les témoignages d'affection

Les compliments et les éloges sont extrêmement problématiques pour les êtres pétris de honte. Car du plus profond d'eux-mêmes, la honte toxique leur crie : « Tu n'as pas le droit d'être aimé ni de recevoir toute cette attention ! » Une fois que vous aurez travaillé à fond les exercices présentés au chapitre 8, vous saurez que vous êtes digne d'amour. La relation d'amour inconditionnel que vous entretiendrez avec vous-même vous permettra d'accepter tout l'amour et les éloges qui vous sont dus.

La critique

Il y a plusieurs années, j'ai écrit la moitié d'un essai qui aurait pu s'intituler : « Comment vivre avec une personne critique ». Pour une raison ou pour une autre, je ne l'ai cependant jamais terminé. Pourtant, j'avais le sentiment que la critique était un véritable fléau dans les relations humaines et que les gens avaient besoin qu'on les aide à s'en protéger. En ce qui concerne les personnes pétries de honte, il est certain que la critique les rebute et les blesse, mais elle les attire également, car elle leur permet de déverser leur propre honte sur les autres.

Je n'ai jamais cru à la valeur de la prétendue « critique constructive ». En revanche, je crois à la valeur du *feedback* dans le genre de celui que les membres de mon groupe de soutien se donnent mutuellement. Le feedback, qui ne véhicule *aucune interprétation*, procède d'une observation extrêmement fine fondée sur des informations sensorielles. Il s'avère parfois d'une utilité inestimable dans la formation d'un groupe. Par contre, la critique, du moins telle que je la définis, procède toujours d'une interprétation subjective fondée sur le vécu présent et passé de la personne qui la formule. Et comme telle, la critique n'est jamais très utile.

Si vous êtes pétri de honte, je vous conseille d'éviter de recourir à la critique. Quant aux critiques que vous recevrez, je vous proposerai, dans les pages qui suivent, des techniques qui vous aideront à composer avec elles. Pour ce faire, vous devrez respecter le principe de base suivant : *ne JAMAIS vous défendre*. Rappelez-vous qu'à partir du moment où vous vous défendez, vous endossez la honte toxique.

Le nuage

Le nuage est mon adaptation personnelle d'une technique d'affirmation de soi que Manuel Smith appelle « le brouillard ». Cette technique vous demande de reconnaître une vérité, la possibilité d'une vérité ou la probabilité d'une vérité, et ce sans vous défendre. Vous devez simplement laisser les paroles de votre critique passer à travers vous comme à travers un nuage. Supposons, par exemple, que vous parlez avec votre mère au téléphone et qu'elle vous dit : « Tes enfants sont indisciplinés. Ils vont s'attirer des ennuis à l'école. » Vous devez en ce cas répondre : « Tu as raison. Il est probable qu'ils auront des ennuis à l'école. » Vous reconnaissez ainsi la possibilité de vérité que comporte la déclaration de votre mère. Si elle ajoute : « Bon, alors quand vas-tu te décider à leur inculquer de la discipline ? », vous répondez : « Je vais leur apprendre la discipline quand ils en auront besoin. » Votre réponse est vague à souhait et lui montre que vous reconnaissez la vérité de son affirmation.

La clarification

La clarification est un moyen d'acculer votre critique au pied du mur et de dévoiler son intention de déverser sa propre honte sur vous. Imaginons, par exemple, que votre conjoint(e) vous lance : « Tu ne vas pas mettre ton pantalon brun, n'est-ce pas ? » Il vous faut répondre : « Qu'est-ce que tu as contre mon pantalon brun ? » Quoi que vous dise votre critique, vous demandez des clarifications. S'il vous répond : « Ton pantalon a l'air bon marché », vous devez lui demander : « Qu'est-ce que tu as contre les pantalons bon marché ? » ou « Pourquoi un pantalon bon marché te déplaît-il ? ». Ces questions le renvoient obligatoirement à la partie adulte de sa personnalité. L'adulte n'est pas contaminé par des émotions refoulées ; son esprit est orienté vers la logique et l'objectivité.

Cette technique arrive habituellement à disperser l'énergie du critique. Les questions successives dissipent l'écran de fumée derrière lequel se cachait son véritable but : exprimer sa pure subjectivité ou dissimuler sa propre honte en la faisant éprouver à quelqu'un d'autre à sa place. Cette méthode ne fonctionne pas toujours. D'ailleurs, rien ne fonctionne à tout coup. Il n'en reste pas moins que plus vous connaîtrez une grande variété de méthodes, plus vous pourrez effectuer des choix sûrs en vous affirmant.

La confrontation

Se confronter signifie bel et bien ceci : affronter la personne qui vous critique. C'est une façon de s'affirmer. Au cours d'une confrontation, vous devriez toujours respecter les principes de base suivants :

1. Restez dans votre propre peau. Dites ce que vous percevez (« je vois », « j'entends »), ce que vous interprétez, ce que vous sentez et ce que vous voulez.
2. Pour vos messages, utilisez le « Je ». Assumez la responsabilité de ce que vous percevez, interprétez, sentez et voulez.
3. Pour parler d'un comportement, référez-vous à des détails qui tombent sous les sens au lieu de porter des jugements de valeur.
4. Regardez votre interlocuteur droit dans les yeux. Cela demandant de l'entraînement, je conseille aux personnes sérieusement rongées par la honte de fixer un point situé entre les deux yeux de leur interlocuteur.

Pour vous donner un exemple, je vais vous exposer la confrontation que j'ai vécue récemment. Je venais tout juste d'acheter une BMW décapotable flambant neuve. C'est, soit dit en passant, la voiture la plus coûteuse que j'aie jamais possédée. Étant donné que j'éprouve encore une sorte de honte culturelle d'avoir grandi dans la pauvreté, ce sentiment refait surface automatiquement dès que je côtoie des gens riches. En leur présence, je me sens soudainement inférieur, étranger, comme si je ne faisais pas partie du même monde qu'eux. Ma honte resurgit également lorsque j'acquiers un bien matériel très onéreux (une BMW, par exemple), et elle s'avère particulièrement virulente quand je côtoie des gens qui n'ont vraiment pas beaucoup d'argent. Bien que j'aie travaillé dur pour résoudre ce conflit intérieur, il me tiraille encore à l'occasion.

Lorsque je suis allé montrer ma voiture à l'un de mes proches parents, celui-ci m'a fait une remarque ambiguë qui ressemblait davantage à une critique. Il s'est exclamé : « Oh là là ! Elle est superbe. Je parie que ce qu'elle t'a coûté aurait pu faire vivre une famille entière pendant un an. » En entendant ces paroles, j'ai senti mon cerveau se vider et la honte m'envahir. Une voix intérieure m'a susurré : « Tu aurais pu trouver une voiture moitié moins chère et donner de l'argent aux pauvres. » Heureusement, comme j'ai beaucoup travaillé ma voix mortifiante, j'ai pu lui rétorquer aussitôt : « Je m'aime de célébrer ainsi ma vie avec une splendide voiture neuve. » Puis, j'ai regardé mon interlocuteur et je lui ai dit ceci : « Quand tu me fais ce genre de remarque, j'en conclus que ça t'ennuie de me voir heureux. Peut-être que mon bonheur ravive ta honte. Je suis désolé que tu éprouves ce sentiment et je vais t'envoyer un exemplaire de mon nouvel essai dans lequel j'explique comment s'affranchir de la honte. » Il s'est alors lancé dans une longue diatribe défensive contre ma sensibilité, m'assurant qu'il n'avait pas voulu me blesser et que j'avais mal interprété ses paroles. Il a ajouté qu'il était très heureux pour moi et que je l'avais méritée, cette voiture. J'ai répondu que j'étais entièrement d'accord avec lui puis, sur ce, j'ai démarré et je suis parti.

Vous devez savoir que la confrontation peut déclencher une réaction de rage chez la personne qui vous critique. Personnellement, dans ce cas, je dis simplement « Je serai heureux de parler avec toi quand ta rage sera passée » et je m'en vais. Face à un critique du genre tyrannique ou agressif, le repli est une manière de s'affirmer.

La méthode Columbo

Cette technique s'inspire des pitreries d'un personnage de la télévision, le détective Columbo. Comme on le sait, les détectives nous sont offerts dans toutes les tailles, toutes les formes et tous les styles.

Columbo, quant à lui, est négligé et mal peigné ; il pose constamment des tas de questions et semble en admiration béate devant les gens qu'il interroge. De toute évidence, croit-on, il ne serait même pas assez malin pour trouver le nez au milieu de sa figure. Cependant, son apparente ineptie cache une profonde intelligence. Jamais le plus insignifiant détail ne lui échappe. Il vérifie tout. C'est un virtuose du détail concret et précis.

Pour appliquer la méthode Columbo avec votre critique, vous devez jouer au nigaud et poser beaucoup de questions. Par exemple, vous pouvez dire : « Voyons si j'ai bien compris... Tu crois que je ne devrais plus me coiffer de cette manière... Qu'est-ce qui te déplaît dans ma coiffure ? » Après chaque réponse, vous continuez votre interrogatoire de routine. Votre but consiste à aller au fond des choses, à mettre à nu la subjectivité de votre interlocuteur. Habituellement, la critique qu'il vous adresse concerne sa propre honte toxique et n'a pas grand-chose à voir avec votre coiffure. En utilisant la méthode Columbo, vous évitez de vous défendre et vous obligez votre interlocuteur à laisser tomber son masque de parent critique.

L'aveu

L'aveu peut être utile dans les cas où vous êtes critiqué pour une chose que vous avez faite clairement et sans équivoque. Si vous avez renversé du lait, dites « Oui, j'ai renversé du lait ». Cependant, votre déclaration doit se limiter à la reconnaissance du fait. *N'ajoutez aucune remarque* du genre : « Ce que je peux être stupide ! » À la dixième étape des Programmes en 12 étapes, on dit ceci : « Nous avons [...] promptement admis nos torts dès que nous nous en sommes aperçus. » Cette étape, durant laquelle on renforce ses acquis, permet de rester entièrement concentré sur la honte normale. Vous pouvez commettre des erreurs et vous en commettrez inévitablement. Vous n'êtes pas obligé de vous en excuser. Les erreurs font partie de la condition humaine.

L'autorassurance

Vous pouvez utiliser la technique de l'autorassurance lorsque, par exemple, vous parlez au téléphone avec un de vos parents ou avec toute autre personne critique. Dès que votre interlocuteur se met à vous critiquer, placez votre main sur l'embouchure de microphone et dites ceci à voix haute : « Peu importe ce que tu me dis et ce que tu me fais, je demeure une personne estimable. » Répétez cette affirmation plusieurs fois.

Vous pouvez également ancrer cette affirmation positive. En la disant tout haut, imaginez que vous vous tenez debout, bien droit, l'air assuré, et que vous regardez votre interlocuteur dans les yeux. Au moment où vous sentez que cette visualisation vous remplit de force et de puissance, joignez le pouce gauche à un autre doigt de la même main (vous pouvez utiliser indifféremment la main gauche ou la main droite). Maintenez le contact aussi longtemps que vous sentez la force que vous donne cette autoconfirmation. Plus tard, quand votre patron ou toute autre figure d'autorité se mettra à vous critiquer, vous le regarderez et, simultanément, vous activerez l'ancre en joignant le pouce gauche à un doigt de la même main (si vous avez effectué l'ancrage avec la main gauche). Ainsi, vous serez rassuré par votre propre voix intérieure.

L'empathie

J'utilise la méthode mettant en jeu l'empathie lorsqu'il m'apparaît clairement que j'ai outrepassé les limites de quelqu'un par inadvertance, sans l'avoir voulu. L'empathie permet à l'autre personne d'exprimer ses sentiments ; elle ne doit pas servir à se blâmer soi-même ni à se défendre.

L'attitude empathique équivaut exactement à l'écoute active. Supposons, par exemple, que je pars faire du jogging et que je laisse ma voiture stationnée de telle sorte qu'elle bloque l'allée du garage. À mon retour, vexée et en colère, ma femme me lance : « J'ai rendez-vous chez le dentiste et je suis en retard. Tu aurais pu me demander si je comptais me servir de ma voiture. » Je lui réponds : « Ça alors ! J'entends que tu es vexée et en colère. Je vais aller déplacer ma voiture tout de suite » ou « J'entends ta frustration » ou encore « Je sais à quel point cela peut être contrariant ».

L'empathie est une forme de responsabilité. D'une part, elle nous amène à reconnaître les ennuis que nous avons causés à l'autre en outrepassant involontairement ses limites et, d'autre part, elle nous permet de nous amender dans la mesure du possible. Surtout, elle nous évite de céder à l'autodénigrement qui nous entraînerait inévitablement dans une spirale de honte. Le risque de léser involontairement autrui fait partie de la condition humaine.

Un dernier recours : la confusion

Je vous recommande d'appliquer la technique de la confusion dans le contexte d'une relation superficielle, après avoir essayé d'autres méthodes sans obtenir le résultat escompté. Cette technique est une façon d'exiger qu'on vous laisse tranquille. Utilisez-la quand vous vous sentez vulnérable et que la confrontation ou la clarification vous semblent impossibles.

Pour semer la confusion, vous devez glisser dans la conversation un grand mot ou un mot incongru, n'ayant aucun sens dans le contexte où vous l'employez. Voici un exemple. Un collègue de travail vous tombe dessus parce que vous avez prolongé indûment votre heure de lunch. Vous ne souhaitez ni l'affrontement ni la dispute. Vous vous êtes déjà retrouvé dans une situation identique avec lui et les interminables remontrances que vous vous êtes faites mutuellement n'ont rien résolu. Donc, vous le regardez en disant : « Tu parles ! La circulation était superfétatoire aujourd'hui. » L'emploi d'un mot étrange ou hors contexte met souvent un terme à la conversation. En voyant la mine perplexe de votre collègue, vous saurez que son cerveau est tout occupé à déchiffrer la signification de vos paroles. Vous le gratifierez d'un sourire et passerez votre chemin.

Cette technique fait appel à l'enfant enjoué qui sommeille en vous. Vous jubilerez en voyant la perplexité de votre interlocuteur. Par ailleurs, elle vous permettra de dominer la situation. Rappelez-vous que la critique est une façon de dissimuler sa propre honte et de contrôler une autre personne. Or, la technique de la confusion vous permet de conserver la maîtrise de vous-même et de la situation. En outre, elle vous donne l'occasion de vous amuser plutôt que de vous défendre.

Rien ne fonctionne à coup sûr. Si l'une de ces techniques ne fonctionne pas, essayez-en une autre. Toutes ces techniques constituent un arsenal de soutien pour vous protéger du transfert interpersonnel de la honte.

Le rejet

Rien ne peut nous mortifier aussi cruellement que le rejet : c'est un truisme applicable à toutes les relations. Cependant, pour les personnes pétries de honte, le rejet s'apparente à la mort. Comme nous nous sommes toujours rejetés nous-mêmes, si quelqu'un d'autre nous rejette à son tour, cela prouve, croyons-nous, ce que justement nous redoutions plus que tout : nous sommes des êtres médiocres et insuffisants. Pour nous, le rejet signifie effectivement que personne ne veut de nous, que nous sommes indignes d'amour.

Évidemment, le sentiment de rejet peut varier en intensité : nous ne souffrirons pas de la même manière si un vendeur ne daigne pas nous sourire ou si l'être que nous aimons tendrement nous rejette et nous quitte. La souffrance provoquée par cette deuxième forme de rejet est aussi bien physique qu'émotionnelle. C'est comme si on nous enfonçait un couteau dans la poitrine. Personnellement, je n'ai vécu cela qu'une seule fois, mais je ne voudrais certainement pas le revivre. En tant que thérapeute, j'ai soutenu une foule de clients qui vivaient la souffrance provoquée par ce genre de séparation.

Toutes les méthodes que j'ai décrites précédemment peuvent être utiles quand on souffre d'un chagrin d'amour. Cependant, ce n'est qu'après avoir suffisamment exprimé notre première souffrance et dénoué le lien fantasmatique qui nous maintenait dans l'enchevêtrement familial que l'on est vraiment capable de supporter le rejet. Malheureusement, si l'on est encore pris dans le piège du lien fantasmatique et de l'enchevêtrement familial, le rejet équivaut à la mort car il s'abat sur l'enfant en nous – cet enfant blessé et isolé qui n'a jamais pu résoudre sa première souffrance.

Par conséquent, afin d'alléger la douleur morale que d'éventuelles pertes pourraient vous causer, je vous conseille de tout cœur de vous engager dans une démarche qui vous permettra d'exprimer votre première souffrance et de renouer avec votre enfant intérieur. Plus vous vous sentirez différencié et distinct, moins la séparation et la solitude vous sembleront pénibles.

Je vous recommande aussi de lire l'essai de Judith Viorst intitulé *Les renoncements nécessaires*. L'auteur y expose ce que j'appellerais « une philosophie du renoncement » qui vous aidera à accepter le fait que les pertes (deuil, départ, séparation) font nécessairement partie intégrante de la condition humaine.

J'ai déjà projeté d'écrire un essai semblable, qui se serait intitulé « Je pleure, donc je suis ». J'y aurais démontré que bien vivre, c'est bien pleurer. Tout ce que l'on a fait dans le passé s'est terminé. La vie est un adieu perpétuel. Quant au chagrin, c'est le processus par lequel les choses s'achèvent. Or, au terme de ce processus d'affliction, il y a la renaissance. Donc, bien vivre, c'est bien pleurer.

Lorsque vous souffrez d'avoir été rejeté sur le plan personnel, vous avez besoin que quelqu'un légitime votre chagrin et vous apporte son soutien. Vous avez besoin de la présence d'une personne affectueuse et significative. Vous avez besoin que vos sentiments soient reflétés et reconnus. Il est préférable que vous jouissiez du soutien de plus d'une personne significative. Les groupes engagés dans un Programme en 12 étapes ou tout autre groupe de croissance vous offrent cet avantage.

La peine passe par toutes les étapes que j'ai évoquées : le choc, le déni, le marchandage, la dépression, la colère, le remords, la tristesse, la douleur, la solitude, etc. Vous avez besoin de temps pour traverser ces étapes. La pire chose que vous pourriez faire, ce serait de vous précipiter dans une nouvelle relation pour y trouver une consolation rapide. J'ai pu en constater les effets désastreux. La nouvelle relation étouffe le chagrin dans l'œuf, et une énième couche de souffrance non résolue vient s'ajouter aux autres. Il faut prendre le temps d'éprouver la peine causée par un rejet. Restez près des gens qui vous soutiennent et qui sont attentifs à vos besoins. Sachez que vous demeurez une personne précieuse et estimable même si quelqu'un vous a quitté.

Finalement, souvenez-vous que votre « honte intériorisée » résulte de différentes formes d'abandon survenues dans votre enfance. Ce qui vous effrayait le plus (le rejet) *s'est déjà produit* et *vous y avez survécu*. Vous n'étiez qu'un enfant démuni, vulnérable et immature, et vous avez survécu. Extraordinaire ! Cela prouve bien que vous êtes capable de survivre une autre fois – et que vous survivrez effectivement.

Une « alerte à la honte »

Dans sa plus simple expression, le rejet fait partie de « l'affreuse quotidienneté » de la vie. Pour affronter les rejets de tous les jours, j'utilise ma propre adaptation d'une technique à laquelle Terry Kellogg m'a d'abord initié. Cette technique vous demande de constituer une sorte d'ancre, une « alerte à la honte ». Voici ce que vous pourrez faire dans les situations où quelqu'un vous traitera dédaigneusement, vous ignorera, vous jugera ou vous rejettera d'une façon ou d'une autre :

1. Imaginez que vous pouvez déclencher une sirène d'alarme simplement en vous tirant l'oreille (la gauche ou la droite). Au moment où vous faites ce geste, entendez intérieurement le son aigu d'une sirène qui hurle « Honte ! Honte ! Honte ! Honte ! Honte ! Honte ! ». Dès que vous l'entendez retentir haut et clair...

2. Dites-vous mentalement : « Oh, ce n'est qu'une émotion... Je suis vraiment une personne estimable... » Répétez-vous cela plusieurs fois. De cette manière, vous extérioriserez la honte qui, autrement, resterait à l'intérieur de vous-même. Ainsi, d'un état d'esprit permanent, la honte sera réduite à ce qu'elle est en réalité : une simple émotion. Or, les émotions naissent et meurent. Elles disparaissent comme elles sont venues.

3. Appelez ou allez voir au moins un membre du groupe de soutien qui compte le plus pour vous. Demandez-lui de confirmer que vous êtes quelqu'un de bien et de sympathique, et ce en ces termes : « Dis-moi que je suis une personne très belle et sympathique. » Ce contact restaurera le pont interpersonnel.

Votre alerte à la honte deviendra comme une seconde nature pour peu que vous preniez l'habitude de l'utiliser. Personnellement, je me suis rendu compte que, à force de me servir de la mienne, j'avais de moins en moins de réactions excessives lorsqu'on m'offensait ou que l'on me jugeait.

L'amour est un travail

Mis à part les techniques que j'ai décrites dans les pages précédentes, j'ai fait beaucoup d'autres choses pour m'affranchir de la honte dans mes relations interpersonnelles. J'ai passé des centaines d'heures à apprendre et à mettre en pratique les techniques de la communication efficace. J'ai participé à plusieurs ateliers d'affirmation de soi et d'expansion de la conscience. Tout ce que j'ai appris m'a permis de développer mes aptitudes en matière de relations interpersonnelles.

Le voyage du couple

Je réitère mon affirmation que l'amour est un travail. Étant donné que l'amour sous-tend un engagement, je dois prendre la décision de m'accrocher. Voilà une dizaine d'années, j'ai failli mettre un terme à ma relation conjugale. Cela aurait été une erreur tragique. Rappelez-vous que les êtres pétris de honte vivent dans la grandiosité du tout-ou-rien : « Si les choses ne vont pas comme je le voudrais, je pars. C'est tout ou rien ! »

Mon mariage est l'illustration vivante des conclusions auxquelles Susan Campbell est arrivée dans son essai intitulé *The Couples Journey*. Pour écrire cet ouvrage, madame Campbell a effectué une longue étude sur un large éventail de personnes qui vivaient en couples depuis plus de vingt ans. Elle a découvert que, dans leur cheminement vers l'intimité, tous ces couples avaient franchi les mêmes étapes en livrant des luttes similaires. Voici une brève description de ce cheminement typique.

Le stade romantique

Les deux partenaires s'éprennent l'un de l'autre. C'est le stade romantique, caractérisé par le fusionnement des limites personnelles. Les amoureux sont transportés par des sentiments océaniques et puissants. Ils ont l'impression qu'ils pourraient triompher de tout ! Une fois mariés, ils passent assez rapidement à une nouvelle étape.

Les luttes de pouvoir

À ce stade, les limites personnelles réapparaissent très vite. Le fusionnement des différences s'achève. Les règles que chacun des partenaires a apprises dans sa famille d'origine entrent en jeu. Les Montaigu et les Capulet s'affrontent. Ce n'est qu'à ce stade que les deux partenaires en arrivent à vraiment connaître leurs différences. Ils doivent s'entendre sur les principes concernant l'argent, la sexualité, la maladie, les relations sociales, les fêtes, les tâches domestiques et – avec la naissance des enfants – leur rôle de parents. Tout cela les occupe pendant dix ans. Par la suite, les choses redeviennent normales et le couple se stabilise. Tout est calme et routinier pendant un moment. Mais bientôt, l'âge et le nid vide aidant, le processus d'individuation inaugure le troisième stade.

La réappropriation des projections
et l'acceptation de la responsabilité personnelle

Ce stade est caractérisé par une recherche du sens ultime des choses et par une démarche d'introspection concernant la responsabilité personnelle. Chacun des partenaires se réapproprie les projections de son anima ou de son animus. L'homme achève son individuation en intégrant sa féminité. La femme, quant à elle, achève son individuation en intégrant sa masculinité. Tous deux assument leurs besoins génératifs d'actualisation de soi. Une nouvelle étape fructueuse s'amorce alors que chacun devient un être de plus en plus complet.

Le plateau de l'intimité

Parce que les partenaires sont complets en eux-mêmes, ils peuvent aller l'un vers l'autre par désir plutôt que par besoin. Ils n'essaient plus de rapiécer mutuellement leurs faiblesses. Le nouveau lien qui les unit est fondé sur un choix et une décision, plutôt que sur l'attachement fantasmatique motivé par le sentiment d'indigence.

Les deux partenaires sont capables d'aimer plus généreusement et ils donnent parce qu'ils le veulent vraiment. Leur intimité atteint un nouveau plateau. Certaines caractéristiques du stade du « choc amoureux » réapparaissent. Chacun est fasciné par l'unicité et les différences de l'autre. Chacun devient un ami cher pour l'autre. Tous deux sont unis par une appréciation et un profond respect mutuels.

Ce cheminement vers l'intimité présente les caractéristiques suivantes : la capacité de résoudre sainement ses conflits ; la capacité de négocier et de s'affronter loyalement ; la patience, l'assiduité ; le courage d'assumer son individualité. Par-dessus tout, les partenaires manifestent la volonté de vivre pleinement un amour discipliné. Ce que nous devons retenir de tout cela, c'est que l'épanouissement de l'amour et de l'intimité dans une relation est un processus dynamique marqué par les conflits et l'individuation. Il y a des hauts et des bas. Au bout du compte, tout cela vaut la peine d'être vécu. Comme Saint-Exupéry, je crois qu'on ne trouve la joie que dans les relations humaines.

Chapitre douze

Le réveil spirituel

Tu nous as faits pour Toi-même, Ô Seigneur,
et nos cœurs seront impatients jusqu'à ce qu'ils reposent en Toi.
SAINT AUGUSTIN

Lorsque nous en arrivons à ramener notre honte toxique à une saine honte, nous aboutissons directement à la spiritualité. Rappelons-nous que c'est notre honte normale qui nous fait savoir que nous sommes limités, que nous avons besoin d'aide et que nous ne sommes pas Dieu. C'est également elle qui nous fait sentir qu'il y a quelque chose de plus grand que nous. Ainsi, la honte normale peut être considérée comme une source de spiritualité.

À partir du moment où nous sommes conscients de notre finitude, nous savons qu'il y a quelque chose de plus grand que nous-mêmes. Dans les Programmes en 12 étapes, on appelle ce quelque chose de plus grand « la Puissance supérieure » ou Dieu tel qu'on Le conçoit. En ce qui me concerne, cette puissance s'appelle « Dieu », et je crois qu'elle n'est rien de moins qu'individuelle. Je crois également que notre vie atteint son apogée lorsque, dans l'étreinte de l'amour intime, nous partageons notre individualité. Si Dieu est une Puissance supérieure, Dieu n'est rien de moins que notre accomplissement, notre apogée. Pour moi, la spiritualité implique donc une union individuelle avec un Dieu individuel. C'est en étant en relation avec Jésus-Christ que je réalise cette union.

Cependant, le « réveil spirituel » demeure impossible pour une personne pétrie de honte tant et aussi longtemps qu'elle n'a pas terminé son travail d'« extériorisation », car tant qu'elle n'a pas achevé ce travail, son ego reste divisé et aliéné.

La pleine conscience humaine

Tous les exercices que je vous ai présentés dans les chapitres précédents avaient pour but de vous aider à restructurer votre ego et à intégrer vos forces aliénées. Ce travail est essentiel au cheminement vers l'intégrité. Néanmoins, vous devez savoir que votre ego n'est pas votre véritable moi. Pour avoir une meilleure idée de la richesse de la conscience humaine, regardez le schéma (*voir* tableau 12.1) que l'on utilise habituellement pour la représenter. Le petit cercle du milieu, c'est l'ego. Il représente notre frontière psychosociale de base. Il n'a qu'une conscience restreinte et s'occupe d'établir notre identité socioculturelle. La principale responsabilité de l'ego, c'est la survie. Son but premier réside dans l'assouvissement de nos besoins de dépendance et de survie. Un ego fort nous donne la certitude de pouvoir combler nos besoins de base. C'est grâce à lui que nous sommes capables de trouver la nourriture, les vêtements, la chaleur, l'amour et la protection qui nous sont nécessaires. Un ego fort est essentiel à la survie.

Le deuxième cercle représente la sphère relative au stockage des expériences passées et présentes. C'est également là que sont emmagasinés les sentiments, les pulsions et les besoins proscrits. On appelle ce cercle l'« inconscient personnel » ou le « subconscient ». Toutes les parties de nous-mêmes qui ont été contaminées par la honte toxique

TABLEAU 12.1. LE CHAMP DE LA CONSCIENCE HUMAINE

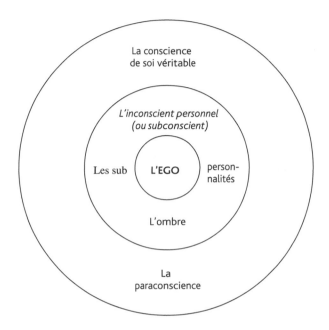

et que nous avons désavouées sont enfouies dans le subconscient. Le subconscient est le domicile de nos subpersonnalités. C'est cette partie de la conscience que Carl Jung appelait l'«ombre». Quand n otre ombre est intégrée, notre conscience peut prendre de l'expansion. Cette expansion nous donne accès à tout le champ de la conscience, lequel est représenté par le dernier cercle du schéma. Stone et Winkelman l'appellent le «niveau de la vision lucide». Pour désigner ce cercle, les analystes transpersonnels emploient souvent les termes «paraconscience» ou «conscience supérieure». La paraconscience est le domaine de notre être et de notre identité véritables. Lorsque nous accédons à ce niveau de conscience, une transformation s'opère. Nous comprenons et éprouvons tout différemment. C'est le niveau de la découverte. Ici, nous découvrons un nouveau moi – et non pas un meilleur moi. Cette découverte correspond à la phase III du cheminement que j'ai décrit au tableau 6.1 (*voir* page 225).

Le réveil spirituel

Cette connaissance étendue correspond au réveil spirituel qui accompagne le développement et l'expansion de la conscience. La spiritualité concerne l'intégrité et la plénitude.

Il est dangereux et improductif de travailler à cette expansion tant que le moi inférieur (l'ego) n'est pas unifié. Les maîtres spirituels comparent souvent le processus d'intégration de l'ego à un voyage dans le désert. Les saintes Écritures nous apprennent que Jésus a passé quarante jours et quarante nuits dans le désert *avant* de commencer son œuvre spirituelle. Les mystiques, quant à eux, désignent sous le nom de « nuit obscure de l'âme » le stade où l'on se prépare à entrer dans la « voie unitive ». La voie unitive est la voie de la félicité, laquelle se définit comme une véritable intimité avec Dieu.

Les maîtres spirituels nous disent également que notre ego nous attirera vers lui tant et aussi longtemps que nous n'aurons pas fini notre travail de restructuration et d'intégration. Une grande partie de ce travail sur l'ego concerne la paralysie et l'inhibition de l'énergie causées par un arrêt du développement. Tant que cette énergie reste bloquée, elle nous ramène vers elle. Le lecteur se rappellera que c'est principalement par le biais de la mise en actes que l'on recycle l'énergie refoulée et contaminée par la honte. Cela peut même se produire avec la spiritualité si le travail de l'ego est resté inachevé.

La mise en actes spirituelle

Je crois avoir démontré comment la piété et la vertu peuvent servir à dissimuler la honte toxique. Les conséquences de la vertu et du perfectionnisme pieux sont le jugement et le blâme. Personnellement, lorsque je veux savoir si une quelconque forme de spiritualité est authentique ou non, je n'ai qu'à me poser la question suivante : Jusqu'à quel point cette spiritualité véhicule-t-elle des blâmes et des jugements ? Pour moi, la réponse à cette question est le critère le plus sûr.

TABLEAU 12.2. LA HIÉRARCHIE DES BESOINS HUMAINS

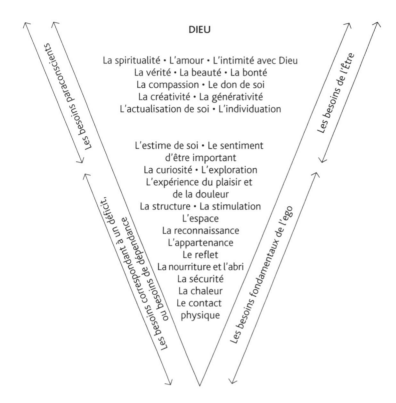

Voilà quelques années, je m'interrogeais sur les divagations sentencieuses de Jim Bakker et de Jimmy Swaggart. En les écoutant, je me suis rendu compte que leurs paroles semaient la discorde. Les « nous » et les « eux » revenaient sans cesse dans leurs sermons. De toute évidence, ces deux prédicateurs condamnaient et accusaient les autres. Fuyant leur propre honte, ils voyaient la paille mais jamais la poutre. Leur honte non résolue s'est finalement exprimée par le biais d'une mise en actes sexuelle. C'est en blâmant et en jugeant les autres qu'ils cachaient leur honte et les problèmes non résolus de leur ego. Ils se comportaient comme des chefs spirituels mais leurs problèmes d'ego étaient loin d'être résolus.

Quel que soit le nombre de prières et de bonnes œuvres que nous fassions, si un ou plusieurs besoins de notre ego ne sont pas assouvis, ils nous ramèneront constamment en arrière, jusqu'aux niveaux concernés, tant et aussi longtemps qu'ils demeureront inassouvis.

En ce qui me concerne, il fut un temps où, bien qu'ayant dix années de sobriété à mon actif, bien qu'enseignant la théologie aux adultes et bien qu'explorant le domaine de l'antique sagesse spirituelle, j'étais encore compulsif. *J'étais compulsif par rapport à ma spiritualité.* Mon *Enfant intérieur* était encore meurtri et souffrant. Je poursuivais une « insatiable quête » visant à combler un vide dans mon psychisme. Ce genre de quête est assez différent de l'ardent désir de Dieu auquel saint Augustin fait allusion dans ses écrits. La compulsion est en fait un problème d'insatisfaction des besoins inhérents au développement de l'ego. Bien que les saints puissent nous sembler compulsifs, la compulsion n'a rien à voir avec leur ardent désir de Dieu. Leur désir découle plutôt d'un besoin humain plus élevé, le besoin de l'Être, qui émerge lorsque nos besoins de dépendance ont été adéquatement satisfaits. Le tableau 12.2, qui correspond à mon adaptation personnelle de ce que Abraham Maslow a appelé « la hiérarchie des besoins humains », nous renseignera davantage à ce sujet.

La moitié inférieure de la pyramide représente les besoins de dépendance, ou « besoins correspondant à un déficit », selon la terminologie de Maslow. La satisfaction de ces besoins dépend entièrement des autres. Si ces besoins ne sont pas comblés, il s'ensuit un blocage – au lieu d'un accroissement – de l'énergie. Cette énergie s'exprime sans cesse à travers des schémas de projection ou de compulsion de répétition.

Selon Maslow, ces besoins fondamentaux sont hiérarchisés. De ce fait, on ne ressentira pas très fortement le besoin de structure et de stimulation si l'on n'a pas de nourriture, de chaleur ou d'abri. Le même principe s'appliquant aux besoins de l'Être, on ne recherchera pas très intensément la vérité, la beauté ou l'intimité avec Dieu si les besoins de l'ego sont négligés.

La spiritualité est un besoin humain fondamental. C'est la raison pour laquelle nous développons notre ego. En effet, une réalité supérieure explique toujours une réalité inférieure. L'ego sert de plateforme au développement. Un ego pétri de honte a peur de perdre le contrôle. Il reste sur ses gardes de peur d'être pris au dépourvu. Un ego solidement structuré permet de lâcher prise et de se développer. *Nous devons lâcher prise afin de grandir.* Comme vous le verrez un peu plus loin, la méditation – cet outil d'expansion de la conscience – exige un ego fort. Pour bien méditer, vous devez être prêt à renoncer au contrôle exercé par votre ego. Un ego fort et intégré est comme le premier étage d'une fusée de lancement : il vous projette dans l'espace intersidéral de la conscience supérieure.

La méditation

La méditation est un des moyens d'atteindre à la conscience supérieure. La vraie méditation – cette victoire sur la honte toxique – vise une union immédiate avec Dieu. Si l'amour physique donne une connaissance de l'union, si l'amour véritable conduit jusqu'aux tréfonds où jaillit la source de toute union et si la prière permet de dialoguer avec la source de l'union, la méditation, quant à elle, permet de s'unir à la source même de l'union dans une relation de félicité.

Les techniques de méditation

Il y a plusieurs façons de méditer, et chacune sous-tend une technique. Il est important de comprendre que ces techniques ne sont pas le but de la méditation. La méditation n'a pas de « but » dans le sens où on l'entend habituellement.

La méditation se définissant comme la recherche d'une intimité immédiate avec Dieu, les différentes techniques ne visent en fait qu'à créer les conditions propices à ce genre d'intimité. Or, ce qu'on appelle « le silence » est la principale condition pour réaliser cette union intime. Donc, quelle qu'en soit la technique, la méditation vise d'abord et avant tout à créer ce silence. Les techniques peuvent varier, allant d'une simple prise de conscience de la respiration jusqu'aux activités des derviches tourneurs, en passant par les mandalas, les mantras, la musique, les arts manuels, l'imagerie mentale et le massage. Le choix d'une technique est d'abord une question de préférences personnelles. Aucune technique n'est plus valable qu'une autre. Chacune vise à distraire l'esprit et à absorber toute l'attention consciente.

Avec beaucoup d'entraînement, on en arrive à instaurer un état de non-conscience que l'on appelle «le silence». Une fois le silence créé, une faculté mentale inutilisée s'active. Il s'agit d'une forme d'intuition qui donne accès à une connaissance directe de Dieu. Sur ce point, les témoignages des maîtres spirituels sont plutôt concordants, bien qu'ils désignent cette connaissance intuitive en termes différents tels que «la conscience unitive», la «conscience de Dieu» ou «la conscience supérieure». Il s'agit en fait d'une union directe avec Dieu, laquelle permet également à la personne de se «connaître» telle qu'elle est vraiment. Cette connaissance non médiatisée, une espèce de vision intérieure, donne lieu à de nouvelles intuitions et illuminations.

Trois façons d'élever sa conscience

Dans les pages qui suivent, j'esquisserai trois manières d'accéder à la conscience supérieure (par des méditations sur la Puissance supérieure). Pour obtenir les meilleurs résultats possibles, je vous recommande d'enregistrer sur votre magnétophone les directives que je donnerai lors de chaque méditation.

Recadrez votre vie à travers le regard de votre Enfant Magique

Introduction: le mythe de l'Enfant Magique

Le tableau 3.1 (*voir* page 124) montre les différentes couches de défense servant à dissimuler la honte toxique. Le losange, au centre du schéma, représente ce que Wayne Kritsberg appelle «l'Enfant

Magique». L'Enfant Magique, c'est l'énergie psychique qui a résisté aux assauts de la honte toxique. Il émerge en nous une fois que nous avons intégré et nourri notre enfant intérieur blessé.

À mesure que nous apprenons à devenir notre propre parent, nous constatons qu'une partie de notre vrai moi, l'Enfant Magique, est restée bien vivante. C'est cette partie de vous qui a acheté ce livre et vous pousse à chercher des moyens de guérir votre honte paralysante; c'est cette partie de vous, également, qui est capable de rire en dépit de la souffrance, qui peut avoir du plaisir et profiter des bons moments de la vie malgré la honte toxique. C'est à cette partie de vous que les Écritures vous appellent quand elles précisent «tant que vous ne deviendrez pas comme des petits enfants». L'Enfant Magique n'est ni plus ni moins que le cœur de votre essence. Lorsque les maîtres zen parlent de «l'esprit de l'innocent», j'en conclus que c'est à l'Enfant Magique qu'ils font allusion. L'Enfant Magique, c'est ce qui fait que vous êtes vous. Lorsque le poète Gerard Manley Hopkins écrit: «C'est moi que je fais: je suis venu pour ça», il évoque cette énergie psychique fondamentale.

En tant que théologien, je considère l'Enfant Magique comme l'image de Dieu en nous. C'est cette partie de vous qui ressemble à Dieu. En vous créant, Dieu a examiné toutes les manières possibles de manifester Sa réalité. Et vous êtes devenu l'incarnation d'une de ces possibilités.

Cette façon de penser est mythique. Or, ce sont les mythes qui nous permettent de structurer la signification de réalités transcendantes. Ainsi, lorsque nous parlons de Dieu, nous utilisons les mythes et les symboles. Tout discours sur Dieu est mythique et symbolique. Dieu est une question incontournable à laquelle notre honte normale nous renvoie inévitablement. Comme saint Augustin l'a dit: «Malheur à celui qui parle de Dieu, car même le plus éloquent deviendra alors muet.» Nous ne pouvons éviter de parler de Dieu.

Paul Tillich réprimandait ses étudiants quand ils prétendaient que tout discours sur Dieu est seulement symbolique. Les symboles participent de la réalité qu'ils tentent de décrire; ils sont plus holistiques que logiques. Plus de la moitié des Écritures judéo-chrétiennes repose sur des symboles (des visions, des rêves, des paraboles, des psaumes, etc.). Les symboles constituent la matière première du mythe.

Dans mon mythe, chacun de nous est une création de Dieu unique et exclusive; de plus, chacun incarne un aspect de la réalité divine. Chacun de nous est venu au monde pour manifester cette partie unique de la réalité de Dieu. Or, nous y arrivons en étant nous-mêmes. *Plus nous sommes vraiment nous-mêmes, plus nous sommes vraiment divins.* Pour être vraiment nous-mêmes, nous devons accepter notre mission et notre destinée éternelles: manifester notre divinité de manière pleinement humaine. J'imite Jésus-Christ, car il est pour moi l'expression parfaite de cela.

Notre Enfant Magique connaît notre destinée. Au terme du processus de réduction de la honte, il devient accessible et nous pouvons continuer le voyage vers notre identité et notre être véritables. Le traumatisme d'abandon que nous avons vécu nous ayant fait dévier de notre route, nous nous étions temporairement égarés. Notre Enfant Magique nous a alors poussés à entreprendre une démarche de guérison, car c'est après avoir résolu notre souffrance que nous serons à même de continuer le voyage. Ainsi, nous réintégrons notre ego et délimitons ses frontières. C'est ce qui forme notre identité humaine. Cependant, même complètement restaurée, bien que positive et résolument vivante, l'identité de notre ego demeure socialement et culturellement limitée. Elle est temporelle, limitée par le langage, et ne jouit que d'une conscience restreinte. En revanche, notre vrai moi est éternel et permanent. Les changements ne l'altèrent pas. Il survit sous la forme de notre Enfant Magique.

En utilisant cette mythologie, je vous invite à élargir votre conscience de l'Enfant Magique. Bien que cachée, cette partie de vous-même est toujours vivante, et il est maintenant temps qu'elle se développe et s'épanouisse. La méditation suivante favorisera cet épanouissement.

Méditation sur l'Enfant Magique

Pour méditer, choisissez un moment où vous ne vous sentirez pas trop fatigué. Installez-vous dans un endroit où rien ni personne ne pourra vous déranger. Décrochez le téléphone ou bloquez-en la sonnerie. Assoyez-vous bien droit dans un fauteuil confortable. Ne croisez pas les bras ni les jambes.

La méditation est plus efficace dans les moments où votre cerveau produit des ondes alpha et thêta. Ces ondes créent un état de conscience modifié qui se situe entre la veille et le sommeil. C'est un contexte propice à la méditation.

Enregistrez les directives suivantes.

Commencez par vous concentrer sur votre respiration... Le souffle, c'est la vie. Il symbolise le rythme essentiel de la vie : retenir et laisser aller. En inspirant... et en expirant... imaginez un océan dont les vagues se soulèvent, forment une crête (à mesure que vous inspirez), puis retombent (à mesure que vous expirez). Écoutez avec quelle puissance cet océan projette et répand ses vagues sur la grève... (Concentrez-vous sur cette image pendant deux minutes.)... Maintenant, laissez votre respiration envahir votre esprit... Prenez conscience de votre poitrine à mesure que vous inspirez... et expirez... Soyez simplement attentif à votre respiration... (Une minute.)... À présent, prenez conscience de l'air qui va et vient dans vos poumons... Soyez attentif à la différence de la qualité de l'air qui circule en dedans et en dehors de vous... Est-il plus frais ou plus chaud lorsqu'il entre dans votre corps ?... Lorsqu'il en sort ?... (Une minute.)... Maintenant, imaginez que vous pouvez respirer au niveau du front et que vous pouvez sentir toute tension qui pourrait s'y être logée. Expirez cette tension... Recommencez... Maintenant, inspirez autour des yeux ; cherchez-y la tension et expirez-la... Recommencez... À présent, inspirez autour de la bouche et des mâchoires ; cherchez-y la tension et expirez-la... Recommencez... Répétez ce procédé avec le cou, les épaules, les bras, les mains et les doigts ; la

poitrine, le ventre et les fesses ; les genoux, les mollets, les pieds et les orteils... Maintenant, permettez à tout votre corps de se détendre... Détendez chaque muscle et chaque cellule... Imaginez que l'intérieur de votre corps est creux, comme si vous étiez une tige de bambou humaine... Inspirez la chaude lumière dorée du soleil par le dessus de votre tête, laissez-la passer à travers tout votre corps, puis expirez-la par vos orteils... Recommencez plusieurs fois... À présent, imaginez que vous êtes devant trois marches conduisant à une porte... Mettez tous vos soucis dans une boule imaginaire faite avec la lumière du soleil... Fabriquez cette boule avec vos mains... Mettez-y tous vos soucis et enterrez-la... Vous pourrez la reprendre plus tard... Montez les trois marches et ouvrez la porte... Vous voyez trois autres marches conduisant elles aussi à une porte... Fabriquez une deuxième boule avec la lumière du soleil ; mettez-y toutes vos présuppositions et toutes vos croyances rigides, puis enterrez-la... Vous serez libre de les reprendre quand vous aurez terminé... Montez les trois marches suivantes et ouvrez la porte... Vous voyez trois autres marches conduisant à une porte... Maintenant, imaginez que vous fabriquez une autre boule de lumière en formant un creux avec les deux mains. Cette fois-ci, mettez-y votre ego, en incluant tous les rôles que vous jouez habituellement... Mettez-les un à un dans la boule de lumière puis enterrez-la... À présent, ouvrez la porte et traversez un portique... Imaginez que vous contemplez l'immensité de l'espace intersidéral... En regardant droit devant, vous apercevez un escalier de lumière qui commence à prendre forme... Une fois qu'il sera complètement formé, vous regarderez son sommet... Votre Enfant Magique va y apparaître... il commencera à descendre les marches en se dirigeant vers vous... Observez cet Enfant Magique aussi minutieusement que possible. Comment est-il vêtu ?... Regardez son visage à mesure qu'il se rapproche... Notez comment sont ses yeux... ses cheveux. Dès que l'Enfant pénètre sous le portique, étreignez-le... Sentez le lien qui vous unit à cette puissante partie de vous-même... Discutez ensemble... Imaginez que tous deux ensemble, vous pouvez revoir votre vie depuis le début... Le moment où vous avez été conçu... Dans quel état émotionnel votre mère se trouvait-elle?... Et votre père?... Voyez leur union et votre conception selon le point de vue de Dieu. Demandez à l'Enfant Magique de vous parler du sens de votre vie... Pourquoi êtes-vous là? Qui êtes-vous? En quoi consistent votre originalité et votre unicité?... Quelle partie unique de Dieu incarnez-vous?... Qu'est-ce qui vous différencie?... Quoi que vous dise l'Enfant Magique, acceptez-le... La réponse pourrait venir sous forme de mots... Elle pourrait prendre la forme d'un symbole ou d'un collage de symboles... Elle pourrait se traduire par une émotion intense... Acceptez simplement ce que vous recevez... même si vous n'en saisissez pas la signification. Si vous obtenez une réponse claire concernant votre but, revoyez votre vie selon cette nouvelle perspective... Voyez les personnes importantes qui ont affecté votre existence. Il se pourrait que vous voyiez une personne qui, vous semblait-il, a exercé une influence négative sur votre vie passée et que, maintenant, vous la considériez comme une partie intégrante de votre plan ou de votre dessein divin. Il se pourrait également que vous voyiez une personne dont l'influence vous semblait positive autrefois et que vous la considériez maintenant comme moins importante dans votre véritable destinée. Passez en revue tous les événements de votre vie, étape par étape... Considérez-les tous comme des éléments d'un plan ou d'un dessein plus vaste... Regardez-les selon le point de vue de votre Enfant Magique... Laissez le film de votre vie se dérouler jusqu'au moment présent... Réfléchissez à ce que vous vivez actuellement... Sentez la présence de votre Enfant Magique... Prenez conscience de l'unité et de la cohérence de votre vie... Considérez-la avec une plus grande ouverture d'esprit... Voyez tout cela... votre vie entière... plus différemment que jamais... (Une minute.)... Étreignez votre Enfant Magique... Dites-lui quand vous viendrez le rencontrer de nouveau (le plus tôt sera le mieux)... Écoutez-le vous assurer qu'il est là pour vous guider... L'Enfant est votre allié... Il était là, s'accrochant à vous lorsque vous traversiez des moments difficiles... C'est maintenant le temps de mûrir et de vous développer... Regardez votre Enfant qui remonte l'escalier de lumière magique... Prenez deux minutes pour réfléchir à ce qui ressort de cette expérience... Permettez-vous de faire un rêve d'intégration... Imaginez que tous les éléments de votre vie se rassemblent en un seul et même but, en un but unifié... Sentez votre volonté de vous engager à poursuivre ce but... Maintenant, pendant deux petites minutes à votre montre – une éternité pour l'inconscient –, rêvez... (Laissez un intervalle de deux minutes sur votre cassette.)... Commencez maintenant à reprendre conscience de l'endroit où vous vous situez dans la pièce... Prenez conscience de vos vêtements et de votre corps... de l'air sur votre visage... des sons dans la pièce... Laissez-vous submerger par le sentiment de votre valeur personnelle... Dites-vous qu'il n'y a jamais eu une autre personne comme vous... (Dix secondes.)... et qu'il n'y en aura jamais d'autre comme vous... (Dix secondes.)... Prenez la décision de sortir de l'ombre et de partager ce que vous êtes avec les autres... (Dix secondes.)... Repassez la porte et descendez l'escalier... Reprenez la boule de lumière contenant votre ego... Réintégrez votre ego... Sentez que vous revenez à votre état de conscience normal... Passez la porte suivante et descendez l'escalier... Demandez-vous si vous désirez reprendre vos anciennes croyances et présuppositions... Si oui, sortez-les de la boule de lumière... Sinon, dirigez-vous vers la troisième porte, descendez l'escalier et faites une pause... Demandez-vous si vous désirez reprendre vos soucis... Rappelez-vous qu'un grand nombre de soucis sont en quelque sorte des peurs et qu'ils comportent une certaine sagesse... Il est sage de craindre certaines choses... Demandez-vous si vous désirez reprendre tous vos soucis ou seulement quelques-uns d'entre eux... Retirez ceux que vous avez choisis de la boule de lumière... Laissez les autres enfouis... Transportez-vous dans un des très beaux paysages que vous connaissez et contemplez le ciel... Les nuages blancs forment le chiffre trois… Reprenez conscience de vos pieds et de vos mains ; sentez que tout votre corps reprend vie… Sentez chaque cellule et chaque muscle se réveiller… Les nuages qui formaient le chiffre trois sont dispersés par le vent et de nouveaux nuages forment le chiffre deux… Sentez que vous revenez à votre état de veille normal… Les nuages se dissipent, le chiffre deux disparaît, et d'autres nuages forment le chiffre un… Lorsque vous voyez le chiffre un, ouvrez les yeux et éveillez-vous complètement.

Restez toujours assis pendant quelques minutes après avoir médité afin de vous laisser le temps d'intégrer l'expérience que vous venez de vivre. Il se pourrait que, plus tard au cours de la journée, certaines parties de cette expérience vous reviennent à l'esprit. La méditation est une expérience intérieure. Au début, elle peut sembler étrange, bizarre même. En effet, la vie intérieure ayant son propre langage, elle s'exprime sous forme d'images, de symboles et d'émotions.

À l'époque où j'étais pétri de honte, par la force des choses, je ne suis que très rarement entré dans mon château intérieur. J'étais trop occupé à me protéger et à me défendre, car je craignais fort d'être découvert. J'étais si occupé à surveiller l'extérieur que je ne suis jamais entré à l'intérieur. Je vivais dans le jardin du devant.

La méditation exige du temps et de l'entraînement. En ce qui me concerne, ma grandiosité et mon impulsivité me faisaient vouloir tout du premier coup. Je voulais que les vannes s'ouvrent et que Dieu m'apparaisse… Mon Enfant Magique a souvent dégonflé ma grandiosité. C'est lui qui m'a servi et me sert encore de guide intérieur. Je me rappelle qu'un jour je lui ai demandé ce que je devais faire pour résoudre un dilemme spirituel. Il m'a répondu : « Commence par nettoyer ton bureau ! » J'étais affreusement déçu de cette réponse. Je voulais qu'il me dise d'aller dans un monastère trappiste ou de jeûner pendant sept jours. Nettoyer mon bureau ? Allons donc ! Les voies de l'esprit sont très simples. Elles sont simples mais difficiles. Les voies de l'ego/intellect sont complexes. Analyser et intellectualiser, c'est complexe mais facile.

La réponse concernant le but de votre vie sera fort probablement très simple. En ce qui me concerne, mon but consiste à être la personne que je suis destiné à être. Cela signifie que je suis censé être moi. C'est la seule chose à laquelle je n'ai pas besoin de travailler. Être moi, c'est m'aimer des différentes façons que j'ai décrites. Cela sous-tend que j'aime les autres puisque je ne m'aimerais pas vraiment si je ne voulais pas me développer et grandir, et que seul l'amour nous fait grandir et nous développer.

Regardez-vous avec les yeux de votre Puissance supérieure

Voici une courte méditation que vous pouvez faire en dix ou quinze minutes. Elle vous permettra de vous regarder avec les yeux de votre conscience ou de votre Puissance supérieures.

Référez-vous à Dieu tel que vous Le concevez. *Enregistrez les instructions suivantes.*

Fermez les yeux et concentrez-vous sur votre respiration… (Dix secondes.)… Prenez conscience de votre souffle en inspirant… et en expirant. Sentez que l'air qui entre dans votre corps est différent de celui qui en sort, et concentrez-vous sur cette différence de sensation… L'air est-il frais en entrant?… Est-il chaud en sortant?… Sentez la différence aussi complètement que possible… (Trente secondes.)… Maintenant, respirez très profondément plusieurs fois… en inspirant et en expirant, commencez à voir apparaître le chiffre cinq… (Vingt secondes.)… Ensuite, voyez le chiffre quatre… (Vingt secondes.)… Le chiffre trois… (Vingt secondes.)… Le chiffre deux… (Vingt secondes.)… Et finalement le chiffre un. Le chiffre un se transforme en une porte, et vous voyez cette porte qui s'ouvre… (Dix secondes.) Vous voyez un long corridor sinueux qui s'ouvre sur un champ de lumière… Vous traversez le corridor et vous voyez qu'il y a des portes des deux côtés… Chaque porte est marquée d'un symbole… Avancez vers le champ de lumière… (Dix secondes.)… Vous traversez le champ de lumière et arrivez dans une église ou un

temple antiques... (Dix secondes.)... Examinez ce lieu sacré... (Dix secondes.)... Installez-vous confortablement et laissez apparaître une image symbolique de votre Dieu ou de votre Puissance supérieure dans cette église ou ce temple... Laissez cette image venir à votre rencontre et s'asseoir en face de vous... Prenez conscience du fait qu'elle incarne la vérité, la beauté, la bonté et l'amour... Imaginez que vous pouvez sortir de votre corps et entrer dans cette présence... Dès que vous êtes capable de vous voir assis en face de vous, faites un ancrage kinesthésique en joignant le pouce droit et un doigt de la même main. Vous maintiendrez le contact durant tout le temps que vous ferez ce qui suit.

Imaginez que vous êtes votre Puissance supérieure. Que vous êtes le Créateur de la vie, de l'amour et de tous les humains sur cette terre. En ce moment précis, vous vous regardez. Vous vous voyez à travers les yeux de l'Amour même. Vous êtes dans rien de moins que le cœur et l'esprit de l'Amour même. Vous vous voyez entièrement et parfaitement. Vous commencez à reconnaître des qualités et des aspects de vous-même que vous n'aviez jamais vus auparavant... (Vingt secondes.)... Vous voyez et entendez ce que votre Puissance supérieure aime en vous... (Vingt secondes.)... Vous vous sentez accepté totalement et inconditionnellement... (Trente secondes.)... En retenant tout ce que votre Puissance supérieure aime et chérit en vous, plus particulièrement les aspects de vous-même que vous ne pouviez voir avec vos propres yeux, réintégrez lentement votre corps. Redevenez entièrement vous-même. Relâchez l'ancre que vous faisiez avec vos doigts. Sentez à quel point l'amour et la valeur que vous incarnez sont grands. Remerciez votre Puissance supérieure et sortez du lieu où vous vous trouvez. En arrivant près de la sortie, voyez apparaître une scène de beauté naturelle. Entrez dans ce paysage. Sentez que vous faites partie de l'univers. Sentez que vous faites intégralement partie de la nature. Votre place est ici... (Trente secondes.)... Levez les yeux vers le ciel et regardez les nuages qui forment le chiffre un – dites-vous que vous garderez ce sentiment en mémoire et que vous le chérirez. Voyez les nuages se transformer d'abord en chiffre deux, puis en chiffre trois ; reprenez conscience de vos mains, de vos pieds et de tout votre corps. Dès que vous verrez les nuages prendre la forme du chiffre quatre, vous saurez que vous êtes revenu à l'état de veille normal. Voyez apparaître le chiffre cinq et ouvrez lentement les yeux…

L'état de non-pensée : instaurez le silence en vous

La prochaine méditation est conçue pour accroître votre « sentiment d'être ». Lorsque l'on est en contact avec ce sentiment d'être, on ne fait plus qu'un avec tout ce qui existe. Il n'y a plus de séparation. Et sans séparation, il n'y a plus rien d'extérieur à soi – ni but à poursuivre, ni événement à affronter.

Suzuki Rashi, un maître de la méditation, a dit ceci : « Tant et aussi longtemps que vous méditerez pour obtenir quelque chose, vous ne méditerez pas vraiment. » La méditation permet de se laisser simplement être. Plus on peut s'arrêter de penser et de faire, plus on se permet simplement d'être. Puisque Dieu, tel que je Le conçois, est l'Être même, c'est en se permettant d'être que l'on entre en union avec Dieu.

Grâce à la méditation que je vous propose, vous commencerez à faire l'expérience de purs moments d'être dans l'ici et le maintenant. Ces moments semblent ouverts et vastes, car ils sont exempts d'interprétations, de besoins et de buts personnels. Cet espace plus vaste évoque le *silence*, en quelque sorte. La méditation peut nous apprendre à entrer en contact avec cet espace plus vaste, avec ce silence. Étant donné que cet espace se trouve au-delà de la constante recherche de signification personnelle, il peut radicalement transformer notre façon de vivre. Dans le langage de la honte, cela signifie que l'on renonce à notre hypervigilance et à notre circonspection. La méditation peut faire naître en nous ce plus vif sentiment d'être vivant. Un tel sentiment n'a rien à voir avec ce que nous faisons ; il concerne ce que nous sommes. Comme le dit Jacquelyn Small : « Il n'y a pas quelque chose à faire ; il y a seulement quelqu'un à être. »

Cet état de silence de la non-pensée implique une discipline. On peut très bien le comparer à de l'eau tombant goutte à goutte sur un rocher. Avec les années, le rocher s'érode peu à peu. La méditation suivante est une des nombreuses manières dont on peut s'approcher de l'état de non-pensée.

Commencez cette méditation en suivant les mêmes directives que pour les méditations sur l'Enfant Magique. Pour créer un état de non-pensée, vous devez aller là où votre conscience vous emmène. Commencez par respirer profondément et laissez vos pensées suivre leur cours. N'essayez pas de les contrôler ou de leur donner une orientation plus agréable. Chaque fois que vous prendrez conscience de vos pensées, vous vous reconcentrerez doucement sur votre respiration.

Pour commencer, prenez conscience des sensations que vous procure l'air circulant dans vos narines. Éprouvez son contact. Notez quelle partie de vos narines réagit au contact de l'air lorsque vous inspirez, et quelle partie de vos narines réagit lorsque vous expirez... Prenez conscience de la tiédeur ou de la fraîcheur de l'air... Imaginez que vous pouvez respirer au niveau du front et prenez conscience des sensations que vous éprouvez dans cette région...

Continuez de prendre conscience de vos sensations autour des yeux, autour de la bouche... dans le cou et les épaules... Prenez simplement conscience de ces sensations... Continuez en passant par toutes les parties de votre corps, sans en omettre aucune... Il se pourrait qu'une (ou plusieurs) partie de votre corps soit complètement dépourvue de sensations... En ce cas, restez concentré sur cette partie, mais si vous ne ressentez toujours rien, passez à une autre...

Une fois rendu aux orteils, recommencez depuis le début. Répétez ce procédé pendant environ dix minutes... Ensuite, prenez conscience de votre corps en tant que tout. Sentez que votre corps est un tout composé d'une multitude de sensations différentes... Revenez maintenant aux diverses parties de votre corps : concentrez-vous sur vos yeux, votre bouche, votre cou, etc. Ensuite, reposez-vous dans la conscience de votre corps en tant que tout.

À présent, observez la profonde immobilité qui a gagné tout votre corps... Notez la profonde immobilité de votre corps... Retournez à une partie de votre corps, puis revenez à l'immobilité...

Essayez de ne bouger aucune partie de votre corps... Chaque fois que le besoin de bouger se fait sentir, n'y obéissez pas, mais prenez-en conscience de manière aussi aiguë que possible. Au début, il se pourrait que vous trouviez cela extrêmement pénible et que vous vous contractiez. Prenez simplement conscience de la tension... Restez présent à la tension et elle disparaîtra... (Une minute.)

Maintenant, imaginez que vous pénétrez dans un lieu sacré... Vous vous dirigez vers un autel circulaire, lequel repose sur un plancher couvert de boue... Un livre est complètement enfoui dans la boue et vous savez où il se trouve... Déterrez-le et commencez à le feuilleter jusqu'à ce que vous trouviez une page qui vous attire... Peut-être voyez-vous un symbole sur cette page... Peut-être éprouvez-vous une émotion intense à la vue de quelque chose... Peut-être qu'un passage du livre retient votre attention... Prenez ce qui vient à vous et remettez le livre là où vous l'avez trouvé... Apprêtez-vous à quitter ce lieu saint et, en sortant, voyez apparaître votre propre image... Imaginez que le symbole, l'émotion ou le message que vous a donné le livre se déploie sur un écran... Si vous avez reçu une émotion, imaginez qu'elle prend une forme quelconque. Voyez-vous en train d'interagir avec votre symbole, votre émotion ou votre message... (Une minute.)... Ensuite, laissez tout l'horizon s'assombrir peu à peu jusqu'à ce qu'il n'y ait rien d'autre que l'obscurité... Contemplez l'obscurité... (Une minute.)... Commencez à voir apparaître la flamme d'une chandelle au milieu de l'obscurité... Voyez la lumière de la flamme devenir de plus en plus vive, jusqu'à ce que tout le paysage en soit illuminé... Contemplez un champ de pure lumière blanche; laissez la lumière vous absorber... Laissez-vous flotter dans cette lumière... Prenez conscience du néant. Il n'y a rien d'autre qu'un grand abîme, un immense vide... Flottez dans ce « néant »... (Trois minutes.)

Commencez lentement à voir le chiffre un à l'horizon; voyez ensuite le chiffre deux. Très lentement, voyez apparaître le chiffre trois, le quatre, le cinq et le six; lorsque vous voyez le chiffre sept, ouvrez les yeux. Restez assis et prenez quelques minutes pour terminer votre rêverie.

Quand vous êtes en état de «non-pensée», votre esprit est libre de tout contenu. Dans le silence, vous stoppez toutes vos voix intérieures. Vous faites taire votre bavardage mental. Votre esprit est vidé et concentré sur le néant. Ce genre d'état en est un de pur être. L'être constitue la base de tous les êtres qui sont. Il y a les êtres humains, les êtres animaux et les êtres végétaux. Chacun est une forme d'être spécifique. Chacun est une chose. À partir du moment où l'esprit atteint l'état de néant, il va au-delà de toute chose, à la base de toute chose. Lorsque vous dépassez toute chose, vous arrivez dans un endroit situé au-delà de toute forme d'être. Vous arrivez au pur être. Ainsi, pour atteindre le néant, vous passez en réalité par la base de toute chose. Vous ne faites qu'un avec l'être même. Dans ce genre d'état, vous êtes relié à toute chose.

La conscience de l'unité : la félicité

À ce stade-ci, vous en êtes arrivé à la conscience unitive. Cet état ne comporte aucune division ou séparation : il implique une synthèse des dichotomies. Les opposés se rencontrent. Le voile des apparences se lève. Vous voyez l'interconnexion de la toute conscience. Cet état est aussi appelé la «félicité». C'est un état de pure joie et de pure paix où tout est transformé. La conscience unitive transcende l'entendement de votre ego. Vous n'incarnez pas un meilleur moi mais plutôt un moi différent. Vous voyez toute la perfection de votre vie, la considérant comme quelque chose qui devait être. Votre vision englobe tout le puzzle et ne se limite plus aux seuls morceaux du puzzle.

L'intégrité de l'ego

La conscience unitive donne accès à ce que Erik Erikson appelle l'«intégrité de l'ego». Cela signifie que l'on s'accepte totalement et inconditionnellement. Voici comment Erikson définit l'intégrité de l'ego dans son essai intitulé *Enfance et société*:

> C'est l'acceptation de son seul et unique cycle de vie comme de quelque chose qui devait être [...] celui qui possède l'intégrité est prêt à défendre la dignité de son propre style de vie contre toutes les menaces physiques et économiques.

C'est cette intégrité de l'ego qui nous rend vraiment capables de dire: «Si je pouvais revivre ma vie, je referais exactement les mêmes choses!» *L'intégrité de l'ego est une totale acceptation de soi, une victoire complète sur la honte toxique.* Quand on entre dans cet état, nul opposé ne subsiste. On aspire constamment à le retrouver. Selon Thomas Wolfe, c'est «une contrée plus accueillante que le foyer».

La synthèse des opposés

Lorsque l'on ressent cet état de bonheur suprême, on ne perçoit plus les choses en termes d'opposition. Il n'y a plus de «nous» et de «eux». On fait l'expérience de l'unité. Les frontières de l'ego que l'on a si laborieusement tracées deviennent la structure même qui permet de transcender toute limite. Le mysticisme naïf de l'Enfant Magique s'est développé et est devenu le mysticisme réfléchi de l'adulte. On sent que l'on ne fait qu'un avec toute la Création. On est conscient que la séparation n'est qu'une illusion.

La Puissance supérieure

Les mystiques et les physiciens nous disent que la béatitude donne accès à une Puissance supérieure. En étant relié à la toute conscience, on bénéficie d'une intuition et d'une connaissance plus puissantes que tout ce que l'on a jamais pu imaginer. On ne peut accéder à cette connaissance qu'à condition de renoncer au contrôle de l'ego. Dans

les Programmes en 12 étapes, un slogan dit «Vivre et laisser vivre».
Un autre dit «Par la grâce de Dieu». Ces deux slogans nous incitent
à laisser tomber le contrôle exercé par l'ego.

Le triomphe de l'esprit sur la matière

Par ailleurs, les physiciens nous disent que l'esprit et la matière
sont tous deux des formes d'énergie (théorie quantique). La matière
est une forme d'énergie émettant un rayonnement inférieur; elle
vibre à une fréquence plus basse. L'esprit, ou la conscience, émet une
fréquence d'énergie plus élevée; il peut pénétrer la matière et l'affecter
puissamment. Pensons, par exemple, aux phénomènes tels que la
psychokinésie.

Delores Kieger a montré à des milliers de personnes que l'on pouvait soulager la douleur par l'imposition des mains. Ce phénomène,
basé sur la concentration et le développement de l'acuité sensorielle
kinesthésique, est à la portée de tout le monde. Par le biais de l'imagination, l'esprit peut susciter des événements extérieurs à lui-même.
Il est capable de créer non seulement la guérison physique, mais
aussi la richesse matérielle.

La prière

La prière peut fortement influencer l'ordre naturel des choses. La
prière est fonction d'un niveau supérieur de spiritualité; elle dépend
de Dieu tel qu'on Le conçoit. Dans la prière, nous vivons et laissons
vivre. Nous lâchons prise et nous laissons émerger notre confiance et
notre foi enfantines.

L'intentionnalité de la conscience

Toute conscience est intentionnelle. C'est dire qu'elle a un dessein. «L'intention est ta monture» dit un proverbe arabe. Dans les
pages précédentes, j'ai laissé entendre que «les gens sont logiques»
même si leur comportement peut parfois nous sembler quelque peu
bizarre. À partir du moment où nous accédons à un niveau de conscience supérieur, nous nous unissons à la toute conscience. Nous

partageons l'intentionnalité de la toute conscience. Plusieurs physiciens et analystes transpersonnels croient que notre vie a son propre « plan ». Quand nous jetons un regard sur notre vie passée, nous sommes souvent à même de constater qu'un tel plan existait effectivement. En ce qui me concerne, à l'âge de douze ans, j'ai su intuitivement des choses que j'ai pu vérifier plus tard dans mon existence. Avec le temps, il m'est apparu clairement que lorsque je m'oubliais et que je lâchais prise, tout finissait par se réaliser. Barry Stevens appelle cela « suivre le courant ». Avec sa vision limitée, notre ego ne peut voir la proverbiale forêt que les arbres lui cachent. « Vivre et laisser vivre » c'est s'en remettre à la conscience supérieure.

Le détachement

Les maîtres spirituels et les saints ont toujours pratiqué l'abandon de soi, qu'ils appellent le détachement. Ils nous disent que notre souffrance découle de notre attachement. Ce dans quoi nous nous investissons sur le plan émotionnel est exactement ce qui provoque notre souffrance. Et puisque toute chose humaine a une fin, la souffrance émotionnelle est inévitable tant et aussi longtemps que nous restons émotionnellement investis.

Dans le film intitulé *Zorba le Grec*, le personnage de Zorba exprime ce détachement lorsque la calamité s'abat sur lui. Il s'était totalement engagé dans la construction d'un conduit grâce auquel d'énormes bûches de bois devaient être acheminées jusqu'au bas d'une montagne. Personne n'avait travaillé plus dur que lui ni ne s'était autant engagé dans ce projet. Après des mois de dur labeur, la structure fut mise à l'épreuve. Mais les bûches descendirent la montagne à une vitesse si grande que le conduit s'écroula sous la violence du torrent de bois. Stupéfié, Zorba était tout oreilles. Puis, il se mit à rire. Il riait, riait ! Ensuite, il se mit à danser. Il dansait, dansait ! Son rire et sa danse étaient une sorte de gloussement et de danse cosmiques. Dans la perspective de la « conscience unitive », aucun événement isolé n'a d'importance. L'important, c'est le tout.

La sagesse a justement rapport avec le tout. «Vue des airs, la montagne est plus nette aux yeux de l'alpiniste» dit le poète. Lorsque nous voyons le tout, nous ne pouvons en comprendre que les parties. Comme le dit Sri Aurobindo: «Vous devez connaître le plus haut avant de vraiment comprendre le plus bas.» La vision unitive et le détachement sont les fruits du bonheur suprême.

La félicité spirituelle porte également d'autres fruits, notamment la sérénité, la solitude et le service. Ils se manifestent différemment et s'harmonisent avec le style de vie unique de chaque personne.

La sérénité

La sérénité se caractérise par ce que Robert Frost a appelé «une calme chevauchée, la bride sur le cou». Quand on connaît la sérénité, la vie devient moins problématique et plus spontanée. On agit sans analyser continuellement et sans ruminer. On n'essaie plus de tout prévoir. Finies les réactions explosives et l'hypervigilance. On jouit du plus petit instant au fur et à mesure qu'il se présente. On ne redoute plus les pénuries et on laisse tomber notre impulsivité ainsi que les gratifications instantanées. On accepte la richesse de la vie minute par minute. On voit ce que l'on voit; on entend ce que l'on entend; on sait ce que l'on veut et ce dont on a besoin; on sait que l'on est capable de satisfaire nos besoins et nos désirs. La sérénité change la vie en une vision enfantine où «Mer, Bois, Fleuve, la Terre et les objets communs que nous voyons» redeviennent neufs. Les êtres sereins aiment la terre et toutes les choses. La vie se justifie magnifiquement d'elle-même.

La solitude

Chacun de nous est seul. C'est la frontière absolue de notre condition matérielle. La solitude est un fait de la vie. Elle peut être toxique ou bienfaisante, tout dépend de la manière dont nous l'intégrons. La solitude toxique se nourrit de honte toxique. Elle est une conséquence de la division du moi. La solitude bienfaisante est un fruit de la spiritualité divine. Elle naît de notre union avec Dieu et nous donne une connaissance immédiate de notre moi. L'acceptation, l'estime et l'amour de soi découlent d'une telle connaissance.

C'est parce que nous avons de l'amour et de l'estime pour nous-mêmes que nous voulons passer du temps seuls, en notre propre compagnie. C'est cela qu'on appelle « la solitude ». Quand nous connaissons les joies de la solitude, nous en redemandons ; nous la désirons également pour ceux que nous aimons. Plutôt que de nous accrocher à notre vieille possessivité pétrie de honte, nous nous mettons à protéger notre propre solitude et celle des êtres qui nous sont chers.

Goethe l'a bien exprimé en écrivant ceci :

Une fois que les époux ont accepté le fait que même entre les êtres humains les plus intimes subsiste d'infinie distance, une merveilleuse harmonie peut naître de leur union, pour peu qu'ils parviennent à aimer cette distance qui leur permet de se regarder mutuellement comme des êtres COMPLETS se détachant sur le ciel. Un bon mariage, c'est celui dans lequel chacun désigne l'autre comme le gardien de sa solitude.

La solitude devient possible lorsque nous avons travaillé notre ego, et plus particulièrement notre « première souffrance ». Une fois cette démarche terminée, nous acceptons notre condition d'individus séparés. C'est en premier lieu la peur de la séparation qui a maintenu notre lien fantasmatique. Ce lien n'était qu'une illusion nous faisant croire que nous serions toujours protégés par nos parents.

Une fois que vous aurez accepté votre solitude et votre condition d'individu séparé, vous en arriverez à croire que votre ego est assez fort pour prendre soin de vous, assez solide pour que vous surviviez seul. C'est également une condition requise pour la méditation. À partir du moment où, par le biais de la méditation, vous en arriverez à faire l'expérience d'une bienheureuse union avec Dieu, vous en arriverez à connaître votre véritable moi. Vous en arriverez également à savoir qu'il y a un endroit où vous n'êtes jamais seul. Avec une telle conscience, la solitude devient plus désirable.

Le service

La félicité spirituelle réunit les polarités de la vie. Plus vous en arriverez à connaître et à apprécier la solitude, plus vous voudrez servir les autres de manière telle qu'ils approfondiront leur spiritualité. Comme le dit Kenneth Wilber dans son ouvrage intitulé *No Boundary*:

> Avoir une connaissance intuitive et rationnelle de son véritable moi, c'est, conformément au serment primordial, s'engager à actualiser ce moi en tous les êtres. Aussi innombrables soient-ils, je jure de les libérer.

Servir, cela peut également signifier rendre un culte qui reflète vos croyances personnelles. Il se pourrait, par exemple, que vous reveniez au sein de votre ancienne Église et à la religion que vous pratiquiez autrefois. Dans ce cas, ayant une nouvelle perspective et une conscience élargie, vous considérerez le culte et les rites comme des façons de concrétiser le «fonds commun de souvenirs» propre à votre tradition religieuse. Si, en matière de religion, votre choix s'arrête sur une Église sacramentelle, vous participerez à la commémoration des œuvres de Dieu tel que vous Le concevez. En prenant part à la mise en actes symbolique du souvenir collectif de Dieu que vous ont légué vos ancêtres, vous sentirez que vous incarnez une partie du passé et une partie de la tradition vivante. Vous percevrez vos actions dans l'ici et le maintenant comme quelque chose qui relie le passé au présent et le présent au futur.

Servir, cela signifie s'intéresser aux autres et redonner une partie de ce que l'on a reçu. La douzième étape incite les participants à témoigner de leur réveil spirituel auprès de ceux que la honte toxique afflige encore. Ceux qui sont sortis de leur cachette doivent apporter la lumière aux autres. Ce message, basé sur ce que l'on *fait* réellement et non sur ce que l'on *dit* faire, ils le transmettent en donnant l'exemple et non des leçons de morale. Il n'y a donc pas de gourous. Il y a seulement des personnes qui ont fait un peu plus de chemin que d'autres. Chaque fois que vous vous mettez à considérer quelqu'un comme votre gourou, vous renoncez à votre propre pouvoir. Le service et l'amour des autres découlent directement du service et de l'amour de soi. J'aime bien l'axiome découlant de la devise des frères dominicains : « Transmettre aux autres ce que l'on a soi-même contemplé. » Nous ne pouvons pas vraiment donner ce que nous ne possédons pas. Nous ne pouvons pas inculquer l'estime de soi à nos enfants si nous sommes pétris de honte, pas plus qu'un thérapeute ne peut amener ses clients là où il n'est pas allé lui-même.

Le service est le véritable signe et le fruit authentique de la félicité spirituelle. Lorsque nous connaissons la félicité, nous pouvons comprendre ce que Claudel voulait dire en écrivant ceci :

> Je ne peux me passer d'aucun de mes frères […] Au cœur du dernier des avares, de la plus sordide des prostituées, du plus misérable ivrogne, il y a une âme immortelle aux aspirations sacrées qui, ne trouvant pas la lumière du jour, prie dans la nuit. Je les entends parler quand je parle et pleurer quand je tombe à genoux. Je ne peux me passer d'aucun d'eux. Tout comme dans le firmament il y a beaucoup d'étoiles, qu'elles sont en nombre si grand que je ne saurais les compter, il y a aussi beaucoup d'êtres vivants […] J'ai besoin qu'ils se joignent tous à mes louanges à Dieu. Il y a énormément d'âmes vivantes, mais il n'y en a aucune avec laquelle je ne sois en communion lorsque le sacré atteint son point culminant, au moment où nous récitons ensemble le *Notre Père*.

L'accès aux forces vives du moi

La félicité générant une grande force intérieure, nous en arrivons à cesser de croire puérilement que nous serons toujours des victimes et nous nous mettons à vivre avec la spontanéité et l'optimisme d'un enfant. Nous intégrons notre imagination et notre créativité. Refusant d'être des victimes plus longtemps, nous devenons les artistes créateurs de notre propre vie et nous prenons des risques. En bref, nous essayons d'obtenir ce que nous désirons vraiment.

Alors que vous arrivez à la fin de ce livre, j'espère sincèrement que le long chemin que vous avez parcouru pour vous affranchir de la honte paralysante vous a été bénéfique. J'aimerais qu'il vous ait ouvert aux possibilités impressionnantes, mais limitées, de la nature humaine. La magnificence de la création humaine illustre ce genre de possibilités. Nos grands musiciens étaient limités par les lois de la gamme musicale mais, à l'intérieur de ces limites, la variété de leurs compositions est presque incroyable.

Nos grands peintres étaient limités par leur toile, mais il n'en reste pas moins qu'une visite au musée d'art peut s'avérer une expérience impressionnante et extrêmement saisissante. Même à l'intérieur de nos limites humaines, les miracles demeurent possibles. Et *vous*, vous êtes l'un de ces miracles.

Conclusion

Fondamentalement, la honte nous inspire une profonde peur d'être mis à nu. Cependant, lorsque nous nous permettons de révéler notre honte aux autres, nous nous permettons de nous révéler à nous-mêmes. Comme le dit l'auteur de *Shame* :

> La révélation à soi-même est au cœur de la honte ; c'est ainsi que, à travers nos sentiments de honte, nous découvrons les côtés les plus sensibles, les plus intimes et les plus vulnérables de nous-mêmes.

Dans ce sens, quand nous nous affranchissons de la honte qui nous paralyse, nous faisons une expérience de révélation. En fait, nous ne commençons à découvrir qui nous sommes vraiment qu'à partir du moment où nous faisons corps avec la honte enfouie au plus profond de notre être. La honte cache et révèle notre moi le plus authentique.

Par ailleurs, en nous affranchissant de la honte, nous faisons un geste révolutionnaire. À mesure que nous ressentons vraiment notre honte toxique, nous sommes poussés à changer. Cela ne peut se produire que si nous sommes prêts à sortir de notre cachette. Nous devons dépasser notre détresse et embrasser notre souffrance. Nous devons nous sentir aussi malheureux que nous le sommes vraiment, car c'est ce genre de sentiment qui nous pousse à vraiment nous changer nous-mêmes. Il est révolutionnaire.

Le problème de la honte toxique, avec sa grandiosité du plus qu'humain/moins qu'humain, sous-tend le déni de la finitude humaine. Il faut du courage pour être humain, car être humain, c'est être impar-fait. Cela demande d'avoir « le courage d'être imparfait », disait Alfred

Adler. Donc, vous devez avoir le courage d'être imparfait. Cependant, comme j'ai tenté de le démontrer, notre famille, notre religion, nos institutions scolaires et notre culture reposent sur le système du perfectionnisme. Or, le perfectionnisme est la principale cause de la honte toxique. Il prétend nous jauger en tant que personnes et, en retour, il est l'instigateur d'une déception perpétuelle. Le perfectionnisme n'a pas de frontières, pas de limites. Vous ne pourrez jamais en faire assez. Par conséquent, il vous faut beaucoup de courage pour livrer bataille à ces systèmes du perfectionnisme. Mais le jeu en vaut la chandelle !

Le courage d'être imparfait donne lieu à un style de vie caractérisé par la spontanéité et l'humour. Une fois que vous aurez accepté le fait que l'erreur est une conséquence naturelle des limites de la conscience humaine, vous cesserez de marcher sur des œufs : vous prendrez plus de risques, vous sentant plus libre d'explorer et de faire preuve de créativité.

Par-dessus tout, vous rirez plus souvent. Le sens de l'humour est probablement le critère ultime pour déterminer à quel point une personne s'est affranchie de sa honte intériorisée. Pour être capable de rire des événements, des autres et de soi-même, il faut se sentir vraiment humain. Pour avoir le sens de l'humour, vous devez concilier la polarité du plus qu'humain/moins qu'humain. Cela exige que vous jongliez avec le paradoxe.

Le sens de l'humour est basé sur la juxtaposition de deux choses incompatibles. Avoir le sens de l'humour, c'est prendre la vie moins sombrement et plus sérieusement. Comme Walter O'Connell l'a si bien écrit : « L'humour résulte de la ré-solution des paradoxes humains. » Tout paradoxe humain comporte deux extrêmes. C'est en réunissant ces extrêmes que nous gagnons en énergie et en espoir. Ce sont là les deux fruits de notre humour. L'humour nous donne également du recul et de l'équilibre. Il nous permet de rire aussi bien de nos défauts que de l'enflure de notre ego. Donnez-vous la permission de savourer chaque minute de chaque jour de votre vie. Chevauchez tranquillement, la bride sur le cou, comme le dirait Robert Frost. Avancez-vous vers la lumière. Lorsque vous serez illuminé, vous saurez que vous y êtes.

Note aux psychothérapeutes

On est de plus en plus conscient du fait que la psychologie moderne n'a pas beaucoup étudié le problème de la honte. Sur ce chapitre, un psychologue du développement de l'Université de l'Illinois, Joseph Campos, écrit : « Nous en savons trop peu sur la honte. Jusqu'ici, la honte est restée l'émotion méconnue en psychologie. » Cette négligence a sérieusement compromis le succès des soins psychothérapeutiques destinés aux personnes pétries de honte. De son côté, un psychiatre de l'Université Hahnemann à Philadelphie, le Dr Donald Nathanson, affirme que « la honte est le problème tacite de la psychothérapie, mais [que] son importance a été sous-estimée par bon nombre de thérapeutes ». Récemment, le Dr Nathanson a donné une conférence sur la honte en psychothérapie au congrès annuel de l'American Psychiatric Association.

Une psychologue de l'Université Yale, Helen Block Lewis, a été une des premières à étudier le problème de la honte toxique en psychothérapie. En étudiant la transcription de cent quatre-vingts séances de psychothérapie, le Dr Lewis a découvert ceci :

Lorsque le thérapeute négligeait de reconnaître les sentiments de honte du patient, les problèmes du patient s'aggravaient ou duraient plus longtemps. Lorsque le thérapeute reconnaissait la honte et aidait son patient à la résoudre, le traitement était plus court.

Le travail du Dr Lewis confirme ma propre expérience en tant que patient et en tant que thérapeute. Pendant une période de grande confusion et de profond désespoir, j'ai passé trois mois, en thérapie, à me soumettre à mon psychiatre et à prendre consciencieusement les tranquillisants ainsi que les somnifères qu'il me prescrivait. Six mois après la fin de ce traitement, on dut me transporter à l'hôpital Austin State.

En matière de santé mentale, lorsque les différents syndromes de la honte toxique sont en cause, je doute sérieusement de l'efficacité des modèles de traitement traditionnels. Une meilleure compréhension de la honte toxique pourrait probablement déboucher sur d'autres approches plus innovatrices.

Le tableau de l'annexe 1 se veut une modeste contribution au dialogue qui commence actuellement à s'établir dans les milieux concernés. Ce tableau fait ressortir les différences entre la honte toxique et la culpabilité toxique. Il ne présente évidemment pas le problème dans toute sa complexité, mais démontre clairement que la honte et la culpabilité nécessitent un traitement différent.

En examinant les grandes lignes du traitement de la honte toxique, on se rend compte que la restauration du « pont interpersonnel » est la condition *sine qua non* et probablement la clé du succès.

Il y a longtemps de cela, Martin Buber a dit que le modèle thérapeutique importait peu, mais que l'élément clé de la guérison c'est la relation entre « Toi et Moi ». Une fois que le pont interpersonnel est établi, le client jouit de l'acceptation inconditionnelle du thérapeute. Personnellement, je recommande que les personnes intoxiquées par la honte soient dirigées vers un groupe le plus tôt possible. Le groupe est crucial, quel que soit le syndrome de honte en cause. Le

groupe semble faire naître chez la personne un sentiment de valorisation et d'importance qu'on ne retrouve habituellement pas dans
une alliance individuelle.

Dans son ouvrage intitulé *Diagnosing and Treating Co-dependence*,
Timmen Cermak a souligné les avantages de la psychothérapie de
groupe. Selon lui, le groupe procure « un contexte dans lequel les problèmes de codépendance émergent spontanément ». Dans un groupe,
en effet, les gens se comportent davantage comme ils se comportent
dans la vie de tous les jours. Ils se montrent méfiants, critiques ; ils
tentent de tout contrôler ou de plaire à tout le monde, etc. À partir
du moment où les individus en arrivent à comprendre que ces comportements reflètent des schémas inconscients de défense contre la
honte toxique, le groupe peut devenir un laboratoire où l'on expérimente des comportements alternatifs.

Les Programmes en 12 étapes sont les meilleurs alliés des thérapeutes. Au chapitre 5, j'espère avoir bien démontré à quel point les
douze étapes ont le pouvoir de réduire la honte toxique. D'ailleurs, je
crois qu'il serait utile de mettre sur pied des Programmes en 12 étapes
pour tous les syndromes de honte toxique.

Il y a déjà, à ce propos, des blagues qui circulent. Celle-ci, par
exemple : « Il paraîtrait qu'on a essayé d'organiser des réunions du
genre Paranoïaques Anonymes, mais ça n'a pas marché : tout le
monde a refusé de révéler l'endroit où elles se tiendraient. » Plus
sérieusement, on dit que les groupes suivant un Programme en
12 étapes seraient difficiles pour les « accros de la honte » souffrant de
troubles caractériels. Mais toutes les approches des troubles caractériels ne sont-elles pas difficiles ? Je peux certifier qu'un très grand
nombre d'alcooliques souffrent de troubles caractériels et que cela ne
les empêche pas de vaincre leur dépendance au sein des Alcooliques
Anonymes.

Je crois que les personnes ayant une identité pétrie de honte
doivent s'efforcer de changer aussi bien les collages de souvenirs visuels
mortifiants que les empreintes auditives porteuses des voix intérieures
qui, tous deux, déclenchent des spirales de honte. Sur ce plan, les

puissantes techniques de la programmation neurolinguistique m'enthousiasment énormément.

Finalement, m'adressant à ces cliniciens que le mot « spirituel » fait tiquer, j'aimerais rappeler que, jusqu'ici, les Programmes en 12 étapes ont obtenu un succès incomparable en ce qui a trait à la guérison des dépendances. Or, la douzième étape illustre un fait aussi clair que de l'eau de roche : on ne se guérit pas d'une dépendance tant que l'on ne connaît pas le « réveil spirituel ». Les millions de personnes qui, cherchant à se rétablir d'une dépendance, franchissent cette étape, constituent une somme de données brutes suffisante pour contraindre tout scientifique digne de ce nom à étudier cette spiritualité. Si la honte toxique est une faillite spirituelle dans le sens où je l'ai définie, la guérison de cette honte exige un réveil spirituel dans le sens où je l'ai défini.

ANNEXE 1

	Honte toxique	Culpabilité toxique
La relation avec le thérapeute	La relation est absolument nécessaire. On doit restaurer le « pont interpersonnel ».	La relation est utile mais pas cruciale.
La confrontation avec le déni	On doit amener le client à faire face à ses faux-semblants. La relation doit être assez adéquate pour favoriser la « reddition » (abandon de toute velléité de contrôle).	N'est pas concernée (absence de déni).
L'accès aux émotions	L'accès aux émotions est essentiel. Le simple fait d'éprouver une émotion quelconque atténue la honte. Au bout du compte, le client doit exprimer et pleurer sa « première souffrance ».	La culpabilité recouvre souvent de la colère. On doit mettre le client face à ce racket, puis l'amener à travailler sa colère.
La confrontation avec les fausses croyances	Une fois le « pont interpersonnel » restauré, on doit doucement mettre le client face à ses fausses croyances.	Dès le début, on doit mettre le client face à sa grandiosité. Celle-ci concerne son sentiment d'hyper-responsabilité et la négation de son unicité.
Le groupe d'un Programme en 12 étapes	C'est le traitement le plus efficace pour toutes les formes de dépendance (et peut-être pour tous les syndromes de honte).	Le Programme en 12 étapes ne s'applique pas.
L'imagerie et les affirmations	Elles sont cruciales pour restructurer les empreintes d'images visuelles et auditives mortifiantes qui se sont interreliées sous forme de collages.	Les affirmations sont utiles pour changer les fausses croyances.
La spiritualité	La spiritualité est cruciale en ce qui a trait à la confiance. Pour se remettre de sa faillite spirituelle, le client doit connaître un « réveil spirituel ».	Le client doit habituellement remettre en question sa notion d'un Dieu sévère et punitif ainsi que son moralisme rigide.
La thérapie de groupe	Le groupe est crucial si l'on veut obtenir des progrès soutenus. Les interactions dans le groupe favorisent l'émergence naturelle des schémas de codépendance ancrés chez le client.	Le groupe peut être utile mais n'est pas absolument nécessaire.

Le sentiment de honte toxique et le sentiment de culpabilité toxique peuvent passablement se ressembler. Une personne peut éprouver simultanément ces deux sentiments. Par ailleurs, la honte toxique et la culpabilité toxique peuvent résulter du même comportement.

Lectures

*Je désire exprimer ici toute ma reconnaissance aux auteurs des ouvrages
mentionnés ci-dessous. Je recommande chaudement ces livres au lecteur.*

ALBERTI, Robert, et EMMONS, Michael. *S'affirmer – Savoir prendre sa place*, Montréal,
Le Jour, éditeur.

BACH, George, et GOLDBERG, Herbert. *L'agressivité créatrice*, Montréal, Le Jour, éditeur,
collection Actualisation.

BANDLER, Leslie. *They Lived Happily Ever After*, Meta Publications, 1978 (maintenant
publié sous le titre *Solutions*, Future Pace).

BECK, A. T. *Cognitive Therapy and Emotional Disorders*, New York, New American
Library, 1979.

CARNES, Patrick. *Out of the Shadows: Understanding Sexual Addiction*, Irvine, Comp
Care Publications.

CERMAK, Timmen. *Diagnosing and Treating Co-dependence*, Minneapolis, Johnson
Institute.

ELLIS, Albert. *A New Guide to Rational Living*, North Hollywood, Wilshire Books, 1975.

ERIKSON, Erik H. *Enfance et société*, Neuchâtel, Delachaux et Niestlé, 1982.

FABER, Leslie. *The Ways of the Will* et *Lying, Despair, Jealousy, Envy, Sex, Suicide, Drugs
and the Good Life*, New York, Harper Colophon, Harper & Row.

FIRESTONE, Robert. *The Fantasy Bond*, New York, Human Sciences Press.

FORWARD, Susan. *Betrayal of Innocence*, New York, Penguin Books.

FOSSUM, M., et MASON, M. *Facing Shame*, New York, W. W. Norton.

HENDRICKS, Gay. *Learning to Love Yourself*, Englewood Cliffs, Prentice Hall.

JOHNSON, Robert. *Inner Work – Using Dreams and Active Imagination For Personal
Growth*, New York, Harper & Row.

KAUFMAN, Gershen. *Shame: The Power of Caring*, Cambridge, Schenkman Books.

KOPP, Sheldon. *Mirror, Mask and Shadow*, New York, Bantam Books.

KRITSBERG, Wayne. *Adult Children of Alcoholics Syndrome: From Discovery to Recovery*
(1986) et *Gifts for Personal Growth and Recovery* (1988), Pompano Beach, Health
Communications.

LANKTON, Stephen, et LANKTON, Carol. *The Answer Within: A Clinical Framework of Ericksonian Hypnosis*, New York, Brunner/Mazel.

LEVIN, Pamela. *Cycles of Power*, Deerfield Beach, Health Communications.

LYND, Helen Merrell. *On Shame and the Search for Identity*, Eugene, Harvest House Publications.

MASLOW, Abraham. *The Farther Reaches of Human Nature*, Esalen.

MASTERSON, James. *The Narcissistic and Borderline Disorders*, New York, Brunner/Mazel.

MEICHENBAUM, D. *Cognitive Behavior Modification*, New York, Plenum Press.

McKAY, Matthew, DAVIS, Martha, et FANNING, Patrick. «Thoughts and Feelings», *The Art of Cognitive Stress*, New Harbinger Publications.

MIDDELTON-MOZ, Jane, et DWINNEL, Lorie. *After the Tears*, Pompano Beach, Health Communications, 1986.

MIDDELTON-MOZ, Jane. *Children of Trauma: Rediscovering The Discarded Self*, Deerfield Beach, Health Communications, 1989.

MILLER, Alice. *Images d'une enfance*, Paris, Aubier, 1987.

NORWOOD, Robin. *Ces femmes qui aiment trop*, Montréal, Stanké, collection Parcours.

PEELE, Stanton, et BRODSKY, Archie. *Love and Addiction*, New York, Signet, New American Library.

SATIR, Virginia. *Thérapie du couple et de la famille*, Paris, Épi, Éditeurs, 1971.

SIMON, Sidney B. *et al.* *À la rencontre de soi-même: 80 expériences de développement des valeurs*, Montréal, Le Jour, collection Actualisation, 1989.

SMALL, Jacquelyn. *Transformers*, Marina del Rey, Devors Publishers.

SMITH, Manuel. *When I Say No, I Feel Guilty*, New York, Bantam Books.

STEVENS, John O. *Awareness*, Real People Press.

STONE, Hal, et WINKELMAN, Sidra. *Le dialogue intérieur: connaître et intégrer nos subpersonnalités*, Barret-Le-Bas, Le Souffle d'Or, collection Chrysalide, 1991.

SUBBY, Robert. *Lost in the Shuffle: The Co-dependent Reality*, Pompano Beach, Health Communications, 1987.

VIORST, Judith. *Les renoncements nécessaires*, Paris, Robert Laffont.

WEGSCHEIDER-CRUSE, Sharon. *Choicemaking* (1985) et *Learning to Love Yourself* (1987), Pompano Beach, Health Communications.

WHITE, Robert, et GILLILAND. *Elements of Psychopathology: The Mechanisms of Defense*, San Diego, Grune & Stratton.

WHITFIELD, Charles L. *Healing the Child Within*, Pompano Beach, Health Communications.

WILBER, Kenneth. *No Boundary*, Boston, Shambhala Publications.

WOITITZ, Janet G. *Les enfants d'alcooliques à l'âge adulte*, Montréal, Edimag, 1991.

WOLPE, J. *The Practice of Behavior Therapy*, New York, Pergamon Press.

Table des matières

Achevé d'imprimer au Canada
en décembre 2003
sur les presses des Imprimeries Transcontinental Inc.
division Imprimerie Gagné